**기독교문서선교회**(Christian Literature Center: 약칭 CLC)는 1941년 영국 콜체스터에서 켄 아담스에 의해 시작되었으며 국제 본부는 미국 필라델피아에 있습니다.
국제 CLC는 59개 나라에서 180개의 본부를 두고, 약 650여 명의 선교사들이 이동 도서차량 40대를 이용하여 문서 보급에 힘쓰고 있으며 이메일 주문을 통해 130여 국으로 책을 공급하고 있습니다. 한국 CLC는 청교도적 복음주의 신학과 신앙 서적을 출판하는 문서선교기관으로서, 한 영혼이라도 구원되길 소망하면서 주님이 오시는 그날까지 최선을 다할 것입니다.

# 욥기에 나타난 하나님 나라의 진리

## 대장부처럼 허리를 묶고

The True Understanding of the Kingdom of God according to The Book of Job:
A Warrior in the Kingdom of God
Written by Noh-eul Myung
All rights reserved.
Korean Edition Copyright ⓒ 2020 by Christian Literature Center, Seoul, Korea

## 욥기에 나타난 하나님 나라의 진리: 대장부처럼 허리를 묶고

2020년 7월 30일 초판 발행

| 지은이 | 명노을 |
| --- | --- |
| 편집 | 곽진수 |
| 디자인 | 박하영, 김현진 |
| 펴낸곳 | (사)기독교문서선교회 |
| 등록 | 제16-25호(1980.1.18) |
| 주소 | 서울특별시 서초구 방배로 68 |
| 전화 | 02-586-8761~3(본사) 031-942-8761(영업부) |
| 팩스 | 02-523-0131(본사) 031-942-8763(영업부) |
| 이메일 | clckor@gmail.com |
| 홈페이지 | www.clcbook.com |
| 송금계좌 | 기업은행 073-000308-04-020 (사)기독교문서선교회 |

ISBN 978-89-341-2167-1(04320)

이 도서의 국립중앙도서관 출판예정도서목록(CIP)은 서지정보유통지원시스템 홈페이지 (http://seoji.nl.go.kr)와 국가자료공동목록시스템(http://www.nl.go.kr/kolisnet)에서 이용하실 수 있습니다. (CIP제어번호: CIP2020026533)

이 책의 저작권은 저자와 (사)기독교문서선교회가 소유합니다. 신저작권법에 의하여 한국 내에서 보호받는 저작물이므로 무단 전재와 무단 복제를 금합니다.

하나님 나라 시리즈 ❶

The True Understanding
of the Kingdom of God according to The Book of Job

# 욥기에 나타난 하나님 나라의 진리

대장부처럼 허리를 묶고

명노을 지음

CLC

# 목차

저자 서문      6

제1장   주신 이도 여호와, 거두신 이도 여호와이시니      9
제2장   어찌 까닭 없이 하나님을 경외하리이까?      28
제3장   하나님을 욕하고 죽으라      50
제4장   두려워하는 것, 무서워하는 것이 내 몸에 미쳤구나      62
제5장   죄 없이 망한 자가 누구인가?      77
제6장   하나님은 아프게 하다가 싸매시며 손으로 고치시나니      91
제7장   전능자의 화살이 내게 박히매 나의 영이 그 독을 마셨나니      105
제8장   사람이 무엇이관대 주께서 그를 크게 만드사      117
제9장   시작은 미약하나 나중은 창대하리라      132
제10장   인생이 어찌 하나님 앞에 의로우랴      149
제11장   나와 변론할 자가 누구이랴?      163
제12장   주는 내 허물과 죄악을 봉하고 싸매나이다      186
제13장   하나님이 나를 세워 과녁을 삼으시고      201
제14장   하나님의 손이 나를 치셨구나      213
제15장   전능자가 누구기에 우리가 섬기랴      229
제16장   그가 나를 단련하신 후에는 내가 순금같이 되어 나오리라      242

*The True Understanding of the Kingdom of God
according to The Book of Job*

| | | |
|---|---|---|
| 제17장 | 하나님 앞에서 사람이 어찌 의롭다 하며 | 265 |
| 제18장 | 주를 경외함이 지혜요 악을 떠남이 명철이라 | 285 |
| 제19장 | 복을 바랐더니 화가 왔고 광명을 기다렸더니 흑암이 왔구나 | 301 |
| 제20장 | 내가 내 눈과 약속하였나니 어찌 처녀에게 주목하랴 | 314 |
| 제21장 | 하나님은 한번 말씀하시고 다시 말씀하시되 사람은 관심이 없도다 | 328 |
| 제22장 | 하나님은 악을 행치 아니하고 전능자는 공의를 굽히지 아니하며 | 343 |
| 제23장 | 그대가 의로운들 하나님께 무엇을 드리겠으며 | 358 |
| 제24장 | 하나님이 그대를 환난에서 이끌어 내사 넉넉한 곳으로 옮기려 하셨은즉 | 370 |
| 제25장 | 무지한 말로 이치를 어둡게 하는 자가 누구냐 | 387 |
| 제26장 | 네가 보았느냐, 아느냐, 할 수 있느냐? | 404 |
| 제27장 | 손으로 내 입을 가릴 뿐이로소이다 | 417 |
| 제28장 | 그것은 하나님이 만드신 것 중에 으뜸이라 | 431 |
| 제29장 | 귀로 듣기만 하였으나 이제는 눈으로 주를 보나이다 | 445 |
| 제30장 | 스스로 한하고 티끌과 재 가운데 회개하나이다 | 463 |

미주    482

## 저자 서문

**명노을** 목사
미주복음주의총회 회장, 트리니티교회 담임

하나님의 나라는 성경이 말하는 하나님의 궁극적인 뜻과 목적이다. 이를 위해 하나님은 세상에 아들 예수 그리스도와 십자가를 주셨으며, 믿는 자에게 성령을 주셨다. 이로써 성도는 이 땅에서 하나님의 생명과 함께 풍성한 삶을 보장받는다. 이런 모든 축복은 궁극적으로 믿는 자를 하나님의 자녀로 삼아, 오직 하나님이 우리의 주권자요 우리는 그의 복 받는 백성이 되는 기쁜 관계를 만들기 위함이다.

그럼에도 우리는 세상을 살면서 기쁨도 경험하지만 오히려 고통과 환난을 당하는 경우가 더 많다. 인간에게 닥치는 불행들, 아픔들, 고통들, 왜곡된 인간관계 등을 겪을 때마다 우리는 하나님을 오해하고 그래서 온전한 믿음을 놓치며, 하나님 나라에 대한 소망마저 희미해진다. 더욱이 말세에는 불법이 성함으로 많은 사람의 사랑이 식어지는 때를 우리는 살고 있다. 그러므로 하나님 나라에 이르는 문은 좁고 그 길이 협착하다. 그래서 주의 권면은 '좁은 문으로 들어가기를 힘쓰라'는 것이다.

하지만 불행히도 여기에 들어가기를 구하여도 못하는 자가 많을 것이라고 주님은 진단하셨다. 이는 우리가 하나님 나라에 이르는 길을 소망하지만 잘못된 길을 택하기 때문이요, 하나님 나라, 특히 그 주권자인 하나님에 대한 오해와 착각이 거친 돌이 되어 도중에 넘어지기 때문이다. 이런 모습과 실상을 보여 주는 것이 욥기다.

욥기의 해석은 그 자체로 어렵다. 인간의 고난을 두고 그 이유에 대해서 그리고 이를 허락하신 하나님에 대한 욥과 그 친구들의 지루한 신학적 논쟁이 그러하며, 또한 하나님의 말씀 역시나 우리의 궁금증을 풀어 주지 못하는 동문서답이 그러하다.

그러나 욥의 고난과 신학적 논쟁들 그리고 하나님의 말씀은 우리의 잘못된 하나님 나라'에 대한 온전한 지식을 갖게 하는데 우리 발에 등과 길에 빛이 되는 진리를 얻게 하고, 그래서 우리로 온전한 믿음을 갖으며 하나님 경배와 찬양을 드리도록 만든다. 욥과 친구들의 논쟁들을 통해 드러나는 그들의 신앙관과 하나님을 아는 지식은 바로 '여기 지금'(here and now) 우리가 겪는 현실과 실상이기 때문이다.

성경의 시가서의 편찬은 '욥기, 시편, 잠언, 전도서'로 되어 있다.

성경의 편집자들이 시가서 중에서 읽기 불편하고 지루해 보이는 욥기를 하나님의 찬송인 시편 앞에 두는 이유는 무엇일까?

이는 구약의 편집자들에 의한 그냥 마음 내키는 대로의 임의적, 편의적 차원의 편찬이 아닌, 하나님의 세밀하고 오묘한 역사에 의한 것임을 말해 준다. 즉 지혜와 계시의 영을 통한 올바른 하나님의 지식을 바탕으로 한 믿음을 가질 때만이 창조주, 주권자, 구원자에 대한 진정한 찬양이 나오며, 이를 바탕으로 할 때만이 신앙인의 삶과 세계관이 온전할 수 있기 때문이다.

우리가 하나님 나라의 주인되신 하나님에 대해 오해와 편견을 버리고 그 성품과 인격에 대한 지식과 이해를 통해 흔들림 없는 참된 믿음이 얻어진다는 사실을 욥기는 말해 준다.

우리가 이 온전한 믿음, 하나님 나라를 아는 올바른 지식을 바탕으로만 하나님을 참으로 온전하게 찬양하고 경배할 수 있음을 보여 주는 것이 시편이다.

하나님을 아는 참된 지식과 찬양과 경배를 바탕으로 우리의 삶은 말씀과 믿음이 적용되는 현장이 됨을 말해 주는 것이 잠언이다.

그래서 세상의 어느 피조물보다는 주만을 바라보는 것이 참된 복임을 말하는 것이 전도서다.

성경의 배열이 참으로 성령의 감화로 된 것임을 새삼 느끼게 된다. 본서를 통해 우리가 범할 수 있는 잘못된 믿음을 발견하고 고침으로써 진정한 예배자의 삶, 세상의 빛과 소금이 되는 삶을 살기를 소원한다.

마지막으로 본서를 출판해 주신 기독교문서선교회(CLC)의 박영호 목사님과 직원분들께 감사드린다.

# 제1장

# 주신 이도 여호와, 거두신 이도 여호와이시니

삶의 강탈자, 그리고 악의 기원(욥 1장)

## 1. 욥기가 위대한 교훈을 주는 이유

구약성경에는 유대인이 시로 간주하는 세 권의 책이 있다. 욥(이요브), 잠언(미쉬레), 시편(테힐림)이다. 그래서 이 세 책은 각 책의 첫 글자를 따서 "에메트(진리)의 책들"이란 이름으로 혹은 지혜문학으로도 불리는 시가서가 된다. 모두 삶의 진리와 지혜를 말해 주기 때문이다. 이 책들 중에서 욥기를 두고, 영국의 신학자 휠러 로빈슨(Wheeler Robinson)은 "인류 문학에 있어 가장 근원적인 작품"으로 칭송하며, "인간 삶에 새로운 전기를 가져다 준 히브리 시문학의 최상의 작품"이라고 평가한다.[1]

왜 욥기가 이토록 위대한 책으로 불리우는 것일까?

로빈슨에 따르면 위대한 문학 작품에는 두 가지 요소가 있다.

**첫째**, 영구적인 인간의 관심사를 주제로 삼는 것이다.

**둘째**, 문학이 낳는 시대의 산물이어야 한다. 독특한 시대적 환경에서 생성되지만 주제는 어느 시대에도 호소력을 지녀 사람들의 변함없는 관심을 유발할 때, 위대한 작품이 된다.[2]

욥기가 바로 그런 작품이다. 욥기는 인간이 가진 고통의 문제, '왜 죄 없는 자가 고난을 받는가' 라는 영원한 도덕적인 공의의 문제를 다룬다.

만물의 주관자, 전능하신 하나님을 믿고 구하는 자에게 왜 까닭 없는 고난과 고통이 임하는가?

인류 역사를 통해 고난받는 인간의 부르짖음은 "왜?"이다. 그리고 이 질문은 지금도 이어지고 있다. 욥이 보인 성품과 믿음과 행위는 시간과 공간을 초월하여 오늘날의 우리에게까지 연장되어 있는 셈이다.

욥의 고난이 바로 우리의 고난이 아니며, 그의 생각과 행동의 우리의 그것이 아닌가?

이처럼 욥은 모든 사람을 대변하는 표본적 주인공이다.

우리는 신앙 생활을 잘 하는 자들의 까닭 없는 고난을 본다. 신실한 성도가 새벽 기도를 위해 길을 나섰는데 교통 사고를 당하기도 하고, 기도하며 큰 믿음과 확신으로 사업하는데, 실패하기도 한다. 때로는 하나님의 뜻으로 알고 선교를 갔는데 핍박을 받기도 하며, 심지어 순교도 당한다. 게다가 교회 내에서는 사랑의 이름으로 봉사하는데, 성도들 간에 인간적 갈등을 겪기도 한다.

그런 때마다 우리는 "어찌 이런 일이?" 하면서 이 모든 것에는 필경 하나님의 깊은 뜻이 있거나, 이를 통해 하나님이 우리에게 주신 특별한 메시지가 있을 것이라고 생각하기 마련이다.

또 우리는 질병, 재정, 인간 관계 등으로 인해 고난받고 있는 이웃들에게 욥의 인내를 들먹이고, 참고 견디면 좋은 날을 볼 것임을 말하며, 야고보서의 말씀으로 위로와 격려하기도 한다(약 5:11).

사실 고통 가운데 있는 자에게 하는 남들의 말들은 크게 위로가 되지 않는 법이다.

욥이 고난을 당하자 그를 위로하기 위해 문안차 온 그의 세 친구들의 말은 욥에게 위로보다는 실망과 좌절을 안겨 주지 않는가?

> 보라 인내하는 자를 우리가 복되다 하나니 너희가 욥의 인내를 들었고 주께서 주신 결말을 보았거니와 주는 가장 자비하시고 긍휼히 여기는 자시니라(약 5:11).

욥의 삶을 상상해 보자.

지금 우리의 삶과 비교해도 욥은 세상의 어느 누구도 따를 수 없는 의로운 자, 정직한 자로 보인다. 그런데 고난이 임한다. 그럼에도 "이 모든 일에 욥이 범죄하지 아니하고 하나님을 향하여 원망하지 아니하니라"(욥 1:22)라고 욥기 기자는 쓰고 있다. 환난 가운데서도 범죄하지 않고 하나님께 원망하지 않음은 광야 생활의 이스라엘 백성과는 사뭇 다른 삶의 모습이다.

분명 그는 순전하고 하나님을 경외하는 자다. 그래서 자신의 삶을 두고, 그는 "소경의 눈, 절뚝발이의 발, 빈궁한 자의 아비"(욥 29:15-16)로 자부하며, 자기 "눈과 언약하여 처녀에게 주목하지"(욥 31:1) 않을 만큼 하나님 앞에 순전함으로, 악에서 떠난 자로 살고 있다고 고백한다.

그런데 왜 고난이 무죄한 자기에게 임했는가?

욥은 하나님께 항변하며 그 이유를 몰라 무척 괴로워한다. 삶에 대한 그의 자조와 자책의 소리를 들어 보자.

> 내가 복을 바랐더니 화가 왔고 광명을 기다렸더니 흑암이 왔구나!(욥 30:26)

"예수 믿어 형통함을 바랐더니, 웬 고난과 역경이냐" 하는 '여기 지금'(here and now) 우리 믿는 자들의 탄식과 하소연과 너무나 닮지 않은가?

## 2. 욥기가 말하려는 것

성경은 요단 동편 우스 땅의 욥이라는 반(半)유목민 족장을 소개하면서, 그의 인격적 품성으로 네 가지를 든다.

"순전하고 정직하여 하나님을 경외하며 악에서 떠난"(1절) 인격적 고귀함을 가진 그를 두고 성경 기자뿐 아니라 하나님도 그렇게 동의하신다(8절). 심지어 열 명의 자식들에 이르는 그의 가족 역시 온전한 모습을 가진 것으로 나타난다. 게다가 그는 아들들이 자기들의 생일 잔치에서 혹시나 먹고 마시는 중에 죄를 범하여 마음으로 하나님을 배반했을까 염려하여 아침에는 참석자의 수대로 번제를 드린다(4-5절).

참으로 하나님 앞에 의로운 삶을 살고자 노력한 욥이다. 그런 결과 하나님은 그의 이런 점을 사탄에게까지 자랑할 정도다.

그런 그에게 임한 까닭 없는 고난은 무슨 의미인가?

> [1] 우스 땅에 욥이라 불리는 사람이 있었는데 그 사람은 온전하고 정직하여 하나님을 경외하며 악에서 떠난 자더라 … [4] 그의 아들들이 자기 생일에 각각 자기의 집에서 잔치를 베풀고 그의 누이 세 명도 청하여 함께 먹고 마시더라 [5] 그들이 차례대로 잔치를 끝내면 욥이 그들을 불러다가 성결하게 하되 아침에 일어나서 그들의 명수대로 번제를 드렸으니 이는 욥이 말하기를 혹시 내 아들들이 죄를 범하여 마음으로 하나님을 욕되게 하였을까 함이라 욥의 행위가 항상 이러하였더라(욥 1:1, 4-5).

욥기의 내용 전개상 단순히 외양적으로만 본다면, 고난은 의인이 두 배의 축복을 얻기 위한 길로 보인다. 그래서 사람들은 고난을 세례와 성찬에 이은 제삼의 성례라고 부르기도 한다.

그렇지만 욥기가 말하려는 것은 욥이 마지막에 두 배의 축복을 받았다는 것에 있지 않다. 고난으로 인한 탄식과 호소에도 불구하고 때로는 흔들리는 믿음 속에서도 끝까지 하나님을 붙든 그를 두고 하나님이 '내 종'(my servant)이라 부른 점에 있다(욥 42:7).

학자들은 욥기에 나타난 의인의 고난을 두고, 이는 하나님의 사랑이 변하여 생긴 일종의 진노가 아니라 그 사랑 자체의 섭리라고 말하면서, 욥기는 인과응보의 옛 율법적 교리를 깨는 것에 목적이 있다고 본다. 또 의인의 고난은 더 큰 축복의 길이며, 신적 사랑의 섭리라고 간주한다. 그래서 고난은 성도의 훈련과 거룩함의 수단이며 동시에 믿음의 증거와 테스트라고 결론 낸다.[3]

분명 욥기는 외형상 성도의 믿음의 증거와 테스트이지만, 이 사건의 전개에는 하나님이 성도에게 전하시려는 더 깊은 뜻과 이야기가 있다.

욥기를 통해 알아야 할 점이 있다.

하나님은 정말로 자기 자녀에게 시험을 주시며, 화와 저주를 주시는가?

하나님은 우리의 환난에 무관한 자로 있으신가?

환난에 대해 세상 사람이 갖는 생각은 무엇인가?

사탄은 왜 욥을 시험하며 어떻게 역사하는가?

욥은 왜 그렇게도 하나님께 열심히 번제를 드렸는가?

그렇다면 하나님이 욥에게 원하신 것은 무엇인가?

우리는 욥기를 통해 하나님이 하나님 나라를 만들고, 그 백성에게 주신 하나님 나라의 실상과 우리에게 무엇을 원하시며, 반대로 우리는 하나님 나라의 주권자 되신 하나님에 대해 어떤 오해와 편견을 가지며, 그로 인해 하나님 나라에 대해 어떤 허상을 만들고 있는지를 짚어 볼 수 있다. 이를 극복할 때만이 하나님 백성된 우리는 하나님 나라에 대한 진실에 가까이 갈 수 있으리라.

## 3. 사탄의 참소의 근거

> ⁸ 여호와께서 사탄에게 이르시되 네가 내 종 욥을 주의하여 보았느냐 그와 같이 온전하고 정직하여 하나님을 경외하며 악에서 떠난 자는 세상에 없느니라 ⁹ 사탄이 여호와께 대답하여 이르되 욥이 어찌 까닭 없이 하나님을 경외하리이까 ¹⁰ 주께서 그와 그의 집과 그의 모든 소유물을 울타리로 두르심 때문이 아니니이까 주께서 그의 손으로 하는 바를 복되게 하사 그의 소유물이 땅에 넘치게 하셨음이니이다 ¹¹ 이제 주의 손을 펴서 그의 모든 소유물을 치소서. 그리하시면 틀림없이 주를 향하여 욕하지 않겠나이까 ¹² 여호와께서 사탄에게 이르시되 내가 그의 소유물을 다 네 손에 맡기노라 다만 그의 몸에는 네 손을 대지 말지니라 사탄이 곧 여호와 앞에서 물러가니라(욥 1:8-12).

의로운 자, 순전한 자로 세상을 살아가는 욥에 대한 하나님의 신뢰는 대단하다. "순전하고 정직하여 하나님을 경외하며 악에서 떠난 자"라고 하나님은 그의 삶의 행위를 평하신다(8절). 이런 평가는 사탄의 태도와는 사뭇 대조를 이룬다. 반면 대적자 사탄은 욥의 신앙에 대한 근본적 문제를 들고 나온다.

> 욥이 어찌 까닭 없이 하나님을 경외하리이까 주께서 그와 그의 집과 그의 모든 소유물을 울타리로 두르심 때문이 아니니이까(욥 1:9-10).

욥이 "까닭 없이" 하나님을 경외할 이유가 없다는 것이 그의 주장이다. 사탄은 욥이 하나님을 경외함은 동방의 가장 큰 부자로서 물질적 축복을 받았기 때문이라고 강변한다. '잘 먹고 잘 살게 해 주면 하나님 안 믿을 자 어디 있겠느냐?'는 항변이다.

욥이 하나님을 경외하는 경건의 삶은 그의 외적인 조건들의 형통함에 기인한다고 사탄은 본다. 욥은 하나님이 집과 모든 소유물을 산울로 두르시는 복을 받았기에 하나님을 경외하고 있으므로, 만약 상황이 바뀌면 그의 참된 신앙심은 순식간에 사라질 것이라는 암시다. 그래서 사탄은 하나님께 간청한다.

>  이제 주의 손을 펴서 그의 모든 소유물을 치소서(욥 1:11).

그리하면 욥이 하나님을 대면하여 저주할 것이라고 그는 참소한다. 이런 사탄의 참소에 하나님은 내기를 거신다(12절).

사탄이 주장하는 '욥의 소유물을 울타리로 둘렀다'는 말은 그가 생각하는 하나님과 욥에 대한 이해의 범주를 말해 준다. '소유물을 울타리로 두르심'으로 인해 욥의 처지와 상황이 만족되어 하나님을 섬긴다는 참소는 욥의 믿음이 이런 조건에 달려 있다고 생각하기 때문이다.

사실 욥은 당대에 그 지역에서 갑부에 속했고("그의 소유물은 양이 칠천 마리요 낙타가 삼천 마리요 소가 오백 겨리요 암나귀가 오백 마리이며 종도 많이 있었으니 이 사람은 동방 사람 중에 가장 훌륭한 자라"[3절]), 그 역시 이런 이해의 범주에서 하나님을 섬기고 있음을 보게 된다. 사탄의 참소 내용은 욥의 믿음의 바탕은 풍성한 물질을 주는 하나님에 있지, 하나님 자체가 아니라는 것이다. 그리고 정말 그러한지 그의 소유물을 치라고 사탄은 하나님께 강청한다. 우리는 사탄이 터무니 없는 주장을 한다고 생각하기 쉽다.

하지만 사탄은 욥이 가진 신앙의 본질을 꿰뚫어 보고 있는 것은 아닌지?

욥이 눈에 보이는 축복 때문에 하나님을 붙들고 있다는 사탄의 주장은 욥이 갖는 신앙의 어떤 이면을 정확히 알고 한 소리일지도 모른다.

>  내가 그의 소유물을 다 네 손에 붙이노라 오직 그의 몸에는 네 손을 대지 말지니라(욥 1:12).

사탄의 참소에 대해 하나님의 반응이다. 사탄의 참소인 그 '조건'을 해체시키기 위해 하나님은 사탄의 손에 그의 소유물을 붙인다. 주의깊게 읽어 보면, 하나님이 직접 욥을 치신 것이 아니라 사탄에게 위임하는 형식이다. 그렇지만 사람들은 이렇게 생각한다.

하나님이 사탄에게 허락했기 때문에 욥에게 고난이 닥친 것이 아닌가?

그렇다. 그러나 외견상 그렇게 보일 뿐이다. 그런 점에서 사람들은 무죄한 욥의 고난은 하나님으로 말미암은 것이라고 단정한다. 마찬가지로 우리 신앙인이 겪는 다양한 삶의 고난과 고통도 모두 하나님이 주신 것이라고 예단한다.

## 4. 사망의 길로 몰아가는 자

의롭고 순전한 욥이 외견상 까닭없이 고난을 당한다. 욥과 그 친구들의 생각처럼, 지금의 대부분의 사람들도 자신들이 겪는 고난과 역경이 전적으로 하나님이 주신 것이라 간주한다. 하나님은 만물의 주관자, 섭리자이시기에 인생의 생사화복도 주관하신다고 우리가 생각하기 때문이다. 그래서 때로 하나님이 우리를 망하게 하고 있다고 예단한다.

참으로 그러한가?

하지만 하나님은 욥을 치지 않으신다. 욥을 친 자는 사탄이다.

사탄은 세상의 임금, 세상의 주인이다. 사탄은 세상의 주인 노릇을 한다. 그래서 예수께서는 사탄이 '강한 자'이며(마 12:29), 세상 임금이라 보시고, 오직 세상의 심판 때에 사탄은 쫓겨날 것이라고 말씀하셨다(요 12:31).

어떻게 사탄이 세상의 임금이 된 것인가?

이는 에덴 동산에서 범한 아담의 불순종 때문이다. 아담의 죄로 인해 세상의 주인이 아담에서 사탄으로 바뀌었다. 아담이 범죄하자 사탄은 세상의 모든 권세와 영광을 아담으로부터 받았고, 그래서 사탄은 주 예수를 시험할 때 천하만국을 보여 주며 이렇게 말할 수 있었다.

> 이 모든 권세와 그 영광을 내가 네게 주리라 이것은 내게 넘겨 준 것이므로 나의 원하는 자에게 주노라(눅 4:6).

 이것은 사탄의 당당한 권리 선언이다. 그리고 최후 심판을 받기 전까지 사탄는 하나님의 회에 당당히 참석하여 믿는 자를 참소한다.
 인간은 죄인이다. 그리고 사탄, 곧 마귀는 "사망의 세력을 잡은 자"(히 2:14)이다. 그런데 "죄가 사망 안에서 왕노릇한다"(롬 5:21). 그러므로 죄가 죄인 된 우리를 주장하는 것이다. 당연히 죄의 삯인 사망 권세는 사탄에게 있다. 따라서 그는 실제적으로 피조물 인간의 죽음과 삶을 주관하는 자기의 권리를 하나님께 당당하게 주장하고 있는 셈이다. 인간은 죽기를 무서워하므로 일생에 매여 마귀에게 종노릇할 수밖에 없는 신세다.
 하지만 사망 권세에서 해방되는 길이 있다. 예수 그리스도를 영접하는 것이 그것이다. 예수의 피로 속죄함을 받은 성도는 죄에 대해 죽는 자이기 때문이다. 이제 믿는 자는 사탄을 무서워 해야 할 아무런 이유가 없다. 예수 그리스도의 십자가는 세상 임금을 쫓아냈기 때문이다(요 12:31).


## 5. 우리의 오해

 욥을 참소하며 그를 친 자는 사탄이지 하나님이 아니다.
 왜 하나님은 욥을 치지 않으셨는가?
 이는 하나님의 성품과 본질의 문제다. 즉 욥을 죽이는 것은 하나님의 성품과 본질에 반하기 때문이다. 창조주 하나님은 전능하시지만 하실 수 없는 것이 있다. 그것은 바로 죽음이다. 여기서 말하는 죽음은 하나님이 사람에게 정해 주신 기한 전의 사망—사고사 등—을 의미한다. 창조주라는 말 자체가 말해 주듯, 하나님은 창조하시는 분이지 죽이시는 분이 아니다. 죽이는 것은 하나님의 성품에 반하는 일이다. 물론 종말에 하나님은 사탄과 죄인들에게 영원한 사망을 선언하실 것이다. 그러나 그것은 심판 때의 일이고, 오히려 그 백성에게는 영원한 생명을 허락하신다.

만물을 창조하시고 그것에 생명이 주신 하나님 자신이 자기 피조물이 자신의 마음에 들지 않는다고 이를 죽인다고 생각하는 것은 우리의 인간적 세상적 경험과 죄성에 기인하는 오해와 무지의 결과이다.

하나님 나라의 자기 백성을 죽인다는 것은 하나님의 전능성을 의심하게 한다. 하나님의 전능성은 잘못된 것을 고쳐 바로하고 치유하는 것이지 죽여 없애는 것이 아니다.

그렇다면 왜 하나님은 광야 생활을 하는 이스라엘 백성을 광야에서 다 죽도록 하셨는가?

그들의 불순종 때문이었다. 불순종과 반항이 그 자체로 죽음을 가져온 것이지 하나님이 죽여 없애신 것이 아니다.

만약 하나님이 우리 인생의 허물과 죄를 보고 죽이기로 작정하신다면 이 세상에서 과연 살아 남을 자가 있을까?

어느 누구도 자기 힘과 능력으로는 하나님의 의를 이룰 수 없지 않은가? 여기 하나님 스스로 자신의 성품과 인격을 선언하신 것을 보라.

> [6] 여호와로라 여호와로라 자비롭고 은혜롭고 노하기를 더디하고 인자와 진실이 많은 하나님이로라 [7] 인자를 천대까지 베풀며 인자를 천대까지 베풀며 악과 과실과 죄를 용서하리라 그러나 벌을 면제하지는 아니하고 아버지의 악행을 자손 삼사 대까지 보응하리라 (출 34:6-7).[4]

이는 광야에서 금 송아지 우상을 만들었던 이스라엘 백성을 징계하신 후, 하나님이 어떤 분인가를 그 백성에게 계시하는 주님 스스로의 평가다. 여기에는 하나님의 성품과 인격이 계시되어 있다. 하나님이 죄인들을 위해 사랑하는 아들까지도 주기를 아끼지 않으심은 자비와 은혜, 인자가 많은 성품의 발로다.

죄인 된 인생을 심판하지 않고 오래 참으시며 긍휼을 베푼 사건이 하나님의 아들이신 예수의 십자가가 아닌가?

하나님의 성품은 생명을 주는 것이고 죽은 자를 살리는 것이지, 산 자를 죽이는 것이 아니다. 또 전능함은 준 것을 빼앗는 것이 아니다. 인간은 주었다가 마음에 들지 않으면 빼앗지만 하나님은 그러실 필요가 없다. 하나님의 전능함은 잘못된 것을 바꿀 수 있고, 부족한 것을 채우실 수 있고, 굽은 것을 곧게 펼 수 있고, 죽은 것을 살릴 수 있는 능력과 권세를 뜻한다.

하나님은 죽음을 이용하는 분이 아니다. 오히려 죽음에 처한 피조물 인간을 불쌍히 여기는 긍휼의 마음으로 자기의 선하신 의지를 따라 그를 살리는 능력을 가지신 분이다. 그래서 하나님은 사탄의 참소와 그의 권리 주장에 동의하지만, 욥의 생명에는 손을 대지 말 것을 명하신 것이다. 하나님이 사탄에게 욥의 것을 "네 손에 붙이노라"는 말씀은 인간과 세상의 권세에 대한 사탄의 권리를 인정한다는 뜻이다. 인간은 죄인이기 때문이다.

하나님이 사탄에게 욥을 치지 못하게 하심은 하나님 자신이 생명인 까닭이다. 하나님은 생명을 주시는 분이지 취하시는 분이 아니다.

하나님은 욥이 죽지 않고 살아서 회개를 통해 올바른 믿음을 갖기 원하신다. 만약 사탄이 욥에 손을 대면 그는 생명을 잃게 되고 이로 인해 회개할 기회를 영영 놓치게 될 것이다. 하나님은 욥이 이 시험을 통해 하나님을 아는 진정한 지식과 믿음을 갖으며, 이를 위해 자신의 의로 하나님 앞에 서는 잘못된 믿음과 태도를 회개하기를 원하신 것이다.

## 6. 악의 기원

욥기는 분명하게 욥에게 임하는 고난과 환난이 하나님으로부터가 아닌 사탄으로 말미암음을 말해 준다. 세상의 저주는 땅과 사탄으로부터 온다. 아담이 범죄했을 때, 하나님이 저주한 직접적 대상은 아담이 아닌 땅과 뱀이었다(창 3:14, 17). 땅이 아담의 죄로 인해 저주를 받았기에 인간은 이 땅으로부터 먹을 것을 구하기 위해 땀을 흘리는 수고를 해야 한다. 그리고 사탄의 도구가 된 뱀은 하나님으로부터 저주를 받아 여인의 후손인 메시아로부터 머리가 상할 것이라는 선언을 받게 된다(창 3:15).

대신 하나님은 범죄한 아담에게 저주가 아닌 승리의 소망을 말씀하셨고(창 3:15), 아담은 하나님에 의해 나뭇잎 대신 가죽옷을 입게 된다. 이는 동물의 피로 그의 죄 사함이 이루어짐을 보여 준다.

> [14] 여호와 하나님이 뱀에게 이르시되 네가 이렇게 하였으니 네가 모든 가축과 들의 모든 짐승보다 더욱 저주를 받아 배로 다니고 살아 있는 동안 흙을 먹을지니라 [15] 내가 너로 여자와 원수가 되게 하고 네 후손도 여자의 후손과 원수가 되게 하리니 여자의 후손은 네 머리를 상하게 할 것이요 너는 그의 발꿈치를 상하게 할 것이니라 하시고 [16] 또 여자에게 이르시되 내가 네게 임신하는 고통을 크게 더하리니 네가 수고하고 자식을 낳을 것이며 너는 남편을 원하고 남편은 너를 다스릴 것이니라 하시고 [17] 아담에게 이르시되 네가 네 아내의 말을 듣고 내가 네게 먹지 말라 한 나무의 열매를 먹었은즉 땅은 너로 말미암아 저주를 받고 너는 네 평생에 수고하여야 그 소산을 먹으리라(창 3:14-17).

의롭고 무죄한 자에게 고난이 임하면 사람들은 보통 하나님으로 인한 것이라 생각하고 점차 하나님을 원망한다. 이것은 이스라엘 백성이 광야 생활 중 출애굽이란 구원의 큰 기쁨을 잊고 그들의 눈앞에 없는 물과 음식으로 인해 하나님께 불평한 것에서도 나타난다(신 1:27).

> 장막 중에서 원망하여 이르기를 여호와께서 우리를 미워하시는 고로 아모리 족속의 손에 붙여 우리를 멸하시려고 우리를 애굽 땅에서 인도하여 내셨도다(신 1:27).

욥의 소유물을 살라 버리는 불이 났는데, 욥의 종들 역시 이것이 "하나님의 불"이라고 말한다(욥 1:16). 분명 이 불은 하나님이 내린 것이 아님에도 사람들은 이것이 하나님의 불이라고 간주한다. 지금도 마찬가지다. 실제 사탄이 죽음을 역사하는데 세상은 하나님이 행한 것이라고 말한다. 그러나 이는 착각이다. 이처럼 사탄은 인간이 갖는 하나님에 대한 잘못된 생각을 이용하여 인간사의 악한 일들을 하나님의 역사로 둔갑시킨다.

사탄의 역사하는 방법을 보자.

거친 들에서 대풍이 불어 집 네 모퉁이를 치자, 욥의 자녀들이 깔려 죽고, 스바 사람과 갈대아 사람이 그의 종들과 소유물을 죽이고 약탈한다(욥 1:13-19).

물론 사탄은 대자연의 주재가 아니기에 대풍을 일으키고, 인간의 행동을 통제할 수 있는 존재가 아니다. 하지만 사탄은 이 바람을 이용해 사람을 죽도록 하며, 인간의 사악함을 빌어 살인과 강도를 자행하게 한다. 이 모든 일은 하나님이 아닌 사탄이 자연과 사람을 악용하여 일으킨 일이다. 이처럼 환난에 대해 세상 사람이 갖는 생각을 이용해 사탄은 모든 것을 하나님의 탓으로 돌리는 데 성공한다.

> [13] 하루는 욥의 자녀들이 그 맏아들의 집에서 음식을 먹으며 포도주를 마실 때에 [14] 사환이 욥에게 와서 아뢰되 소는 밭을 갈고 나귀는 그 곁에서 풀을 먹는데 [15] 스바 사람이 갑자기 이르러 그것들을 빼앗고 칼로 종들을 죽였나이다 나만 홀로 피하였으므로 주인께 아뢰러 왔나이다 [16] 그가 아직

말하는 동안에 또 한 사람이 와서 아뢰되 하나님의 불이 하늘에서 떨어져서 양과 종들을 살라 버렸나이다 나만 홀로 피하였으므로 주인께 아뢰러 왔나이다 17 그가 아직 말하는 동안에 또 한 사람이 와서 아뢰되 갈대아 사람이 세 무리를 지어 갑자기 낙타에게 달려들어 그것을 빼앗으며 칼로 종들을 죽였나이다 나만 홀로 피하였으므로 주인께 아뢰러 왔나이다 18 그가 아직 말하는 동안에 또 한 사람이 와서 아뢰되 주인의 자녀들이 그들의 맏아들의 집에서 음식을 먹으며 포도주를 마시는데 19 거친 들에서 큰 바람이 와서 집 네 모퉁이를 치매 그 청년들 위에 무너지므로 그들이 죽었나이다 나만 홀로 피하였으므로 주인께 아뢰러 왔나이다 한지라(욥 1:13-19).

## 7. 주신 자도 여호와, 취하신 자도 여호와

세상의 모든 악한 일이 정말로 하나님으로 말미암은 것이라 볼 수 있는가?
욥의 고백을 보라.

내가 모태에서 알몸(赤身)으로 나왔은즉 또한 알몸(적신)이 그리로 돌아가올지라 주신 자도 여호와시요 취하신 자도 여호와시오니 여호와의 이름이 찬송을 받으실지이다(욥 1:21).

스바 사람이 종들을 죽이고, 불이 양과 종들을 사르며, 갈대아 사람이 약대와 종들을 죽이고, 마지막으로 대풍(大風)으로 인해 자녀들이 죽었다는 말에 욥은 겉옷을 찢고 머리털을 밀고 땅에 엎드려 경배하며 이 믿음의 고백을 한다.
특이한 것은 여기서 욥이 하나님을 여호와라 부르고 있다는 점이다. 하나님에 대한 욥의 지식은 그가 사용하는 여호와라는 표현에서 나타난다.

하나님을 나타내는 말은 엘로힘과 여호와가 있다. 엘로힘은 하나님의 공의의 속성을 보여 주고, 여호와는 긍휼의 속성을 더 많이 드러낸다. 엘로힘은 경외자로서 영광스런 존귀의 충만함을 보여 주는 하나님이다. 그래서 엘로힘은 창조주의 속성을 강조한다면, 여호와는 절대자로서 그 뜻을 좇아 인간의 운명을 주장하는 주체로서의 하나님, 즉 구원자의 하나님 상을 보여 준다.[5]

그래서 욥은 하나님이 그 무한한 지혜 안에서 주었다가 빼앗는 분으로 생각하고, 인간의 이해와 감정으로는 오직 고통 같을 때라도 하나님을 찬양하며 하나님에게서 멀어지지 않는다.

욥의 고백을 통해서 우리가 알 수 있는 것은 그가 하나님을 아는 지식에 대해 한계 혹은 제한을 갖고 있었으리라는 점이다. 여호와는 모세 이전부터 긍휼과 언약의 하나님으로서, 이스라엘의 선조들에게 알려진 하나님의 이름이지만, 무엇보다 구원자로서의 하나님은 출애굽을 앞둔 모세에게 처음으로 계시됐기 때문이다(출 6:3).

> 내가 아브라함과 이삭과 야곱에게 전능자로서의 하나님으로 나타났으나 나의 이름을 여호와로는 그들에게 알리지 않았고(출 6:3).

그런 점에서 욥은 아직 온전히 계시되지 않는 구원자 여호와의 지식을 가지고 그에게 임한 고난을 여호와의 역사로 간주하고 있는 셈이다.

"내가 모태에서 알몸으로 나왔은즉 또한 알몸이 그리로 돌아가올지라 주신 자도 여호와시요 취하신 자도 여호와시오니"라는 그의 고백은 외양상 대단한 신앙고백처럼 보인다.

그러나 이것이 참된 신앙고백이 될 수 있는가?

욥은 구원자로서의 하나님을 온전히 알지 못한 상태에서 하나님을 말하고 있다!

우리의 구원자 되신 여호와는 말 그대로 구원을 주신 분, 즉 생명을 주시는 분이다. 구원자는 파괴하고 죽이는 자가 될 수 없는 법이다. 그럼에도 그는 하나님을 죽이는 자로 생각한다.

욥은 모든 인간의 생사화복이 전부 여호와 하나님으로부터 온다고 생각하고, 병 주시고 약 주시는 하나님을 경배한다. 이는 하나님에 대해 제한적 지식을 가진 욥의 주관적이고 경험적인 하나님의 상이다. 욥은 인간이 갖는 성품과 본질에 따라 판단하는 신앙을 참된 믿음으로 착각한다. 생명을 주시는 하나님을 두고, 욥은 그가 생명을 앗아간다고 생각한다. 이처럼 하나님의 초점과 욥(인간)의 초점은 다르다.

세상에서 어느 누가 자기 것을 빼앗아 간 자를 찬양하고 감사할 수 있을까?

하지만 놀랍게도 욥이 그렇게 한다. 이런 욥을 두고 우리는 그가 믿음이 좋기 때문이라고 생각한다.

누군가 나에게 좋은 것을 주면 나는 그 준 자를 좋아하고 감사하지만, 내게 있는 것을 빼앗아 간 자를 그리 할 리가 있을까?

그런데 욥은 약 주시고 동시에 병 주시는 하나님을 경배한다. 확실히 자기 것을 빼앗아 간 자를 찬양함은 대단한 믿음처럼 보인다.

그렇다면 주신 자도 하나님, 취하신 자도 하나님이시라는, 고난 가운데 고백하는 욥의 이 찬송이 하나님께 진정으로 영광이 됐으며, 이 고백에 하나님이 찬송 받으셨을까?

알 수 없다.

그러나 우리도 누군가가 나에 대해 잘 모르는 자—잘 모르는 정도를 넘어 잘못 알고 있는 자—가 나를 아는 척하고 나를 칭찬하면, 그것을 진실되고 기쁘게 받을까?

단연코 아닐 것이다.

하나님에 대한 욥의 고백은 이와 같은 경우와 같지 않을까?

인간은 적신으로 와서 적신으로 간다. 이것은 변함 없는 육적 현상이고,

영적 사실이다. 인간은 죄 된 성품을 가지고 태어난 후 그 죗값을 지불하기 위해 죽는다. 이는 하나님의 법이다.

그런데 욥의 잘못은 세상 물질이 있다가 없어진 것을 하나님의 탓으로 돌리는 데 있다. 육적, 영적으로 인간이 죽는 것은 맞지만, 인간이 가진 소유물을 영적인 것으로 비교하면서 눈에 보인 것을 가지고 보이지 않은 하나님을 생각하고 판단하는 잘못된 모습을 보여 준다.

분명 자기에게 닥친 고난과 환난에도 그는 범죄치 않고 하나님을 원망하지 않았다. 그러나 그의 믿음의 고백은 하나님 앞에 진정한 것이 될 수가 없다. 그는 범죄하지 않았으나 의미상 하나님과 바른 관계에 있지 못하다고 말할 수 있음은 그가 소유물을 통해 하나님을 붙들고 있기 때문이다. 그리고 세상 사람은 알지 못했으나, 사탄은 그가 붙들고 있는 하나님에 대한 신앙을 정확히 진단하고 나온다.

> 욥이 어찌 까닭 없이 하나님을 경외하리이까(욥 1:9).

결국 하나님이 그에게 시험을 허락하신 이유는 욥의 이런 잘못된 하나님의 지식과 그로 인해 바르지 못한 하나님과의 관계를 회복시키기 위해서가 아닐까?

하지만 하나님은 욥의 생명을 보존하신다. 욥이 참된 신앙을 갖기를 소원하시기 때문이다.

## 8. 하나님의 성품을 아는 참된 길

하나님은 은혜와 사랑이 풍성하신 하나님이다. 이것은 우리의 어떤 허물과 죄에도 하나님이 이를 무조건 용서하신다는 뜻이 아니다. 우리가 어떤 잘못을 했을지라도 회개하면, 하나님은 이를 언제나 용서하시고 관용을 베푸신다는 뜻이다. 하나님은 우리의 잘못된 길과 허물을 언제나 고치실 수 있는 전능자이기 때문이다.

우리의 경험과 관념으로는 하나님의 참된 성품을 알 수 없다. 그래서 우리가 구약을 읽을 때면 하나님에 대해 혼동한다. 그러나 하나님의 성품을 알 수 있는 길이 있다. 바로 십자가다. 우리는 오직 예수 그리스도의 십자가에서만 하나님의 성품을 온전히 깨달을 수 있다. 하나님이 어떠하신 분인지를 십자가에서 보이셨기 때문이다. 그리고 제자들이 이를 보았고 증거했다.

십자가에 가면 우리는 하나님이 얼마나 세상을 사랑하고, 죄인을 긍휼히 여기며, 죄를 미워하시는지를 알 수 있다. 죄인되며 원수된 인간을 사랑하여 영생의 선물을 주기 위해 독생자를 피 흘리게 하는 십자가를 보면, 우리는 하나님의 어떠하심을 알 수 있다. 그래서 하나님을 알기 위해서는 십자가로 나가야 한다.

비록 욥의 신앙이 하나님을 아는 온전한 지식을 갖지 못했지만, 하나님은 욥의 의로운 삶을 사탄에게 자랑할 정도로 욥을 사랑하신다. 하나님은 성도의 온전하지 못한, 겨자씨 같은 작은 믿음이라도 결코 헛되이 보지 않으신다. 사랑의 하나님이시기 때문이다.

사탄이 욥을 참소하며 자신의 권리로써 그의 소유물을 치기를 원했지만, 하나님은 그의 생명을 보존하신다. 생명의 하나님이시기 때문이다.

하나님은 한번 주시면 다시 취하지 않으신다.

하나님이 무엇이 부족해서 인간에게 주신 것을 도로 취하시겠는가?

반면 인간은 그렇게 한다. 그러나 하나님은 절대로 그러실 수 없다. 전능한 하나님이시기 때문이다.

결국에는 욥이 자신의 생일을 저주함으로써 실제적으로 자기를 만드신 하나님을 저주했으나 하나님은 그를 끝까지 붙들어 주신다. 신실하신 하나님이시기 때문이다.

고난으로 인해 모든 것을 잃었던 욥에게 마침내는 종전의 배나 되는 축복을 허락하신다. 회복시키는 하나님이시기 때문이다.

　하나님은 결코 병 주시고 약 주시는 분이 아니라 항상 약만 주는 것을 욥이 깨닫도록 기다리신다. 오래 참는 하나님이시기 때문이다.

　무지한 욥을 일깨워 하나님을 아는 길을 가르쳐 주신다. 진리의 하나님이시기 때문이다.

　십자가는 우리가 하나님의 성품과 인격을 아는 참된 길이다. 예수 그리스도의 십자가로 나가면 우리는 하나님의 성품과 인격을 온전히 보게 되고 깨닫게 되고, 느끼게 된다. 그리고 십자가는 나의 죄를 보게 하고, 하나님의 성품에서 나오지 않는 나의 의로움, 자랑거리를 드러나게 한다.

　하나님은 우리의 환난에 결코 방관자로 계시지 않는 분이다. 우리의 환난에 동참하고, 이를 치유하시고 회복하신다. 사탄은 욥의 신앙의 내면을 알고 참소했지만, 하나님은 욥으로 하여금 이를 깨닫게 하고 고치고 치유하신다.

　우리에게 임하는 고난은 세상과 사탄으로부터 온다. 하나님은 자기의 자녀가 이런 고난에서 벗어나고 해방되어 자유하기를 원하신다. 이런 하나님의 성품을 안다면 우리는 하나님을 더 많이 믿을 수 있고, 더 많이 신뢰할 수 있으며, 더 담대한 믿음으로 살아갈 수 있다.

　아마도 욥이 번제를 드리는 일뿐 아니라 자녀들의 안전과 장수를 하나님께 구했다면, 사탄의 여러 시험에서 불구하고 하나님은 그 자녀들의 생명 역시 보호해 주셨을 것이다. 바로 우리가 기도해야 할 이유다.

## 제2장

# 어찌 까닭 없이 하나님을 경외하리이까?

하나님의 전능성과 성도의 소망 (욥 1:6-12)

## 1. 하나님에게는 능치 못함이 없다

하나님에게는 능치 못할 일이 없다(창 18:14; 렘 32:17, 27; 눅 1:37; 18:27). 참으로 사람으로는 할 수 없으되 하나님으로서는 다 하실 수 있다(마 19:26). 이는 하나님의 성품의 하나인 전능성에 대한 것이다.

"하나님은 전능하시다."

이 말을 하나님께 사용할 수 있는 이유는 하나님이 우리의 대적 사탄을 두려워하지 않거나, 아니면 물리적 힘을 자의적으로 사용하실 수 있기 때문이 아니다. 오히려 하나님의 전능성은 그 어떤 피조물, 특히 세상의 임금인 사탄의 영향을 받지 않으며 또 그럴 이유도 없다는 점에 있다. 하나님은 "스스로 있는 자"(창 3:14)이시기 때문이다.

그리고 하나님에게는 불법과 악이 조금도 없고 그것과 무관하며, 사람을 시험하기 위해 하나님은 전능함을 행사하지 않으시기에 그 전능성은 진정한 능력이 된다.

그렇다면 "나는 전능한 하나님이라"는 무슨 뜻일까?

나는 전능한 하나님이라 너는 내 앞에서 행하여 완전하라(창 17:1).

이 말은 창세기 17:1에서 하나님이 아브라함에 나타나 이르신 말씀이다. "나는 전능한 하나님"이란 말에서 가장 중요한 것은 이 말의 주체인 "나"이다. 주어인 "나"는 이 말씀의 핵심이다. 전능함의 주체는 창조주, 만유의 주 되신 하나님 자신이다.

"스스로 있는 자"라는 여호와의 이름은 전능한 하나님의 성품을 드러낸다. 인간은 전능하지 않기 때문에 상황과 여건, 능력에 항상 변하고 흔들린다. 하지만 "스스로 있는 자"는 그 무엇, 그 누구에게도 간섭 받지 않기에 변할 필요나 흔들릴 이유가 없다. 어떤 상황과 여건 속에서도 자신의 뜻과 계획을 성취할 수 있고, 굽어지고 휘어진 것을 곧게 펴고, 부서지고 깨어진 것을 회복하고 원상을 복귀할 능력이 있다. 이 능력은 창조주, 만물의 주 하나님만이 가지실 수 있다. 바로 그런 분이 전능하시다.

하나님의 성품은 인간의 삶의 과정 속에서 그리고 교회의 역사 속에서 나타난다. 창조주요 모든 육체의 하나님이 구원의 손길을 통해 하나님 나라의 백성의 영혼과 삶에 생명과 축복을 주는 분이기 때문이다. "만물을 자기에게 복종하실 수 있는 자의 역사로 우리의 낮은 몸을 자기 영광의 몸의 형체와 같이 변하게 하시"는 분이 하나님이다(빌 3:21). 죽어야 할 우리의 영혼을 구원하여 영원한 생명, 하나님과 함께 하는 영광의 몸으로 만드는 것은 하나님의 전능하심 때문이다.

또 우리를 "역사하시는 능력대로 우리의 온갖 구하는 것이나 생각하는 것에 더 넘치도록 능히 하실 이"가 하나님이시다(엡 3:20). 하나님이 우리의 영혼뿐만 아니라 우리의 모든 삶에서도 우리의 필요를 우리의 기대 이상으로 채우실 수 있는 것은 전능하시기 때문이다. 이처럼 하나님이 전능하다는 것은 그분이 모든 것을 하실 수 있고, 모든 가능성을 가지신다는 뜻이다.

하나님의 권능은 단순히 물리적 힘(강제)이 아닌, 도덕적인 법적 힘이다. 하나님의 거룩과 의와 지혜의 힘은 하나님의 인격의 자유와 사랑에 뿌리를 둔다.⁶

"펜은 칼보다 강하다"라는 말이 있듯, 물리적 강제력은 일시적 효력이 있지만 결코 지속적일 수 없고, 사람에게 환영받을 수 없다. 독재자의 일방적인 강제적 법보다 민의의 합의를 통해 만들어진 법이 훨씬 큰 준법성을 갖는 이유는 사람들이 기꺼이 그 법의 권위를 인정하고 순응하기 때문이다. 합법성의 원천은 언제나 합법성의 충만함 속에 있다. 모든 사람이 수긍할 수 있는 합목적성, 누구에게나 혜택과 기쁨을 주는 복리 지향성, 합법성의 충만함이 있는 이런 법과 명령에 사람들은 믿고 따르게 된다.

그래서 강제력은 물리적 힘이 아닌 권위적, 도덕적 힘에 기초한다. 하나님의 능력은 하나님의 권위, 곧 창조주요 구속주로서의 권위로 충만한 힘이다. 그래서 그 능력은 아름다움과 선함을 내포하는 도덕적인 법적 힘을 갖는다. 무력의 힘이 아닌 사랑과 용서에서 나오는, 아버지로서 그리고 세상의 주권자로서의 힘이다. 반면에 세상은 오직 자신의 물리적 힘과 능력만을 자랑하려 한다. 그리고 이 힘을 우상처럼 믿고 행한다. 그러나 이 힘은 지나치기 십상이고 그러면 바로 하나님 앞에 죄가 된다(합 1:11).

> 그들[갈대아 사람]은 그 힘으로 자기 신을 삼는 자라 이에 바람같이 급히 몰아 지나치게 행하여 득죄하리라(합 1:11).

## 2. 전능성과 전인성

하나님의 권능, 즉 거룩과 의와 지혜의 힘은 전적으로 자유와 사랑이라는 하나님의 성품과 인격에 뿌리박혀 있다. 하나님은 실제로 하실 수 있는 일을 법적으로 하실 수 있지만, 법적으로 하실 수 없는 것은 실제로도 행하지 않으신다. 창조주, 만물의 주인이신 하나님은 자신이 원하는 바를 원대로 하실 수 있다. 따라서 하나님의 도덕적, 법적 능력는 동시에 물리적 능력이기도 하다.

> 만물이 그에게서 창조되되 하늘과 땅에서 보이는 것들과 보이지 않는 것들과 혹은 왕권들이나 주권들이나 통치자들이나 권세들이나 만물이 다 그로 말미암고 그를 위하여 창조되었고(골 1:16).

> 토기장이가 토기를 자기 마음대로 만들고 부수어 버릴 수 있음은 진흙이 토기장이의 손에 있기 때문이 아닌가?(렘 18:6)

> 이스라엘 족속아 이 토기장이가 하는 것같이 내가 능히 너희에게 행하지 못하겠느냐 이스라엘 족속아 진흙이 토기장이의 손에 있음같이 너희가 내 손에 있느니라(렘 18:6).

또 포도원 품군의 비유를 보자. 아침부터 일한 품군과 한 시간 일한 품군이 같은 품삯을 받음은 포도원 주인의 마음이다. 품삯에 왜 차등이 없느냐는, 아침 일찍부터 일한 품군의 항변에 주인의 대답은 '내 맘대로' 라는 것이다.

> 내 것을 가지고 내 뜻대로 할 것이 아니냐?(마 20:15)

만유의 주인 되신 하나님의 전능은 모든 것을 자기 뜻대로 하실 수 있는 자유를 갖으신다. 하지만 그 자유는 그분의 성품이 갖는 사랑에 근거하여 사용된다. 그래서 사랑 안에서의 하나님의 전능은 믿는 자에게 축복이 된다.

하나님의 전능은 그분의 일하심 가운데 자연히 드러나는 권능이다. 창조, 화해, 구속은 그분의 전능한 사역이다. 하나님이 자유로운 사랑을 보이고, 자신을 인간과 묶는 사실에서 하나님은 힘과 능력을 나타난다. 하나님이 십자가에서 아들 예수를 죽게 한 역사는 외적으로는 세상과 사탄에게 패배한 것과 같은 연약하고 무능한 모습이지만, 실상은 "이 세상의 심판"이요 "이 세상 임금"을 쫓아내는(요 12:31) 전능성의 역사였다.

하지만 기억할 것은 하나님은 아무 때고 마음에 내킨 대로 그 전능함을 행하는 분이 아니라는 사실이다. 그 전능성의 행사는 오직 피조물의 축복와 행복을 위한 그분의 사역에서만 발휘된다. 그래서 하나님의 전능성(omnipotence)은 모든 것이 하나님으로 말미암음이란 전인성(全因性)이 될 수가 없다.

"주에게는 능치 못함이 없다"라는 성경에 나타난 하나님의 전능성의 선언은 어느 경우에 선언되며 또한 어떤 의미를 갖는 것일까?

**첫째, 아브라함에게 행하신 언약의 성취에 대한 말씀에서 나타난다**(창 18:14).

인간의 눈으로는 사라의 태가 죽었음에도 불구하고 이삭을 주시겠다는 하나님 자신의 약속의 재확인은 우리 인류에게 메시아되신 예수 그리스도를 "기한이 이를 때에" 주시겠다는 언약의 성취에 대한 선언이다. 믿음의 선조 아브라함, 이삭, 야곱을 통해 메시아가 오심으로 인해 우리에게 행하신 구속의 역사는 하나님의 대표적 전능의 사건이다.

> 여호와께서 능치 못할 일이 있겠느냐 기한이 이를 때에 내가 네게로 돌아오리니 사라에게 아들이 있으리라(창 18:14).

**둘째, 이스라엘의 회복에 대한 약속의 말씀에서 하나님의 전능성은 선언된다**(렘 32:27).

이스라엘이 바벨론에 의해 멸망받고 있는 절대 절명의 순간, 하나님은 그들의 회복을 선언하신다. 이것은 분명 인간의 지각과 상상을 뛰어넘는 능력의 말씀이다. 우리의 잃어버린 신분과 영광의 회복은 오직 하나님의 능력으로만 성취되는 일이다.

> 나는 여호와요 모든 육체의 하나님이라 내게 능치 못할 일이 있겠느냐 (렘 32:27).

**셋째, 예수 그리스도의 동정녀 탄생과 관련하여 선언된다(눅 1:37).**
늙어서 수태할 수 없었던 마리아의 친족 엘리사벳의 잉태뿐만 아니라 사내를 알지 못하는 처녀 마리아의 잉태도 인간의 구속과 관련되어 드러나는 하나님의 전능의 역사 외에는 달리 설명할 길이 없다.

> 대저 하나님의 모든 말씀은 능치 못하심이 없느니라(눅 1:37).

**넷째, 타락한 인간의 회복을 위한 하나님의 능력이다(막 10:27).**
약대가 바늘귀로 들어가는 것이 부자가 하나님 나라에 들어가는 것보다 쉽다는 주님의 말씀은 죄인 된 우리 인간이 자신의 힘과 능으로는 하나님의 나라에 들어갈 수 없다는 뜻이다. 인간은 탐심을 버릴 수 없기 때문이다. 우리가 하나님 백성이 되는 길은 오직 하나님의 역사만으로 이루어진다.

> 예수께서 저희를 보시며 가라사대 사람으로는 할 수 없으되 하나님으로서는 그렇지 아니하니 하나님으로서는 다 하실 수 있느니라(막 10:27).

하나님은 "모든 것"을 하실 수 있다. 그러나 이 "하실 수 있다"는 것은 하나님 자신만이 그분의 자유와 사랑의 능력 안에서 무엇이 가능한지를 결정하신다는 뜻이다. 하나님은 구분 없이, 원칙 없이는 모든 것을 하실 수 있는 것은 아니다. 하나님은 자신에게만 가능한 것, 즉 진정으로 가능한 것만을 하실 수 있다. 하나님은 자기 뜻대로 하실 수 있는 능력과 힘을 갖으시지만, 항상 자기의 성품과 인격에 합치되는 범위 안에서 그것을 행사하신다는 점에서 자기의 본성에 반하는 것을 하실 수 없다.

그렇다고 이것이 하나님의 전능성의 제한을 뜻하는 것은 아니다. 오히려 전능성의 진정한 의미를 말해 준다. 따라서 역설적으로 전능하신 하나님은 '모든 것'을 하실 수 있는 것은 아니라고 말할 수 있다. 즉 불가능한 것의 가능성은 그분에게는 낯선 것이고 그의 성품과 사역에 반하는 것이기 때문이다.

하나님의 권능은 자신에게 가능한 모든 것을 하실 수 있는 힘이고, 자신에게 온전히 불가능한 것을 행하지 않으시는 힘이다. 전능하신 하나님은 절대로 거짓을 말하시거나, 자신을 부인하시거나, 죄를 지으시거나, 만홀히 여김을 받으시거나, 죽으실 수 없다. 오직 하나님의 의와 사랑만이 자기의 전능성을 제한하실 수 있을 뿐이다.

하나님이 모든 것을 하실 수 있다는 생각은 변덕스럽고 파괴적인 피조물의 능력—선보다는 악을 훨씬 힘 있게 행하는 독재자의 행태를 보라—이거나 인간 이성이 품는 환상이며, 인간의 부질 없는 신뢰와 확신에 불과하다.[7]


## 3. 불가능성의 가능성

하나님은 사랑이시라(요일 4:8, 16).

요한 사도의 이 말은 하나님의 공의의 엄격성에 대한 성경적 증언을 의심스럽게 만드는 것이 아니다. 사랑이신 하나님은 불신자를 심판하고 벌주는 하나님이 될 수 없다는 주장은 가능하지 않다. 하지만 하나님의 심판은 사랑 안에서 이루어진다. 그런 점에서 모든 것을 하실 수 있는 하나님은 동시에 모든 것을 행하실 수 있는 것은 아니다.

모든 것을 하실 수 있는 하나님이 하실 수 없는 것, 불가능성의 가능성은 무엇인가?

그것은 철저히 하나님 자신의 성품과 어긋나는 것은 하실 수 없다는 점이다. 하나님의 성품을 생각한다면, 우리는 다음과 같은 사실을 알 수 있다.

**첫째, 하나님은 악과 패역을 행하지 않으신다(합 1:13).**

빛과 진리되신 하나님이 악과 패역을 자기의 피조물인 우리에게 주실 수는 없다. 주님의 의와 사랑 때문이다. 의와 공의를 가지며 그래서 거룩하신 분으로 우리에게도 그런 것을 요구하시는 하나님이 악과 패역을 행하심은 논리적 모순이다.

> 주께서는 눈이 정결하시므로 악을 참아 보지 못하시며 패역을 참아 보지 못하시거늘 어찌하여 궤휼한 자들을 방관하시며 악인이 자기보다 의로운 사람을 삼키되 잠잠하시나이까(합 1:13).

또 사랑의 하나님이 그 성품에 반해서 미움을 보이고 그래서 해코지 한다는 것은 상상하기 어렵다. 마치 자식에게 의롭고 올바른 행위를 바라고 말하는 부모가 앞장 서서 불의와 거짓을 행하고, 사랑하는 자식을 까닭 없이 미워하는 것과 같다. 인간은 그럴 수 있지만, 하나님은 인생이 아니시다.

그리고 우리가 하나님의 기준과 뜻에 맞지 않다고 해서, 결코 빛되신 하나님이 우리에게 어두움을 주고, 생명을 주신 분이 사망을 주며, 축복을 주시는 분—심지어 선인과 악인에게 햇빛을, 의인과 불의한 자에게 비를 공히 주신 분—이 저주를 내리시지 않는다!(요일 1:5)

하나님은 빛이시라 그에게는 어두움이 조금도 없으시니라(요일 1:5).

그런데 우리는 왜 어두움과 저주와 사망 가운데 있는가?
그것은 우리가 하나님을 떠나면 자연히 그렇게 된 것이다. 하나님을 떠난 자는 공중의 권세 잡은 자 곧 사탄의 자녀이기 때문이다. 사탄은 도적이다. 그래서 그는 "도적질하고 죽이고 멸망시키려는 것"(요 10:10)만을 한다. 사탄이 어두움과 저주와 사망을 잡고 있기 때문이다.

**둘째, 하나님은 언약의 말씀을 결코 저버리지 않으신다.**
하나님은 신실하다. 그런 점에서 하나님은 불신실함과 거짓말에 있어서 결코 전능하실 수 없다. 하나님이 아브라함을 불러 그와 언약을 맺으실 때, 양 당사자가 고기 사이를 지나가야 함에도 하나님만이 지나가시고 약속하셨다. 이는 하나님만이 그 언약을 지킬 수 있는 분이기 때문이다(창 15:1-21). 하나님은 선언된 언약을 지키시기 위해 스스로 맹세로 보증하실 만큼 절대로 거짓말을 하실 수 없는 분이다(히 6:17-18).

> [17] 하나님은 약속을 기업으로 받은 자들에게 그 뜻이 변치 아니함을 충분히 나타내시려고 그 일에 맹세로 보증하셨나니 [18] 이는 하나님이 거짓말을 하실 수 없는 이 두 가지 변치 못할 사실을 인하여 앞에 있는 소망을 얻으려고 피하여 가는 우리로 큰 안위를 받게 하려 하심이라(히 6:17-18)

또 하나님은 그 약속에 대해 신실하기 때문에, 자기를 부인하실 수 없는 분이다(딤후 2:13). 하나님은 그 말씀하신 바를 행하시고 이를 이루신다. 자신의 말씀에 대한 신실성은 하나님의 전능성에 대한 '자기 제한'(self-limitation)의 다른 표현이다(민 23:19).

우리는 미쁨이 없을지라도 주는 일향 미쁘시니 자기를 부인하실 수 없으시리라(딤후 2:13).

하나님은 인생이 아니니 식언치 않으시고 인자가 아니니 후회가 없도다. 어찌 그 말씀하신 바를 행하지 않으며, 하신 말씀을 실행치 않으랴(민 23:19).

### 셋째, 하나님은 아무도 시험하지 않으신다.

하나님은 악에도 시험받지 않으시기 때문에 동시에 누구도 시험하지 않으신다(약 1:13). 하나님은 어떤 경우에도 어떤 피조물로부터도 시험을 받지 않으며 그래서 동시에 그 누구도 시험하지 않는다.

시험은 사탄이 한다. 사탄 곧 마귀는 주 예수까지도 광야에서 시험할 만큼, 우는 사자처럼 삼킬 자를 찾는다. 많은 경우 우리는 환난과 어려움이 오면 하나님이 자신을 시험한다고 생각한다. 그러나 하나님은 그런 소심하고 째째한 분이 아니다. 모든 문제는 우리 자신과 세상에 있다.

사람이 시험을 받을 때에 내가 하나님께 시험을 받는다 하지 말지니 하나님은 악에도 시험을 받지도 아니하시고 친히 아무도 시험하지 아니하시니라(약 1:13).

### 넷째, 하나님은 인간의 자유 의지를 존중하신다.

하나님은 전능하시지만, 인간의 자유 의지를 존중하시고 세상을 창조의 법칙을 따라 섭리하신다.

아담이 선악과를 먹으려고 할 때, 하나님은 왜 자기의 전능함으로 그의 행동을 말리지 않으셨는가?

이것은 철저히 하나님이 아담의 지정의 곧 그의 인격을 인정하고 존중해 주셨기 때문이다. 하나님의 형상으로 창조된 인간이 자유 의지로 행할 수 있음은 하나님의 허락이다. 그러기에 죄악의 위기 앞에 선 인간에게 하나님은 철저히 침묵하시고 인간의 뜻과 생각과 의지에 따른 선택을 존중하시는 것이다.

## 4. 욥의 눈에 보인 하나님

우리는 욥기를 대할 때마다 '의인의 고난은 왜 일까?'라는 의문을 가진다. 욥 역시 철저히 하나님이 자신을 환난 가운데 두셨음을 고백하며, 그 이유가 어디 있는지를 하나님께 계속 질문하고 있음을 본다. 그는 항변한다.

> 나의 친구야 너희는 나를 불쌍히 여겨다오 나를 불쌍히 여겨다오 **하나님의 손이 나를 치셨구나** 너희가 어찌하여 **하나님처럼 나를 박해하느냐** 내 살로도 부족하냐(욥 19:21-22).

그러면서도 욥은 흔들리지 않는 신앙고백을 한다.

> 내가 모태에서 알몸으로 나왔사온즉 또한 알몸이 그리로 돌아가올지라 주신 이도 여호와시요 거두신 이도 여호와시오니 여호와의 이름이 찬송을 받으실지니이다(욥 1:21).

하나님은 주신 자이시기 때문에 도로 취하는 자라고 생각하며, 하나님이 자신을 치시고 핍박하신다고 생각한다. 그럼에도 그는 하나님의 이름을 찬양하는 모습을 보여 준다.
얼마나 모순이며, 당착인가!
그렇다면 욥의 믿음에는 문제가 없는가? 있다!

욥은 "주는 무소불능하시니 무슨 경영이든지 못 이루실 것이 없는" (욥 42:2) 전능하신 분임을 고백한다. 이처럼 그는 하나님의 전능성을 잘 안다. 하지만 그는 불가능성의 가능성만을 가진 하나님의 성품을 알지 못한다. 하나님은 전능한 분이시지만 그분의 성품에 반하는 것을 하실 수 없는 분임을 그는 간과한다.

대단한 믿음의 소유자, 삶에서 의로움을 보인 자인 욥이 하나님을 반쪽만 알고 있는 셈이다. 이것이 그가 마지막에는 하나님께 회개해야 할 일이다. 분명 하나님이 귀히 여길 만큼 욥은 자기 행위에 있어 의를 행한 자로서, "순전하고 정직하여 하나님을 경외하며 악에서 떠난 자"이다(욥 1:1).

사탄은 우리의 믿음의 바탕을 결코 간과하지 않는다. 사탄은 욥이 열심히 하나님을 경외하며 삶에서 자기 의를 지키며 사는 이유를 간파하고 있다. 사탄이 하나님의 북극 집회에 참석하여 하나님께 욥을 참소하는 근거가 그의 믿음의 바탕이다. 욥이 믿음 생활을 잘 하는 이유는 그에게 하나님이 많은 물질적 축복을 누리기 때문이라는 것이다. 사탄은 욥 자신도 깨닫지 못하는 믿음의 심층적인 이유를 간파하고 있었던 셈이다.

이후의 욥의 고백을 들어 보면 그는 확실히 눈에 보이는 축복을 통해 그리고 이를 위해 하나님을 경외하고 있음이 밝혀진다. 이런 욥의 내면을 잘 알고 있는 사탄은 하나님의 성품에 반하는 요구를 하는 것을 본다.

사탄은 "주께서 그의 손으로 하는 바를 복되게 하사 그의 소유물이 땅에 넘치게 하셨음이니이다"라고 말하며, 이제 하나님께 감히 요구하기를, "이제 주의 손을 펴서 그의 모든 소유물을 치소서"(욥 1:11)라고 요구한다. 그러나 하나님은 주었던 것을 도로 뺏으시는 분이 아니다.

전능하신 분이 무엇이 부족하여 주었던 것을 달라 하고 탈취하시겠는가? 이는 하나님의 성품에 반하는 것이다. 이를 할 수 있는 자는 사탄이다. 그는 도적이다. 도적은 도적질하고 죽이고 멸망시키는 자이다. 그래서 하나님은 사탄에게 다음과 같이 이르신다.

내가 그의 소유물을 다 네 손에 맡기노라 다만 그의 몸에는 네 손을 대지 말지니라(욥 1:12).

세상의 신, 사탄은 세상 사람들의 소유를 자신이 마음대로 할 수 있다. 사탄은 아담으로부터 넘겨받은 것을 자기 마음대로 주기도 하고 빼앗기도 하는 자다(눅 4:5-7). 그렇다면 하나님이 욥을 치신 것이 아니라 사탄이 자신의 정당한 주장을 강변하고 그를 친 셈이다. 하나님은 욥의 소유물을 사탄의 손에 붙일 수밖에 없다.

그럼에도 하나님이 욥의 생명의 보존을 명하신 것은 이 사건을 통해 욥이 하나님을 온전히 알고 그래서 자신의 잘못을 깨닫고 회개하기를 원하셨기 때문이다. 하나님에게는 우리의 잘못된 것, 흐트러진 것, 비뚤어진 것, 더러워진 것을 바꿀 수 있는 전능성이 있으시다. 그러나 그 전에 우리가 하나님이 어떤 분인지를 온전히 알도록 하나님은 인내 가운데 기다리시고, 우리가 하나님을 알고 회개하기를 원하신다.

우리는 오직 하나님의 전능에 힘입어 세상과 사탄에 대항하여 싸울 수 있다. 그리고 전능하신 하나님은 전지하시다. 전능함은 모든 것을 하는 것뿐 아니라 모든 것을 아는 것에 바탕을 둔다. 그래서 주님은 우리의 유리(琉璃)함을 계수하시고, 우리의 고통과 수고를 알고, 이를 해결하실 수 있는 분이다.

하나님은 우리의 환난에 동참하시는 분이다. 환난을 주시는 분이 아니라 환난을 겪는 우리와 함께 그 환난에 동참하며 우리의 처지를 이해하시고 해결하려 하신다(사 64:9; 시 91:14-16). 이는 하나님의 전능성이 우리에게 위로와 소망의 근거가 되는 이유다.

그들의 모든 환난에 동참하사 자기 앞의 사자로 그들을 구원하시며 그 사랑과 그 긍휼로 그들을 구속하시고 옛적 모든 날에 그들을 드시며 안으셨으나(사 64:9).

¹⁴ 하나님이 이르시되 그가 나를 사랑한즉 내가 그를 건지리라 그가 내 이름을 안즉 내가 그를 높이리라 ¹⁵ 그가 내게 간구하리니 내가 그에게 응답하리라 그들이 환난 당할 때에 내가 그와 함께 하여 그를 건지고 영화롭게 하리라 ¹⁶ 내가 그를 장수하게 함으로 그를 만족하게 하며 나의 구원을 그에게 보이리라 하시도다(시 91:14-16).

하나님의 성품을 알면, 우리는 그분의 전능성을 알 수 있다. 그 전능성은 오직 그분의 자유로운 사랑의 표현에서 나오는 능력과 사랑과 소망의 힘이다. 하나님이 어떤 경우에도 우리에게 행복과 생명을 주시기를 소원하신다.

나 여호와가 말하노라 너희를 향한 나의 생각을 아니니 재앙이 아니라 곧 평안이요 너희 장래에 소망을 주려 하는 생각이라(렘 29:11).

하나님은 우리에게 재앙이 아닌 평안과 소망을 주기 원하시고, 이를 위해 우리는 하나님께 부르짖으며 기도하라고 권면하시며, 그리하면 하나님은 들으신다고 약속하신다. 전능하신 하나님의 약속이다.
이는 우리에게 얼마나 큰 위로이며 힘이 되는가?
우리는 이런 하나님을 믿고 있다!

## 5. 까닭 없이 하나님을 경외하는가?

사탄은 하나님께 욥이 어찌 '까닭 없이' 하나님을 경외하겠느냐며 항변한다(욥 1:8-12). 떡고물을 바라고 하나님을 섬기는 것 아니냐는 말투다. 사단이 언급한 '까닭 없이'(힌남, חִנָּם)라는 말은 '은혜'(헨, חֵן)에서 파생된 표현이다.⁸ 이로 보건대, 은혜는 '까닭 없이 주는 것,' 즉 대가 없는 호의(favor, goodwill)다. 하나님은 우리 인생의 구원을 위해서 우리의 '대가 없이,' '스스로,' '먼저' 은혜를 베푸셨다.

따라서 사탄의 말은 참으로 인간 욥도 이런 하나님처럼 아무런 대가 없이 하나님을 섬길 수 있느냐고 말한 셈이다. 그렇다. 하나님은 우리를 까닭 없이 은혜를 베풀지만, 우리는 까닭을 가지고 하나님 앞에 나간다. 우리는 사탄의 항변처럼 까닭 없이 하나님을 섬기지 않는다. 이 까닭은 바로 우리의 믿음의 소원이다.

> [8] 여호와께서 사탄에게 이르시되 네가 내 종 욥을 주의하여 보았느냐 그와 같이 온전하고 정직하여 하나님을 경외하며 악에서 떠난 자는 세상에 없느니라 [9] 사탄이 여호와께 대답하여 이르되 욥이 어찌 까닭 없이(하힌남, חִנָּם) 하나님을 경외하리이까 [10] 주께서 그와 그의 집과 그의 모든 소유물을 울타리로 두르심 때문이 아니니이까 주께서 그의 손으로 하는 바를 복되게 하사 그의 소유물이 땅에 넘치게 하셨음이니이다 [11] 이제 주의 손을 펴서 그의 모든 소유물을 치소서 그리하시면 틀림없이 주를 향하여 욕하지 않겠나이까 [12] 여호와께서 사탄에게 이르시되 내가 그의 소유물을 다 네 손에 맡기노라 다만 그의 몸에는 네 손을 대지 말지니라 사탄이 곧 여호와 앞에서 물러가니라(욥 1:8-12).

믿는 자에게는 믿음으로 인한 궁극적인 소원이 있다. 이 소원은 믿는 자의 '까닭'으로서, 하나님을 경외하는 바탕이기도 하다.

성도의 궁극적 목적은 하나님의 백성으로, 예수 그리스도의 신부로 하나님 나라에서 안식하는 것이 아닌가?

이것은 최종적으로 주의 재림으로 성취될 터이다. 그런 점에서 믿음은 처음을 붙든다면, 소망은 마지막을 붙든다. 다시 말해 믿음은 먼저 예수 그리스도의 초림을 붙들고, 소망은 마지막에 예수 그리스도의 재림을 붙든다. 따라서 성도는 분명 까닭 있어 하나님을 경외한다고 말할 수 있으며, 까닭 없이 경외하는 것은 아니다.

그러나 그 까닭은 사탄이 생각하고 말하는 세상적, 물질적, 육적인 것이 아니다. 성도가 붙드는 까닭은 영적인 것, 하늘의 것, 영원한 것이다. 이것이 사탄이 말하는 까닭과 성도가 붙드는 까닭의 큰 차이다.

성도가 하나님을 기다리고 기대하며 경외하는 까닭은 무엇인가?

초기 청교도 신학자요 설교자인 토마스 쉐퍼드의 설명을 보자.[9]

**첫째**, 성도가 주님을 찾음은 그들의 낮은 몸을 변화시키기 위함이니 (빌 3:21), 그들의 신랑된 예수는 결혼식 날에 이런 낡은 옷을 걷어 가고, 그들로 태양보다 더 밝은 영광스런 몸으로 변화시키실 것이다. 낡은 옷을 태우고 갈기갈기 찢을 때, 그리스도가 서로 사랑하고, 따라서 한 손에는 칼과 영혼을 들고, 다른 한 손에는 칼집을 들고 있음을 그들은 보게 될 것이다.

**둘째**, 성도의 기대는 주님이 그들의 모든 죄를 취하여 버리고, 그들로 주님을 닮게 하는 것이다. 주님 자신의 형상을 온전하게 그들의 심령 위에 각인하는 것이다. 그들이 지금 느끼는 원수들을 더 이상 보지 않을 것이다 (요일 3:2). 이 같은 악이 없다면, 이 같은 긍휼도 없다. 성도에게는 이 같은 악이 없다. 하지만 그들은 그런 신랑의 마음을 아프게 했을 것이다.

**셋째**, 성도의 바라는 바는 주님이 모든 슬픔과 눈물을 그들로부터 걷어 가는 것이다. 이는 주님이 이를 약속하셨고, 지금 이를 실행하고 계시며, 그때는 온전하게 성취될 것이다(사 25:8-9). 따라서 그들은 그때를 유쾌하게 되는 날로 불렀다(행 3:19-20). 사실 주님의 배우자와 교회는 지금 너무나 자주 그 마음에 슬픔이 가득하지만, 다시는 결코 슬퍼하지 않을 그때가 오리라.

**넷째**, 성도의 바라는 바는 주님이 모든 수치를 그들로부터 걷어 가는 것이다. 그들은 세상의 어떤 사람들보다도 악한 자들과 위선자들로부터는 욕과 비방거리를, 그리고 경건한 자들로부터는 심한 언사들을 들으며, 자신들이 정말로 하나님의 아들인지 아닌지를 의심하기도 한다. 이제 모든 세상 사람들은 그들이 바로 하나님의 아들임을 볼 것이며, 그들을 보고 놀라워 설 것이며, 재림이나 그들 자신을 의심하지 않을 것이다. 주님이 이를 선포하실 것이며, 그들은 주님의 소리를 들을 것이기 때문이다.

**다섯째**, 성도의 구하는 바는 주님과 그 백성을 위한 그들의 사랑의 수고에 대한 보상이다.

"너희 수고가 주 안에서 헛되지 않은 줄을 앎이라"(고전 15:58).

그래서 어떤 이단들은 영혼이 지금까지 잔다고 생각했다. 그들은 기도하지만 대답이 없다. 선행을 하려 하지만 하지 못한다.

오, 주님만이 그들을 풍성히 보상하리라.

**여섯째**, 성도의 바라는 바는 항상 주님과 함께 있는 것이다(살전 4:17). 이는 주님으로부터 떠나지 않는 것, 주님 없이 살지 않는 것, 즉 그의 날개 밑에서 벗어나지 않는 것, 그의 선혈이 있는 가슴의 사랑과 끝 없고 말할 수 없는 연민으로부터 벗어나지 않는 것이다. 그의 영광을 보기 위해 그와 함께 하는 것은, 비록 그 영광의 깊이를 알 수 없지만, 자신들을 수종드시는 주님을 갖음이요(눅 12:37-38), 그들의 요구하는 것을 주시는 주님을 갖음이다. 심지어 비록 천의 천 명이 한 방울의 물을 원하지만 얻을 수 없는 그때에 모든 것을 주시는 주님을 가진 것이다. 이제는 그들의 구하는 바 그 이상을 얻는다.

이 소망은 확실하다. 소망이 부끄럽지 않기 때문이다. 그리고 이는 그들의 마음을 영광으로, 말할 수 없는 영광으로 채운다. 성도는 이 소망을 이미 갖음이 확실하고도 분명하기 때문이요, 비록 없을지라도 소망은 이를 있는 것처럼 만든다(롬 8:24). 바울은 '우리가 소망으로 구원을 얻으리라'(we shall be saved by hope)라고 말하지 않고 '우리가 소망으로 구원을 얻었으매'(we are saved by hope)라고 한다.

이상의 소망은 성도가 갖는 궁극적인 천국 소망의 모습이다. 하지만 성도는 장래의 궁극적 소망만 갖는 것은 아니다. 역시 이 세상을 살아가면서 기다리고 바라는 현실적인 것들이 있다. 성도가 갖는 현실적 소망은 다음과 같을 것이다.[10] 그렇지만 우리의 원함과 그렇게 되지 않음 사이에서 갈등이 있다.

**첫째, 성도는 하나님 아버지의 거저 주시는 은혜와 사랑을 날마다 원한다.**

우리는 하나님의 은혜로 구원을 얻는다. 그럼에도 삶 가운데서 우리가 기도하고 원하는 첫 번째 것은 하나님의 은혜와 사랑이 우리의 삶에 날마다 넘치는 것이다. 그러나 현실적으로 우리는 두려움들, 눈물들, 마음의 슬픔들, 유혹들, 성가신 죄들, 많은 무응답의 기도들을 볼 뿐이다. 선지자 예레미야 역시 마찬가지였다. 그는 날마다 하나님의 자비와 긍휼을 기다렸지만 항상 쑥과 담즙이라는 고초와 재난을 겪었다(애 3:19-26).

그런즉 우리가 알아야 할 것은 하나님은 아들 예수를 통해 믿는 자에게 은혜와 사랑을 베풀었다는 사실이다. 하나님의 사랑은 우리의 믿음으로 말미암아 바로 아들 예수의 십자가의 죽음과 부활이라는 은혜로 성취된다.

따라서 우리가 가장 먼저 바라볼 것은 모든 세상 것에 앞서 하나님의 아들 예수 위에 풍성하게 부어진 그 사랑을 주목하는 일이다. 하나님 앞에 참으로 죄인 된 자, 비천한 자, 벌레 같은 자에게 예수의 신부가 되게 하심은 아버지의 사랑과 은혜 이외 다른 것이 아니다. 이것이 우리가 바라고 찬양하며 마음에 새길 진정한 사랑과 은혜다.

하나님은 아들 예수에게 가장 큰 사랑과 은혜를 주셨다. 예수는 가난한 목수의 아들이었고, 십자가의 죽음이 그에게 예비됐지만, 이는 아버지의 뜻을 이루기 위한 수단이었고, 바로 우리를 위한 사랑과 은혜의 방편이었다. 주의 궁극적 모습은 하나님의 우편 보좌에 앉아 세상을 섭리하고 심판하는 영광의 모습이다. 바로 예수 그리스도의 사랑이 우리의 것이요, 아들 안에 있는 그 사랑이 우리에게 주어졌다(딤후 1:9).

하나님이 우리를 구원하사 거룩하신 소명으로 부르심은 우리의 행위대로 하심이 아니요 오직 자기의 뜻과 영원 전부터 그리스도 예수 안에서 우리에게 주신 은혜대로 하심이라(딤후 1:9).

**둘째, 우리는 영원한 생명, 곧 영생을 갖기를 원한다.**
영생은 어떠한 상황, 즉 배고픔, 질병, 고통, 죽음에서의 완전한 해방이다. 죽음은 무섭고, 죽은 심령은 비참한 법이다. 우리는 기도로, 말씀으로 우리의 심령이 사랑받고, 따뜻해지고, 소생되길 바란다. 그럼에도 지금 우리의 생명은 죽고 우리는 살 방법을 모른다. 하지만 주 예수에게는 생명이 있다. 그리스도만이 인생에게 먹고 마실 수 있는 생명의 양식과 생수가 된다. 그러므로 주 예수를 바라보자.

우리는 죽어 있지만 주는 살아 계시고, 그의 생명은 우리의 것이며, 영생조차도 예수 그리스도 안에서 우리의 것이다(요일 5:11). 우리는 우리의 힘과 능으로는 아무것도 찾지 못한다. 이는 오직 하나님의 아들 예수 안에 있고, 그 안에서 우리는 어느 세상 사람들보다, 왕이나 천사들보다 더 나은 삶을 살게 된다.

증거는 이것이니 하나님이 우리에게 영생을 주신 것과 이 생명이 그의 아들 안에 있는 그것이니라(요일 5:11).

**셋째, 성도된 우리는 모든 대적자, 원수에 대해서 이기기를 원한다.**
우리는 삶 가운데 우리의 대적을 마주하고 산다. 우리는 질병, 가난, 미움, 분쟁, 고통을 안고 사는데, 이럴 때마다 기도로 그리고 '예수의 이름으로' 이기기를 원한다. 주는 우리의 피난처와 힘, 또한 '환난 중에 만날 도움'(a very present help in trouble, 시 46:1)이며, 환난에서 건지실 것을 약속하셨다.

그럼에도 질병이 내 안에서 아직도 날뛰고, 때로는 경제적으로 어려움을 겪으며, 사탄이 아직도 찧고 까불며, 나를 귀찮게 하고, 나의 기를 죽인다. 이로써 우리는 더 많은 슬픔과 죽음을 두려워하며, 마침내는 미혹될까 두렵다.

하지만 주 예수는 정사와 권세 곧 죽음과 죄와 지옥과 무덤과 사탄을 십자가로 승리하셨다(골 2:14-15). 사탄은 흑암과 미혹의 능력으로 우리를 좌절시켜 왔다. 하지만 이제 주가 그의 나라인 하늘에 계심은 주님이 이것들을 이기셨기 때문이다. 이 주의 승리가 바로 우리의 것이다. 우리는 주와 함께 죽었고(롬 6:8), 그와 함께 살리심을 받았다(골 3:1). 하늘 처소에 앉는다는 것은 주 안에서 승리하는 것이요, 주와 함께 영광 중에 있음이다(엡 2:6). 이것이 우리가 환난 중에도 즐거워할 수 있는 근거다.

> 우리를 거스리고 우리를 대적하는 의문에 쓴 증서를 도말하시고 제하여 버리사 십자가에 못 박으시고 정사와 권세를 벗어버려 밝히 드러내시고 십자가로 승리하셨느니라(골 2:14-15, 개역한글).

**넷째, 성도는 삶이 행복한 상태에서 지속되고 확실하기를 원한다.**

우리는 삶이 형통하기를 바란다. 그러나 세상의 모습은 그렇게 보이지 않는다. 이것이 우리의 심령을 아프게 하고 슬프게 한다. 하지만 예수 그리스도 안에 진정한 행복이 있다. 그러니 주 예수를 바라볼 이유가 여기에 있다. 그 안에 우리가 있기 때문이다. 주님어 넘어지시면 우리는 죽고, 주님이 아버지의 면전에서 내쳐지시면 우리도 그렇게 된다. 하지만 그럴 수 없다. 왜냐하면, 주의 약속이 있기 때문이다.

> 내가 살아 있고 너희도 살아 있겠음이라(because I live, you shall live also, 요 14:19).

십자가의 죽음이 눈앞에 닥쳐온 순간에 우리 주 예수는 '내가 살기 때문에 너희도 살 것이다'라고 하셨다. 주님이 넘어진다면 우리도 넘어질 것이다. 그러나 그럴 일은 절대 없다. 주님은 만물의 주관자, 전능자인 까닭이다. 비록 우리는 가진 것도 없고, 죽은 자에 불과하지만 그리스도는 영원히 살아 계신다. 우리는 우리 안에서는 넘어질 수 있으나 주 안에서는 넘어질 수 없다. 주님이 가지신 것은 내 것이다.

　성도가 갖기를 원하는 이런 것들을 얻는 때는 오직 예수 그리스도를 바라보고 그와 가까이 할 때이다. 그런 예수 그리스도를 가지고 있음에도 공허함과 답답함을 느낀다면, 예수 그리스도의 성품과 인격을 생각해 보라. 우리가 갖은 믿음의 능력과 주 예수와의 연합의 복으로 인해, 성도는 세상 그 누구보다, 천사보다 더 나은 자다.

　왕에게 중매된 여인이 비록 그 지갑에 땡전 한 푼 없어도, 그녀는 자기 신랑의 지갑에 많은 돈이 있기에 기뻐하고 안심할 것이다. 이것이 믿음의 숨겨진 본질이다. 믿음은 사람으로 하여금 그리스도와 함께, 그리스도 안에서 모두 하나 되게 한다. 따라서 주의 옷, 주의 은혜, 주의 생명은 이 모든 것은 우리의 것이기에 기뻐할 이유가 있다.

　왜냐하면, 주 예수 안에 있는 모든 충만함은 예수 자신을 위한 것이 아니라, 이를 원하는 자들을 위함이기 때문이다(요 17:9-10). "우리는 아버지의 것이요, 주 예수의 것은 하나님 아버지의 것"인 까닭이다. 예수는 우리가 없어도 아버지의 품 안에서 복을 받았을 것이다.

　그런 주님이 왜 이 땅에서 살고, 행하고, 고통당하며, 죽고 다시 일어나고 자신의 축복받은 본성을 영광스럽게 해야 했는가?

　이를 원하는 우리를 위해서가 아닌가?

　주는 지혜와 생명과 능력이 충만하되, 인간은 눈멀고, 약하고 결국 죽어야 할 존재일 뿐이다.

　그러니 예수 그리스도로만 만족하고, 이제 모든 축복을 그리스도 안에 두어야 하리라.

이를 위해 주로부터 생명을 받자.

그리스도께 생명이 있으니, 나는 주 안에서 그 생명을 이미 가지고 있음을 알아야 한다. 예수는 생명의 떡이다.

이 떡과 우리의 배고픔이 만난다면 이제 즐기는 일만이 남지 않았는가?

> ⁹ 내가 그들을 위하여 비옵나니 내가 비옵는 것은 세상을 위함이 아니요 내게 주신 자들을 위함이니이다 그들은 아버지의 것이로소이다 ¹⁰ 내 것은 다 아버지의 것이요 아버지의 것은 내 것이온데 내가 그들로 말미암아 영광을 받았나이다(요 17:9-10).

*The True Understanding of the Kingdom of God according to The Book of Job*

## 제3장

# 하나님을 욕하고 죽으라

하나님을 아는 올바른 지식 (욥 2:1-10)

## 1. 악과 고난이 임하는 이유는?

세상 도처에 일어나는 고난과 재난은 때로 우리가 갖는 믿음의 뿌리를 흔들어 놓는다. 세상의 수많은 비극과 고난을 보고 경험하면서 우리는 선하시고 전능하신 하나님이 어떻게 악을 허용하며, 믿는 자로 하여금 고통 가운데 두는지를 의아하게 생각하고 그래서 현실과 신앙의 괴리가 깊어 가면서 우리의 믿음은 흔들리게 된다.

세상을 사는 누구나 악과 고난을 경험하지 않는 자는 없다. 또 법 없이도 살아가는 착한 자의 망함과 고난이 있다면, 악한 자의 흥함과 형통함도 있다. 우리는 나쁜 사람의 형통과 착한 사람의 고난이란 모순을 '하나님의 행하신 일은 모두 옳은 거야'라는 신정론으로 풀려 한다.

왜 믿는 자에게 까닭 없는 고난과 악이 임하는가?
그리고 악과 고통을 막아 주어야 할 사랑과 선의 하나님은 어디 계신가?
하나님을 믿는 신실한 성도라고 해서 주변에서 유행하는 전염병에 감염

되는 것에서 열외되지 않으며, 대형 교통사고와 세월호 같은 재난 사건에서 무사하여 구사일생할 수만은 없다. 욥기는 바로 이런 문제를 다룬다.

자기 백성의 환난을 막아 주실 전능자 하나님이 계신데, 그 백성된 성도가 까닭 없는 환난과 고난이 임하면, 선하신 하나님이 정말로 존재하는지 의심하게 된다. 더 나아가 하나님이 세상을 진정 의로움으로 다스리는지 회의하게 되고, 이런 의문은 신앙에 중대한 도전으로 다가온다.

성경은 하나님의 생각과 길은 우리의 것과는 다르고, 우리의 생각과 길보다 높다고 말한다(사 55:8-9). 전능자, 전지자 하나님의 생각과 길은 인간의 생각과 길과는 다른 법이기에 인생에 임하는 모든 사건과 일들이 우리의 생각하는 바를 뛰어넘는 하나님의 뜻과 계획일 수 있다.

> [8] 여호와의 말씀에 내 생각은 너희 생각과 다르며 내 길은 너희 길과 달라서 [9] 하늘이 땅보다 높음같이 내 길은 너희 길보다 높으며 내 생각은 너희 생각보다 높으니라(사 55:8-9).

당연한 결과로 믿는 자에게 고난이 임하면, 이것도 하나님의 뜻이니 주어진 상황과 고통을 인내하며 하나님을 찬양하는 것은 큰 믿음의 행동처럼 보인다. 또 고난을 당하면 이로 인해 겪는 아픔이 오히려 그 자에게 유익이 될 수 있다고 보기에 스스로 위로할 수도 있다. 그러면서 고난은 세례와 성찬에 이은 제삼의 성례라고 위안하기도 한다.

믿는 자에게 임하는 악과 고난의 문제에 대한 전통적인 신학적 답변은 크게 세 가지다.

① 인간의 불가지론.
② 인간의 연단.
③ 하나님의 심판.[11]

**첫째, 하나님의 행하심은 우리 인간이 알 수 없다는 것이다.**

고난은 이해할 수 없는 감추어진 수수께끼다. 믿는 자의 고난을 다루는 욥기는 하나님의 지혜와 미덕, 순전함에 비해 인간의 어리석음, 연약성, 부패함을 보여 준다는 것이 칼빈의 해석이다.[12] 따라서 고난의 현실 앞에서 하나님의 섭리를 인간이 알 수 없다는 것이 유한한 인간의 겸손이요 올바른 태도라고 칼빈은 생각한다.

**둘째, 하나님이 고난을 통해서 인간을 연단하신다는 생각이다.**

부모가 사랑하는 자녀에게 사랑의 매를 들듯, 하나님이 주신 고통과 시련을 통해 우리의 잘못을 회개하고 이 땅의 헛된 것들로부터 눈을 돌려 하늘의 신령한 것을 바라보도록 훈련시킨다는 입장이다. 따라서 고난과 환난은 영적인 성장에 도움이 된다고 본다.

"아픔은 하나님께로 향하는 창이다."

이는 프랑스의 에큐메니컬 수도회인 '떼제공동체'(Taizé Community)의 표어다. 고난의 아픔을 통해 하나님은 인간을 성숙시킨다는 것이다. 바울은 환난은 인내를, 인내는 연단을, 연단은 소망을 이루기 때문에 하나님의 영광을 바라고 즐거워할 수 있다고 말한다(롬 5:3-4). 따라서 질병, 전쟁 같은 재난들은 하나님이 인간의 죄를 다스리기 위한 징벌일 수밖에 없다는 입장이다.

**셋째, 고난은 인간의 죄에 대한 하나님의 심판이라는 것이다.**

구약에 나타난 하나님의 심판은 인간의 죄와 불순종으로 인함이다. 하나님에게의 불순종한 죄로 인하여 아담과 하와는 죽음과 잉태의 고통을 당하게 됐으며, 땅은 가시덤불과 엉겅퀴를 내게 됐다(창 3장). 악을 죄의 결과로 간주해 온 입장은 어거스틴 이래로 전통적인 기독교의 시각이기도 하다.

그러나 이런 입장들은 악과 고난의 문제를 너무 일방적인 시각에서 보는 것이 아닐까?

악과 고난이 인간의 죄에 대한 하나님의 심판으로 보는 입장은 악을 초래한 가해자를 망각하고 죄 없는 피해자를 정죄할 위험이 있으며, 그 결과 악의 세력에 대한 저항을 약화시킬 수 있다. 유대인들은 육신의 질병이 죄로부터 온다고 보았기에 나면서부터 소경된 이유가 그 자신인지 그의 부모 때문인지를 예수께 묻는다(요 9장). 부자 됨이 하나님의 축복이요, 가난은 저주로 보았기에, 바리새인들은 가난한 자들을 정죄했다.

또한, 고통이 인간을 연단시키고 영적으로 성숙하게 한다는 입장은 일편으로는 사실처럼 보이지만 불의로 인한 피해자들의 외침을 억압하거나, 압제받는 자의 고통을 정당화할 수 있다. 반면 하나님의 섭리의 불가해성만을 일방적으로 강조하는 태도는 악과 고통의 현실 앞에 마냥 입 다물고 무조건 순응하는 자세를 가져오는 숙명론에 빠지게 한다.

하나님의 성품 중 우리에게 가장 큰 축복은 주의 은혜와 긍휼과 사랑이다. 하나님이 우리에게 아들 예수 그리스도를 주셨기 때문이다. 그런데 놀라운 일은 하나님이 우리에게 주신 그 축복들은 우리가 바로 죄인일 때에 주어졌다는 점이다. 이는 우리의 죄인 됨에도 하나님이 우리에 대해 오래 참으신 까닭이다. 따라서 하나님이 우리의 죄를 묵과하실 수 없는 공의의 하나님이지만, 그러나 우리의 구원을 위해 하나님의 오래 참음은 은혜의 밑받침이 된다.

그런 점에서 하나님은 우리가 하나님에게 죄를 범하거나, 하나님을 알지 못해 자신의 길을 갈 때에도 우리를 버리시는 분이 아니다. 하나님이 욥의 생명을 끝까지 붙들고 계심을 보라.

하나님이 우리에게 때로 고난을 주시지만 그렇다고 우리를 내치시는 것은 아니다!

이것이 하나님의 사랑의 모습이다. 하나님이 자신의 인자함을 우리에게서 거두시지 않기 때문이다(시 89:33).

주는 모든 잘못을 참으시고 당신에 대해 엄청나게 인내하신다. 하나님이 사랑의 인을 치셨을지라도 어떤 작은 죄라도 범하면 내침을 당할 것이라 사람들이 생각한다. 그렇지 않다. 율법하에서는 그러하지만, 그의 신부가 되면 약점들과 악의로 인해 주가 당신을 버리시는 것이 아니다. 오히려 주님은 한편으로는 고치고, 다른 한편은 고난을 주신다. 하지만 이는 내치는 것이 아니다.[13]

## 2. 욥의 믿음의 바탕

그렇다면 욥이 겪고 있는 고난과 고통의 원인은 무엇일까?

욥은 분명히 하나님의 칭찬을 받은 신앙인이다.

"순전하고 정직하여 하나님을 경외하며 악에서 떠난 자"(욥 1:8; 2:3)라고 하나님은 사탄에게 욥의 사람됨을 두 번에 걸쳐 자랑하고 있지 않은가?

하나님의 칭찬을 받고, 욥기의 저자도 그렇게 평가한 욥이 진정으로 하나님의 기뻐하시는 믿음의 인물일까 의심하게 된다.

참된 믿음의 사람이라면, 욥기의 뒷부분에서 왜 하나님은 그를 꾸짖고 나무라며 또 욥은 마지막에 티끌과 재 가운데서 하나님께 회개하는 것일까?

욥기의 마지막에 그는 자신의 잘못을 고백하며 하나님께 회개한다. 물론 그의 회개는 그의 이전의 믿음 없음을 반증하는 것은 아니다.

> 내가 주께 대하여 귀로 듣기만 하였으나 이제는 눈으로 주를 보나이다 (욥 42:5).

이 말은 그가 주님을 눈으로 보기 전, 즉 귀로 듣기만 할 때는 하나님을 온전히 알지 못했다는 고백이다. 하나님을 믿기는 믿었지만, 이전까지 하나님을 잘못 알고 있었다는 뜻이다. 그런 연유로 그는 다음과 같이 말한다.

> 내가 스스로 거두어들이고 티끌과 재 가운데에서 회개하나이다(욥 42:6).

 이 말은 자신이 지금까지 귀로 들어 하나님을 믿었던 믿음은 온전하지 못한 믿음, 부끄러운 구원에 불과했다는 고백이라고 볼 수 있지 않을까?
 그런 욥이 하나님을 보게 됨으로 인해 자신의 믿음이 잘못됨을 인정하고 회개함으로써 하나님과의 진정한 교제를 이루고, 마침내 온전한 믿음을 통해 구원의 길을 얻었음을 고백하는 말이다.
 그러면 처음 하나님이 칭찬했던 욥의 믿음은 무엇일까?
 바로 율법적 믿음이다. 죄 없는 자가 되기 위해 노력하는 모습, 더 나아가 세상에 죄를 없이 하기 위해 힘쓰는 자의 삶의 모습이다. 이런 욥은 세상적 표현으로 말하면, 가장 도덕적, 윤리적, 박애적 인물이다. 이는 믿음의 사람이라기보다는 도덕군자, 오히려 경건한 종교인처럼 보인다. 이는 아마도 세상 대부분의 종교의 지향점일 것이다.
 그러나 이런 모습은 하나님 앞에 온전한 믿음이 될 수 없다. 하나님이 욥에 대해 칭찬하고 있는 것은 참된 구원의 믿음이 아닌, 행위의 의인 됨을 말하고 있는 것이다. 이는 율법의 의를 좇아 사는 인간의 모습이다. 이것은 하나님이 이스라엘에게 율법을 주신 후 그들에게서 기대했던 행위의 의, 율법의 의를 행하는 자의 태도다. 그러나 이것이 온전한 구원의 믿음을 가져다 주지 못한다. 욥이 자신의 믿음에 대해 진정으로 회개하지 않으면, 그는 부끄러운 구원을 얻을 뿐이다.
 왜 하나님은 사탄의 참소에도 불구하고 그의 생명을 보존하시려는가?
 욥을 사랑하시기 때문이다. 그의 죽음이 유보되어야 그가 회개할 기회를 얻을 수 있고 그래서 참된 지식을 바탕으로 온전한 구원을 얻을 수 있다. 하나님의 성품은 자비, 은혜, 노하기를 더디하심, 인자, 진실이며(출 34:6), 인간의 죄와 악, 과실에 대해 오래 참으시는 분이다. 하나님이 하루를 천년 같고 천년이 하루같이 기다리시는 이유는 "오직 너희를 대하여 오래 참으사 아무도 멸망치 않고 다 회개하기에 이르기를 원하시기"(벧후 3:8-9) 때문이다. '하루를 천년같이, 천년을 하루같이'는 하나님의 영원성과 무시간성, 그리고 오래 참음을 의미한다.

왜 하나님은 영원히 품는 인내와 사랑을 보이시는가?

인간으로 하여금 구원에 이르게 하는 회개를 원하시기 때문이다. 이것이 바로 욥의 생명을 보존하시는 이유다. 사탄은 인내할 수 있는 성품이 없다. 그래서 하나님의 허락이 떨어지자 사탄은 여호와 앞에서 곧바로 물러나는 모습을 보여 준다(욥 1:12; 2:7). 사탄의 정체는 참소하는 자, 땅을 두루 돌아 다니는 떠돌이, 우는 사자처럼 두루 다니며 삼킬 자를 찾는 자, 기회가 나면 바로 악을 행하는 자다.

> 여호와께서 사탄에게 이르시되 내가 그의 소유물을 다 네 손에 붙이노라 오직 그의 몸에는 네 손을 대지 말지니라 사탄이 곧 여호와 앞에서 물러가니라(욥 1:12).

## 3. 무엇이 문제인가?

자기의 행위가 의롭다고 하나님께 항변할 정도인 욥이 마지막에 회개하고 하나님이 그런 그를 받아 주심은, 그 전까지 그의 믿음이 무언가 잘못 됐음에 대한 반증이다. 이스라엘 백성은 하나님이 주신 율법을 준행하지 않아 범죄에 빠졌고, 그래서 하나님의 진노를 샀다. 이런 이스라엘과는 달리 욥은 범죄하지 않는 인생을 살고 있었다.

> 이 모든 일에 욥이 범죄치 아니하고 하나님을 향하여 어리석게 원망하지 아니했다(욥 1:22).

다시 말해 그는 하나님으로부터 멀어짐의 죄를 범하지 아니했다. 그런데 그에게 문제가 있다는 것이다. 바로 그가 하나님과 바른 관계를 가지지 못했다는 점이다. 그는 자신의 소유물을 통해 하나님을 보고 있으며, 하나님의 성품과 인격을 오해한다. 즉 자신이 가진 소유물의 유무로 하나님의 성품을 평가한다. 이는 그가 자신의 경험과 판단을 통해 하나님을 알고 있다는 반증이다.

욥의 유명한 신앙고백은 '주신 자도 여호와, 취하신 자도 여호와'라는 말이다(욥 1:21). 그는 병 주시고 약 주시는 하나님을 찬양한다. 그러나 이는 자기의 경험과 '귀로 들은' 지식에 의한 신앙을 믿음으로 착각한 것에 지나지 않는다. 하나님의 성품상, 하나님은 절대로 준 것을 빼앗는 분이 아니다.

전능자 하나님이 무엇이 부족해서 자신이 준 것을 도로 취하겠는가? 이것은 무능한 인간이 하는 짓이다. 바울은 "하나님은 복 되시고 홀로 한 분이신 능하신 자이며 만왕의 왕이시며 만주의 주시요"(딤전 6:15), "모든 것을 후히 주사 누리게 하시는 하나님"으로 정의하며, 그런 하나님을 우리는 경배하며 믿기에 마음을 높이지 말고 정함이 없는 재물에 소망을 두어서는 안 된다고 권면한다(딤전 6:17).

> 내가 모태에서 알몸으로 나왔은즉 또한 알몸이 그리로 돌아갈지라 주신 자도 여호와시요 취하신 자도 여호와시오니 여호와의 이름이 찬송을 받으실지니이다(욥 1:21).

> 15 기약이 이르면 하나님이 그의 나타나심을 보이리니 하나님은 복 되시고 홀로 한 분이신 능하신 자이며 만왕의 왕이시며 만주의 주시요 … 17 네가 이 세대에 부한 자들을 명하여 마음을 높이지 말고 정함이 없는 재물에 소망을 두지 말고 오직 우리에게 모든 것을 후히 주사 누리게 하시는 하나님께 두며(딤전 6:15, 17).

욥이 생각하는 하나님은 복과 화를 주시는 분이다. 분명 하나님은 이스라엘 백성에게 생명과 복, 그리고 저주와 화를 선택하라고 말씀하셨다(신 30:15-20). 우리가 하나님의 말씀에 순종하면 하나님이 생명과 복을 주심은 맞다.

그러나 우리가 알아야 할 것은 우리의 불순종에 대해 하나님이 저주와 화를 직접 주신다는 뜻이 아니다. 인간이 하나님께 불순종하면, 하나님은 인간의 마음의 강퍅한 대로 버려 두시고, 인간의 뜻대로 행하도록 하신다(시 81:11-12). 즉 죄인은 하나님과의 교제와 보호, 인도가 사라지고 그러면 자연히 세상과 사탄의 영향력하에서 멸망의 길로 나아간다는 뜻이다.

하나님 떠난 자에 대한 저주는 하나님의 '내어 버려둠'[14]이다. 하나님을 믿지 않는 불신자는 이미 사탄의 권세와 그 권한에 넘겨졌다는 뜻이다. 인간이 강퍅한 대로 내어 버려둠이 하나님의 저주이며, 이에 대해 바울은 세 가지를 말해 준다.

**첫째**, '마음의 정욕대로 더러움에 내어 버려둠.'
**둘째**, '부끄러운 욕심에 내어 버려둠.'
**셋째**, '상실한 마음대로 내어 버려둠'(롬 1:24-28).

하나님이 강퍅한 대로 내어 버려둔 죄인은 공중의 권세 잡은 자 사탄을 따르며, 육체와 마음의 소원을 행하다가 죄 가운데서 망하게 되어 있다(엡 2:1-3).

> [1] 그는 허물과 죄로 죽었던 너희를 살리셨도다 [2] 그때에 너희는 그 가운데서 행하여 이 세상 풍조를 따르고 공중의 권세 잡은 자를 따랐으니 곧 지금 불순종의 아들들 가운데서 역사하는 영이라 [3] 전에는 우리도 다 그 가운데서 우리 육체의 욕심을 따라 지내며 육체와 마음의 원하는 것을 하여 다른 이들과 같이 본질상 진노의 자녀이었더니(엡 2:1-3).

잊지 말아야 할 것은 아담이 범죄한 이후, 하나님이 저주하신 대상은 뱀과 땅이지, 아담이 아니라는 점이다. 하나님을 떠난 범죄한 인간은 저주받은 사탄과 땅에 속하여 저절로 멸망의 길로 가는 것이다.

욥이 고난의 길을 간 것은 하나님 탓이 아니라 사탄의 참소와 그의 역사 때문이다. 그렇다면 우리는 이렇게 질문할 수 있다.

'왜 하나님은 사탄에게 이런 고난을 허락했는가?'

그것은 사탄이 세상의 임금이기 때문이다. 그는 세상에서 가진 자신의 권리를 하나님에게 당당하게 주장하는 셈이다. 그리고 하나님 역시 욥이 율법의 의가 아닌 참 믿음으로 인해 구원받기를 원하셨기 때문이다. 재앙과 사망은 사탄의 권세에 속한다. 그리고 인간은 죄인이다.

## 4. 우리가 알아야 할 하나님

첫 번째 참소의 결과, 사탄은 욥의 소유를 쳤으나, 욥은 계속적으로 하나님을 순종한다. 그러자 사탄은 두 번째 참소를 통해 이제 그의 소유가 아닌 그의 육신, 곧 그 자신을 치고자 한다(욥 2:1-10). 그래서 사탄은 말한다.

> 이제 주의 손을 펴서 그의 뼈와 살을 치소서 그리하시면 틀림없이 주를 향하여 욕하지 않겠나이까(욥 2:5).

사탄은 욥을 무너뜨리기에는 그의 소유와 행위로는 불가능했던 까닭에 그의 몸 자체를 치고자 한다. 이는 하나님을 믿었던 욥이 환난으로 인해 하나님을 떠나 사탄에게 내어준 바 될 것을 기대한 말이다. 그러나 하나님은 욥을 사탄의 손에 붙이지만, 그의 생명은 해하지 말 것을 명하신다. 따라서 사탄은 욥의 살은 치지만 뼈는 치지 못한 결과, 욥은 온 몸에 악창이 난다.

이는 로마 병정이 십자가에 달린 예수의 뼈를 꺾지 못한 것과 같다. 곧 뼈는 예수의 신부인 "뼈 중의 뼈"인 교회를 상징한다. 세상과 사탄의 고난을 당하지만 그 백성을 지키시는 하나님의 사랑의 표현이다.

> ⁷ 사탄이 이에 여호와 앞에서 물러가서 욥을 쳐서 그의 발바닥에서 정수리까지 종기가 나게 한지라 ⁸ 욥이 재 가운데 앉아서 질그릇 조각을 가져다가 몸을 긁고 있더니 ⁹ 그의 아내가 그에게 이르되 당신이 그래도 자기의 온전함을 굳게 지키느냐 하나님을 욕하고 죽으라 ¹⁰ 그가 이르되 그대의 말이 한 어리석은 여자의 말 같도다 우리가 하나님께 복을 받았은즉 화도 받지 아니하겠느냐 하고 이 모든 일에 욥이 입술로 범죄하지 아니하니라 (욥 2:7-10).

외견상 욥의 믿음은 나무랄 데가 없다. 그의 재앙이 하나님께 온 것이기에 '주신 자도 여호와, 취하신 자도 여호와' 하면서 하나님을 찬양한다.

하지만 재 가운데 앉아서 기와 조각을 가져다가 몸을 긁고 있으면서도, '여호와의 이름이 찬양을 받을지어다' 하는 그의 찬양이 참된 찬양일까?

그것이 자신의 순전함을 지키는 것인가?

두려움과 고통을 주는 하나님, 준 것을 빼앗아 가는 하나님을 진실되고 온전하게 찬양할 수 있다는 것은 상식과 이치에 맞지 않다. 세상의 이치로는 재앙을 주는 하나님을 믿을 수 없는 것은 당연하다.

이런 세상의 상식을 뛰어넘는 믿음이 진정한 믿음이라 볼 수 있을까?

전능자 하나님이 할 수 없는 것이 있다면 까닭 없이 피조물의 생명을 죽이는 일이다. 물론 하나님은 불신자를 위해 마지막 때에의 영원한 죽음의 심판을 예비하셨다.

하지만 재림의 때까지 저주의 심판이 유보되어 있음은 하나님의 사랑 때문이다. 하나님이 죄를 미워하심은 하나님의 공의다. 하나님의 사랑과 공의가 만나는 곳에 하나님의 아들 예수 그리스도의 죽음이 있다. 죄의 삯인 사망을 대신해 그리스도의 피를 통해 하나님의 공의는 만족됐다. 그리고 그 피를 통해 하나님의 사랑은 확증됐다. 이것이 십자가 사건이다. 하나님은 생명을 주시기 위해 만물을 창조하셨고, 죄 가운데 빠진 인생을 구원하기 위해 오래 참음 가운데 독생자 예수를 이 땅에 보내시고 십자가에서의 죽음과 부활을 통해 또다시 영원한 생명을 주신 분이다.

그런 하나님이 자기 마음에 들지 않는다고 피조물에게 생명 대신에 죽음과 저주를 준다는 것은 그분의 성품과 인격에 반한다고 볼 수밖에 없다. 이처럼 하나님의 성품을 온전히 알지 못하면, 우리는 하나님의 사랑보다는 하나님의 두려움만을 알게 되고 그래서 어찌하든 자신의 열심과 노력으로 하나님 앞에 자신의 의를 드러내려는 신앙 생활에 빠질 수 있는 위험이 있다. 그러나 이것은 하나님 앞에 가증한 종교 행위다.

우리는 우리의 경험과 철학, 즉 '귀로 듣는' 지식으로 인해 갖게 되는 하나님의 지식이 아닌, 십자가에서 보여진 하나님의 성품과 인격을 알아야 한다. 그런 점에서 우리의 신앙 생활은 늘 하나님의 성품과 인격을 구하는 것에 초점이 있다.

내 성품, 관념, 습관, 철학으로 인해 하나님을 잘못 알고 있다면, 우리는 성령께 자신의 잘못된 것을 들추어 주시기를, 그리고 이를 회복시켜 주실 것을 감사함으로 기도해야 한다. 특히 하나님의 성품과 인격에서 나오지 않는 나의 의로움, 행위를 찾아내고 성령의 치유와 회복이 되도록 하나님께 의뢰할 때, 우리는 하나님과의 진정한 교제 가운데 나아가게 된다.

# 제4장

# 두려워하는 것, 무서워하는 것이 내 몸에 미쳤구나

자신을 아는 길 (욥 3장)

## 1. 욥의 아내의 믿음은 잘못된 것인가?

 욥은 자기의 고난을 당하자, 그 모든 고난이 자신을 창조한 하나님으로 말미암이라고 생각한다. 우리가 하나님께 복을 받았은즉 당연히 지금 당하고 있는 재앙도 하나님께 받는다는 고백이 이를 나타낸다.
 온몸에 악창이 나서 기와 조각을 가져다가 자기 몸을 긁으면서, 그는 무엇을 생각하고 있을까?
 욥은 하나님이 지금 자기를 치고 있으리라 확신하기 때문에 왜 하나님이 까닭 없이 의로운 자신에게 이런 고난과 고통을 주고 있을까 의아해 할 것이다. 참으로 그는 입술로 하나님께 범죄하지 아니했다.
 그렇다면 그가 범죄하지 않았기에 하나님은 그의 믿음을 인정하셨는가?
 그렇지 않다. 왜냐하면, 욥은 마지막에 하나님을 보고 회개해야 했기 때문이다.
 회개한다는 것은 잘못이 있음을 깨닫고 고쳤다는 뜻이 아닌가?

욥을 회개하게 한 욥의 잘못은 무엇일까?
반면에 그의 아내는 어떠한가?
욥이 처한 상황에서 그의 아내의 말은 많은 것을 생각하게 한다(욥 2:8-10). 그녀는 기와 조각으로 몸을 긁고 있는 남편 욥에게 독설을 퍼붓는다.

> 당신이 그래도 자기의 온전함을 굳게 지키느냐 하나님을 욕하고 죽으라
> (욥 2:9).

외견상 그녀는 고난 가운데서도 자신의 순전을 지키려고 하는 남편에 비해, 믿음이 없는 것처럼 보인다. 그래서 대부분의 해석자들은 그녀를 부정적으로 본다. 어거스틴은 '악마의 보조자'(diabolic adjutrix)라 했고, 칼빈은 '사탄의 도구'(organum Satanae), 심지어 소크라테스의 부인 크산티페(Xantippe)의 명칭인 '지옥의 여신과 불'이라 불렀다.[15]

하나님을 욕하고 죽으라는 말은 실상 사탄이 욥으로부터 기대했던 바이며, 그가 하나님께 한 참소의 내용을 확증하는 말이기도 하다. 그런 점에서 그녀의 말은 악마의 속삭임과 같다.

> [8] 욥이 재 가운데 앉아서 질그릇 조각을 가져다가 몸을 긁고 있더니 [9] 그의 아내가 그에게 이르되 당신이 그래도 자기의 온전함을 굳게 지키느냐 하나님을 욕하고 죽으라 [10] 그가 이르되 그대의 말이 한 어리석은 여자의 말 같도다 우리가 하나님께 복을 받았은즉 화도 받지 아니하겠느냐 하고 이 모든 일에 욥이 입술로 범죄하지 아니하니라(욥 2:8-10).

당연한 결과로 그녀는 믿음의 욥과 대비되어 불신앙의 표본으로 대부분 설교된다. 또 어떤 자는 그 아내가 독설을 퍼붓고 욥을 떠났다고까지 말한다. 이처럼 욥의 아내는 믿음 없는 비정한 여인으로 그려진다.

정말로 그러한가?

욥기 어디에도 그녀가 고통 가운데 있는 욥을 떠났다고 하는 언급은 없다. 다만 욥은 고난 중 자신의 아내가 그의 숨결을 싫어했다고 말한다.
이는 그녀가 그의 곁에 있었음을 반증하는 말이 아닌가?(욥 19:17)
긴 병에 효자 없는 법이다. 고난 가운데 욥을 싫어하는 자는 그 아내뿐만이 아니다. 욥의 형제들, 친척, 친구, 우거한 자, 종, 계집 종 등 그를 아는 모든 사람이 자기를 멀리하고, 심지어 어린아이도 조롱한다고 그는 한탄한다(욥 19:18-19).

> [17] 내 아내도 내 숨결을 싫어하며 내 허리의 자식들도 나를 가련하게 여기는구나 [18] 어린아이라도 나를 업신여기고 내가 일어나면 나를 조롱하는구나 [19] 나의 가까운 친구들이 나를 미워하며 나의 사랑하는 사람들이 돌이켜 나의 대적이 되었구나(욥 19:17-19).

하지만 욥의 아내의 처지에서 그녀가 한 말을 숙고해 보자.
자신이 산고의 고통 속에 낳은 열 명의 자녀들이 한꺼번에 죽는 비극을 경험한 엄마로서의 비통과 통한의 심정을 생각해 본다면, 우리는 그녀의 말을 달리 해석할 수도 있다. 그녀는 분명 욥 이상의 고통과 시련을 경험했다. 당연히 하나님에 대한 원망이 나올 수 있다. 그럼에도 욥이 순전함을 지키는 모습에서 그녀는 그의 신앙의 표리부동함을 보았을지도 모른다.
어떻게 자기의 사랑하는 자식들을 죽게 하고 귀중히 아낀 재물을 없이 했음에도 그런 하나님을 찬양할 수 있다는 말인가?
재앙이 하나님으로부터 온 것이며, 또 자신이 하나님의 저주를 받고 있다고 생각함에도 그가 하나님을 찬양하는 것은 순전함이 아니라 표리부동한 태도가 아닐까?

> 그래도 자기의 온전함을 굳게 지키느뇨? 하나님을 욕하고 죽으라.[16]

욥의 아내의 이 말은 하나님이 그 백성에게 재앙과 고난을 주시는 분이 아님을 말하는 반증이기도 하다. 그렇다면 욥이 하나님을 오해한 것에 대비해, 그녀는 하나님의 성품을 더 잘 알고 있는 셈이 된다.

"하나님을 욕하고 죽으라"는 그녀의 말에서 "욕하다"의 히브리어 본문은 "축복하다"(바락, בָּרַךְ)이다. 대부분의 번역 성경은 문맥상의 의미를 좇아 축복을 저주로 번역한다. 그러나 히브리어 원문에 충실하다면, 그녀의 말은 '차라리 하나님을 축복하고 죽으라'는 의미다. 하나님이 저주를 주는 분이 아니므로 하나님을 신뢰하며 그분을 축복하고, 그런 믿음을 가지고 차라리 그냥 죽는 편이 나을 것이라는 뜻이다.

그런 점에서 그녀는 하나님의 성품을 알고 있는 자다!

그렇다면 욥의 아내는 참으로 하나님을 잘 알고 있다고 볼 수 있는가?

아니다. 그렇게 말할 수는 없다. 그녀는 남편 욥에게 고난받지 말고 차라리 죽으라, 즉 자살하라고 말한다. 이는 구원받았으니 자살해도 좋다는 말처럼 들린다.

정말로 그러한가?

교회 내에서는 성도가 자살하면 구원을 얻는지에 대한 논의가 많다. 욥의 아내는 욥으로 하여금 죽으라 충동한다.

참으로 자살은 용서받을 수 없는 죄인가?

교회 역사는 자살을 혐오스런 죄의 하나로 취급한다. 천부적 생명을 피조물인 인간이 자신의 뜻으로 해하여 살인하는 것으로 생각하기 때문이다. 그래서 '자살은 하나님의 뜻을 거역하는 죄'로 본 어거스틴[17] 이후 교회는 비슷한 입장을 보여 왔다.

성경에는 자살자의 예가 나타난다. 사울은 전쟁의 패배로 죽임을 당하는 수치를 피하기 위해 자결했다(삼상 31:1-6).

가룟 유다도 자신의 잘못을 깨닫고 스스로 목매어 죽었다. 이처럼 사람은 환난과 수치를 당하면 차라리 죽기를 원하기도 하다. 그러나 성경은 환난을 당하면 죽기를 원하지 말고 즐거움으로 인내하라고 말한다(롬 5:3-4). 이는 환난을 통해 우리의 소망을 이루기 때문이다. 또한, 주님은 말세에 성도는 환난을 당하리라 말씀하셨다(마 24장). 주님은 그때 우리로 그 환난을 피해 죽으라고 하지 않고 '예비하고 깨어 있으라'고 권면하셨다.

> ³ 다만 이뿐 아니라 우리가 환난 중에도 즐거워하나니 이는 환난은 인내를
> ⁴ 인내는 연단을, 연단은 소망을 이루는 줄 앎이로다(롬 5:3, 4).

그런 점에서 욥의 아내가 그 남편에게 죽으라고 말하는 것은 하나님의 원하신 바가 아니다. 그녀 역시 욥처럼 하나님의 성품과 인격을 오해하고 있는 셈이다. 이처럼 하나님에 대한 인간의 지식은 유한하고 때로는 잘못된 것일 수 있다.

그래서 바울 사도는 우리가 하나님을 아는 지식을 위해 기도할 필요성을 말한다(엡 1:17; 골 1:9).

## 2. 예레미야와 욥

하나님은 그 백성에게 복을 주시길 원하시지 까닭 없이 저주와 화를 주시는 분이 아니다. 화와 저주를 주는 하나님을 축복하고 죽으라는 말은 역설적으로 그녀가 남편 욥보다 하나님의 성품을 더 잘 알고 있음을 나타낸다. 이유 없이 재앙과 고난을 주는 하나님을 믿지 말라는 것이 그녀의 뜻이며 주장일 수 있다. 복 대신에 화를 주는 하나님을 믿는 신앙은 가식이지 순전함이 아니기 때문이다.

두려움과 고통을 주는 하나님을 믿는 태도에 어떻게 순전함과 온전한 신뢰를 가질 수 있는가?

차라리 자신을 멸망하게 하는 하나님을 축복하고 죽는 것이 이치에 맞지 않는가 하는 반문일 수 있다. 그럼에도 욥은 "주신 자도 여호와시요, 취하

신 자도 여호와시니 여호와의 이름이 찬송을 받으실지이다"(욥 1:21) 하며 자신의 믿음을 강변한다. 그는 재앙과 고난을 주는 하나님을 믿어야 한다고 주장한다. 확실히 그는 입술로 범죄치 않았다고 성경은 말한다.

설령 그가 입술로 범죄치 아니했을지라도 그의 믿음은 하나님 앞에 온전한 것이 아니었다. 왜냐하면, 그는 자신의 생일을 저주하기 때문이다("그 후에 욥이 입을 열어 자기의 생일을 저주하니라"[욥 3:1]). 생일의 저주는 자신에게 생명을 주신 하나님을 저주한 것과 다를 바가 없다. 그런 점에서 그의 신앙은 표리부동하다. 외견상은 온전한 믿음처럼 보이지만, 내면적으로는 하나님에 대한 오해와 불신앙이 있다.

성경은 욥과 같이 자신의 생일을 저주한 선지자가 있음을 말해 주는데, 그는 바로 예레미야다. 선지자 예레미야는 자신이 당한 고생과 슬픔을 보며 자신의 탄생을 저주하며, 차라리 죽기를 간구한다(렘 20:14-18). 그러나 그가 이런 불평과 원망을 하는 이유는 욥과는 다르다.

> [14] 내 생일이 저주를 받았더면, 나의 어머니가 나를 낳던 날이 복이 없었더면, [15] 나의 아버지에게 소식을 전하여 이르기를 당신이 득남하였다 하여 아버지를 즐겁게 하던 자가 저주를 받았더면, [16] 그 사람은 여호와께서 무너뜨리시고 후회하지 아니하신 성읍같이 되었더면, 그가 아침에는 부르짖는 소리, 낮에는 떠드는 소리를 듣게 하였더면, 좋을 뻔하였나니 [17] 이는 그가 나를 태에서 죽이지 아니하셨으며 나의 어머니를 내 무덤이 되지 않게 하셨으며 그의 배가 부른 채로 항상 있지 않게 하신 까닭이로다 [18] 어찌하여 내가 태에서 나와서 고생과 슬픔을 보며 나의 날을 부끄러움으로 보내는고 하니라(렘 20:14-18).

예레미야는 자신이 십 년 이상을 충성과 희생으로 선지자적 소명을 감당했지만, 이스라엘이 파멸로 끝나는 모든 상황과 여건을 보고 자신의 사명이 실패했음을 알았다. 그가 선포한 회개로의 모든 권면과 그의 간절한 기도에도 불구하고 유다를 구원의 길로 인도하는 데 실패했기에 그의 소망은 어두운 그림자가 되고 말았다. 이에 그는 차라리 태어나지 말았으면 하고 바랐다. 이처럼 그는 "고초와 재난 곧 쑥과 답즙"의 고통으로 인해 낙심 가운데 있었으나 오히려 그 가운데 소망을 찾는다.

> 여호와의 자비와 긍휼이 무궁하심으로 우리가 진멸되지 아니함이니이다 **이것이 아침마다 새로우니**(They are new every morning) 주의 성실이 크도다 (애 3:22-23).

예레미야는 환난 가운데서도 날마다 하나님의 사랑과 긍휼을 잊지 않았다. 이는 마치 모세가 생명책에서 지워질지라도 이스라엘이 멸망치 않기를 기도하고, 바울이 자신이 저주를 받을지라도 이스라엘이 구원받기를 소원했던 것과 같은 마음이다. 반면 욥의 탄식과 절망 그리고 자기 생일에 대한 저주는 모세, 바울, 예레미야의 것과는 사뭇 다르다.

욥이 생일을 저주함은 하나님을 저주한 것과 동일하다. 생일을 저주함은 자신이 하나님의 축복을 받지 못하고 있다는 생각 때문이다. 모세, 바울, 예레미야가 자기 민족의 구원을 위해 차라리 자신이 저주받기를 원했던 것은 하나님의 심정으로 남을 사랑하는 마음의 발로요 백성을 위한 기도라면, 욥이 자신의 물질적, 육신적 소유를 잃은 것을 가지고 자기 생일을 저주함은 그에게 생명을 주신 창조주를 저주함과 같다.

자신의 육체의 아픔과 재물과 자식의 손실 때문에 자신의 생일을 저주하며, 태어나지를 않기를 바람은 그가 하나님보다 자기를 더 사랑하는 모습의 반증이 아닐 수 없다(욥 3:3-10).

하지만 욥의 탄생의 날에 "새벽 별들이 함께 노래하며 하나님의 아들들이 다 기쁘게 소리하였다"(욥 38:7)고 하나님은 알려 주신다. 즉 욥은 하나님의 말할 수 없는 축복 속에 태어났다는 의미다. 욥의 말처럼 그의 탄생의 날을 저주하는 자 곧 리워야단(악어)을 격동시키는 사탄의 저주를 막은 분이 하나님이시다. 그래서 욥이 생각한 것처럼, "그 밤에 새벽 별들이 어두웠던"(욥 3:9) 것이 아니라, 만물이 그의 출생을 두고 '함께 노래하고 기쁜 소리를 냈다.'

> ³ 내가 난 날이 멸망하였더라면, 사내 아이를 배었다 하던 그 밤도 그러하였더라면, ⁴ 그 날이 캄캄하였더라면, 하나님이 위에서 돌아보지 않으셨더라면, 빛도 그 날을 비추지 않았더라면, ⁵ 어둠과 죽음의 그늘이 그 날을 자기의 것이라 주장하였더라면, 구름이 그 위에 덮였더라면, 흑암이 그 날을 덮었더라면, ⁶ 그 밤이 캄캄한 어둠에 잡혔더라면, 해의 날 수와 달의 수에 들지 않았더라면, ⁷ 그 밤에 자식을 배지 못하였더라면, 그 밤에 즐거운 소리가 나지 않았더라면, ⁸ 날을 저주하는 자들 곧 리워야단[악어]을 격동시키기에 익숙한 자들이 그 밤을 저주하였더라면, ⁹ 그 밤에 새벽별들이 어두웠더라면, 그 밤이 광명을 바랄지라도 얻지 못하며 동틈을 보지 못하였더라면 좋았을 것을, ¹⁰ 이는 내 모태의 문을 닫지 아니하여 내 눈으로 환난을 보게 하였음이로구나(욥 3:3-10).

## 3. 욥의 허물과 하나님의 원하신 것

욥의 고난에 그의 절친한 친구 3명이 그를 찾아와, 그를 위로하며, 그의 당한 재앙의 원인에 대해 갑론을박한다. 이 토론 과정을 통해 욥은 자신만이 알고 있는 신앙의 실상을 말한다.

물론 그의 세 친구들도 욥을 공격하지만, 그들도 욥이 당한 재앙이 하나님의 저주와 심판의 결과로 생각했기 때문에 그들은 할 말도 없었다. 그들은 욥이 당한 재앙이 사탄의 역사라는 영적 비밀을 알지 못했다. 오직 모든 고난은 하나님의 역사이며, 그 원인은 욥의 죄에 있다고 추궁한다.

## 4. 조하리 창

심리학에서는 자신과 타인과의 관계에서 자신의 행동 양식을 분석하는 다이어그램이 있다. "조하리 창"(Johari Window)라 불리는 '자기 개방 훈련'의 분석 기법은 자아의 외면과 내면을 4분면으로 나누어 분석한다.[18]

**조하리 창**

|  | 자기를 앎 | 자기를 알지 못함 |
|---|---|---|
| 타인을 앎 | 공개 | 가려짐 |
| 타인을 알지 못함 | 숨겨짐 | 알지 못함 |

'공개 부문'(Open area)은 자타가 아는 부분(예컨대 직업, 가족 관계 등), 자기(self)는 알지만 타인(others)은 알지 못하는 나만의 '숨겨진 부문'(Hidden area, 예컨대 자기만의 특별한 행동과 같이 비밀스런 것들), 반면에 자기는 모르지만 타인은 알고 있는 '가려진 부문'(Blind area, 예컨대 자기는 모르지만 남의 눈에게 보이는 성격과 행동 등), 그리고 자기도 타인도 전혀 알 수 없는 '미지의 부문'(Unknown area)이다.

공개 부문은 누구나 인지하고 공감하는 공유적인 객관적 사실이다. '숨겨진 부문'과 '가려진 부문'은 욥과 그 친구들의 토론처럼 묻고 답하는 과정에서 궁극적으로 밝혀지고 알려질 수 있으나, '미지의 부문'은 불가능하다.

이 '미지의 부문'이 시편 기자가 말하는 자기의 숨은 허물이다(시 19:12). 이 숨은 허물은 누구도 알 수 없는 부문으로 오직 성령의 조명을 통해서만 알 수 있다. 성령만이 어두움에 감추인 것을 드러내고 우리의 마음 깊은 곳의 뜻을 나타내기 때문이다(고전 4:5).

> 자기 허물을 능히 깨달을 자 누구리요 나를 숨은 허물(hidden faults)에서 벗어나게 하소서(시 19:12).

> 그러므로 때가 이르기 전 곧 주께서 오시기까지 아무것도 판단치 말라 그가 어두움에 감추인 것들을 드러내고 마음의 뜻을 나타내시리니 그때에 각 사람에게 하나님께로부터 칭찬이 있으리라(고전 4:5).

친구 엘리바스의 말처럼 욥은 여러 사람을 교훈하고 약한 자들을 도와주는 선한 자인데, 이 점은 욥도 인정하는 사실이다. 이것이 욥의 '공개 부문'이다.

그리고 그의 친구들은 욥의 재앙이 그의 죄 때문이라고 주장한다. 그러면서 "생각하여 보라. 죄 없이 망한 자가 누구인가?" 묻는다. 이것이 친구들이 주장하는 '가려진 부문'이다. 물론 욥은 그들의 주장을 반박하지만, 실상 인간의 죄 때문에 세상에 재앙이 임한다는 것은 맞다. 욥 자신은 부인하고 싶어하지만 인간은 자기의 외형적인 의로움에도 불구하고 죄로 인해 망한다는 사실을 욥은 망각하고 있고, 이를 친구들은 환기시키고 있는 셈이다.

욥의 '숨겨진 부문'은 무엇일까?

욥이 하나님 앞에 열심을 내서 의로운 삶을 살고 있는 것의 밑바탕에는 그의 친구들이 모르는 사실이 있다. 즉 하나님에 대한 두려움이 있다는 것이다. 그가 열심히 하나님을 섬기고, 자식을 위해 번제를 드리는 이유는 "나의 두려워하는 그것," "나의 무서워하는 그것" 때문이라는 것이다

(욥 3:25-26). 이것이 바로 그의 '숨겨진 부문'이다.

    욥은 신앙 생활을 하는 동안 두려워하고 무서워하는 것이 있는데, 자신의 범죄로 인해 하나님의 고난이 임할까 하는 것이었다. 그가 자식들의 잔치 뒤에 잊지 않고 아침에 번제를 드린 이유이기도 하다.

> [25] 내가 두려워하는 그것이 내게 임하고 내가 무서워하는 그것이 내 몸에 미쳤구나 [26] 나에게는 평온도 없고 안일도 없고 휴식도 없고 다만 불안만이 있구나(욥 3:25-26).

    욥은 분명 경건한 자다. 하지만 그의 경건 생활의 숨은 동기가 두려움과 무서움 때문이었다면, 그가 보인 믿음의 삶은 하나님의 은혜와 사랑에 기뻐하고 감사해서 하나님을 사랑하고 찬송하며 그 앞에서 경배의 삶을 살아간 것이 아님을 암시해 준다. 하나님의 은혜와 사랑에 뿌리내린 신앙이 아닌, 고난에 대한 두려움과 무서움이 신앙의 바탕이 될 때, 당연히 그의 삶은 그의 고백처럼 평강, 안온, 안식은 없고 불안만이 있게 된다.

    욥의 고백과 탄식이 자기 마음과 행동의 '숨겨진 부문'을 보여 준다. 행여 하나님께 고난을 받을까 두려워하고 무서워함은 하나님을 두려운 존재로 보고 있다는 뜻이고, 그러니 일상의 삶에서 기쁨과 감사와 찬양이 있을 수 없다.

    그렇다면 욥의 '미지의 부문'은 무엇일까?

    이는 욥과 그의 친구들이 알 수 없는 것이나, 나중에 하나님의 계시로 인해 드러난다. 의로움을 주장하는 그 자신이 본질적으로 죄인이라는 점과 하나님에 대한 잘못된 지식에 대한 것이다.[19] 욥기 41장에서 하나님의 계시를 통해 자기의 본질과 하나님의 성품이 드러남으로 욥은 회개하기에 이른다.

    욥는 자기 생일을 저주한다. 이 저주는 하나님의 지혜와 선하심을 문제 삼는다는 점에서 그의 하나님에 대한 믿음이 흔들리는 모습이다. 물론 그의 태도는 그의 고난의 크기 때문 보다는, 고난 가운데 역사하는 하나님의 마음의 변화에 대한 두려움 때문이다. 즉 자신이 하나님으로부터 '잊혀지고 버림받고 내쳐지는'(forgotten, forsaken, rejected) 것에 대한 두려움이다.

외적인 의인된 삶에도 불구하고 욥의 내면에는 두려움과 무서움이 내재하기 때문에, 그는 하나님이 축복을 주시지만 때로는 자신의 잘못으로 하나님이 저주를 내릴 것으로 생각한다. 이처럼 그가 열심을 내서 하나님을 섬기고 번제를 드린 이면에는 하나님의 저주와 재앙을 피하기 위함이라는 숨은 동기가 있다. 이것이 그의 신앙의 기초다.

사탄은 이것을 정확히 꿰뚫어 본 셈이다. 욥만이 아는 사실을 사탄은 정확히 간파하고 하나님께 참소한다. 그는 자신의 범죄로 인해 평강, 안온, 안식이 없어지면 어찌할까를 염려하며 율법적 삶을 살았던 자다. 하나님의 성품을 오해함으로 인한 그의 하나님에 대한 잘못된 지식은 그의 삶을 율법적으로 만들었다. 하지만 하나님의 성품은 사랑과 평강이다. 그리고 구원을 통해 그 백성을 안식으로 이끌려고 하신 분이다. 이런 하나님을 그는 오해하고 착각하기 때문에 그의 열심 있는 신앙 생활에도 불구하고 그의 믿음은 온전하지 못한 셈이다.

욥은 자기가 당한 물질적 손실과 자식의 죽음, 자신의 육신의 고난 때문에 생일을 저주하는 모습과 태도에서, 내면적으로는 하나님보다 자신을 더욱 사랑한 자임을 보여 준다. 사실 이것은 욥 자신도 모르는 사실이었다. 그는 마지막에 하나님의 얼굴을 뵙고 '스스로 알 수 없고 헤아리기 어려운 일을 말했음을 회개한다'(욥 42:3). 하나님이 사탄에게 욥의 시험과 고난을 허락하신 것은 욥 자신이 깨닫지 못한 그의 '숨은 허물'을 알도록 하기 위함이다.

욥은 스스로 믿음이 있고 의인이라고 자처하지만, 실상은 하나님보다 물질과 자식과 나아가 자신의 육을 더 사랑한 자임을 하나님은 폭로하신 것이다. 이것이 하나님이 성도들에게 시험과 징계를 허락하신 이유이기도 하다.

성경에서 '징계'(파이데이아, παιδεία)는 '어린이를 교육한다'는 뜻이다.

부모가 가정 교육상 아이의 바른 삶을 위해 훈계하면서 회초리를 들 수 있다.[20] 하지만 부모는 몽둥이를 휘두르지는 않는 법이다. 몽둥이는 폭력이지 징계가 아니다. 헬라어의 '시험'(페이라스모스, πειρασμός)는 '시도하다' 혹은 '어떤 가치를 평가하기 위해 시험하다'는 동사에서 파생한 단어다.[21]

이런 점에서 징계와 시험을 위해 하나님이 그 백성을 죽음으로 내몬다는 것은 사리에 맞지 않는다. 이는 마치 경주말의 기수가 채찍을 쓰는 것은 달리는 말에 자극을 주기 위함이지 쓰러뜨리고 멈추게 하기 위함이 아닌 것과 같다.

기수가 사용하는 것은 회초리이지 몽둥이가 아니지 않는가?

징계는 우리의 잘못된 것을 가르치고 고쳐 주는 것이라면, 시험은 우리 자신도 모르는 '미지의 부문'을 들추어내어 온전한 믿음을 갖으며 그래서 주어진 사역과 일을 완수하도록 하기 위해서이다.

'징계'가 우리의 잘못을 책망하고 교정하는 것이라면, '시험'은 우리의 연약함과 취약점을 드러내 고침으로써 반석 같은 믿음을 갖게 한다. 따라서 자신의 숨은 허물을 빨리 깨닫고 이를 고칠 때, 욥의 경우처럼 하나님의 진정한 축복은 배가된다. 이런 점에서 고난은 축복의 통로다.

고난을 통해 자신의 잘못과 허물을 알고 고침으로 하나님 앞에 바로 서게 되고, 그래서 회복의 역사를 경험하도록 하기 때문이다. 이 허물을 깨닫게 하고 치유하는 것은 전적으로 성령의 사역이다. 이스라엘 민족이 광야에서 하나님의 여러 징계를 당함은 그들의 잘못과 죄를 깨닫고 치유받아 가나안에서 하나님 나라를 건설하기에 합당한 자들로 세움 받기 위함이었다. 또 아브라함에게 아들 이삭을 제물로 드리라는 시험은 그의 믿음을 강하게 함으로써 믿음의 조상이 되기에 조금도 부족함이 없도록 하기 위한 하나님의 뜻이었다.

## 6. 하나님의 사랑

욥은 자신의 생일을 저주할 뿐만 아니라, 하나님이 아름다운 밤을 저주하며, 날이 캄캄하게 하시기를 원한다. 이처럼 욥이 "스스로 알 수 없고 헤아리기 어려운 일"(욥 42:3)을 말했음에도, 하나님은 그를 치유하고 인도하여 온전한 지식과 믿음을 갖도록 하신다. 욥은 차라리 새벽별이 어두워지기를 소망하고, 하나님이 "큰 악어"(리워야단)를 격동시킨다고 언급한다.

그러나 이는 그의 무지를 나타낸다. 하나님은 그와 대면할 때, 욥이 말한 것들을 예로 들어 설명하심으로 욥으로 하여금 회개하도록 인도하셨다. 창조 시에 새벽별들이 함께 노래했다고 말씀하며(욥 38:7), 악어의 지체와 큰 힘과 그 구조를 잘 알지도 모르면서 아는 체 하느냐고 책망하신다(욥 41:1-34). 인간의 지혜로 하나님을 말하는 자는 한마디로 "무지한 말로 이치를 어둡게 하는 자"(욥 38:2)에 불과할 뿐이다.

욥 자신의 영적 지식은 왜곡되어 있다. 그는 죽어서 '평안히 누워서 자고 쉬었을 것이며, 세상 임금들과 모사들, 그리고 탐욕스런 고관들과 함께 하여 할 것이라'라고 말한다. 또 그곳은 악한 자가 소요를 그치고 모두 쉼과 평온을 얻으며 큰 자나 작은 자의 구분이 없는 평등한 곳이라 생각한다. 그러면서 그는 죽음을 구한다.

구원받지 못한 자들은 평안히 누워 자고 쉬는 자들이 아니다(욥 3:16-19). 그들은 지옥의 영영한 불에 들어가 세세토록 고통 가운데 있게 되어 있다. 죽음은 모든 것에서 해방될 수 있다는 생각은 착각이다.

악인에게는 평강이 없다(사 57:21).

하지만 하나님은 길이 아득한 사람, 곤고한 자에게 빛을 주고, 번뇌한 자에게 생명을 주기 위해 구원의 길로 이끄신다. 이런 하나님을 안다면 우리는 하나님을 "무지한 말로 이치를 어둡게 하는 자"가 되지 않을 것이다.

"하나님을 저주하고 죽으라"라고 한 욥의 아내의 말은 불신앙의 선언이요, 그녀가 고난 가운데 있는 욥을 떠났다고 가르치는 것은 "기록한 말씀 밖에 넘어가지 말라"(고전 4:6)는 가르침에 위배된다. 하나님의 성품과 그녀의 마음을 살펴본다면 우리는 그녀의 말을 다른 각도에서 볼 수 있다. 하나님 말씀을 아는 지혜와 계시의 영이 필요한 이유다. 지혜와 계시는 하나님이 주신 것이지만, 지식은 인간의 지정의를 바탕으로 하는 것이다.

하나님은 자신의 피조물을 저주하시는 분이 아니라, 화와 저주를 복과 생명으로 바꾸시는 분이다. 우리의 잘못과 허물에도 불구하고 하나님은 우리에게 저주와 화를 내리시는 분이 아니다. 인생이 연약한 자로서 하나님 앞에 철저히 죄인이고 원수로 행할 때, 하나님은 독생자 예수 그리스도를 이 땅에 보내시고 그의 죽음과 부활을 통해 믿는 우리에게—그러나 죄인되고 원수로 행하는 우리에게—영원한 생명과 하늘의 신령한 복을 주기 위해 아들을 험한 십자가에서 죽게 하셨다.

이것이 우리에 대한 하나님의 은혜와 사랑의 확증이 아닌가?

그런 분이 우리의 작은 허물, 우리의 잘못된 생각에 죽음과 저주라는 파멸을 안겨 주시는 분이라 생각하는 것은 무한한 하나님을 유한한 인간의 잣대로 재는 것에 지나지 않는다. 그럼에도 공의의 하나님 이름으로 무섭고 두려운 하나님의 저주와 화를 말하고 이를 하나님의 섬김과 경배의 기초와 조건으로 삼아야 한다고 주장하는 것은 하나님을 잘 알지 못하는 욥과 그의 세 친구와 같은 모습이다.

하지만 하나님의 사랑이 넘친다고 하여 하나님이 우리의 숨은 허물을 그냥 두실 수는 없다. 이것은 언제든지 하나님 앞에 사탄의 참소거리가 되고 그래서 까닭 없는 고난과 재앙이 임할 수도 있기 때문이다. 우리는 우리로 하여금 허물과 잘못, 죄악을 깨닫게 하는 성령의 역사를 위해 하나님께 간구해야 한다. 이것이 종말의 환난 과정을 살아가는 성도의 할 일이다.

## 제5장

## 죄 없이 망한 자가 누구인가?

지혜의 교사 그리고 거짓 교사(욥 4장)

### 1. 하나님의 말씀에 대한 정확한 이해

율법에 무엇이라 기록되었으며 네가 어떻게 읽느냐(눅 10:26).

율법에 정통한 율법사에게 행한 주님의 물음이다. "무엇을 하여야 영생을 얻으리이까?"라는 영생의 길을 묻는 율법적 질문에 대한 주님의 되물음이다. 이 말씀은 종말을 살아가는 우리가 항상 생각해 보아야 할 매우 중요한 물음이 아닐 수 없다. 우리는 두 가지를 생각해 볼 수 있다.

**첫째**, "율법에 무엇이라 기록되어 있느냐"는 것, 즉 영생을 얻는 길에 대한 성경의 정확한 해석의 문제이다.
**둘째**, "이 율법을 어떻게 읽느냐"이다. 이는 분별의 문제이다.[22]

가장 중요한 것은 우리의 믿음의 기초가 되는 말씀이 성경에 있어야 한다는 점이다. 성경에 없는 인간적 학식과 지식으로는 생명의 진리를 얻을 수 없다. 성경 이외의 말씀을 전하는 것은 영생과 전혀 무관한 일이다. 이것이 "율법에 무엇이라 기록되었느냐"라고 물으신 의도이다.

세상의 종교나 자유주의자는 하나님에 이르는 길이 다양하다고 주장한다. 산의 정상에 이르는 길은 하나일 수 없다는 것이 그들의 주장이다. 그러나 성경은 영생을 얻을 구원의 길이 오직 예수를 믿는 믿음뿐이라고 단언한다(요 14:6; 행 4:12; 행 16:31). 이런 점에서 기독교는 독선적이요, 배타적이다. 세상의 교훈과 철학들은 우리의 믿음의 기초가 아니다. 믿음의 기초는 오직 복음이다. 복음은 예수의 죽음과 부활이다.

> 나는 길이요 진리요, 생명이니 나로 말미암지 않고는 아버지께 이를 수 없느니라(요 14:6).

> 다른 이로는 구원을 얻을 수 없나니 천하 인간에게 구원을 얻을 만한 다른 이름을 우리에게 주신 적이 없음이니라(행 4:12).

> 주 예수를 믿으라 그리하면 너와 네 집이 구원을 얻으리라(행 16:31).

또 하나님의 말씀에 대한 바른 해석만이 영생의 진리를 알게 한다. 이것이 "네가 어떻게 읽느냐"는 본의다. 말씀의 자의적 해석이나 왜곡은 구원과는 상관 없는 비진리이다. 성경은 항상 하나님의 대의인 구속사적 경륜을 통해 예수 그리스도를 나타낸다. 따라서 예수 그리스도의 실체를 알지 못하면 그림자를 좇는 것과 같다.

특히 자신의 신앙 경험과 가치관, 윤리관을 바탕으로 성경을 해석한다면, 하나님의 뜻과 목적에서 벗어난 믿음을 가지게 된다. 이런 자들의 예가 바로 욥의 친구들이다.

## 2. 욥의 세 친구들

4장부터는 욥과 그 친구들—엘리바스, 빌닷, 소발—의 변론이 시작된다.[23] 먼저 친구들 중 연장자인 엘리바스가 말한다. 욥을 위로하고 지혜의 교사로 자처하는 욥의 세 친구는 결론적으로 하나님으로부터 책망을 받는다. 하나님에 대한 잘못된 이해를 갖고 있기 때문이다. 하나님도 그들의 하나님에 대한 말이 잘못된 것임을 지적하셨다("너희가 나를 가리켜 말한 것이 내 종 욥의 말같이 정당하지 못함이라"[욥 42:7]).

그들은 욥의 고난과 재앙에 대해 칠일, 칠야를 함께 한 절친한 친구이지만, 처음에는 아무 말도 하지 못하고 주저한다. 욥의 재앙이 하나님으로부터 왔다고 생각했기 때문이다. 그들은 하나님을 믿지만, 온전한 신앙인이 아니다. 그들의 가문의 배경이 온전한 믿음을 갖지 못했음을 보여 준다.

- 데만 사람 엘리바스: 데만은 에돔의 한 부족으로서 에서의 아들 엘리바스의 후손이다(창 36:4, 11).
- 수아 사람 빌닷: 수아는 아브라함과 후처 그두라에게서 난 자손이다(창 25:2).
- 나아마 사람 소발(Zophar, צוֹפָר): 호리 족속의 세일 자손중 소발(Shobal, שׁוֹבָל, 창 36:20)과는 다른 자로서, 지역과 출신은 불분명하다. 어떤 자는 엘리바스의 아들 스보(Zepho)로 간주한다.[24]

엘리바스는 이삭의 장자 에서의 후손이다. 에서가 헷 족속 엘론의 딸 아다에게서 난 아들이 엘리바스이다(창 36:2-4). (여기서 우리가 발음의 전이를 생각하여, 나아마 사람 소발을 세일 자손의 소발로 본다면, 그 역시 에서의 후손이다.)

에서는 하나님의 가장 큰 축복의 하나인 장자권을 경홀히 여긴 자가 아닌가?

반면 야곱은 장자권을 너무나 소중히 여겨 이를 에서에게서 팥죽 한 그 릇으로 산 자다.

그리고 빌닷은 아브라함의 후처 그두라에서 난 수아의 후손으로 간주된다. 아브라함의 후처에서 난 자들에는 앗수르와 미디안 등이 있다. 미디안은 이스라엘을 괴롭힌 족속이었고, 앗수르는 결국 북이스라엘을 멸망시킨 나라다.

이 세 친구들의 공통점이 있다. 선조의 믿음이 온전하지 못했다는 점이다. 에서가 장자권을 무시한 것은 구원의 메시아에 대한 믿음을 저버리는 행위다. 하나님을 믿지만 예수를 믿지 않는 것과 같다. 또 아브라함의 후처에서 난 자들은 아비 아브라함으로부터 충분한 믿음의 교육을 받지 못해 하나님의 온전한 지식을 바탕으로 믿음을 가진 자라고 볼 수 없다. 아브라함이 너무 노년에 낳은 자식이기 때문이다. 따라서 이런 하나님에 대한 잘못된 믿음이 그 후손에게 전수된 것이다.

욥기 마지막에서 신실과 사랑의 하나님은 그들의 잘못을 용서하셨다. 그러나 하나님이 그들을 그냥 용서한 것이 아니다. 그들은 피의 제사를 드려야 했다. 구원을 얻기 위해서는 회개와 함께 피의 제사를 통한 죄 사함이 요구되기 때문이다.

## 3. 행위의 완전함과 십자가의 원리

욥의 고난에 그의 절친한 친구 3명이 그를 찾아와, 그를 위로하며, 그의 당한 재앙의 원인에 대해 갑론을박한다. 이 과정에서 욥의 삶이 남에게 드러난 부문이 있다. 엘리바스는 욥이 사회적으로 덕망 있고 남을 세워 주고 돕는 자임을 말한다.

이는 욥도 인정한 점이다. '여러 사람을 교훈하고, 손이 늘어진 자를 강하게 하며, 넘어져 가는 자를 말로 붙들어 주고, 무릎이 약한 자를 강하게 한 자'(욥 4:3-4)라고 욥은 평가된다. 욥이 좌절 낙망한 자에게 희망을 주고, 말로 가르치고 격려했다는 뜻이다.

그런데도 욥은 정작 재앙이 자신에게 닥치니 답답해하고 놀라는 모습을 보인 것은 어떤 일이냐고 엘리바스가 반문한다. 이는 욥의 가르침이 참된 것이 아닌 말뿐이었다는 핀잔이다.

엘리바스는 욥이 당한 재앙이 하나님의 저주와 심판의 결과로 생각할 뿐, 그의 재앙이 사탄의 역사에 기인하고 있다는 영적 비밀을 알지 못한다. 모든 고난은 하나님의 역사이며, 그 원인은 욥의 죄에 있다고 추궁한다. 그러면서 자기가 아는 하나님, 즉 자기의 경험과 지식으로 아는 하나님을 소개한다(욥 4:6-7).

> ³ 보라 전에 네가 여러 사람을 훈계하였고 손이 늘어진 자를 강하게 하였고 ⁴ 넘어지는 자를 말로 붙들어 주었고 무릎이 약한 자를 강하게 하였거늘 ⁵ 이제 이 일이 네게 이르매 네가 힘들어 하고 이 일이 네게 닥치매 네가 놀라는구나 ⁶ 네 경외함이 네 자랑이 아니냐 네 소망이 네 온전한 길이 아니냐 ⁷ 생각하여 보라 죄 없이 망한 자가 누구인가 정직한 자의 끊어짐이 어디 있는가(욥 4:3-7).

친구 엘리바스의 시인처럼, 욥은 여러 사람을 교훈하고, 약한 자를 도와주는 선한 자다. 그러나 그가 가르친 것은 사랑과 두려움이었다는 책망이다. 비록 욥이 하나님에 대한 경외감과 행위의 완전함(순전함)을 추구하는 삶을 보이고 있고, 그렇다고 말하지만, 욥의 재앙이 그의 죄 때문이라고 그 친구는 주장한다. 그러면서 "생각하여 보라. 죄 없이 망한 자가 누구인가?"(7절) 묻는다. 이 주장이 친구들의 욥에 대한 대표적인 진단이다.

'욥, 너는 알지 못했을지라도 네가 죄를 범했기 때문에 지금의 고난이 온거야.'

> 인생이 어찌 하나님보다 의롭겠느냐 사람이 어찌 그 창조하신 이보다 깨끗(성결)하겠느냐(욥 4:17).

이것이 엘리바스의 주장이다. 인생은 성결하지 못하니 어차피 죄를 범하게 되어 있는 존재라는 것이다. 물론 욥은 그들의 주장을 반박한다.

엘리바스의 말은 일면 어느 정도의 진리가 있다. 그러나 전체적으로 전혀 성경의 진리와는 반대이다. 그는 말한다.

> 악을 밭 갈고 독을 뿌리는 자는 그대로 거두나니(욥 4:8).

이는 하나님의 말씀과 일치한다.

> 사람이 무엇으로 심던지 그대로 거두리라 자기의 육체를 위하여 심는 자는 육체로부터 썩어진 것을 거두고 성령을 위하여 심는 자는 성령으로부터 영생을 거두리라(갈 6:7-8).

그러나 하나님에 대한 엘리바스의 지식은 제한적이다. 그는 인간이 "하나님의 입기운에 멸망하고 그 콧김에 사라진다"라고 말한다(욥 4:9). 하지만 하나님은 그분의 입기운으로 아담에게 생기를 불어넣어 생령이 되게 하신 분이 아닌가?

인간이 망하는 것은 자기의 죄 때문이지 하나님 때문이 아니다. 하나님은 죽이시는 분이 아니라 살리시는 분이다. 인간을 도덕질하고 죽이고 멸망시킨 자는 도적이지 하나님이 아니다.

엘리바스는 욥에게 행위의 완전함을 강조한다. 그래야 하나님이 그를 용납하신다고 확증한다. 그러나 이것은 십자가의 원리와는 정반대다. 우리가 죄인됐을 때, 그리고 연약한 자임에도, 심지어 하나님에 대해 원수로 행하고 있을 때, 하나님은 그 아들을 우리에게 보내사 십자가에서 죽게 하시고 다시 살리심으로 우리에게 하나님의 사랑을 확증하신 분이다(롬 5:6-11). 이것이 십자가의 원리다.

하나님은 최초의 인간 아담을 '산 영'(a living soul)이 되게 창조했으며, 또한 예수 그리스도를 '살려 주는 영'(a life-giving spirit)으로 삼아 우리 인생에게 보내셨고(고전 15:45), 이를 확증한 사건이 십자가다. 하나님이 우리의 행위 완전함 때문에 십자가를 주신 것이 아니라, 우리가 죄인 됨에도 불구하고 '살려 주는 영' 되신 그리스도를 통해 우리에게 참 생명을 주고자 하신다.

우리는 여기서 하나님이 우리 인생에게 보이신 속죄의 복음을 생각하지 않을 수 없다. 왜냐하면, 십자가는 바로 죄인을 위한 속죄의 자리이기 때문이다. 죄에 진노하신 하나님이 인간과 화목하여 만족을 얻는 자리가 십자가다.

이런 점에서 속죄에 대한 기쁜 소식은 하나님이 우리 같은 죄인을 위해 친히 자신이 대체(대속)가 되셨다는 사실에 있다. 즉 하나님 아버지가 '우리를 위해' 그리고 '우리를 대신해' 아들을 주시고, 하나님의 아들 예수 역시 '우리를 위해 그리고 우리를 대신해' 그 자신을 내어 주었다는 점에서 그렇게 말할 수 있다. 이를 존 스토트는 다음처럼 요약한다.

> 대속의 개념은 죄와 구원의 핵심에 놓여 있다고 말할 수 있다. 왜냐하면, 죄의 본질은 인간이 하나님 대신에 자신을 대체(대속)하는 것이라면, 구원의 본질은 하나님이 인간 대신에 자신을 대체(대속)하는 일이기 때문이다. 인간은 하나님을 대적하여 자신을 주장하며, 오직 하나님만이 있어야 할 합당할 자리에 자신을 둔다. 반면에 하나님은 인간을 위해 자신을 희생하며, 오직 인간만이 있어야 할 합당한 자리에 자신을 둔다. 인간은 하나님께만 속하는 특권을 주장하지만, 하나님은 오직 인간에게만 해당되는 형벌을 수용한다.[25]

## 4. 영적 경험에 대한 착각과 오해

엘리바스가 가진 또 다른 문제는 그가 밤중에 경험한 어떤 영의 임재를 하나님의 임재로 착각하고 있다는 점이다(욥 4:12-16). 자신에게 임한 영의 존재를 하나님의 영으로 생각함은 영적 분별력의 부재를 말해 준다.

엘리바스는 자신의 영적 형상의 경험을 두고, "그 영이 서 있는데 나는 그 형상을 알아보지는 못하여도 오직 한 형상이 내 눈 앞에 있었느니라"라고 말한다. 즉 자신은 그 영의 형상을 분별하지는 못했지만 하나님의 영으로 생각했으며 그리고 어떤 영의 임재에 그는 두려움과 떨림이 생겨, 그의 뼈가 흔들리고 몸의 털이 주뼛할 정도였다고 말한다. 또한, 그는 이런 현상을 성령의 역사라고 생각한다.

> $^{12}$ 어떤 말씀이 내게 가만히 이르고 그 가느다란 소리가 내 귀에 들렸었나니 $^{13}$ 사람이 깊이 잠들 즈음 내가 그 밤에 본 환상으로 말미암아 생각이 번거로울 때에 $^{14}$ 두려움과 떨림이 내게 이르러서 모든 뼈마디가 흔들렸느니라 $^{15}$ 그때에 영이 내 앞으로 지나매 내 몸에 털이 주뼛하였느니라 $^{16}$ 그 영이 서 있는데 나는 그 형상을 알아보지는 못하여도 오직 한 형상이 내 눈 앞에 있었느니라 그때에 내가 조용한 중에 한 목소리를 들으니(욥 4:12-16).

엘리바스가 경험한 영의 임재에서 과연 이 영이 성령일까?

엘리바스는 실상 하나님의 영을 알지 못하면서 마치 잘 알고 있는 양 말하고 있음을 알 수 있다. 어떤 영적 임재를 통해 그가 갖는 두려움은 '무서움으로 인한 두려움'(fear from danger)이지 '하나님에 대한 경외'(fear for God)가 아니다. 이런 점에서 그가 느낀 영은 성령이 아니다.

성령이 임하면 평안이 임하고, 기쁨이 나타나며, 우리의 마음과 생각을 지킴으로 평강이 넘치게 되어 있다(요 14:26-27; 롬 14:17; 빌 4:6-7). 바울은 믿는 자에게 항상 '평강과 은혜가 넘치길 원하노라'라고 말한다. 이 말은 하나님은 믿는 자에게 두려움이 아닌 평강 곧 평안을 주신 분이라는 뜻이다. 하나님의 말씀이 아닌 자신의 신앙 경험과 지식에서 말하는 소리는 하나님을 아는 올바른 지식과 진정한 믿음을 가져오지 못한다.

> [26] 보혜사 곧 아버지께서 내 이름으로 보내실 성령 그가 너희에게 모든 것을 가르치시고 내가 너희에게 말한 모든 것을 생각나게 하시리라 [27] 평안을 너희에게 끼치노니 곧 나의 평안을 너희에게 주노라. 내가 너희에게 주는 것은 세상이 주는 것같지 아니하니라. 너희는 마음에 근심도 말고 두려워하지도 말라 (요 14:26-27).

> 하나님의 나라는 먹고 마시는 것이 아니요 오직 성령 안에서 의와 평강과 희락이라 (롬 4:17).

> [6] 아무것도 염려하지 말고 오직 모든 일에 기도와 간구로 너희 구할 것을 감사함으로 하나님께 아뢰라 [7] 그리하면 모든 지각에 뛰어난 하나님의 평강이 그리스도 예수 안에서 너희 마음과 생각을 지키시리라 (빌 4:6-7).

더욱이 그는 "조용한 중에 한 목소리를" 내어 말하는 이 영의 목소리를 들었는데, 자기에게 다음과 같이 말했다고 주장한다 (욥 4:17-21). 하지만 그가 경험한 환상을 통한 주장에는 하나님에 대한 실상과 허상이 혼재되어 있다. 그가 들은 영의 말을 살펴 보자.

> [17] 사람이 어찌 하나님보다 의롭겠느냐 사람이 어찌 그 창조하신 이보다 깨끗하겠느냐 [18] 하나님은 그의 종이라도 그대로 믿지 아니하시며 그의 천사라도 미련하다 하시나니 [19] 하물며 흙 집에 살며 티끌로 터를 삼고 하루살이 앞에서라도 무너질 자이겠느냐 [20] 아침과 저녁 사이에 부스러져 가루가 되며 영원히 사라지되 기억하는 자가 없으리라 [21] 장막 줄이 그들에게

서 뽑히지 아니하겠느냐 그들은 지혜가 없이 죽느니라(욥 4:17-21).

엘리바스가 들은 이상 중의 영의 말은 쉽게 말해서 다음과 같다.

① 죄인 된 인생은 하나님보다 의롭지 않고, 성결하지 않다.
② 하나님은 그 종들을 믿지 않으며 그 천사도 미련하다고 하신다.
③ 하물며 티끌로 만들어진 자, 하루살이보다 못한 인생은 오죽하겠는가?
④ 인간은 영원히 망한 존재이며, 그래서 그를 생각한 자가 없다.
⑤ 인생은 지혜 없음으로 죽는다.

엘리바스가 영의 말이라고 전한 언급에는 일말의 지식과 지혜가 있으나 그 본질을 꿰뚫지는 못한다. 분명 죄인 된 인간은 그 자체로 의롭지 않고 성결한 존재가 아니다. 그러나 하나님은 하나님의 언약을 믿은 아브라함을 의롭다 하셨고, 그를 믿음의 조상으로 세우셨다. 그가 원래 의로운 존재이기 때문이 아니라, 하나님의 은혜를 믿는 허물 많은 그를 하나님이 부르고 택하여 의롭다고 칭하셨다.

하나님의 아들 예수 그리스도를 믿는 자는 의로운 자, 성결한 자로 선언된다. 성도는 "주 예수 그리스도의 이름과 우리 하나님의 성령 안에서 씻음과 거룩함과 의롭다 하심을 얻은"(고전 6:11) 존재다. 이는 우리 자신의 노력과 의 때문이 아니라 예수 그리스도의 십자가와 그 의를 힘입기 때문이다.

하나님은 그 종을 믿지 않고 그 천사를 미련하다 말하신 적이 없으시다. 주님은 다음과 같이 말씀하셨다.

하나님을 믿으니 나를 믿으라(요 14:1).

또 '라가'(미련한 자)라 하는 자는 지옥에 간다고 말씀하신 주님 자신이

그 피조물을 미련하다고 하시겠는가?(마 5:22)

이는 전혀 하나님의 성품과 인격에서 반하는 말이다. 또한, 인간은 비록 티끌로 만들어진 존재이나 결코 하루살이보다 못한 존재가 아니다. 인간은 생육하고 번성하며 땅에 충만하여 만물을 다스리고 정복하는 권세를 부여받은 존재다(창 1:26-27). 원래 이 땅에서 하나님의 전권 대사의 삶을 살도록 되어 있지만, 인간의 죄로 인해 이를 누리지 못할 뿐이다. 하나님이 만물을 만드신 천지 창조는 결국 에덴 동산에 살게 될 아담을 위한 것이었다.

이처럼 피조물의 최고봉인 인간은 영원히 망한 존재로서, 하나님의 지혜가 없어 사망에 이르게 되는 피조물이 아니다. 물론 죄인은 하나님의 지혜가 없어 망할 것이다. 그러나 하나님은 자기의 백성을 생각하신다. 방주를 탄 노아를 권념하셨고, 바로의 종노릇을 한 이스라엘을 기억하신 하나님은 홍수를 그치게 하셨고, 출애굽의 역사를 가져왔다. 하나님이 인간의 구원을 위해 자신의 사랑하시는 아들을 주시고 십자가에 달려 죽게 하심은 인간에게 영원한 삶과 축복을 주시기 위해서이다.

인간을 두고 "기억하는 자가 없으리라"라고 단언하는 것은 하나님의 사랑을 외면한 소리다. 욥은 욥기 42장에서 하나님 앞에 회개하기 전까지는 사실상 부끄러운 믿음을 가진 자라고 할 수 있다.

그럼에도 하나님은 그의 온전하지 못한 믿음을 사탄에게 내세울 만큼 자랑스러워 하신 분이 아니던가?(욥 1:8; 2:3)

## 5. 예수 그리스도 안에 있어야 할 이유

엘리바스가 가졌던 신앙 체험은 구원에 이르는 지식이 아니다. 우리가 엘리바스처럼 영적인 존재를 밤의 이상(異像)을 통해 경험한다고 해서 구원을 얻는 그리스도의 지식을 가진 것이 아니다. 또한, 세상의 평판이나 인간적인 개인적 가르침을 통한 지식은 참된 구원의 지식과는 거리가 멀다. 설령 실제로 직접 그리스도를 바라본다고 해서 구원받는 것도 아니다. 많은 자가 예수 그리스도 앞에서 먹고 마셨지만, 주님은 이들을 알지 못한다고 하셨다(눅 13:26).

이에 대한 초창기 청교도 신앙을 정립했던 토마스 쉐퍼드의 논증을 보자.

> 어떤 자가 실제로, 즉시로 그리스도를 직접 바라본다고 해도, 이는 그리스도에 대한 구원 얻는 지식은 아니다. 지금 당장 만나는 것처럼 그리스도를 알고 있다는 성도를 나는 안다. 그들은 거리상 멀리 떨어진 낯선 자들이 아니다. 만약 다른 어떤 자들이 자주 직접 주를 보아 왔다는 것에 대해 나는 반박하고 싶지 않다. 하지만 그들이 주 예수를 직접 보아 왔음이 이 땅 여기에서 직접 본 것처럼 한다면, 가버나움도 그렇게 주를 보았다. 그들 중 몇은 한동안은 주의 제자들이었고 주를 따랐다(요 6장). 그렇지만 주는 그들의 눈에 숨겨져 있었다. 모든 세상이 영광 중의 주를 볼 것이고, 이것이 그들을 놀라게 할 것이다.
>
> 하지만 이것도 주에 대한 구원 얻는 지식에는 미치지 못한다. 이 지식은 오직 주가 그의 택한 자들에게만 전하시기 때문이다. 그래서 당신이 주와 친숙할 정도가 되어 실제로 주를 볼지라도, "주여, 우리는 주 앞에서 먹고 마시지 않았나이까?"(눅 13:26) 하며, 그렇게 망하게 될 것이다. 사람은 주를 그의 놀라운 일, 그리고 영광스런 왕국과 통치를 통해 볼 수 있겠지만, 구원 얻을 만큼 그를 아는 것이 아니다.
>
> 주 자신과 하나님 백성의 놀라운 구출, 보존, 원수들의 무서운 파멸, 이런 것에 대해 그들이 오직 할 수 있는 소리는 "이것이 주의 손이로다"라고 할 뿐, 주를 아는 것이 아니다(신 29:1-4). 따라서 사람들은 그런 것들이 이루어졌다고 생각하고 말한다(요 15:24).
>
> '내가 다시 악해질 수 있을까?'
>
> 그들은 예전처럼 항상 악하게 된다.[26]

거짓된 심령 안에는 성경 없는 그리스도에 대한 낯선 지식이 있을 수 있다. 이는 사람의 미혹된 심령을 이상하게도 황홀하게 만든다. 또 이는 대체로 많은 지식은 있으나 사랑이 적은 처녀 교회의 첫 유혹이기도 하다 (고후 11:2-4). 사탄은 사람들이 복음을 저버리도록 끌어내려 하지 않고, "회개하고 믿고 구원받으라"라는 복음의 단순성에서 벗어나도록 찾는다. 왜냐하면, "사탄도 자신을 광명의 천사로 가장하기" 때문이다.

따라서 어떤 자들은 음성을 들었다. 어떤 자들은 그리스도의 바로 그 피가 자신들 위에 떨어짐을 보았다고 주의 옆구리에 난 상처를 보았다. 어떤 자들은 방 안에서 큰 빛이 비추임을 보았다. 어떤 자들은 놀랍게도 자신들의 꿈으로 감동받았다. 어떤 자들은 큰 슬픔 가운데서 "네 죄가 사해졌느니라"는 내적 증거를 가졌다. 그래서 방에서 자유와 기쁨으로 날뛰려 한다. 오, 음란한 세대여!

진지하게 예수를 보며 또한 당장에 그들에게 평강을 주시는 주를 갖기를 원한다는 것은 사람들에게 자연적이고 일상적인 것이다.[27]

이렇듯 엘리바스는 하나님을 아는 온전한 지식이 부족한 자다. 그는 자신의 세상적 지식과 잘못된 영적 체험을 통해 알고 있는 하나님에 대한 지식을 하나님을 아는 참된 지식으로 주장하고 있는 셈이다. 하나님에 대한 이런 잘못된 지식을 바탕으로 자신의 주관적인 경험적 선입관과 판단에 따라 믿음과 사람에 대한 악의적 평가를 한 그는 정당하지 못한 신앙관을 사람들에게 강요하고 있는 셈이다.

인과응보의 법칙을 주장하고, 도덕률을 강조하는 그의 주장은 세상의 법으로는 옳은 소리일 수 있다. 그러나 성경은 그렇게 말하고 있지 않다. 그는 지혜의 교사로 자처하고 있으나 사실은 거짓 교사에 불과한 셈이다. 거짓 교사는 성경에 나온 말씀을 교묘히 이용하고, 자신의 경험과 지식으로 하나님을 가르치고 선포한다. 그래서 많은 믿는 자를 미혹으로 인도한다. 그럼에도 궁극적으로 하나님은 욥과 그 친구들의 잘못된 믿음을 바로 잡기 원하셨다(욥 42:8-9).

이런 잘못된 신앙관에도 불구하고 욥기가 이 세 친구들의 주장을 자세히 기록한 이유는 성도라고 불리는 우리 자신도 하나님에 대한 불완전하고 잘못된 지식과 하나님에 대한 그릇된 믿음으로 자신의 신앙을 까닭 없이 자랑하고 이를 남에게 강요하고 주장하는 어리석음과 잘못을 범하고 있기 때문이다. 바로 욥의 세 친구들이 바로 우리 자신의 모습이다.

우리는 하나님의 믿음을 믿어야 한다. 하나님의 믿음이 우리 안에 흐를 때, 우리의 믿음이 온전히 된다. "너희가 내 안에, 내 말이 너희 안에"(요 15:7) 있을 때, 우리의 신앙은 흔들리지 않고, 마지막 때에 있을 거짓 가르침의 미혹에서 벗어나 참된 영생을 누릴 수 있다.

우리는 말과 행동을 통해 자신의 성품과 인격을 내보인다. 마찬가지로 남을 아는 것도 그들의 말과 행동을 통해서이다. 우리가 때로 자신이 아는 하나님, 그러나 성경의 가르침과 반대되는 하나님을 전하고 있지 않는지를 점검해 보아야 한다. 자기의 세상적 경험과 철학과 배움으로 하나님을 아는 지식을 자랑하고 이를 전파하는 것은 현재의 많은 교인의 현주소이기도 하다.

우리의 성품과 인격을 고치시는 분은 오직 하나님뿐이다. 인간의 최고의 학문과 지식과 훈련으로 고쳐지는 것은 아니다. 오직 성령의 역사로 우리의 잘못된 성품과 인격은 밝혀지고 고쳐지며 치유된다. 우리가 하나님의 말씀, 주님의 역사, 성령의 소리를 알아야 하는 이유다.

# 제6장

# 하나님은 아프게 하다가 싸매시며 손으로 고치시나니

하나님에 대한 참된 지식과 거짓 지식(욥 5장)

## 1. 하나님의 말씀에 대한 정확한 이해

성경이 말하려는 하나님의 궁극적 목표는 예수 그리스도의 구속사적인 경륜을 통한 죄인의 구원과 안식이고 이를 위해 하나님 나라를 세우는 일이다. 하나님 아버지가 성경을 통해 보여 주시는 구원의 사건과 전개는 이 땅에 성육신으로 오신 하나님의 아들 예수 그리스도를 통해 인간들이 참 생명인 구원을 얻는 것에 초점이 있다.

이 구원은 십자가의 구속을 통해 이루어진다. 구속은 고대 사회에서 철저히 가정법적, 상업적 용어로서, 대가를 지불하고 자유를 얻음을 뜻한다.[28] 그리스도의 피값으로만 우리의 죄는 사함을 얻는다. 이것이 십자가 사건이다. 이 예수 십자가의 은혜를 마음으로 믿고 입으로 시인하는 믿음을 통해 우리는 구원을 얻는다(롬 10:9-10).

하나님의 소원하는 바는 아들 예수로 인해서 죄로부터 영혼의 구원을 얻는 자들이 이 땅에서부터 영원한 생명인 안식과 함께 하늘의 풍성함을 누리며, 주님의 재림 때까지 믿는 자가 승리하는 삶을 살다가, 마지막 심판 때에 육의 구원을 얻는 일이다. 우리 인생의 죄를 대신해 예수 그리스도의 대가를 지불하여 하나님의 공의를 만족시킨 일이 십자가 사건이다.[29]

 이것이 첫 번째 구속이다. 이것은 그리스도의 피의 대가로 말미암아 우리의 믿음으로 인해 그리스도의 인격 안에서, 그의 부활에서 성취됐다.

 그리고 두 번째 구속은 인간의 소명 가운데 성령으로 인해 시작되며 심판의 날에 끝날 우리 육신의 구속이다. 이를 위해 하나님이 우리에게 성령을 보내신다. 우리가 이런 인치심을 받았기 때문에 우리에게 주어진 성령을 근심하게 해서는 안 된다(엡 4:30). 여기에 가장 악한 죄인들을 향한 격려, 그리고 자조력(自助力) 없는 잃어버린 죄인을 향한 하나님의 위안이 있다.

> 하나님의 성령을 근심하게 하지 말라 그 안에서 너희가 구원의 날까지 인치심을 받았느니라(엡 4:30).

 세상의 왕인 사탄은 주님의 재림 때까지 그 심판이 유보되어 있음으로 우리의 삶에 깊숙히 간섭한다. 사탄의 심판 곧 세상의 최후 심판의 때까지, 하나님은 믿는 자를 마귀로부터 보호하고 그 자녀 된 성도의 승리하는 삶을 위해 우리에게 성령을 보내시고, 우리가 성령과 동행하는 삶을 통해 안식을 함께 누리길 바라신다. 하나님이 보혜사 성령뿐만 아니라 각종 표적과 은사도 주시고, 주님과 함께 하는 능력을 주심은 하나님의 성품과 인격 때문이다(히 2:4).

> 하나님도 표적들과 기사들과 여러 가지 능력과 및 자기 뜻을 따라 성령의 '나눠 주신 것'(partition)으로서 저희와 함께 증거하셨느니라(히 2:4).

주님이 보내신 성령은 '우리 안에서, 우리와 함께, 우리를 통해'(in us, with us and through us) 일하시고, 세상에 복음 전파를 통해 세상 사람들로 하여금 영혼의 구원을 이루게 하여 하나님 나라를 확장하고, 믿는 자 한 사람, 한 사람이 사탄에 승리한 삶을 살도록 하기를 원하신다. 하지만 성도가 이를 알지 못하면 사탄의 미혹으로 말미암아 넘어지게 되어 있다. 이것이 온전한 믿음에 뿌리 박지 못한 연유다.

왜 하나님은 사탄에게 성도의 공격을 허락하시는가?

여기에는 사탄에 대한 이중적 측면이 있다. 사탄의 공격은 성도들의 구원을 궁극적으로 방해할 수 없고, 하나님의 뜻, 곧 하나님 나라의 완성을 제지하지 못하는 존재다. 이는 어떠한 경우에도 하나님이 욥의 죽음을 허락하지 않으시고 그의 온전한 구원을 인도하신다는 욥기의 결과와 같다.

그러나 하나님은 사탄에게 성도를 공격하도록 허락하신다. 왜냐하면, 사탄의 참소와 역사가 성도의 참된 신앙을 자라게 하여 거룩함에 이르게 하고, 또한 하나님의 은혜를 깨달아 알게 하기 때문이다. 하나님은 사탄의 역사를 통해 믿는 자의 신앙이 알곡인지 쭉정이인지를 가르며, 고난 가운데 신앙의 성장을 통해 신의 성품에 참예하게 하여 세상과 구별된 거룩함을 이루게 하시며, 고난을 통해 우리를 향한 하나님의 은혜와 사랑을 알도록 하신다.

인간은 고난이 없다면 하나님의 은혜와 사랑을 온전히 알 수 없다. 이스라엘은 애굽의 종된 삶을 살았기 때문에 출애굽의 해방 곧 구속의 기쁨을 알 수 있었으며, 하나님의 은혜와 역사를 경험할 수 있었다. 이 과정을 걸쳐 성도의 성품은 하나님의 성품에 이르고 그래서 하나님의 자녀로서 그분과 안식하게 되는 것이다.

하나님의 진정한 뜻과 목적을 알지 못하고 자기의 신앙 경험과 가치관, 윤리관을 바탕으로 성경을 아전인수격으로 해석하고 이해하면, 자신의 삶의 목적을 위한 방편으로 하나님의 말씀을 인용하고 적용하는 잘못을 범하게 되어 그릇된 믿음을 가지게 된다.

주님이 우리에게 요구하시는 것은 하나님의 말씀을 정확히 알고 믿는 것이다. 또한, 아는 것에 머무는 것이 아니라 그 뜻을 좇아 행하는 것이다. 야고보는 이를 '행함이 있는 믿음'(약 1:17, 22), 다시 말해 '살아 있는 믿음' 이라고 부른다.

## 2. 하나님에 대한 잘못된 지식

욥과 그의 세 친구는 하나님에 대한 잘못된 지식과 믿음을 보여 준다. 특히 그의 친구들은 자신들의 정당하지 못한 신앙관을 사람들에게, 특히 욥에게 강요하고 있음을 본다. 그들에 대해 하나님은 부정적 평가를 내리신다.

> 너희가 나를 가리켜 말한 것이 내 종 욥의 말같이 정당하지 못함이라 (욥 42:7).

이런 잘못된 신앙관에도 불구하고 욥기가 이 친구들의 주장을 자세히 기록한 이유는 바로 하나님을 잘 믿는다고 자부하는 우리 자신도 하나님에 대한 불완전하고 잘못된 지식과 믿음으로 자기의 신앙을 자랑하고 이를 남에게 강요하며 주장하는 어리석음과 잘못을 범하고 있는 까닭이다.

세 친구들의 출생 배경을 보자(욥 2:11). 엘리바스의 조상 에서는 하나님으로부터 버림받은 자였다. 장자권을 경홀히 여겨 엄청난 권리와 축복을 가진 그것을 팥죽 한 그릇에 야곱에게 팔았을 뿐만 아니라, 가나안의 헷 족속의 딸을 아내로 맞이함으로써 아버지 이삭에게 마음의 근심이 됐던 자였기 때문이다(창 25:27-34; 26:34-35).

실상 에서는 모태 신앙인이었다. 그의 할아버지는 믿음의 조상 아브라함으로서 그가 15세까지 살아 있었다. 이는 그가 할아버지 아브라함, 아버지 이삭으로부터 큰 사랑을 받으며, 살아 계신 하나님, 복 주시는 하나님을 듣고 배웠음을 의미한다.

그러나 에서는 여호와 하나님을 믿는 신앙 생활에도 불구하고 참된 신앙은 갖지 못했다. 왜냐하면, 메시아에 대한 믿음이 없었기 때문이다. 실상 믿음의 유무는 장자권에 대한 소망 여부에 있다.

장자권이 중요한 이유가 무엇인가?

바로 메시아에 대한 소망 때문이었다. 이 메시아에 대한 소망과 믿음─이것이 아브라함의 후손들에게는 복음이다─이 없기 때문에 하나님은 에서를 미워하고 야곱은 사랑하신 것이다(말 1:2-3). 이런 잘못된 믿음의 소유자 에서의 후손과 아브라함의 후처 자손를 포함한 욥의 세 친구들 역시 하나님의 지식은 불완전했다.

회개하기 전까지는 욥도 사실상 부끄러운 믿음을 가진 자였지만, 이런 믿음에도 불구하고 사탄에게 내세울 만큼 자랑스러워하신 하나님은 궁극적으로 욥과 친구들의 잘못된 믿음을 바로 잡기 원하셨다. 하나님은 친구들에 대해서 욥을 통해 긍휼을 베푸시길 원하시고 또 그 길을 알려 주셨다. 하나님의 용서는 인간의 어리석음에도 베풀어진다.

> 내 종 욥이 너희를 위하여 기도할 것인즉 내가 그를 기쁘게 받으리니 너희의 우매한 대로 너희에게 갚지 아니하리라(욥 42:8-9).

하나님은 우리의 잘못된 믿음이 고침받기를 원하시고, 우리의 우매한 대로 갚으신 분이 아니다. 하나님은 그 백성된 우리가 세상에서 바른 메시지를 선포하고 가르침으로 하나님 나라가 바로 서기를 소망하시기 때문이다.

## 3. 하나님에 대한 잘못된 지식의 예

　욥의 세 친구를 대표한 연장자 엘리바스가 가진 잘못된 하나님의 지식과 믿음은 구체적으로 무엇인지 그의 말을 통해 알아보자.

　　　　부르짖어 보아라 네게 응답할 자가 있겠느냐(욥 5:1).

　엘리바스는 욥이 하나님 앞에 죄를 지었기 때문에 벌받고 있다고 주장하면서 죄인이 하나님 앞에 부르짖어 보아야 하나님이 응답할 리가 없다고 주장한다. 그러나 하나님은 우리 인생의 기도에 항상 반응하시는 분이다(렘 33:3; 시 107:19-20).
　심지어 하나님은 죄인의 기도도 들어주신다!(시 66:18-19)
　모세가 반석에 명하여 물을 내라는 하나님의 말씀에 불순종하고 대신 바위를 지팡이로 쳤음에도 물은 쏟아졌다!(민 20:2-13)

　　　　너는 내게 부르짖으라 내가 네게 응답하겠고 네가 알지 못하는 크고 비밀
　　　　한 일을 네게 보이리라(렘 33:3).

　　　　[19] 저희가 그 근심 중에서 여호와께 부르짖으매 그 고통에서 구원하시되
　　　　[20] 저가 그 말씀을 보내어 저희를 고치사 위경에서 건지시는 도다(시 107:19, 20).

　　　　[18] 내가 내 마음에 죄악을 품으면 주께서 듣지 아니하시리라 [19] 그러나 하
　　　　나님이 실로 들으셨으며 내 기도 소리에 주의하셨도다(시 66:18, 19).

　　　　분노가 미련한 자를 죽이고 시기가 어리석은 자를 멸하느니라(욥 5:2).

　분노와 시기에 대한 견해는 이치에 타당한 말이다. 이는 그가 세상의 삶

가운데서 보아 온 경험적 사실에 바탕을 둔 것이다.

> 내가 미련한 자의 뿌리 박는 것을 보고 그 집을 당장 저주하였노라(욥 5:3).

저주하는 것은 우리 인간의 몫이 아님에도 그는 심판자의 입장에서 저주를 내린다. 이는 부패한 인간의 실상을 보여 준다.

> 그 자식들은 평안한 데서 멀리 떠나고 성문에서 눌리나 구하는 자가 없으며(욥 5:4).

그가 내린 저주의 결과로 그들이 평강과 구원에서 떠난다고 생각한다. 그러나 평강과 구원을 얻지 못함은 사람이 저주를 내려서가 아니라, "주의 율례를 구하지 아니함" 때문이다(시 119:155).

> 구원이 악인에게서 멀어짐은 저희가 주의 율례를 구하지 아니함이니이다(시 119:155).

> 그 추수한 것은 주린 자가 먹되 가시나무 가운데 있는 것도 빼앗으며 올무가 그의 재산을 향하여 입을 벌리느니라(욥 5:5).

자기의 수확물을 남이 먹는 것, 이는 죄의 결과이고 맞는 말이다.

> 재앙은 티끌에서 일어나는 것이 아니요 고난은 흙에서 나는 것이 아니라(욥 5:6).

많은 자가 인간이 당한 재앙과 고난은 티끌과 흙에서 나는 것이 아니고 하나님이 주신 것이니 각자가 당하고 있는 환난에 감사하라는 설교나 조언을 듣는다. 그러나 이는 전적으로 틀린 생각이다. 인간이 겪는 재앙과 고난은 티끌과 흙, 곧 세상에서 온다(창 3:17). 저주받은 땅(세상)과 함께 사탄, 인간 자신이 저지른 잘못(자기 과실) 때문에 재앙과 고난이 오는 것이다(창 3:14; 시 107:10-11).

하나님은 원죄를 범한 아담에게 저주한 것이 아니라, 뱀(사탄)과 땅에 저주를 내렸다. 믿지 않는 자는 마귀의 자녀이기 때문에 "본질상 진노의 자녀"다(엡 2:3). 믿는 자가 저주를 당하지 않으려면 우리를 미혹하는 대적 마귀와의 영적 전쟁에서 이겨야 한다.

그리고 인간은 저주받은 땅에 대항해서 싸워야—땀을 흘리는 수고를 통해—땅의 소산을 먹게 되는 것이다.

> ¹⁴ 여호와 하나님이 뱀에게 이르시되 네가 이렇게 하였으니 네가 모든 육축과 들의 모든 짐승보다 더욱 저주를 받아 배로 다니고 종신토록 흙을 먹을지니라 … ¹⁷ 아담에게 이르시되 네가 네 아내의 말을 듣고 내가 너더러 먹지 말라 한 나무 실과를 먹었은즉 땅은 너로 인하여 저주를 받고 너는 종신토록 수고하여야 그 소산을 먹으리라(창 3:14, 17).

> ¹⁰ 사람이 흑암과 사망의 그늘에 앉으며 곤고와 쇠사슬에 매임은 ¹¹ 하나님의 말씀을 거역하며 지존자의 뜻을 멸시함이라(시 107:10-11).

> 인생은 고난을 위해 났나니 불티가 위로 날음 같으니라(욥 5:7).

인간은 고난을 당하기 위해 창조되지 않았다. 하나님이 아담을 창조하신 것은 만물을 만드신 후 이를 그에게 주어서 주관하게 하고, 즐기게 하며 하나님 자신과 함께 안식을 누리게 하기 위함이었다. 인생이 고난을 받는 것은 인간이 범한 죄의 결과이지 본래 주어진 것이 아니다.

물론 원죄를 가진 인간은 하나님 없음으로 인해 사탄과 세상으로부터 고난을 당하고, 의인 역시 그리할 수 있으나, 하나님은 우리 인생이 환난과 고난을 당하면 구원하기를 원하시는 분이다(시 34:19). 인생을 창조하신 하나님의 목적은 인생이 하나님과 함께 안식하는 것이지 고난을 주는 것이 아님을 우리가 안다면, 우리는 환난과 고난 가운데서도 하나님이 주신 평강, 기쁨, 축복을 놓치지 않고 누릴 수 있다(시 34:15-18).

> 15 여호와의 눈은 의인을 향하시고 그 귀는 저희 부르짖음에 기울이도다 … 17 의인이 외치매 여호와께서 들으시고 저희의 모든 환난에서 건지셨도다 18 여호와는 마음이 상한 자에게 가까이 하시고 중심에 통회하는 자를 구원하도다 19 의인은 고난이 많으나 여호와께서 그 모든 고난에서 건지도다(시 34:15, 17-19).

욥기 5:9-16에서 엘리바스는 하나님의 성품과 사역에 대한 의견을 밝힌다. 하나님은 낮은 자, 슬퍼하는 자, 곤비한 자, 가난한 자를 구원하신 분이며, 궤휼한 자, 간교한 자, 사특한 자를 벌하시는 분이다. 이런 분에게 구하고 의탁하는 것은 너무나 당연한 일이다.

> 9 하나님은 헤아릴 수 없이 큰 일을 행하시며 기이한 일을 셀 수 없이 행하시나니 10 비를 땅에 내리시고 물을 밭에 보내시며 11 낮은 자를 높이 드시고 애곡하는 자를 일으키사 구원에 이르게 하시느니라 12 하나님은 교활한 자의 계교를 꺾으사 그들의 손이 성공하지 못하게 하시며 13 지혜로운 자가 자기의 계략에 빠지게 하시며 간교한 자의 계략을 무너뜨리시므로 14 그들은 낮에도 어두움을 만나고 대낮에도 더듬기를 밤과 같이 하느니라 15 하나님은 가난한 자를 강한 자의 칼과 그 입에서, 또한 그들의 손에서 구출하여 주시나니 16 그러므로 가난한 자가 희망이 있고 악행이 스스로 입을 다무느니라(욥 5:9-16).

하나님께 징계 받는 자에게 복이 있다 (욥 5:17).

징계(무사르, מוּסָר; 파이데이아, παιδεία)는 부모가 자식의 훈도와 교정을 위해 채찍을 가하는 것을 말한다. 따라서 징계는 회초리이지 몽둥이가 아니다. 하나님의 징계는 그 자녀가 잘못된 길을 갈 때, 바른 길로 인도하기 위한 것이다.

하나님은 자신의 계명과 법도를 행하고 있는 자를 까닭 없이 징계하시는 분이 아니다. 그것도 회초리가 아닌 몽둥이로 그 자녀를 다스린다고 생각하는 것은 우리의 아버지되신 하나님을 알지 못한 소치다. 인생에게 임한 모든 고난과 재앙은 하나님이 주신 징계가 아니다. 이것은 대부분 사탄과 세상으로부터 온다.

왜 하나님은 그 자녀에게 회초리의 징계를 주시는가?

성도는 하나님 나라의 백성으로서 주님이 다시 오실 그 날까지 하늘의 왕 노릇을 하도록 요구받는다. 하나님이 원하시는 믿음의 삶은 우리가 자신을 비우고 낮추어서 하나님과 타인에게 유익이 되는 삶이다. 그러나 이는 우리의 오염된 육체로는 쉽게 이룰 수 없다. 하나님이 우리를 하나님의 쓸만한 도구로 빚으시는 수단과 과정으로써 징계와 고난을 허락하신다. 이것이 복이 되는 이유다.

하나님은 아프게 하시다가 싸매시며 상하게 하다가 그 손으로 고치나니 (욥 5:18).

하나님은 병 주시고 약 주시는 분이라는 주장이다. 그러나 하나님은 병 주시고 약 주시는 분이 아니라 항상 약만을 주시는 분이다. 그는 "상한 갈대를 꺾지 아니하며 꺼져가는 심지를 끄지 아니하는" 분이다 (사 42:3; 마 12:20). 이처럼 하나님의 신실하심은 어느 누구도 시험하지 않는다 (약 1:13-17).

상한 갈대를 꺾지 아니하며 꺼져가는 등불을 끄지 아니하고 진리로 공의를 베풀 것이며(사 42:3).

사람이 시험을 받을 때에 내가 하나님께 시험을 받는다 하지 말지니 하나님은 악에게 시험을 받지도 아니하고 친히 아무도 시험하지 아니하느니라(약 1:13).

욥기 5:19-26에서 엘리바스는 환난 가운데 도우시는 하나님에 대해서 말한다. 하나님은 기근, 죽음, 전쟁에서 구속하신다. 문제는 하나님이 항상 환난 날의 도움이심을 알지만 정작 자신에게 재앙이 오면 우리는 달리 생각하는 데 있다.

[19] 여섯 가지 환난에서 너를 구원하시며 일곱 가지 환난이라도 그 재앙이 네게 미치지 않게 하시며 [20] 기근 때에 죽음에서, 전쟁 때에 칼의 위협에서 너를 구원하실 터인즉 [21] 네가 혀의 채찍을 피하여 숨을 수가 있고 멸망이 올 때에도 두려워하지 아니할 것이라 [22] 너는 멸망과 기근을 비웃으며 들짐승을 두려워하지 말라 [23] 들에 있는 돌이 너와 언약을 맺겠고 들짐승이 너와 화목하게 살 것이니라 [24] 네가 네 장막의 평안함을 알고 네 우리를 살펴도 잃은 것이 없을 것이며 [25] 네 자손이 많아지며 네 후손이 땅의 풀과 같이 될 줄을 네가 알 것이라 [26] 네가 장수하다가 무덤에 이르니 마치 곡식단을 제 때에 들어올림 같으니라(욥 5:19-260).

## 4. 하나님의 성품을 알아야 할 이유

하나님의 뜻에서 벗어난 성경의 말씀의 해석과 적용는 구원의 길에서 멀어지게 한다. 욥에게 잘못된 하나님을 말하고 강요하는 엘리바스의 말은 결코 그냥 내뱉고 지껄이는 말, 마음에 내킨 대로 하는 말, 임기응변의 소리가 아니다. 그는 하나님의 말씀을 연구한 자다("볼지어다 우리의 연구한 바가 이같으니 너는 듣고 네게 유익된 줄 알지니라"[욥 5:27]).

그럼에도 엘리바스가 하나님을 오해하여 잘못된 신앙을 가진 것은 하나님의 어떠하심 곧 그 성품과 인격을 알지 못하기 때문이다. 하나님의 말씀을 연구한 자가 자신 있게 한 소리가 실상은 하나님의 잘못된 지식으로 성도를 호도한 셈이다. 이것은 이 시대에 시사하는 바가 참으로 크다

마지막 시대를 살아가는 우리가 거짓 가르침과 미혹에 빠지지 않기 위해서는 하나님의 성품과 인격을 아는 것은 너무나 중요하다. 하나님의 성품, 곧 그분의 어떠하심을 아는 것이 세상과 사탄과의 영적 전쟁에서 승리하는 길이다.

주님이 세례를 받으신 후 광야에서 사탄의 세 가지 시험을 받으셨다. 사탄도 하나님의 말씀을 들고 나와 주님을 시험하고, 주님 역시 하나님의 말씀으로 그 시험을 이기셨다(마 4:1-11). 이 시험은 주님이 아버지 하나님의 뜻과 성품을 잘 아는 지식(앎, knowledge)과 믿음으로 사탄을 이겼음을 보여 준다. 또한, 주님은 이런 지식과 믿음을 바탕으로 하나님 아버지의 성품과 인격을 우리에게 드러내셨다.

사탄의 시험에 대한 주 예수의 대응을 보자.

**첫째, '돌을 떡으로 만들라.'**

이 시험에 대하여 주님은 인간이 떡으로만 살지 않고 하나님의 말씀으로 살아야 한다는 아버지의 마음을 아셨다. 그래서 '사람이 떡으로만 사는 것이 아니라 하나님의 말씀으로 살 것이라'이라고 답하셨다. 그리고 주님은 돌이 떡이 될 수 없는 창조의 원리를 알기에 돌로 떡을 만든 것이 아니라, 떡으로 떡을 만들어 다섯 개의 떡이 오천 명을 먹이는 오병이어의 기적을 보이셨다. 떡은 먹을 것이지만 돌은 먹을 것이 아니다. 아무리 믿음이 좋아도 돌이 떡이 될 수는 없다.

**둘째, '성전 꼭대기에서 뛰어내리라.'**

하나님은 분명 피난처, 반석, 환난 날의 도움이시지만, 주님은 만물의 주관자를 시험하는 것에는 하나님이 응답하지 않으심을 아셨다. 악한 의도이기 때문이다.

또한, 주님은 하나님 아버지를 시험하여 성전 꼭대기에서 뛰어내리는 것 대신에, 아버지의 뜻을 좇아 스스로 험한 십자가에서 매달리셨고, 죽은 자 가운데서 부활시키는 전능하신 아버지 하나님의 능력을 통해 다시 사셨다.

**셋째, 영광을 보여 주며 '사탄에 경배하라.'**

주님은 모든 영광과 경배를 받으실 분은 오직 아버지이심을 아셨다. 주님은 사탄의 영광이 아닌 아버지의 영광을 위해 험한 십자가를 지심으로 세상의 죄 사함의 길을 여시고 세상 임금인 사탄을 이기고, 만주의 주요 만왕의 왕이 되셨다. 이것이 하나님에 대한 참된 경배다.

참된 영광은 하나님께만 있으며, 죄인은 결코 그 영광에 이를 수 없다. 하지만 주님은 자신의 십자가를 통해 죄인을 의인 되게 하여 하나님의 영광의 자리로 인도하시고 인생으로 하여금 그 영광을 누리게 하신다.

> 그러므로 누구든지 이 계명 중에 지극히 작은 것 하나라도 버리고 또 그같이 사람을 가르치는 자는 천국에서 지극히 작다 일컬음을 받을 것이요 누구든지 이를 행하며 가르치는 자는 천국에서 크다 일컬음을 받으리라(마 5:19).

계명은 하나님의 어떠하심, 곧 그의 성품과 인격을 집약한 말씀이다. 주님의 이 경고는 하나님의 성품을 잘못 알고 또 그렇게 가르치면 우리는 천국에서 지극히 작은 자가 될 것이라는 뜻이다.

욥과 그의 세 친구는 하나님의 계시가 없었다면, 아무리 자신들의 믿음이 외적으로 좋고 크다고 자랑할지라도, 하나님의 성품을 잘못 알고 믿고 가르침으로 인해 천국에서 지극히 작은 자가 됐을 것이다.

우리도 마찬가지다. 지금은 말씀의 기갈이 아닌 말씀의 홍수 속에 살고 있다. 그러나 정작 홍수 때일수록 마실 수 있는 물은 없다. 오직 하나님의 성품을 정확히 알고 믿을 때, 진정한 생명수를 마시게 된다.

*The True Understanding of the Kingdom of God according to The Book of Job*

## 제7장

# 전능자의 화살이 내게 박히매
# 나의 영이 그 독을 마셨나니

고난의 이유 그리고 진정한 위로(욥 6장)

**1. 엘리바스에 대한 욥의 1차 답변**

4장부터 본격화된 욥과 친구들과의 논쟁은 과연 욥이 겪고 있는 고통과 고난이 왜 생겼는지에 촛점이 있다. 4-5장에서 친구 엘리바스는 욥이 하나님 앞에 잘못을 범했기 때문에 그에게 고난이 임한 것이라고 주장한다.

> 네 의뢰[신뢰]가 [하나님] 경외함에 있지 아니하냐 네 소망이 네 행위의 완전히 함에 있지 아니하냐(욥 4:6).

엘리바스의 말은 욥이 하나님을 경외함과 그 행위가 온전하지 않다는 뜻이다. 그는 "악을 밭 갈고 독을 뿌리는 자는 그대로 거두는"(욥 4:8) 것처럼, 콩 심은 데 콩 나고, 팥 심은 데 팥 난 것과 같은 이치라고 본다. 그에게 있어 하나님은 약도 주지만 병도 주시는 분이다.

> 하나님은 아프게 하시다가 싸매시며 상하게 하시다가 그 손으로 고치시나
> 니(욥 5:18).

엘리바스에게 욥의 고난은 그의 죄의 결과로 인한 당연한 결과다. 한마디로 인과응보론이다. 하지만 이는 하나님을 아는 참 지식을 말하기보다는 세상이 생각하는 도덕론에 불과하다.

엘리바스의 충고에 대한 욥의 답변이 시작된다. 반면 욥은 자신의 결백을 주장하며, 자신의 억울한 심정을 토로하고 자신을 알아주지 못한 친구들을 질책하는 모습을 보여 준다.

먼저 욥은 자신의 결백을 주장하고(욥 6:2-7), 차라리 죽기를 소원한다(8-13절). 심지어 하나님이 자신을 멸하기를 기뻐하실 것이라고 말한다("이는 곧 나를 멸하시기를 기뻐하사 하나님이 그의 손을 들어 나를 끊어 버리실 것이라"[9절]). 또 후반부에는 친구들의 이기주의적 성향을 책망하며(14-23절), 동시에 권면의 허점을 지적한다(24-30절). 엘리바스의 충고에 대한 욥의 심정이 잘 드러나 있다.

고난 가운데 처한 욥에게 있어 가장 큰 관심은 무엇일까?

잃어버린 건강을 회복하는 것인가?

아니면, 산울로 두른 집과 모든 소유물을 다시 얻는 것인가?

아니면, 자손의 축복을 다시 받는 것인가?

그에게 있어 이런 것들은 실상 부차적인 것이다. 그의 궁극적 관심은 현재 고난을 주시는 하나님과 그 섭리에 관한 것, 즉 정말 세상 사람이 칭찬할 정도로, 그리고 자신이 생각해도 온전하게 하나님을 믿고 순종했음에도 왜 그에게 고난이 임하는지에 있다.

## 2. 고난의 비밀을 알려고 몸부림치는 욥

욥은 자신이 당하는 고난과 모든 재앙을 저울에 달 수 있다면 바다 모래보다도 더 무거울 것이라고 생각한다(욥 6:2-3). '바다 모래보다도 무거운 재앙'이란 어떠한 아픔과도 비교할 수 없는 고난과 환난의 비유다. 사실 모든 인간은 자신이 당한 고난과 재앙이 가장 큰 것으로 여긴다. 실제로 욥의 재앙은 여러 해 동안 일어난 일이 아니다. 오직 몇 개월이란 짧다면 짧은 기간의 고난을 겪고 있었던 것이다("이와 같이 내가 여러 달째 곤고를 받으니 수고로운 밤이 내게 작정되었구나"[욥 7:3]).

그럼에도 인간에게 있어 자신의 손가락에 난 가시가 남의 병보다 아프고, 자신의 부럼이 남의 염병보다 커보이는 법이다. 그가 당한 고난의 기간으로 본다면 많은 순교자, 예컨대 주기철 목사와 같은 분이 당한 옥중의 고통과 시련은 욥의 경우보다 훨씬 더할 것이다.

바다 모래보다도 더 무거운 재앙을 당한 이유를 두고 그는 전능자의 살이 자기 몸에 박혔고 그래서 자신의 영이 독을 마셨기 때문이라고 진단한다(4절). '전능자의 살'이란 일반적으로 하나님으로부터 오는 재난이나 고통을 뜻하는 표현이다. 따라서 '전능자의 살이 내 몸에 박혔다'는 말은 하나님이 친히 고난을 주셨다는 의미다. 자신은 하나님 앞에 참으로 의로운 삶을 살았다고 자부하는데, 하나님의 두려움이 자신에게 임하여 이런 고난을 당하고 있다는 하소연이다.

하지만 하나님의 화살은 그 백성을 향하는 것이 아니라 백성의 대적자, 하나님 앞에 불순종하는 자를 향하는 것이다(시 7:11-13). 그럼에도 욥은 전능자의 살이 하나님께 순종하는 자신에게 미쳤다고 생각한다.

[11] 하나님은 의로우신 재판장이심이여, 매일 분노하시는 하나님이시로다 [12] 사람이 회개치 아니하면 저가 그 칼을 갈으심이여 그 활을 당기어 예비하셨도다 [13] 죽일 기계를 또한 예비하심이여 그 만든 살은 화전이로다 (시 7:11-13).

자기에게 임한 재앙의 무게를 달아보면 바다의 모래보다 무거울 것이기에 자신의 친구들이 듣기에 경솔하게 들리는 탄식을 할 수밖에 없었다고 욥은 말한다. 경솔하게 들리는 탄식은 자신의 견딜 수 없는 극심한 고통에서 비롯된 것으로, 하나님이 자기 자신을 과녁 삼아 쏜 독 묻은 화살 때문이라고 항변한다. 나귀와 소가 우는 데에도 다 타당한 이유가 있듯이 자신의 탄식에도 그만한 이유가 있지 않느냐는 것이다.

죄악 때문에 고통을 당한다고 주장하는 사람들 중에는 욥이 가장 쓰고 맛없는 음식을 입에 넣고 있는 중이라고 생각한다. 이는 소금 없는 것처럼 싱겁고, 계란의 흰자위 같은 맛없는 음식을 먹는 것처럼 자신의 고통스러운 생활이 너무나 염증난다는 하소연이다.

욥 자신의 죄 때문에 하나님의 재앙이 임한 것이라는 엘리바스의 주장에 대항하여, 욥은 까닭 없이 하나님이 두려움의 화살을 쏘았기 때문에 자신이 큰 고난과 고통을 겪고 있다고 항변한다.

그래서 욥은 자신에게 임한 고통은 전적으로 하나님의 탓으로 돌린다. 하나님이 자신을 '과녁을 삼았기에' 자신은 스스로 무거운 짐이 됐으며 (욥 7:20), 자신을 '폭풍으로 꺾으시고 까닭 없이 상처를 많게 하시고' (욥 9:17), '하나님의 손이 자신을 쳤다'(욥 19:21)고 생각한다. 그러면서 이 모든 것은 하나님의 진노 때문이고 그래서 하나님이 자신을 원수로 대한다고 결론 낸다(욥 19:11).

> 사람을 감찰하시는 자여 내가 범죄하였은들 주께 무슨 해가 되오리까 어찌하여 나를 과녁을 삼으셔서 스스로 무거운 짐이 되게 하셨나이까(욥 7:20).
>
> 그가 폭풍으로 나를 꺾으시고 까닭 없이 내 상처를 많게 하시며(욥 9:17).
>
> 나의 친구야 너희는 나를 불쌍히 여기라 나를 불쌍히 여기라 하나님의 손이 나를 치셨구나(욥 19:21).

나를 향하여 진노하시고 원수같이 보시는구나(욥 19:11).

하나님의 진노 때문에 욥은 하나님이 자신을 멸하기를 기뻐하사 그 손을 들어 자신을 끊으실 것이라고 예단한다("이는 곧 나를 멸하시기를 기뻐하사 그 손을 들어 나를 끊으실 것이라"[욥 6:9]). 그래서 차라리 죽음을 구하고 사모하기까지 한다(욥 6:8).

물론 그가 죽고자 한 마음은 자살 심리가 아니다. 그에게 임한 고통이 너무나 극심한 가운데 하나님의 섭리를 온전히 알지 못함으로 오는 신앙적 혼란 때문이다. 이런 신앙적 혼돈은 그가 신앙 생활을 하면서 갖게 되는 자신의 경험, 철학, 습관화된 열심을 통해 형성된 하나님에 대한 지식으로 인한 것이다.

## 3. 하나님의 사랑과 긍휼

욥은 자신이 하나님 앞에 온전함으로 선 자라고 자평한다("너희는 돌이켜 불의한 것이 없게 하기를 원하노라 너희는 돌이키라 내 일이 의로우니라"[욥 6:29, 개역한글]). 그래서 그는 고통 가운데 있음에도 기뻐할 수 있음은 자신이 거룩하신 하나님의 말씀을 거역하지 아니했음이라고 자부한다("그러할지라도 내가 오히려 위로를 받고 무정한 고통 가운데서도 기뻐할 것은 내가 거룩하신 이의 말씀을 거역지 아니하였음이니라"[욥 6:10, 개역한글]). 그는 지금 자신의 의를 자랑한다.

그런데 왜 하나님은 자신이 의인이라는 그에게 고난과 고통을 주시는 것일까?

욥은 다음과 같이 생각한다.

'하나님은 나를 개천에 빠지게 하고(욥 9:30-31), 진노하심으로 인해 나를 찢고 군박하며, 나를 향하여 이를 갈고 대적이 되며, 나를 악인의 손에 던져 버리고, 나를 꺾고 부서뜨리고 과녁을 삼으신 분이다(욥 16:9, 11-13).

그리고 하나님은 나의 길을 막으며, 나의 가는 길에 어두움을 두어 장애물을 두며, 심지어 나의 영광을 벗기고 나를 원수로 간주하신 분이다(욥 19:8-11).'

그러니 욥은 하나님에 대해 의심하지 않을 수 없다. 과연 하나님은 자신의 피조물을 학대하고 멸시하시는 분인가 하고 말이다("주께서 주의 손으로 지으신 것을 학대하시며 멸시하시고 악인의 꾀에 빛을 비춰시기를 선히 여기시나이까"[욥 10:3]).

하나님은 진정 욥이 말하는 대로의 그러하신 분인가?

욥의 생각은 전적으로 하나님의 성품과 본질에 반한다.

욥은 자신이 처해 있는 혼란한 상황에 대해 변론을 하다 보니 자기도 모르는 사이에 인간의 의, 즉 자신의 의를 드러낸다. 욥과 그 친구들의 신앙적 혼란은 하나님의 성품과 인격에 대한 인식의 차이에 기인한다. 그들의 논지가 하나님의 사랑과 은혜보다는 하나님의 공의에 촛점을 두고 있다는 데 문제가 있다.

하나님의 사랑과 긍휼만이 우리의 유일한 '의'와 '올바름'의 기초이다. 하나님의 사랑과 긍휼을 알지 못하고 하나님의 공의와 정의만을 주장할 때, 우리는 두려움의 마음과 혼동된 신앙관을 가질 수밖에 없다. 어떤 자도 하나님 앞에 온전할 수 없는 죄인에 불과하기 때문이다. 창조주 하나님이 자신의 피조물이 마음에 들지 않는다고 없애는 분이 아니다. 이는 인간의 생각과 예단에 불과하다. 욥의 고난을 통해 그의 신앙 생활이 얼마나 하나님에 대한 잘못된 지식 위에 있는지가 폭로된다.

전능하신 하나님은 구부러진 것을 바로 펴시는 분이다. 욥이 알고 고백하고 항변하는 하나님에 대한 지식은 온전히 한쪽으로 치우친 것이다. 분명 하나님은 진노와 심판의 하나님이며, '하나님은 소멸하시는 불'이다(히 12:29). 그러나 이것이 하나님의 진정한 뜻과 마음이 아니다. 하나님은 모든 자가 구원받기를 원하신다.

그래서 하나님의 사랑하시는 아들 예수를 우리에게 주시지 않았는가?

예수는 "모든 사람을 대신하여 죽으셨다"(고후 5:15).

인자의 온 것은 자기 목숨을 많은 사람의 대속물로 주려 함이라(막 10:45).

"죽기를 무서워하므로 일생에 매여 종노릇하는 모든 자들을 놓아주려"(히 2:15) 주 예수는 십자가를 지셨다.
심지어 하나님은 악인들의 죽는 것까지도 기뻐하지 않으시는 분이다(겔 18:23).

나 주 여호와가 말하노라. 내가 어찌 악인의 죽는 것을 조금인들 기뻐하랴 그가 돌이켜 그 길에서 떠나서 사는 것을 어찌 기뻐하지 아니하겠느냐(겔 18:23).

반면 우리 인간의 심보는 어떤가?
욥의 친구들처럼 악인은 죽어 마땅하다고 생각한다. 그러나 하나님은 그런 분이 아니라고 스스로 선언하신다. 물론 악인이 회개하여 돌이키지 않는 한, 하나님의 심판을 피할 수는 없다. 하나님의 공의 때문이다. 그러나 하나님은 공의 이전에 사랑 베풀기를 원하신다.
그런 하나님이 자기 백성을 까닭 없이 진노하고, 심판하고, 찢고, 꺾으시고, 부서뜨리고 망하게 하겠는가?
야고보 사도는 이렇게 선언한다.

긍휼은 심판을 이기고 자랑하느니라(약 2:13).

우리는 고난 중에 침묵하시는 하나님으로 인해 더욱 답답하고 힘들게 느껴질 때가 있다. 그럼에도 우리가 환난과 고통 가운데 있을 때, 하나님은 그 침묵의 시간을 통해 우리의 생각보다 더 큰 것을 준비하고 계시고,

우리를 더욱 순전하게 하여 정금과 같이 만들고 계신다. 또 이 과정을 통해 우리로 하여금 하나님을 보다 잘 알고 믿음 위에 서도록 하신다.

재앙이 임하기 전의 욥은 자신의 믿음과 하나님 앞에서의 자기 의를 내세웠지만, 환난이 임하자 그의 믿음의 실상은 드러나고, 하나님에 대한 잘못된 지식이 폭로되며, 하나님 앞에 인간의 의는 얼마나 하찮는 것인지가 드러났다.

하지만 우리의 겨자씨 같은 믿음에도 예수를 믿는 우리의 믿음 하나 때문에 하나님은 우리를 붙들어 천국으로 인도하고, 이 땅에서도 풍성한 삶을 살도록 축복하신다. 이런 사실이 바로 우리가 환난 중에도 즐거워할 수 있는 이유다. 이는 환난이 인내를, 인내는 연단을, 연단은 소망을 이루기 때문이다(롬 5:3-4). 환난은 결국 참다운 소망을 이룬다.

## 4. 욥이 친구들에게 기대하는 것

낙담했고 절망한 자리에 있는 욥이 자신의 친구들에게서 원하는 것은 그들의 불쌍히 여기는 마음이다.

> 피곤한 자 곧 전능자 경외하는 일을 폐한 자를 그 벗이 불쌍히 여길 것이어늘(욥 6:14, 개역한글).

설령 고난으로 인해 하나님을 섬기지 못해도 친구들은 자신을 불쌍히 여겨야 한다는 것이 그가 친구들에게 기대하는 바이다. 여기서 '불쌍히 여긴다'(헤세드 = 인애)는 것은 단순히 측은히 여기는 동정이 아니라, 진정한 마음에서 우러나오는 사랑을 뜻한다. 인애 곧 헤세드란 강자가 약자를 향한 자발적 충성과 헌신과 사랑이기에 무조건적이고 자기 희생적이다.

세상의 법칙에서는 강자는 강자의 권리를 행하며 소위 갑질로 자신의 힘과 능력을 과시하고 그래서 약육강식의 법칙이란 생존의 법칙이 존재할 뿐이다.

하나님은 우리 인생을 불쌍히 여기신다. 그래서 하나님은 긍휼[30]의 하나님으로 불리신다. 그래서 욥이 친구들로부터 기대했던 것 이상의 사랑을 보이신다. 하나님이 자기 백성에게 인애 곧 사랑을 베푸시고, 충성과 헌신을 하시는 데 조건이 없다. 그렇기 때문에 우리 같은 죄인을 위해 독생자 예수를 세상에 내어 주고, 십자가에서 죽게 만드신 분이다. 여기에는 우리의 어떤 조건과 열심은 철저히 배제되고, 오직 하나님의 열심과 사랑의 결과만이 드러난다.

> 하나님의 사랑이 우리에게 이렇게 나타난 바 되었으니 하나님이 자기의 독생자를 세상에 보내심은 그로 말미암아 우리를 살리려 하심이라 (요일 4:9).

이처럼 하나님이 우리를 불쌍히 여기는 이유는 우리 죄 된 인생이 자신의 피조물이고 나아가 우리를 구원하여 하나님 나라의 백성이요 자녀로 삼으려 하시기 때문이다.

욥은 친구들에게 '무엇을 달라,' '선물을 달라,' '원수의 손에서 나를 구원하라,' '포군자의 손에서 나를 구속하라' 한 적이 없다고 주장한다 (욥 6:22-23). 그리고 친구들 역시 그에게 해 준 것은 아무것도 없다. 그런데 하나님은 욥에게 그가 원하는 모든 것을 행하여 주신 분이다. 이것이 하나님의 인자(헤세드)다.

하나님은 사랑이시다. 우리가 하나님을 사랑하는 것도 하나님이 우리를 먼저 사랑하셨기 때문이다(요일 4:19). 하나님의 사랑에 대해 제임스 패커는 다음처럼 요약한다.

하나님의 사랑은 죄인 개개인에 대한 자신의 선함을 행사하는 것이다. 자신을 그들의 복과 동일시하신 하나님은 그들의 구원자가 되는 자신의 아들을 주셨으며, 이제 그들로 하여금 언약적 관계에서 아들을 알고 누리도록 하신다.[31]

하나님이 만물의 창조 시 "좋았더라"고 하신 것처럼, 주는 만물에게 모든 유익함과 선함을 주셨다. 하물며 비록 죄인이지만 만물의 최고봉 인간에게도 그 선을 행하심은 당연지사다. 이는 하나님이 기가 죽어 있는 욥에게 '대장부'처럼 되라고 주문하신 것에서 알 수 있다.

참으로 하나님은 자신의 피조물 인간이 죄 가운데서 버려지게 두지 아니하시고 참된 복을 주시길 원하시고 그래서 구원의 언약을 베푸신다. 이를 위해 하나님은 아들을 세상에 보내셨고, 예수로 하여금 인생의 모든 연약함을 체휼하게 하시고 십자가에서 죽게 하시며 다시 사시게 하심으로 인해 믿음을 가진 자의 구원자가 되게 하셨으며, 우리가 하나님의 아들 예수 안에 있는 참된 복을 알고 누리도록 하셨다.

우리는 욥의 결말을 잘 안다. 비록 그가 재앙을 당했지만, 고난을 통과하자 하나님은 그에게 배전(倍前)의 축복을 주셨다. 그렇기에 우리에게 믿음의 인내가 필요하다. 인내하는 자를 복되다(약 5:11). 하나님의 자녀는 분명 하나님으로부터 복을 받는다.

> 보라 인내하는 자를 우리가 복되다 하나니 너희가 욥의 인내를 들었고 주께서 주신 결말을 보았거니와 주는 가장 자비하시고 긍휼히 여기는 자시니라(약 5:11).

그러나 환난을 통과하면서 침묵하는 하나님으로 인해 우리가 넘어진다면 우리는 그 복을 얻을 수 없다. 우리가 하나님의 성품과 인격을 아는 것이 중요한 이유는 우리가 이런 환난과 고난의 때에 믿음의 인내를 놓치지 않기 위해서이다. 하나님은 자비하시고³² 긍휼히 여기시는³³ 분이다. 다시 말해 주님은 우리 인생의 아픔에 대해 동일하게 많은 아픔을 가진 분이며, 동시에 그 아픔을 함께 나누시는 분이다.

하나님에 대한 신앙을 갖는 자에게는 불쌍히 여기는 마음이 강조된다. 욥이 친구들에게 기대하는 것은 신앙의 원리, 즉 형제로서의 대우이며 형제로서의 사랑이다. 왜냐하면, 우리가 하나님으로부터 그런 사랑을 받았기 때문이다. 인애는 하나님이 그 백성에게만 베푸는 것이 아니라, 그 백성이 서로를 대하는 자세와 원리에서도 동일하게 요구된다. 바로 교회는 하나님 백성의 공동체이기 때문이다. 내가 하나님의 헤세드를 경험한 자이기 때문에 그 헤세드를 우리의 형제에게 돌리는 것일 뿐이다.

옳은 말은 고통스러우나 유익한 법인데 자신을 향한 친구들의 말은 욥 자신에게 아무런 유익도 주지 못했다. 이는 동정은커녕 전형적인 인과응보론에 근거하여 자신을 정죄하고 비난했기 때문이다. 이런 친구들의 행위는 욥에게는 마치 이익을 위해서라면 '고아라도 제비를 뽑으며 친구를 팔아 넘기'는 것과 같다(욥 6:27). 이처럼 남들이 건네 주는 진심 어린 이해가 없는 겉치레의 말이나, 배려가 없는 충고는 얼마나 우리를 고통스럽게 하는지 모른다.

> 소망이 끊어진 자의 말은 바람 같으니라(욥 6:26, 개역한글).

이는 하나님의 헤세드를 알지 못하기 때문이다.

우리 자신의 얄팍한 '옳음'의 이유만으로 더 중요한 것들을 잃어버리고 파괴하는 일은 많다. 사람들은 너무 쉽게 차디찬 신앙의 칼을 들이대려 한다. 자신의 신앙의 잣대로 남을 판단하고 정죄하며 평가한다. 따라서 고통과 그로 인한 탄식의 이유에 대한 깊은 이해와 배려를 상실한 입술의 말은 양날의 검과 같아서 결국 그 칼이 추구하려 했던 목적마저도 파괴해 버리는 위험을 갖는다.

욥은 이런 친구들의 태도가 '성실치 아니하며 시냇물의 마름 같고 개울의 물살 같다'고 말한다("나의 형제는 내게 성실치 아니함이 시냇물의 마름 같고 개울의 잦음 같구나"[욥 6:15, 개역한글]).

여기서 시냇물은 항구적인 시냇물이 아니라 사막에서 비 올 때만 일시적으로 존재하는 와디(wadi)를 말한다. 그리고 '성실치 않다'라는 말은 '믿을 수 없다'는 의미와 함께 '속이는 행위'를 나타낸다. 즉 친구들은 자신을 속이는 자이며 이중적 인격을 가진 자라는 뜻이다.

하나님의 헤세드를 알지 못한 인간적인 충고와 동정은 결국 비 올 때만 잠깐 물이 흐르고 다시 마르는 와디처럼 목마른 자에게 해갈의 기쁨을 안겨 줄 수 없다. 인생의 갈증에 대한 진정한 해소는 오직 생수이신 예수에게만 있다.

헤세드는 변하지 않는다. 하나님의 헤세드는 상황에 따라 바뀌지 않고, 형편에 따라 변하지 않는다. 헤세드는 무엇인가를 기대하거나 어떠한 조건으로 베푸는 충성과 헌신과 사랑이 아니다.

욥이 친구들에게 원했던 것은 물질이 아니라, 그들의 진정한 위로다. 그는 하나님의 헤세드에 근거한 은혜와 긍휼을 구한다. 교회 내의 신자들 간의 참된 관계는 헤세드라는 관계 속에 부름 받았기에 이해타산을 넘어 진실하고 변함없는 사랑으로 서로를 아껴야 한다. 하나님의 헤세드의 은혜를 입은 자들이라면, 심령으로부터 우러나는 '자비하고 긍휼히 여기는' 자연스런 행위를 보이게 마련이다.

## 제8장

# 사람이 무엇이관대 주께서 그를 크게 만드사

인생의 모습과 하나님의 권징(욥 7장)

### 1. 세상 사람의 인생관

고난을 당하고 있는 욥은 하나님이 왜 자신에게 고통과 역경을 주셨는지를 알고자 한다. 도무지 이런 하나님을 이해할 수 없었기 때문이다. 하나님을 믿는 자기의 믿음에서 부족함이 없으며, 자기 삶에서 흠결이 없다고 생각하는 욥은 인과응보를 근거로 자기를 비난하는 친구들을 반박하며, 자신이 생각하는 인생관을 피력한다.

고통 가운데 있는 욥에게 있어 인생의 실상은 부정적일 수밖에 없다. 만약 욥이 역경을 겪기 전에도 이런 부정적인 인생관을 가졌는지는 의심스럽다. 자신이 지혜로운 자라고 자부하는 욥은 자신의 삶을 돌아보며 인생을 다음과 같이 평가한다(욥 7:1-10).

> [1] 세상에 있는 인생에게 전쟁이 있지 아니하냐 그의 날이 품군의 날과 같지 아니하겠느냐(개역한글) [2] 종은 저녁 그늘을 몹시 바라고 품꾼은 그의 삯

을 기다리나니 ³ 이와 같이 내가 여러 달째 고통[곤고]을 받으니 고달픈 밤이 내게 작정되었구나 ⁴ 내가 누울 때면 말하기를 언제나 일어날까, 언제나 밤이 갈까 하며 새벽까지 이리 뒤척, 저리 뒤척 하는구나 ⁵ 내 살에는 구더기와 흙 덩이가 의복처럼 입혀졌고 내 피부는 굳어졌다가 터지는구나 ⁶ 나의 날은 베틀의 북보다 빠르니 희망 없이 보내는구나 ⁷ 내 생명이 한낱 바람 같음을 생각하옵소서 나의 눈이 다시는 행복을 보지 못하리이다 ⁸ 나를 본 자의 눈이 다시는 나를 보지 못할 것이고 주의 눈이 나를 향하실지라도 내가 있지 아니하리이다 ⁹ 구름이 사라져 없어짐같이 스올로 내려가는 자는 다시 올라오지 못할 것이오니 ¹⁰ 그는 다시 자기 집으로 돌아가지 못하겠고 자기 처소도 다시 그를 알지 못하리이다(욥 7:1-10).

### 첫째, 인생은 전쟁(체바, צָבָא)과 같다(1절).

세상에 있는 인생에게 전쟁이 있지 아니하냐?(1절)[34]

역사상 인류는 전쟁의 역사를 살아왔다. 인류 역사가 이를 증거한다. 인류사는 평화보다는 전쟁사라고 말해도 과언이 아니다. 한 역사학자는 기록된 인류 역사 3,421년 중 오직 268년만이 전쟁이 없었다고 말한다.[35] 세상의 역사가 그러하듯, 오늘을 살고 있는 우리 인생 역시 수많은 경쟁 관계 속에서 매일 전쟁의 삶을 살아간다. '전쟁'의 표현을 두고 개역개정 성경은 '힘든 노동'(labor)으로, 또한 KJV이 '약정된 때'(an appointed time)로 번역하고 있으나, '전쟁'(war)이란 말이 치열한 생존 경쟁의 삶을 나타내는 의미에서 더 마음에 와닿는 표현이다.

이 전쟁 속에서 우리는 악착같이 이기려고 몸부림친다. 옛날 전쟁에서 지면 포로가 됐듯, 지금은 인생의 전쟁에서 지면 낙오자가 되기 십상이다. 인생이 전쟁이 됨은 인간이 하나님처럼 되려 하기 때문이다. 남을 인정하지 않고 자기를 내세우고 주장하고 강요하며, 남의 위에 서려 한다. 자기 주장이 부정될 때, 전쟁은 일어난다.

**둘째, 인생은 품꾼의 날과 같다(1-4절).**

그의 날이 품군의 날과 같지 아니하냐?(1절)

주인을 위해 일하는 품군은 하루의 품삯을 위해 낮 동안 수고로이 일하는 것을 마다하지 않는다. 왜냐하면, 저물 때 품삯 받을 것을 바라기 때문이다.

종은 저물기를 심히 기다리고 품군은 그 삯을 기다리나니(2절).

다행이 품삯을 제대로 받으면 좋으련만, 그러나 품삯을 받는 대신에 곤고(샤브, שָׁוְא, 헛수고)에 처하게 된다면, 일용할 양식을 구해야 할 자로서 어찌 잠이 온전히 들게 되겠는가?
'이리 뒤척, 저리 뒤척' 하지 않을 수 없으리라. 우리 인생이 그렇다.
우리는 인생의 성공이란 품삯을 얻기 위해 얼마나 열심히 일하는가?
그렇지만 너무나 많은 자가 자신의 소원대로 이루어지지 않고 헛수고를 당하고 있음이 현실이지 않는가?

**셋째, 인생은 베틀의 북과 같고, 인생의 생명은 한 호흡 같다(6, 7절).**

나의 날은 베틀의 북보다 빠르니 희망 없이 보내는구나(6절).

내 생명이 한 호흡 같음을 생각하소서(7절).

'베틀의 북'은 베를 짜는 베틀에 딸린 부속품의 하나로 날의 틈으로 오가며 옷감이 짜는 도구다. 옛날 여인들은 베를 짤 때, 베틀의 북을 재빨리 날줄 사이에 넣고 지나게 해서 베를 만들었다. 베틀의 북은 대단히 빨리 움직인다. 이처럼 인생은 베틀의 북과 같이 빠르다는 것이다. 인생은 꽃처럼 쉽게 시들고, 그림자처럼 빨리 지나간다. 인생은 화무십일홍(花無十日紅)이다. 마치 생명은 한 호흡 같은, 한낱 바람 같은 짧은 삶이다.

그래서 다윗은 인생을 두고 이렇게 노래한다.

    세상에 있는 날이 그림자 같아서 희망이 없나이다(대상 29:15).

    사람은 헛것 같고 그의 날은 지나가는 그림자 같으니이다(시 144:4).

**넷째, 인생은 구름이 사라짐 같다(9절).**

구름이 사라져 없어짐같이 음부(스올)로 내려가는 자는 다시 올라오지 못할 것이요(9절).

옛 사람들은 인생을 구름에 비유해 노래했다. 생겼다가 곧 사라지는 구름처럼 우리 인생은 태어나지만 곧 사라지기 때문이다. 그래서 우리는 인생의 허무함과 무상함을 노래한다. 따라서 우리는 떠도는 구름처럼 살지 않기 위해 뚜렷한 인생관을 가지고 분명한 삶의 목적을 향해 살아야 한다는 충고를 듣는다.

## 2. 성경이 말하는 인생관

　욥의 인생관은 전적으로 자신의 경험과 세계관이 묻어난 견해다. 그의 인생관에 대해 세상 사람들도 전부 동의할 수 있는 말이다. 현상에 나타난 인생의 모습은 실제적, 구체적이기 때문이다. 하지만 그가 본 인간의 삶의 실상은 전부 부정적이고 암울하다.

　이런 인간의 삶은 실상 하나님 말씀에 불순종한 인간의 죄에서 연유한 것이다. 죄악으로 인해 하나님이 인간에게 저주와 심판을 내린 결과라고 우리는 쉽게 결론내린다. 하지만 하나님은 죄를 지은 아담에게 저주 대신 회복을 선언하셨다. 아담은 흙으로 지음 받은 존재이기에 반드시 죽어서 흙으로 돌아갈 수밖에 없는 타락한 존재로 전락하고 말았지만, 하나님은 아담[인간]에게 여인의 후손을 약속하며 회복을 선언하셨다.

　하나님으로부터 저주받은 대상은 땅과 뱀이었다. 따라서 저주받은 땅을 파고 일구어야 인간은 먹을 것을 얻게 되어 있고, 불순종의 결과 죽음을 감내하는 삶을 살아야 하는 것은 하나님으로부터 인간이 저주를 받은 것처럼 보인다.

　그러나 실상은 이것이 하나님의 은혜요 축복이다.

　죄인 된 인간이 죽지 않고 영원히 산다면 이보다 큰 저주가 있을까?

　또 인생이 노동하지 않고 무위도식한다면 그가 꾀하는 일은 죄 위에 죄를 더하는 일밖에 없으리라. 유한한 인생을 주셨기에 인간은 자신의 유한성과 무력함을 깨달아 가난한 심령이 되고 그래서 구원자 하나님을 찾게 되어 축복의 길로 나가는 것이다.

　인간이 하나님을 대신하는 자리에서 벗어나 하나님 앞에 순복하는 피조물의 본래를 찾을 때, 우리 인생에게 보이는 현상들은 전부 극복될 수 있다. 인생은 분명 전쟁과 같다. 우리가 싸우려고 하면 지게 되어 있다.

　하지만 하나님을 믿으면, 우리의 싸움은 하나님이 행하신다. 전쟁은 하나님께 속한 것이다(삼상 17:47). 하나님은 '전쟁에 능하신 여호와'(시 24:8),

우리를 치는 전쟁에서 우리의 생명을 구속하여 평안하게 하신 분(시 55:18), 전쟁의 날에 우리의 머리를 가리우신 분이다(시 140:7).

> 여호와의 구원하심이 칼과 창에 있지 아니함을 이 무리로 알게 하리라. 전쟁은 여호와께 속한 것인즉 그가 너희를 우리 손에 붙이시리라(삼상 17:47).

> 영광의 왕이 뉘시뇨. 강하고 능한 여호와시요 전쟁에 능한 여호와시로다 (시 24:8).

> 나를 대적하는 자 많더니 나를 치는 전쟁에서 저가 내 생명을 구속하사 평안하게 하셨도다(시 55:18).

> 내 구원의 능력이신 주 여호와여, 전쟁의 날에 주께서 내 머리를 가리우셨나이다(시 140:7).

품꾼의 날을 살아가는 인생은 수고와 땀의 대가를 원한다. 하지만 우리 인생의 꿈이 물거품이 될 때가 얼마나 많은가?

품삯 대신 곤고에 처한 예가 누가복음 5장에 기록된 시몬 베드로의 고기잡이 에피소드다. 베드로가 밤을 세워 고기잡이에 나섰지만, 그들은 헛탕을 치고 말았다. 하지만 다음날 주님의 말씀을 의지하여 그물을 내렸을 때, 그물이 찢어질 정도로 많은 고기, 즉 풍성한 삯을 얻었다. 주님이 그에게 바다 깊은 데로 가서 그물을 내리라는 말씀에 그는 대답했다.

> 선생님 우리들이 밤이 새도록 수고하였으되 잡은 것이 없지마는 말씀에 의지하여 내가 그물을 내리리이다(눅 5:5).

주님은 자기 말씀을 믿고 순종하는 자에게 생명과 함께 이 땅에서의 풍성함을 약속하셨다(요 10:10).

인생은 베틀의 북과 같다. 우리는 유한한 세월을 산다. 그러나 빠르고 유한한 세상을 살아가기에 우리는 유한한 존재, 흙으로 돌아갈 존재임을 깨닫게 되고, 그래서 겸손한 자, 통회하는 자가 된다. 교만한 인간이 우리의 창조주요 구원주 되시는 하나님을 찾을 리 없다. 성경은 '때(days)가 악하다'고 말한다(엡 5:16). 곧 우리가 살고 있는 세상은 악하다는 뜻이다. 따라서 악한 세상에서 죄악 가운데 오래 산다고 좋은 것은 아니다.

또한, 인생은 구름처럼 흘러가는 것이지만, 주님은 바로 그 구름을 타고 다시 이 땅에 오실 것이다. 그렇기 때문에 우리에게 구름은 사라지는 것이 아니라, 우리가 바라보아야 할 소망의 상징이요, 기대의 증거다.

짧은 인생을 사는 존재이기에 우리는 세월을 아끼면 살아야 한다("세월을 아끼라. 때가 악하니라"[엡 5:16]). 여기서 '아끼다'(엑사고라조, $\dot{\varepsilon}\xi\alpha\gamma o\rho\dot{\alpha}\zeta\omega$)는 '돈을 주고 사다'는 뜻이다. 따라서 바울이 말한 '세월을 아끼라'는 우리에게 주어진 짧은 인생을 돈 주고 산 것처럼 허비하지 말고 소중히 쓰라는 의미다. 그리고 음부에 내려가는 자는 심판을 받기 위해 다시 올라오게 되어 있다. 죽음으로 인생은 끝난 것이 아니다. 죽음 이후에 심판이 있기 때문이다.

> 한번 죽는 것은 사람에게 정하신 것이요, 그 후에는 심판이 있으리니 (히 9:27).

인간은 자신의 죄로 인하여 평강 없고 불안정하고 허무한 삶, 화무십일홍의 삶을 살 수밖에 없다. 하나님을 온전히 알지 못하는 인간의 철학과 경험에서 생기는 세계관과 인생관은 인생의 그림자, 허상만 말할 뿐이다. 인생의 실상은 오직 하나님 안에서만 찾을 수 있다. 욥은 인생의 불안전함과 허무함을 해결할 수 있는 길은 오직 하나님에게 달려 있음을 알지 못하고 있다. 자신에게 불시에 임한 역경으로 인해 고통과 고난 가운데서 이를 하나님이 행하신 것으로 착각하여 자신의 고난을 용납하지 못하고 하나님과 쟁변하려 한다.

## 3. 하나님의 권징과 시험

그리스도인의 삶은 하나님과 함께 하는 생활이다. 그리고 우리는 그런 삶을 살기를 고백한다. 하지만 이런 신앙고백이 실재적인 삶에 있어서는 너무나 먼 메아리처럼 들릴 때가 많다.

욥은 자신이 당한 절망과 생명의 위협 앞에 하나님을 원망하며, 이 모든 시련이 하나님으로부터 인함으로 생각한다. 그래서 하나님께 탄원한다. 제발 자기를 죽게 놔두어 달라는 것이다. 심지어 욥은 하나님이 자기를 죽지 않도록 지키고 자신을 돌아보심을 원망하기에 이를 지경이다. 자기 인생관을 피력한 욥은 차라리 죽기를 원한다.

> 내가 생명을 싫어하고 항상 살기를 원치 아니하오니 나를 놓으소서 내 날은 헛것(헤벨, הֶבֶל)이니이다(욥 7:16).

그는 보잘것없는 인간을 징계하는 하나님을 탓하고 원망한다.

> 주께서 어찌하여 나를 지키나이까(욥 7:12).

> 주께서 꿈으로 나를 놀래시고 이상으로 나를 두렵게 하나이다(14절).

> 왜 마음에 두시고 아침마다 권징하시며 분초마다 시험하나이까(17-18절).

> 나를 놓지 아니하시기를 어느 때까지 하리이까(19절).

내가 범죄하였은들 주께 무슨 해가 되리이까(20절).

어찌하여 나로 과녁을 삼으셔서 스스로 무거운 짐이 되게 하셨나이까(20절).

주는 어찌하여 내 허물을 사하여 주지 아니하며 내 죄악을 제하여 버리지 아니 하나이까(21절).

욥의 하나님에 대한 원망은 단순히 자신의 아픔과 괴로움 때문이었다. 그는 자신의 고난으로 인해 '마음의 아픔과 영혼의 괴로움'을 말하며 ("그런즉 내가 내 입을 금하지 아니하고 내 영혼의 아픔 때문에 말하며 내 마음의 괴로움 때문에 불평하리이다"[11절]), 이로 인해 하나님을 원망한다고 말한다.

하지만 그의 이런 탄식과 원망은 하나님에 대한 무지를 드러내는 말이다. 하나님이 그를 지켜 주지 아니하셨다면 그는 이미 생명을 잃었을 터이다. 사탄의 시험에도 불구하고 그의 생명을 지키신 분은 하나님 여호와다. 하나님은 자기 백성에게 놀램과 두려움의 존재가 아니다. 소망과 위로의 하나님일 뿐이다.

만민에게 신(영)을 부어 자녀들이 장래 일을 말하고 늙은이는 꿈을 꾸며, 젊은이에게 이상을 보게 하신 분이 하나님이다(욜 2:28). 하나님은 자기 백성을 손바닥에 새기시고(사 49:15-16), 우리의 허물과 죄악에도 불구하고 하나님 자신의 자비와 긍휼을 아침마다 새롭게 내려 주시는 신실하신 분이다(애 3:22-23). 하나님은 자기 백성을 복수의 과녁으로 삼으신 적이 없다. 우리에게 무거운 짐을 지게 하시는 분도 아니다.

오히려 하나님은 수고하고 무거운 짐진 자들에게 "다 내게로 오라 내가 너희를 쉬게 하리라"(마 11:28)라고 하시며 위로하고 격려하신 분이다. 하나님은 우리의 허물과 죄악을 사하고 제하여 버리기 위해 아들 예수 그리스도를 이 땅에 보내시고 십자가를 지게 하셨다. 그래서 하나님은 독생자 예수 그리스도를 믿는 자에게 값없이 하나님의 의를 입혀 주신 것이다(고후 5:21).

¹⁵ 여인이 어찌 그 젖 먹는 자식을 잊겠으며 자기 태에서 난 아들을 긍휼히 여기지 않겠느냐 그들은 혹시 잊을지라도 나는 너를 잊지 아니할 것이라 ¹⁶ 내가 너를 내 손바닥에 새겼고 너의 성벽이 항상 내 앞에 있나니 (사 49:15-16).

²² 여호와의 자비와 긍휼이 무궁하시므로 우리가 진멸되지 아니함이니이다 ²³ 이것이 아침마다 새로우니 주의 성실이 크도소이다(애 3:22-23).

하나님이 죄를 알지도 못하신 자로 우리를 대신하여 죄를 삼으신 것은 우리로 하여금 저의 안에서 하나님의 의가 되게 하려 하심이니라(고후 5:21).

욥은 분명 하나님 앞에 순전하고 정직하며 하나님을 경외하고 악에서 떠난 자로, 이를 자신의 행위를 통해 증명해 보였다. 그러나 인간은 아무리 그 행위가 의로울지라도 하나님 앞에 죄인일 뿐이다. 욥이 하나님께 자신이 고통 가운데 살기보다는 차라리 죽기를 원하지만, 하나님이 이를 허락하지 않음은 그가 이 사실을 깨닫고 회개하기를 원하시기 때문이다.

그렇 까닭에 하나님은 여전히 죄인 됨을 잘 알지 못하는 욥과 함께 계시며 그를 귀하게 보시는 것이다. 이는 그가 하나님의 성품과 인격을 온전히 알게 함으로써 하나님의 나라의 백성과 자녀에 합당한 자로 훈련되어, 하나님께 영광을 돌리는 삶을 살도록 하기 위함이다. 하나님이 찾는 신앙의 사람은 이런 인생관을 갖는 자다.

## 4. 하나님의 성품을 아는 자와 모르는 자

사람이 무엇이관대 주께서 크게 여기사 그에게 마음을 두시고(욥 7:17).

사람이 무엇이관대 주께서 저를 생각하시며 인자가 무엇이관대 주께서 저를 권고하시나이까(시 8:4).

이 두 구절은 하나님이 인생을 자신의 마음에 두시는 이유에 대한 욥과 다윗의 고백이다. 하나님은 우리를 권징하시고 시험하시며 교훈하신다. 하나님의 권징과 시험과 감찰은 하나님이 그 백성을 자신의 마음에 두신 까닭, 즉 백성을 귀하게 보시기 때문이다.

하지만 욥과 다윗이 생각하는 하나님 상은 전혀 다르다. 하나님의 자기 백성에 행하신 일에 대한 욥과 다윗의 생각의 차이를 보자.

권징하고 시험하며 감찰하신 하나님에 대해, 다윗은 어떤 상황 가운데서도 하나님을 찬송하며 영광 돌린다. 하나님의 권징과 시험과 감찰은 우리 인생을 보호하시고 인도하시는 하나님의 성품과 인격의 발로로 생각하고 이런 하나님의 아름다움을 찬송한다. 그는 하나님이 미천한 인간을 시험에 두거나 때로는 징계하지만 그것이 결국은 영화와 존귀로 관을 씌우는 것임을 고백하며 하나님의 은혜를 찬양한다(시 8:4-5, 9). 이것이 바로 하나님의 성품을 아는 자의 고백이다.

> 4 사람이 무엇이관대 주께서 저를 생각하시며 인자가 무엇이관대 주께서 저를 권고하시나이까 5 저를 천사보다 조금 못하게 하시고 영화와 존귀로 관을 씌우셨나이다 … 9 여호와 우리 주여 주의 이름이 온 땅에 어찌 그리 아름다운지요(시 8:4-5, 9).

반면 욥은 이것이 자기를 심판하고 저주하는 하나님의 과녁이라고 착각하고, 이에 불평하며 하소연한다. 모든 피조물들은 탄식하면서도 하나님의 명령에 절대적으로 순종한다(롬 8:20).

하지만 이 모든 피조물 중에서 가장 죄악되며 불순종하는 존재인 사람을 하나님이 가장 귀하게 여기신다는 것이 하나님의 은혜다. 이 은혜는 모든 우주를 다 포기하고라도 한 생명을 천하보다 귀하게 여기실 만큼 크다(마 16:26). 이런 사랑의 대상이 바로 하나님 백성인 성도다.

그럼에도 욥은 하나님을 잘 알지 못해 자신을 시험하는 하나님을 원망하며 차라리 죽기를 바란다.

욥은 하나님이 우리에게서 눈을 돌이키지 아니하시며, 침 삼킬 동안도 놓지 아니하신 분임을 말한다.

> 주께서 내게서 눈을 돌이키지 아니하시며 나의 침 삼킬 동안도 나를 놓지 아니하시기를 어느 때까지 하시리이까(19절).

하나님이 우리에게서 눈을 돌리지 않으시고, 침 삼킬 동안도 놓지 않음은 하나님이 우리의 인생을 책임지신다는 약속의 구체적인 표현이요, 임마누엘 되심의 선언이다. 하나님은 우리를 눈동자처럼 지키시고 그 날개 아래 감추시는 분이다(시 17:8). 그럼에도 욥은 하나님의 이런 면을 오히려 부정적으로 생각한다.

이는 하나님의 은혜와 긍휼을 온전히 알지 못했기 때문이 아닐까?

반면 다윗은 자신을 지켜 주시는 하나님을 찬양한다(시 27:5). 이스라엘 백성이 성전에 올라갈 때 부르는 시편 찬송도 마찬가지로 이런 은혜와 사랑이란 하나님의 성품을 노래한다(시 121:1-8).

> 나를 눈동자같이 지키시고 주의 날개 그늘 아래 감추사(시 17:8).

> 여호와께서 환난 날에 나를 그 초막 속에 비밀히 지키시고 그 장막 은밀한 곳에 나를 숨기시며 바위 위에 높이 두시리로다(시 27:5).

> [1] 내가 산을 향하여 눈을 들리라 나의 도움이 어디서 올꼬 [2] 나의 도움이 천지를 지으신 여호와에게서로다 [3] 여호와께서 너로 실족지 않게 하시며

너를 지키시는 자가 졸지 아니하시리로다 ⁴ 이스라엘을 지키시는 자는 졸지도 아니하고 주무시지도 아니하시리로다 ⁵ 여호와는 너를 지키시는 자라 여호와께서 네 우편에서 네 그늘이 되시나니 ⁶ 낮의 해가 너를 상치 아니하며 밤의 달도 너를 해치 아니하리로다 ⁷ 여호와께서 너를 지켜 모든 환난을 면하게 하시며 또 네 영혼을 지키시리로다 ⁸ 여호와께서 너의 출입을 지금부터 영원까지 지키시리로다(시 121:1-8).

## 5. 하나님을 인정하는 삶

우리는 의인의 고난을 의아해한다.
어째서 하나님 백성인 성도에게 고난과 역경이 임하는가?
결론적으로 말해, 우리가 세상에 속한 것이 아니라 하나님에 속하기 때문이다. 성도는 하나님의 백성이기 때문에 세상은 우리를 미워하게 되어 있다(요 15:19). 우리가 마지막 때에 세상에서 환난을 당하는 까닭이다. 마치 사탄으로 인해 욥이 환난을 당한 것과 같다.
그러나 우리가 담대할 수 있음은 주님이 십자가를 통해 세상을 이기셨기 때문이다(요 16:33). 하나님은 우리가 세상에서 죄와 사탄을 이길 수 있도록 성신을 우리 마음에 주셨고, 예수의 이름을 사용하여 음부의 세력을 이길 수 있도록 하셨으며, 기도와 간구로 우리의 필요한 것을 구하도록 하셨고, 성도의 기도에 응답하겠노라 약속하셨다.

> 너희가 세상에 속하였으면 세상이 자기의 것을 사랑할 터이나 너희는 세상에 속한 자가 아니요 도리어 세상에서 나의 택함을 입은 자인 고로 세상이 너희를 미워하느니라(요 15:19).

이것을 너희에게 이름은 너희로 내 안에서 평안을 누리게 하려 함이라. 세상에서는 너희가 환난을 당하나 담대하라. 내가 세상을 이기었노라 (요 16:33).

참다운 의인은 율법적 행위로 되는 것이 아니다. 오히려 자신이 하나님 앞에 철저히 죄인 됨을 알고, 하나님을 창조주로, 절대적 주권자로 인정하며, 또 하나님이 그 백성에게 무엇을 원하시는지를 알고 그분을 닮아 가는 삶을 사는 자가 겸손한 자, 복 있는 자, 하나님 앞에 참된 의인이다.

사람을 감찰하시는 자여 내가 범죄하였은들 주께 무슨 해가 되오리이까 어찌하여 나로 과녁을 삼으셔서 스스로 무거운 짐이 되게 하셨나이까(욥 7:20).

세상적 기준으로 볼 때, 나 한 사람이 실족하고 하나님의 은혜에서 떨어진다고 해도 실상 이것이 하나님께 무슨 손해가 되겠는가?
  그럼에도 하나님은 성도인 우리를 천하보다 귀하게 여기시고 변함없이 우리를 지키신다는 사실이 우리를 든든하게 하고 감격하게 한다. 하나님은 우리를 사랑하시는 것만큼 우리의 외면과 무관심 그리고 세상 것들에 대한 추종에 때로는 질투하시는 하나님이 되신다. 하나님은 사랑의 연유로 인하여 우리의 그릇된 행동을 두고 우리에게 과녁을 삼으실 때가 있다.
  그러나 이 과녁은 복수의 과녁이 아니다. 오히려 이 과녁은 우리의 믿음을 재는 시험으로 나타나기도 하고, 징계로 나타나기도 한다. 그렇기 때문에 이 과녁이 '스스로 무거운 짐'이 될 수는 없다.
  과녁이 되는 '시험'을 통해서 우리는 각자의 '성품(character), 믿음(faith), 거룩함(holiness)을 검증받게 되고 그래서 하나님 앞에 쓰임 받는 종으로서 도구가 된다. 때로는 하나님의 과녁이 우리에게 징계가 되기도 한다. '징계'는 아비가 아들을 교육하는 것을 뜻한다. 따라서 징계에는 회초리가 사용되지 몽둥이가 아니다.

어떠한 시험과 징계도 우리에게 유익이 되지만 하나님의 성품을 알지 못하면, 하나님이 과녁을 삼는 것이 우리에게 '스스로 무거운 짐'이 된다고 생각한다. 이것이 하나님에 대한 욥의 지식의 한계다. 우리는 이런 편협된 하나님에 대한 지식을 가지면, 하나님을 원망하고 그래서 믿음에서 떨어지는 잘못을 범하게 된다.

우리는 범사에 하나님을 인정해야 한다("너는 범사에 그를 인정하라. 그리하면 네 길을 지도하시리라"[잠 3:6]). 좋든 싫든 모든 것이 합력하여 선을 이루게 하실 분은 하나님이다(롬 8:28). 하나님은 "내게서 눈을 돌이키지 아니하시며 나의 침 삼킬 동안도 나를 놓지 아니하시는" 분이다.

하나님은 침 삼킬 동안도 우리를 놓지 않으시는데, 우리는 매 순간 얼마나 주님을 의식하며 살아가는가?

어떤 상황에서도 주님을 인정하며, 하나님을 누리자.

이것이 우리에게 진정한 복이요, 신앙인의 감격이리라.

The True Understanding of the Kingdom of God
according to The Book of Job

# 제9장

## 시작은 미약하나 나중은 창대하리라

인간의 교리와 하나님의 마음(욥 8, 11장)

### 1. 빌닷과 소발의 첫 번째 논증

욥의 세 친구인 엘리바스, 빌닷, 소발이 욥의 고난과 역경의 소식을 듣고 그를 위로하기 위해 찾아온다. 그리고 그들은 욥의 신세 타령을 듣고 각자 나름대로의 자기 주장과 견해를 보인다. 그런데 그들이 욥을 향해 내뱉은 말에서 우리는 그들의 성격과 성품을 엿볼 수 있다. 말이 그 사람의 성품을 드러내기 때문이다. 먼저 연장자 엘리바스의 경우다.

> 누가 네게 말하면 네가 싫증을 내겠느냐, 누가 참고 말하지 아니하겠느냐 (욥 4:2).

반면, 빌닷과 소발은 다음과 같이 주장한다.

네가 어느 때까지 이런 말을 하겠으며, 어느 때까지 네 입의 말이 광풍과 같겠는가(욥 8:2).

² 말이 많으니 어찌 대답이 없으랴 입이 부푼 사람이 어찌 의롭다 함을 얻겠느냐 ³ 네 자랑하는 말이 어떻게 사람으로 잠잠하게 하겠으며 네가 비웃으면 어찌 너를 부끄럽게 할 사람이 없겠느냐(욥 11:2-3).

그들의 말의 비난의 강도는 음악적 용어로 안단테에서 차츰 포르테로 상승되어 간다. 엘리바스는 상대의 처지를 어느 정도 인정하는 비교적 점잖은 태도를 보인다.

'지금 상황에서 누가 말을 걸면 짜증나겠지?'

욥의 처지를 이해하는 듯하지만 그도 욥의 상황을 용납하고 이해하기보다는 '말을 하지 않으려고 했지만 참을 수 없다'("누가 네게 말을 걸면 너는 짜증스럽겠지. 말을 하지 않으려고 했지만 참을 수가 없다"[욥 4:2, 표준새번역])고 말하며, 욥을 정죄한다.

빌닷 역시 마찬가지다. 그는 자신의 주장이 '옛 시대 사람'의 지혜를 빌려 말하는 것인데, 욥에게도 '열조의 터득한 일'을 배우라고 권면하면서("청하건대 너는 옛 시대 사람에게 물으며 조상들이 터득한 일을 배울지어다"[욥 8:8]), 욥이 겪는 고난이 그의 죄악으로 인한 것임에도 하나님께 회개하지 않고 그저 변명만 늘어놓고 있느냐고 질책한다.

이제 소발은 한걸음 더 나아가 욥의 변명이 말도 안 되는 헛소리라고 일갈하며, "허망한 사람은 지각이 없나니 그 출생함이 들나귀 새끼 같으니라"(욥 11:12)³⁶라고 말한다. 하나님 지혜는 신비하여 헤아릴 수 없으니 쓸데없는 소리 집어치우고, 하나님께 회개하여 소망을 찾으라고 권면한다.

하나님 앞에 자신의 결백을 주장하는 욥에게 친구들의 한결같은 주장은 욥이 지금 당하고 있는 고난과 고통은 전적으로 그의 죄악의 결과 때문이니 변명을 그치고 하나님께 죄악을 고하여 회개하라는 것이다. 지당한 소리처럼 들린다. 그들은 욥의 고난에 대해 '콩 심은 데 콩 나고, 팥 심은 데 팥 난다'는 추수법칙론, '죄를 지으면 벌 받아야 한다'는 신상필벌을 내세우며 철저히 인과율을 내세운다.

이처럼 친구들 역시 나름의 지혜와 경륜을 내세우며 욥의 선생이 되려 한다. 그래서 과거의 전통으로부터 내려온 지혜와 경험과 지식을 들먹이며, 자신의 인생관과 세계관을 일반 진리로 환원시키며, 잘못과 죄악을 깨달아 하나님께 빨리 회개하라고 욥을 닦아세우는 자세를 보여 준다.

그들의 충고와 권면은 고통받고 있는 욥에게 하등의 위로와 도움이 되지 못하고, 지루한 신학적 논쟁으로 발전하고 만다. 왜냐하면, 그들의 말은 하나님의 성품인 의를 드러내는 것이 아니라 인간의 의와 자랑, 자신의 경험과 철학, 가치관을 내세우기 때문이다.

그런 점에서 그들의 말은 진리가 아니라 궤휼에 가깝다. 그들의 말이 궤휼이 됨은 하나님에 대한 참된 증거가 아니기 때문이다(참고. 잠 12:17-18). 그래서 그 말은 상대방에게 아픈 곳을 낫게 하는 약이 되기보다는 칼로 찌르는 것과 같은 비수가 된다.

> [17] 진리를 말하는 자는 의를 나타내어도 거짓 증인은 궤휼을 말하느니라
> [18] 혹은 칼로 찌름같이 함부로 말하거니와 지혜로운 자의 혀는 양약 같으니라(잠 12:17-18).

원래 히브리어에서 '거짓 속임수'를 뜻하는 단어는 궤휼(미레마, מִרְמָה)로도 번역됐는데, '활을 쏜다'(라마, רָמָה)는 단어에서 나온 말이다. 하나님의 성품과 인격에서 벗어난 말은 그것이 하나님의 말씀처럼 보일지라도 화살에 찔리듯 남의 심장을 찌르는 궤휼에 불과하다.

재산과 자녀들을 물론 자신의 건강까지 잃어 거의 빈사(瀕死) 상태에 빠진 욥에게 위로와 소망을 주기보다는 책망과 질책으로 몰아세우는 이들의 모습은 친구의 취할 태도가 아니다. 인간은 항상 남의 불행을 어느 정도

즐기려는 경향이 있다. '불난 집에 부채질'하고, '강 건너 불구경'하는 것이 인간 심리다. 이 친구들은 욥이 얼마나 극한 슬픔과 아픔에 빠져 있는가 하는 상황적 이해보다는 자기의 지식과 생각을 내세우며 욥을 훈계하고 가르치는 선생이 되려 한다.

그들은 고통받은 자에 대한 사랑이 없다. 그런 점에서 그들은 하나님을 사랑하는 자들이 아니다. 하나님의 사랑을 아는 자는 형제를 사랑하게 되어 있다. 그래서 요한 사도는 형제를 사랑하지 아니한 자는 하나님을 알지 못한 자라고 말한다(요일 4:7-8). 결국 하나님을 사랑하지 않는 자들이 하나님을 안다고 주장한 셈이다.

> [7] 사랑하는 자들아 우리가 서로 사랑하자 사랑은 하나님께 속한 것이니 사랑하는 자마다 하나님께로 나서 하나님을 알고 [8] 사랑하지 아니하는 자는 하나님을 알지 못하나니 이는 하나님은 사랑이심이라(요일 4:7-8).

## 2. 시작은 미약하나 나중은 창대하리라

공격적이고 비판적인 빌닷은 자신의 결백을 주장하는 욥을 다그치며 그가 죄로 인해 지금의 고난을 겪고 있음을 주장하며 역설한다.

> 하나님이 어찌 심판을 굽게 하시겠으며 전능하신 이가 어찌 공의를 굽게 하시겠는가(욥 8:3).

하나님이 심판과 공의를 잘못하신 분이 아닌데 어찌 까닭 없이 하나님의 심판과 공의가 욥에게 임하겠느냐는 변호다. 빌닷의 주장은 언뜻 생각하면 맞은 말이다. 그러나 절반은 진리이고 절반은 비진리다. 하나님의 심판과 공의가 절대로 굽게 되는 일은 없다. 이것은 진리이다.

그러나 문제는 하나님의 또 다른 성품인 하나님의 사랑과 긍휼, 자비, 오래 참음이라는 그분의 성품을 간과한 점이다. 비록 그가 '옛 시대의 사람'과 '열조'의 지혜로 말할지라도 이는 인간의 전통과 경험에서 우러나오는 지식과 지혜에 불과할 뿐이다.

빌닷은 주장하기를, 하나님은 의로운 자에게 상 주고 죄인을 벌하신 분으로, 욥의 자식들 역시 득죄했음으로 그들은 그 죄에 붙여 죽게 됐지만, 불행 중 다행히 회복의 가능성이 있는 욥이 '하나님을 부지런히 구하며 전능하신 이에게 빌고 또 청결하고 정직하면,' 하나님은 욥을 돌아보시고 그 집을 의롭게 하시고 형통하게 하실 것이라고 말하며 유명한 충고를 내린다.

네 시작은 미약하였으나 네 나중은 심히 창대하리라(욥 8:7).[37]

지혜의 격언 같은 이 말씀은 그리스도인의 사업장이나 가정의 벽에 액자 문구로 즐겨 사용되는 유명한 경구다. 새로운 비즈니스와 가정을 축복하기에 참으로 안성맞춤인 말씀처럼 보인다. 이 문구 하나만 떼어 놓고 생각하면 구구절절 옳은 말이다.

하나님은 자기 백성을 형통하게 하시고 축복하시는 분이다. 따라서 하나님이 '지금 우리의 상태는 미약하지만 나중에는 크게 이루리라'는 소망과 기대를 뜻하는 것처럼 생각하게 하므로, 이 말씀은 소망의 메시지같이 보인다. 이처럼 이 말씀은 좋은 뜻과 목적을 가진 것으로 해석되어 성도들이 즐겨 인용하는 격언이 된다.

그런데 이 말씀이 사용된 배경을 보면 전혀 그런 뜻과 의도가 없음을 알게 된다. 이 구절은 빌닷이 욥을 위로하고 격려하기 위하여 던진 말이 아니라 오히려 그를 정죄하고 질책하기 위한 일종의 저주의 선언이다!

물론 마지막에 하나님으로부터 책망받은 빌닷의 말이기 때문에 이 경구는 교훈적 말씀이 아니다. 특히 빌닷이 이 말을 한 전후 배경을 살펴보면, 이 말의 속 뜻과 진의를 알 수 있다. 빌닷이 욥에게 하나님께 죄를 고백하고 용서를 빌라고 충고한 이후에 결론적으로 덧붙인 말이 이 경구다.

따라서 빌닷이 말한 '미약한 시작'은 욥의 죄악으로 인해 나타난 하나님 심판의 현재적 결과를 뜻하는 것이다. 즉 현재의 고난의 실상은 비록 욥 자신에게는 대단한 것처럼 보이지만, 하나님의 입장에서 보면 아직 미약한 것, 작은 것에 불과하다는 것이다. 하지만 회개하지 않고 가만히 있으면 나중에 하나님의 저주는 창대할 것이니 욥의 회개가 필요하다는 충고다.

하나님은 공의로운 분이기에 욥이 미래에 웃고자 한다면 자신의 잘못을 깨끗이 인정하고 하나님께 돌아와 올바른 삶을 회복해야 하며, 그렇지 않을 경우 욥은 악인의 장막과 마찬가지로 자취도 없이 사라지고 말 것이라는 경고다(욥 8:20-22).

> 20 하나님은 순전한 사람을 버리지 아니하시고 악한 자를 붙들어 주지 아니하시므로 21 웃음을 네 입에, 즐거운 소리를 네 입술에 채우시리니 22 너를 미워하는 자는 부끄러움을 당할 것이라 악인의 장막은 없어지리라(욥 8:20-22).

이런 생각은 그의 친구 소발도 마찬가지다.

> 하나님의 벌하심이 네 죄보다 경하니라(욥 11:6).

지금의 고난은 하나님의 벌하심에 비하면 아무것도 아니라는 주장이다. 욥이 자신의 당하는 고난을 두고 죽기를 소원할 정도로 심하고 고통스러운 것이라고 항변하지만, 하나님 보시기에는 그 정도는 아직 미약한 것, 약과라고 그들은 생각한다.

따라서 만약 마음을 바로 하고 죄악을 버리지 아니하면, 욥의 마지막에는 "그의 소망은 기운이 끊침이니라"(his hope is to breathe his last[욥 11:20])라고 결론짓는다. 즉 마지막에는 죽는다는 것이다. 따라서 지금 당장 욥이 하나님께 회개하고 죄 용서를 빌지 않으면 욥의 '네 나중'은 지금 상태보다 말할 수 없을 정도로 훨씬 클 것이라는 경고의 메시지다.

이는 하나님의 궁극적 심판에 대한 일종의 완곡어법이다. 다시 말해 '지금 네 고난은 이 정도로 작지만, 하나님께 빌어 용서받지 못하면 그때는 죽음 이외는 없다'는 함의다. '지금 이 정도이기에 망정이지, 나중에 큰 일 난다'는 엄포와 공갈이다. 하나님은 공의로우시기에 욥이 미래에 웃고자 한다면, 자신의 잘못을 깨끗이 인정하고 하나님께 돌아와 올바른 삶을 회복하면 된다고 말한다.

만약 그렇지 않을 경우 욥이 악인의 장막과 마찬가지로 자취도 없이 사라지고 말 것이라고 빌닷은 경고하고(욥 8:22), 소발은 소망이 없을 것이라고 말한다.

'시작은 미약하나 나중은 창대하리라'는 말을 통해 욥의 친구들은 고난 받고 있는 욥의 현실을 동정하고 가슴 아파하기보다는 아직도 하나님의 심판이 다하지 않는 미약한 상태, 그래서 그나마 불행 중 다행으로 여기라고 충고한다.

그러면서 약간의 희망을 말한다. 즉 고난의 시작은 아직 미약하나, 회개하고 하나님께 용서를 빌면, 하나님이 "웃음을 네 입에, 즐거운 소리를 네 입술에 채우시리라"(욥 8:21)라고 말한다. 다시 말해 욥이 죄를 버리고 순전한 사람이 되면 하나님이 그를 붙들어 주시고 그래서 나중은 심히 좋게 창대할 것이라는 뜻도 함께 내포한다.

빌닷은 하나님은 성도의 고난을 모른 체하고 그냥 두시는 분이 아니며, 반드시 죄를 자백하고 하나님께 순복하라고 강요한다. 물론 하나님은 욥의 나중처럼 갑절의 축복을 주시는 분이다. 빌닷의 말이 언뜻 논리적이기까지 한다. 하지만 하나님의 역사는 인간의 논리와 기대를 뛰어넘는다.

하나님이 자기의 독생자를 내어 줌으로 우리에게 생명을 주심은 우리가 우리 자신의 모든 죄를 없앨 때가 아니라 오히려 우리가 죄 중에 우리의 겨자씨 같은 믿음을 가질 때이지 않는가?

우리의 행위가 아닌 우리의 믿음으로 말미암아 하나님은 '웃음을 우리 입에, 즐거운 소리를 우리 입술에 채우시는 분이다.' '시작은 미약하나 나중은 창대하리라'는 말의 앞뒤 문맥도 살펴보지 않고, 더욱이 하나님의 성품과 인격을 잘 알지도 모른 체, 하나님에 의한 심판과 저주의 공포를 뜻하는 이 말씀을 사업장이나 가정에 걸어 놓고 사업이 형통하고 가정이 흥왕하기를 바라며 이 말씀을 부적처럼 사용하는 것은 황당하고 기이한 일이다.

## 3. 하나님 나라에 대한 우리의 오해들

욥의 친구들은 어느 정도 하나님의 지식을 가지고 있다. 문제는 그 지식이 제한적이라는 점이다. 빌닷은 하나님의 심판과 공의는 절대로 굽게 될 수 없다고 말하고(욥 8:3), 소발은 하나님의 지혜는 하늘보다 높고(높이), 스올보다 깊고(깊이), 땅 끝까지의 길이보다 길고(길이), 바다보다 넓다(넓이)고 생각한다(욥 11:8-9).

그리고 이런 하나님의 지혜 앞에 선 인간은 하나님을 알 수 없는 무지와 하나님의 행하심 앞에서 무능밖에는 없다고 말한다. 인간은 '허망한' 존재이기 때문이라는 것이다. 이는 전적으로 진리다. 허망한 인간이 지혜롭기 되기는 들나귀가 사람을 낳는 것같이 불가능한 일이라고 단정한다.

그리고 사람을 속일 수 있을지 모르지만 지혜와 분별력이 넘치시는 하나님을 속일 수는 없다고 단정한다(욥 11:11). 맞는 말이다. 그러나 그들에게 하나님 나라에 대한 오해와 잘못이 있다.

> [8] 하늘보다 높으시니 네가 무엇을 하겠으며 스올보다 깊으시니 네가 어찌 알겠느냐 [9] 그의 크심은 땅보다 길고 바다보다 넓으니라 [10] 하나님이 두루 다니시며 사람을 잡아 가두시고 재판을 여시면 누가 능히 막을소냐 [11] 하나님은 허망한 사람을 아시나니 악한 일은 상관하지 않으시는 듯하나 다 보시느니라(욥 11:8-11).

**첫째, 인과율을 영적 현상으로 일반화하는 잘못이다.**
왕골과 진펄, 그리고 갈대와 물의 비유를 보자.
빌닷은 하나님과 인간의 관계는 왕골과 진펄의 관계 같으며, 인간의 믿음과 소망도 갈대와 물의 관계와 같다고 본다.

> [11] 왕골이 진펄이 아니고 나겠으며 갈대가 물 없이 나겠느냐 [12] 이런 것은 푸르러도 아직 벨 때 되기 전에 다른 풀보다 일찍이 마르느니라(욥 8:11-12, 개역한글).

> 하나님을 잊는 모든 사람의 앞길이 이와 같을 것이며, 믿음을 저버린 사람의 소망도 이와 같이 사라져 버릴 것이다(욥 8:13, 표준새번역).

또 죄를 짓고 하나님 없이 살아가는 사람은 금방 끊어지고 마는 거미줄을 의지하는 사람 같고, 쉽게 부서질 집을 보호막으로 삼는 사람과 마찬가지라고 말한다(욥 8:14-15). 하나님을 잊어버리는 자는 풀이 마름 같고, 소망이 없어져 믿고 의지하는 것은 거미줄같이 연약하고 끊어지며, 결국 하나님이 모른 체하실 것이다. 그리고 결론적으로 하나님은 순전한 사람을 버리지 아니하며, 악한 자를 붙들어 주지 아니하신 분이라고 평가한다(욥 8:20). 이 말은 모두 하나의 인과율에 대한 비유다.

> [11] 왕골이 진펄 아닌 데서 크게 자라겠으며 갈대가 물 없는 데서 크게 자라겠느냐 [12] 이런 것은 새 순이 돋아 아직 뜯을 때가 되기 전에 다른 풀보다 일찍이 마르느니라 [13] 하나님을 잊어버리는 자의 길은 다 이와 같고 저속한 자의 희망은 무너지리니 [14] 그가 믿는 것이 끊어지고 그가 의지하는 것이 거미줄 같은즉 [15] 그 집을 의지할지라도 집이 서지 못하고 굳게 붙잡아 주어도 집이 보존되지 못하리라 … [20] 하나님은 순전한 사람을 버리지 아니하시고 악한 자를 붙들어 주지 아니하시므로(욥 8:11-15, 20).

식물의 일종인 왕골은 진펄(늪지대)에서만 자라고, 갈대도 물 있는 곳에서만 산다. 물 없이 왕골이나 갈대는 자랄 수 없듯, 왕골과 갈대의 성장에 물이 필요함은 당연한 소리요, 자연 법칙이다.

그런데 문제는 눈에 보이는 현상을 가지고 눈에 보이지 않는 영적 현상인 하나님과 믿음 등을 해석하려는 데 있다. 욥이 물이 다 빠져 말라 가는 왕골이나 갈대처럼 비참한 신세가 된 것은 불의한 자이기 때문이라고 주장한다. 하지만 고난당하는 자는 반드시 죄악의 결과라고 말하는 것은 역설적으로 현재의 형통한 삶을 사는 자는 죄가 없다는 말이 된다.

본질상 인간은 죄를 짓지 않고 살 수 없는 존재가 아닌가?

죄악된 세상 가운데 살아가야 하기에, "모든 사람이 죄를 범하였으매 하나님의 영광에 이르지 못하는" 존재이다(롬 3:23). 이런 죄악의 삶을 살아가야 하는 인간을 구원하시는 분이 하나님이다. 이것이 하나님의 마음과 뜻이다. 하나님의 성품과 인격을 알지 못하면, 고난 가운데 하나님을 원망하고 시험하며, 그래서 믿음에서 일탈하게 된다. 이는 사탄이 원하는 것이다.

욥은 순전하고 정직한 자, 하나님을 경외하면 악에서 떠난 사람이지만, 죄악과 상관없이 무고한 고난을 당하고 있다. 따라서 자연 법칙적인 인과율을 하나님과 그 백성 사이에 적용하는 것은 잘못이다.

인간은 먼저 자신의 죄를 뉘우치고 하나님께 돌아가는 것이 아니다. 우리가 하나님 나라의 백성이 되는 길은 죄 사함을 통해서이다. 이 죄 사함은 먼저 예수 그리스도의 십자가를 우리에게 보여 주신 하나님의 구원의 은혜로 임하는 것이다. 구원은 인간 측에서 먼저 온전히 죄를 뉘우치고 불의를 없앤 후에 되는 것은 아니다.

하나님은 사랑과 진리되는 말씀인 아들 예수 그리스도를 이 땅에 보내시고(시 57:3; 147:8), 그 아들의 십자가의 보혈로 우리의 구속을 이루시고(시 111:9), 성령을 보내시어 이제 이 땅에서 하나님의 백성으로 살아갈 수 있도록 인도하시고 보호하시는 분이다. 이것이 하나님의 구원의 은총이다. 하나님의 구원의 영적 원리는 자연 법칙과는 다르다.

하나님이 그 인자와 진리를 보내시리로다(God will send forth His lovingkindness and His truth[시 57:3]).

[하나님이] 그 말씀을 보내사(He sends forth His word[시 147:18]).

여호와께서 그 백성에게 구속을 베푸시며(He sent redemption unto his people [시 111:9, 개역한글]).

## 둘째, 하나님의 성품과 인격에 대한 오해다.

² 말이 많으니 어찌 대답이 없으랴 말이 많은 사람이 어찌 의롭다 함을 얻겠느냐 ³ 네 자랑하는 말이 어떻게 사람으로 잠잠하게 하겠으며 네가 비웃으면 어찌 너를 부끄럽게 할 사람이 없겠느냐 ⁴ 네 말에 의하면 내 도는 정결하고 나는 주께서 보시기에 깨끗하다 하는구나 ⁵ 하나님은 말씀을 내시며 너를 향하여 입을 여시고 ⁶ 지혜의 오묘함으로 네게 보이시기를 원하노니 이는 그의 지식이 광대하심이라 하나님께서 너로 하여금 너의 죄를 잊게 하여 주셨음을 알라(지혜의 오묘로 네게 보이시기를 원하노니 이는 그의 지식이 광대하심이라 너는 알라 하나님의 벌하심이 네 죄보다 경하니라[개역한글])(욥 11:2-6).

욥 스스로가 죄 없다는 결백성의 주장에 대해 친구 소발은 어리석은 인간이 짧은 지혜로 하나님 앞에서 감히 자기 의와 무죄성을 주장한다고 반박한다(욥 11:2-3). 그러면서 그는 자신이 아는 하나님 나라에 대한 영적 현상으로 세 가지를 지적한다(욥 11:4-6).

① 욥이 스스로 주의 목전에서 깨끗하다고 생각하지만 이는 가당치 않다.
② 하나님의 지혜는 오묘하기에 인간의 머리로 헤아리기 어렵다.
③ 하나님의 벌은 인간의 응당 받아야 할 벌보다 가볍다.

이것이 소발이 아는 하나님의 모습이다. 그의 주장 중 일부는 맞는 말이다.: 주 앞에 무흠한 자 없고, 하나님 지혜는 인간이 온전히 알 수 없는 법. 하지만 그는 하나님의 성품에 대해 무지를 드러낸다.

> 너는 알라 하나님의 벌하심이 네 죄보다 경하니라(욥 11:6, 개역한글).[38]

욥이 겪고 있는 죄로 인한 현재의 고난의 수준과 정도를 비추어 보면, 하나님은 선하신 분이라고 그는 생각한다. 그러나 하나님의 선함은 우리 인간의 죄에 대해 '조금만' 벌주는 것이 아니라 '온전히' 우리의 죄를 사해주고 벌을 내리지 않음에 있다.

인간의 죄를 대신하여 하나님의 아들 예수가 십자가에서 하나님의 심판인 저주의 벌을 받되, 인간의 죄보다 경하게 받으신 것이 아니라 온전히 받았다. 그래서 루터는 예수 그리스도가 모든 인간 중에 가장 큰 죄인이었다고 말한다.

> 이처럼 그는 십자가에서 자신이 희생제물이 되어 죄인이며 저주가 된다(갈 3:13). 하지만 그만이 복 받은 씨로(창 3:15), 그를 통해서만 세상이 복을 받는다(창 22:18). 즉 그를 통해서 세상은 죄와 죽음으로부터 구속받아야 한다. 하지만 그는 두 행악자들 사이에 십자가에서 달려 그들과 동일시되고 거기서 부끄러운 죽음을 당했다. 그는 모든 인간의 유익을 위해 이 일을 행하시고 인간을 영원한 저주에서 구속하신다. 그러므로 예수는 이 땅에서 동시에 가장 큰 죄인이며 유일한 죄인이다. 왜냐하면, 그는 모든 세상의 죄를 감당하기 때문이다. 또한, 그는 유일한 의인이요 거룩한 이가 되시니, 이는 누구도 그를 통하지 않고는 하나님 앞에 의롭고 거룩한 자가 되지 않기 때문이다.[39]

구약의 모든 선지자는 그리스도가 이 땅 위에 있었던 그리고 있을 수 있었던 자들 중에 가장 큰 범법자, 살인자, 간음자, 도적, 훼방자가 되셔야 한다고 말했다. 그가 온 세상의 죄를 자신 위에 짊어졌을 때에, 그리스도는 더 이상 죄 없는 자가 아니셨다. 그는 훼방자였던 바울의 죄를, 그리스도를 부인했던 베드로의 죄를, 간음과 살인을 범했던 다윗의 죄를 짊어졌던 죄인이었으며, 또한 이방인들에게 여호와를 비웃게 하는 일을 만들었다. 한마디로, 그리스도는 모든 인간의 죄들을 당하였고, 자신의 피로 이에 대한 대가를 지불해야 했다. 저주가 그를 때렸으며, 율법은 죄인들 가운데 그를 보았다. 그는 죄인들의 무리에 있었다. 그는 자신이 죄인들의 살과 피로 옷 입기까지 나아갔다. 그래서 재판장은 그를 죄인으로 심판하고 교수형에 처했다.[40]

이처럼 예수는 인간의 모든 죄를 대신하여 하나님의 심판을 받으셨다. 오히려 하나님은 사탄에게 저주와 벌을, 그리고 인간에게는 회복과 용서와 치유을 선언하신 분이다.

**셋째, 하나님의 행하심에 대한 오해다.**
욥의 친구 소발은 하나님이 사람을 잡아 가두는 분으로 생각한다.

> 하나님이 두루 다니시며 사람을 잡아 가두시고(욥 11:10).

만물의 주관자, 통치자, 섭리자이신 하나님이 세상의 죄를 심판할 법정을 개정하고 두루 다니며 범죄한 인간을 잡아 가두시는 분은 아니다. 그는 하나님을 다른 악한 영처럼 행동하는 분으로 착각한다. 실상 항상 두루 돌아다니는 자는 하나님이 아닌 사탄이다. "땅에 두루 돌아 여기 저기 다녀왔나이다"(욥 1:7)라고 사탄은 자신의 일을 하나님께 밝힌다. 이는 그가 하는 일은 믿는 자를 넘어지게 하는 것이다.

대적 마귀가 우는 사자같이 두루 다니며 삼킬 자를 찾나니(벧전 5:8).

그런 연고로 우리는 근신하고 깨어 있어야 한다.

하나님이 두루 다니시며 사람을 잡아 가두시고 재판을 여시면 누가 능히 막을소냐(욥 11:10).

### 넷째, 우리 인간에 대한 과신이다.

만일 네가 마음을 바로 정하고 네 손에 죄악이 있거든 멀리 버리라 불의로 네 장막에 거하지 못하게 하라(욥 11:13-14).

이는 소발이 내세운 해결책이다. 욥이 지금의 고난의 삶을 청산하고 서광이 비치는 미래의 삶을 살기 위해서는 마음을 정하고 죄악을 버려야 한다. 그러면 부끄럼 없이 얼굴을 들 수 있으며, 편안해져서 두려움이 사라지고, 괴로운 일을 다 잊어버리게 되는 축복이 생길 것이며, 어둠이 물러가고 아침같이 환한 세상이 펼쳐지고, 희망에 가득차 아무 걱정거리가 없이 자리에 누울 수 있다는 충고다(욥 11:15-20).

오직 욥이 자기의 죄를 통회하고 자복하기만 하면 소망과 안식을 회복할 수 있다면서, 그에게 회개와 고집 중 양자 택일을 강조한다.

15 그리하면 네가 반드시 흠 없는 얼굴을 들게 되고 굳게 서서 두려움이 없으리니 16 곧 네 환난을 잊을 것이라 네가 기억할지라도 물이 흘러감 같을 것이며 17 네 생명의 날이 대낮보다 밝으리니 어둠이 있다 할지라도 아침과 같이 될 것이요 18 네가 희망이 있으므로 안전할[든든할] 것이며 두루 살펴보고 평안히 쉬리라 19 네가 누워도 두렵게 할 자가 없겠고 많은 사람이 네게 은혜를 구하리라 20 그러나 악한 자들은 눈이 어두워서 도망할 곳

을 찾지 못하리니 그들의 희망은 숨을 거두는 것이니라(욥 11:15-20).

인간은 자신의 죄악을 스스로 버릴 수 있는 존재인가?
아니다. 어쩌면 우리는 열심을 내어 잠시는 이를 행할 수 있지만 영원히 그럴 수 없다. 죄악의 무게가 그만큼 크기 때문이다. 오히려 자신의 의를 내세우며 최선을 다하는 삶을 사는 자는 그 죄악의 크기와 무게를 모를 수 있다. 인간의 깊은 본성을 바라볼 때, 우리는 죄를 몰아낼 수 없음을 안다. 우리에게는 원죄가 있고 이로 인한 삶의 죄가 있기 때문이다. 이 죄를 없앨 수 없기에 인간은 사망을 피할 수 없고 율법은 우리를 탄핵한다.

사망의 쏘는 것은 죄요 죄의 권능은 율법이라(고전 15:56).

우리는 오직 예수로 말미암아 죄를 이기는 존재이다. 우리가 어두움을 우리의 힘과 노력으로는 몰아낼 수 없다. 어두움은 오직 빛으로만 물러간다. 그 빛으로 오신 분이 예수 그리스도다. 빛이 임하면 자연히 어두움은 물러가듯, 빛되신 예수 그리스도를 구하면 우리는 죄를 이기게 된다.

사망을 삼키고 이기리라고 기록된 말씀이 이루어지리라(고전 15:54).

소망과 안식을 회복하는 길은 빛을 구하는 것이지, 우리의 열심과 힘과 능으로 죄를 없애고 의를 행하는 것에 있지 않다. 죄 사함으로 인한 평강을 누리는 길, 그래서 희망으로 인해 '든든하며 두루 살펴보고 편안히 쉬며, 누워도 두렵게 할 자가 없는'(욥 11:18-19) 상태는 우리의 힘과 능력으로 무죄함을 얻어 '흠 없는 얼굴을 들고 두려움이 없는'(욥 11:15) 때가 아니라, 예수 안에 있을 때다. 평화는 예수 그리스도의 십자가에서 받는 것이다.

그가 징계를 받음으로 우리가 평화를 누리고(사 53:5).

## 4. 우리가 붙들어야 할 하나님의 모습

하나님으로부터 인정받은 사람은 세 친구가 아닌 욥이다. 그들은 하나님 앞에 회개하고 죄악과 불의에서 떠난 삶을 주장하며, 수미일관된 논리와 철학으로 욥의 선생이 됐지만, 그들에게는 사랑이 없다. 하나님의 사랑을 알지 못하고 또 이를 갖지 않았기 때문이다. 욥에 대한 훈계와 질책은 마치 자신들이 무죄한 사람처럼 말하고 행동한 것을 드러낸다.

그러나 이것이 하나님 앞에 교만함이다. 오히려 하나님은 고난당하는 욥의 반항적이고 전투적인 탄식까지도 다 받아 주시는 사랑과 자비의 주님 되심을 보여 주신다. 우리에게도 욥의 친구들과 같은 태도와 모습이 있다. 그들의 말과 행동은 바로 우리 자신의 이야기이다. 특히 신앙 생활에 열심인 자들에게 이런 성향과 기질은 강하게 나타난다.

그들은 교사적인 냄새, 율법주의적 취향을 강하게 풍긴다. 장로의 유전과 세상의 뛰어난 지혜를 인용하여 말하지만, 하나님의 성품과 인격을 잘 알지 못하고, 자신의 내면을 잘 보지 못하는 경향이 있다. 인간이 겪는 고난과 고통의 문제는 인간의 죄악으로 인한 것이되, 사탄이 왕 노릇하는 세상에서 우리가 살기 때문에 겪는 일이다. 그래서 우리는 늘 주기도문처럼 "다만 악에서 구하소서"라고 기도할 필요가 있다.

때로 고난과 역경이 임하면 우리는 욥처럼 전투적, 공격적 태도를 보일 수 있다. 이는 신앙 없는 교만과 불순종의 소치가 아니라, 하나님을 진실로 대면하기 위한 통과 의례일 수도 있다. 이때 나오는 탄식과 저항은 견딜 수 없는 깊은 고난과 고통의 심연에서 분출되어 나온, 나약한 인간의 자연스러운 반응일 뿐이다.

그렇지만 우리가 알아야 할 것은 이런 모든 역경에서 우리를 회복하게 하시고, 우리의 죄를 용서하시고, 우리의 아픔을 치유하신 분은 하나님이라는 사실이다. 하나님은 우리 모든 사람을 위해 아들 예수까지 아낌 없이 내어 주신 분이시다.

이런 주님이 사랑하는 자기 백성이요 자기 자녀의 어려움과 고통을 모른 척하실 수 있겠는가?(롬 8:32)

자기 아들을 아끼지 아니하시고 우리 모든 사람을 위하여 내주신 이가 어찌 그 아들과 함께 모든 것을 우리에게 주시지 아니하겠느냐(롬 8:32).

*The True Understanding of the Kingdom of God according to The Book of Job*

## 제10장

# 인생이 어찌 하나님 앞에 의로우랴

바른 믿음과 오해 (욥 9-10장)

**1. 성경과 복음이 생명이 되는 이유**

삶에 있어서 정말로 중요한 것은 무엇일까?
이는 인생에 있어 가장 근본적이고 최우선적 질문이다. 세상 사람들의 관심사는 아마도 먹고 사는 걱정에서의 해방, 질병에서 벗어난 건강한 삶, 자녀들의 성장, 전쟁과 핍박이 없는 평안함 등일 것이다. 이런 것들은 우리의 삶에서 날마다, 육신의 호흡을 내쉬는 날 동안 씨름해야 할 계속적이고 괴로운 문제들이다. 우리는 육적, 현실적 문제들과 매일 부대끼며 살아야 하기에 우리의 관심은 세상사에 있다.

하지만 인간의 삶에서 우리는 잘 인식하지 못하지만 가장 중요한 것이 있다. 바로 우리의 영혼이다. 그럼에도 영혼의 문제는 삶에서 겪는 일상사가 아니라 인간의 눈에 감추어진 비밀이 되는 까닭에 우리는 이를 경홀히 여긴다.

우리가 가시적인 세상 것들에만 관심과 사랑을 쏟는 것은 세상의 가치 전도로 인함이다. 인간은 "죄와 허물로 죽었던" 존재다(엡 2:1). 영적으로 죽은 인간이 하늘의 신령한 가치를 알 수 없음은 당연하다. 성경만이 이 가치를 알려 준다. 인간의 죽음의 실상을 말해 주고 여기에서 살아나는 길을 말하기 때문이다.

그렇지만 사람들이 정작 복음에 관심이 없는 이유는 세상의 권세를 가진 사탄, 곧 이 세상 신이 불신자들의 마음을 혼미하게 하여 그리스도의 영광의 복음의 광채가 비취지 못하게 하는 것에 있다(고후 4:4).

인생의 근본적, 우선적 문제를 제기하는 것은 오직 성경과 교회다. 성경은 이런 특정한 문제를 제기하고 또 그에 대한 해답을 제시하므로 복음에 이르게 한다. 또 교회는 성경의 가르침을 좇아 세상의 가치 전도와 혼란 속에서 잊혀지고 매몰되어 가는 것에 사람들의 주의를 환기시키고 사람을 모으고 복음을 알리는 일을 사명으로 삼는다. 복음만이 생명이기 때문이다.

인간이 '세상 풍속을 좇고 육체와 마음의 원하는 바를 행하는'(엡 2:2-3) 가치 전도의 상태로 살아가는 이유는 바로 인간의 죄로 말미암음 때문이다. 아담으로부터 내려오는 원죄, 우리가 세상에 살면서 범하는 수많은 자범죄는 세상과 인간의 삶을 온통 혼란과 소용돌이 속으로 몰아넣는다.

이런 죄와 허물이 인간의 삶을 왜곡하고 전도시키고 파괴하지만, 세상 사람들은 죄 자체보다는 죄의 증세들에 주의를 집중한다. 병 그 자체가 아닌 병의 특정 징후와 증세에만 주목하는 것과 같다. 하지만 이는 나무를 보지만 숲을 보지 못하는 것과 같다.

사람들은 정치, 경제, 사회적 문제들, 국가와 민족간의 전쟁들, 인간 관계 등 누구나 공감할 수 있는 큰 문제들에 대해 관심과 초점을 맞추며 씨름하며 살고 있지만, 이런 모든 문제의 바탕에는 인간의 죄가 있다는 사실(truth)에는 전적으로 무지하다. 현상의 원인을 잊고 무시하며 사는 것은 겉은 아름다운 회칠한 무덤을 보는 것과 같다.

성경과 복음이 말하는 바는 죄에 대한 근본적 원인과 대책이 있다는 것이다. 성경 말씀만이 세상에서 일어나는 현상의 질병 자체에 대해서 말하고 그 원인과 치유를 설명해 줄 수 있는 유일한 메시지다.

## 2. 인생이 어찌 하나님 앞에 의로우랴

인생의 모든 문제와 난제는 궁극적으로 인간의 죄의 문제와 맞닿아 있다. 그리고 이 문제의 해결은 죄의 족쇄를 풀지 않고는 절대 불가능하고 동시에 오직 예수 그리스도를 통하지 않고는 이루어질 수 없다. 예수를 통해 죄의 족쇄를 푸는 것이 개인적 구원이다. 그렇기 때문에 우리의 삶에서 가장 결정적이고 중요한 문제는 예수 그리스도를 통한 하나님과 인간 사이의 개인적 관계의 회복에 있다.

그렇지만 세상 사람의 눈에는 세상의 거대한 담론에 비하면 구원의 복음은 너무나 작고 보잘것없는 개인적, 이기적인 문제로 보인다. 그리고 영혼의 구원은 사회적 복지가 아닌 개인적 구원의 차원에 머물고 그래서 자신만을 생각하는 이기적 태도로 인해 오히려 세상에 갈등과 어려움을 낳아 종교 분쟁으로 치닫게 하고, 더욱이 세상의 많은 문제를 해결할 아무런 실질적 도움을 주지 않는다고 그들은 생각한다.

그러나 그들이 모르는 것이 있다. 바로 인간의 죄가 세상의 모든 문제와 어려움을 낳는다는 사실이다.

세상 사람들의 이런 판단과 생각에도 불구하고 인간에게 결코 피할 수 없는 문제가 있다. 또 이 문제는 어느 때인가는 반드시 부딪칠 수밖에 없는 것이다. 바로 우리가 하나님 앞에 서야 한다는 점이다. 그때 우리는 우리의 모든 죄가 드러나게 될 것이다. 우리 인생은 거룩한 하나님 앞에, 진노하는 주 앞에 불의한 자로 서게 될 것이고 심판 받게 될 터이다. 욥도 이를 잘 안다.

인생이 어찌 하나님 앞에 의로우랴(욥 9:2).

따라서 불의한 인간은 하나님 앞에 서면, "하나님과 쟁변하려 할지라도 천 마디에 한마디도 대답하지 못하는"(욥 9:3) 존재임을 알게 된다.

인간이 세상에 던져졌을 때, 그것은 우리 자신의 선택이 아니다. 우리는 그저 세상에 존재하고 있는 나그네와 행인에 불과하다. 이런 인간의 실상은 궁극적인 의미에서 세상을 온전히 통제하지 못함을 뜻한다. 우리의 날들은 하나님의 장중(掌中)에 붙들려 있다. 그렇기에 마지막에는 하나님과 우리 자신밖에 남는 것이 없게 된다. 인간이 보이지 않는 하나님을 회피하려 하여도 하나님을 만날 수밖에 없다.

내가 하늘에 올라갈지라도 거기 계시며 음부에 내 자리를 펼지라도 거기 계시니이다 내가 새벽 날개를 치며 바다 끝에 가서 거할지라도(시 139:7-10).

우리는 주의 앞에서 어디로 피할 수 있는 존재가 아니다. 모든 사람이 불가피하게 마주칠 수밖에 없는 단 하나의 질문이요, 그것이 언제가 될지를 알지 못하는 사실 앞에서 우리가 답해야 하는 것이 이것이다,

인생이 어찌 하나님 앞에 의로우랴(욥 9:2).

이생의 삶을 참되게 살아 내는 유일한 방법은 이 질문에 대한 답을 찾아내는 일이다. 이 '문'(問)과 '답'(答)은 현재 생의 관점에서뿐만 아니라 영원의 관점에서도 중요하다. 이 답을 알고 하나님 앞에 나아가는 자는 영생의 삶이 주어지기 때문이다.

하나님과 마주 설 수밖에 없는 인생이 어떻게 하나님 앞에서 의로워질 수 있는가?

영생을 얻는 길은 주님으로부터 '잘하였도다. 착하고 충성된 종아, 네

주인의 기쁨에 참예하라'(마 25:21)라는 말씀을 들을 수 있도록 우리를 하나님 앞에 나타낼 수 있느냐 없느냐에 달려 있다. 만약 그렇지 못한다면, 주님은 '내게서 떠나가라. 나는 너를 도무지 알지 못하노라'라는 말씀을 들을 것이다. 우리 삶 전체가 이 문제에 달려 있다. 죽음과 영생의 갈림길은 여기서 정해진다.

### 3. 가령 내가 의로울지라도 내 입이 나를 정죄하리니

세상의 많은 종교는 사람들에게 선한 삶을 말한다. 선한 삶을 살기 위해 최선을 다해야 하고 선행을 해야 한다고 말한다. 절대자 앞에 인정받기 위해서는 우리의 노력과 열심이 있어야 한다는 뜻이다.

불교에서는 인생의 삶이 업보(Karma)의 결과라고 말한다. 업보는 이 땅에서의 인간의 행위를 뜻한다. 그래서 업보는 결과를 낳는다. 좋은 씨앗이 좋은 수확을, 나쁜 씨앗이 나쁜 수확을 거두게 하듯, 모든 결과에는 반드시 원인이 있다는 인과 법칙이 업보다. 물리적 영역에서의 작용과 반작용의 법칙처럼, 도덕적 영역에서의 도덕적 인과율이 업보다.

그래서 불교는 선을 강조한다. 아무리 작은 돌맹이라도 물에 빠지지만, 아무리 큰 돌도 큰 배에 실리면 빠지지 않는 것처럼, 인간은 자신의 죄과를 넘어서는 선을 행할 때 자신의 업보를 해결할 수 있다고 말한다.[41]

그러나 그들이 간과한 점이 있다. 이는 인간에게는 죄의 돌을 온전하게 실어 줄 만큼 큰 배가 없다는 점이다. 그만큼 죄의 무게는 크다.

인간의 죄는 우주의 중심을 이루는 수미산(須彌山)보다 크다고 그들도 말하고 있지 않는가?

가령 내가 의로울지라도 내 입이 나를 정죄하리니 가령 내가 온전할지라도 [하나님이] 나의 패괴함을 증거하리라(욥 9:20, 개역한글).

설령 인간이 의롭게 살려고 열심을 내고, 그래서 하나님 앞에서 죄 없이 순전하다고 주장할지라도 자신의 입이 스스로를 정죄한다. 바로 인간의 양심이 자신을 심판하기 때문이다. 아무리 합리적, 이론적, 지적 삶의 모습과 근거로 의로움과 순전함을 주장할지라도 우리 안에 한 목소리가 있어 우리 자신을 정죄하는데, 그것은 바로 양심이라는 내적 감시자다.

인간이 행위와 말로써 자신의 의로움과 순전함을 드러낼지라도 양심은 자신이 정직하지 못하다는 것을 속삭인다. 오직 우리의 심령을 아는 자는 우리의 영이며 하나님의 영, 성령이다("사람의 사정을 사람의 속에 있는 영 외에는 누가 알리요 이와 같이 하나님의 사정도 하나님의 영 외에는 아무도 알지 못하느니라"[고전 2:11]). 욥의 고백을 보라.

> 내가 눈 녹은 물로 몸을 씻고 잿물로 손을 깨끗이 할지라도(욥 9:30).

> 내가 정죄함을 당할진대 어찌 헛되이 수고하리이까(욥 9:29).

욥은 육신을 아무리 깨끗이 씻어도 자신은 깨끗치 못한 존재임을 말하고 있지 않는가?

하나님은 우리의 깊은 곳을 통찰하시는 분이다. 하나님은 단순히 우리의 행동을 보시는 것이 아니라 우리의 본성, 우리의 죄 된 모습, 곧 우리의 마음의 중심과 생각을 보시는 분이다. 따라서 자신을 정화하고 거룩하게 하기 위해 여생 전부를 바친다고 해도, 그러한 노력이 인간의 죄를 없애지는 못한다.

인생이 어찌 하나님 앞에 의롭겠는가?

죄로 인해 의로울 수가 없는 우리는 하나님 앞에서 우리를 변명할 자가 아무도 없다. 그래서 욥이 탄식한다.

> 우리 사이에 손을 얹을 판결자(umpire)도 없구나(욥 9:33).

누구도 궁극적으로 자신을 만족시킬 수 없다. 하나님을 만족시킬 수는 더더욱 없다. 인간은 스스로 완벽하게 성실할지라도 자신이 결코 충분히 선하지는 못하다는 것을 안다. 이는 우리가 남보다 조금 훌륭한가 아닌가 하는 점이 아니라, 우리가 생각하는 선의 기준이 하나님의 기준에 도무지 미칠 수 없기 때문이다. 하나님의 기준만이 절대적 기준이다.

따라서 하나님이 없이는 인간은 완전히 비극적인 실패의 자리에 남게 된다. 결국 인간의 당면 문제는 어떻게 하면 하나님과 함께 있으며, 어떻게 하면 하나님과 더불어 교제 하느냐의 문제다. 이것이 욥이 안고 있고 풀어야 할 문제다.

인간이 하나님 앞에 설 때, 그분의 전능과 능력과 위엄뿐 아니라 그분의 거룩함과도 마주 하게 된다. 빛되신 하나님은 어두움이 조금도 없다(요일 1:5). 빛과 어두움 사이에 조화는 있을 수 없다. 진실과 거짓 사이에 타협 역시 없다. 죄와 허물로 죽은 우리는 하나님의 거룩한 성품을 잊어버렸다.

만약 우리가 하나님의 성품을 깨닫기만 한다면 우리는 두려움으로 인해 우리의 손을 입에 대고 말도 하지 못할 것이다. 이 땅에서는 주의 사랑받는 자로 주의 품 안에 있었던 사도 요한도 천상에서 주님의 거룩함을 보자, "그[주님] 발 앞에 엎드러져 죽은 자같이 되었다"(계 1:17).

## 4. 하나님 앞에 서는 길

거룩한 하나님 앞에 설 수 있는 길이 있다. 하나님 앞에 설 때 입을 의복이 있으면 된다. 이 옷은 바로 예수 그리스도가 우리에게 입혀 주시는 의의 옷이다. 우리는 거룩한 하나님의 면전에 서기 전에 더러움, 죄책감, 모든 죄를 버려야 한다.

그렇지만 우리는 그럴 수 없다. 우리의 힘과 노력으로 되는 것이 아니라 오직 예수 그리스도가 자신의 의를 우리에게 입혀 줌으로 가능할 뿐이다. 우리의 죄, 죄책감, 오염이 없어지는 것이 아니라 예수의 피로 인해 덧입혀지는 것이다. 그래서 우리는 의의 옷을 입게 된다. 이는 그리스도의 십자가로 인함이다. 십자가를 믿는 자는 예수와 합한 자 곧 '예수와 연합'(union with Christ)한 자다.

> 누구든지 그리스도와 합하여 세례를 받은 자는 그리스도로 옷 입었느니라 (갈 3:27).

우리가 예수 그리스도의 옷을 입으면, 옛 사람을 벗어 버리고 심령으로 새롭게 되어 하나님을 따라 의와 진리의 거룩함으로 지으심을 받은 새 사람을 입는다(엡 4:22-24).
주 예수처럼 의와 진리의 거룩함이라는 하나님의 성품을 입는 것이 그리스도의 옷을 입는 일이다. 그러면 하나님은 우리 안의 비열하고 더러운 모습, 오염과 죄책의 얼룩진 모습이 아닌, 그리스도의 옷만을 보시고 우리로 의롭다 하신다. 이는 예수 그리스도가 내 죄를 대신하여 십자가에서 죽고 다시 사신 것에 대한 믿음으로만 가능한 일이다.

> 오직 의인은 믿음으로 말미암아 살리라(롬 1:17).

> 예수 그리스도를 믿음으로 말미암아 모든 믿는 자에게 미치는 하나님의 의니 차별이 없느니라(롬 3:22).

이것이 하나님의 방법이다. 우리가 예수 그리스도를 믿을 때, 인간의 행위나 공로와 상관없이, 값없이 주시는 하나님의 은혜 때문에 의로운 존재가 될 수 있다.
하나님이 독생자 예수를 세상에 보내시고 그로 하여금 십자가의 죽음을 당하게 하심은 인간이 하나님의 면전에서 결코 자신을 의롭게 할 수 없기 때문이다. 육신을 입은 예수는 세상의 문제 안으로 들어와 우리의 실패를 자신의 것으로 삼고, 우리의 죄악을 짊어지고 우리의 죄를 해결하셨다.

> 하나님이 죄를 알지도 못하신 이를 우리를 대신하여 죄를 삼으신 것은 우리로 하여금 그 안에서 하나님의 의가 되게 하려 하심이라(고후 5:21).

이것이 영광스러운 복음의 중심 메시지다. 우리의 불의에도 불구하고 하나님께 우리를 받아달라고 호소할 수 있는 길은 오직 하나, 우리가 하나님의 아들을 향해 돌아서는 일이다. 하나님의 아들을 바라보고, "예수 그리스도, 나의 구세주, 나의 주, 나의 하나님"이라고 고백할 때에만 우리는 하나님의 면전에서 용납하심을 받을 수 있다.

## 5. 하나님은 왜 침묵하시는가?

하나님은 아들 예수를 "내 사랑하는 아들, 내 기뻐하는 자"(마 3:17)로 부르셨다. 그럼에도 하나님 아버지는 아들이 십자가에 못 박힐 때, 그의 호소, "엘리 엘리 라마 사박다니"(마 27:46)에 귀를 막으신 분이다. 하나님 자신의 독생자, 성육신한 자신이기도 한 '예수'의 죽음이 이루어지고 있는 십자가 현장에서조차 하나님은 수퍼맨과 같은 '영웅적 신'이 되기를 거부하셨다. 그리고 자신의 사랑하는 예수를 고문하고 처형하는 유대인과 로마 군인에 대해 심판하고 벌하지도 않으셨다.

왜 그러해야만 했을까?

왜 하나님은 수퍼맨이 아닌 방관자가 되셨는가?

하나님의 침묵은 예수의 십자가에서뿐 아니다. 지금 우리 성도의 삶에서도 하나님은 방관자처럼 침묵하실 때가 너무나 많다.

왜 하나님은 수퍼맨처럼 고난과 고통 가운데 신음하는 성도들을 영웅적으로 구하거나, 행악자들을 그 자리에서 통쾌하게 벌하지도 않는가?

이것을 기대함은 할리우드의 람보 영화 때문인가?

때로는 하나님의 자녀들이 무참히 죽어 가는 현장에서 그들의 애절한 기도와 탄식 앞에서도 하나님은 침묵하신다. 그래서 세상의 창조주, 섭리자인 하나님이 때로는 세상사에 무관한 것처럼 보인다. 인간의 기대와 열망에 반해, 하나님이 세상에 일어나는 참혹한 고난과 절망의 현장에서 침묵한 것은 역사적으로 한두 번이 아니다.

로마 시대에 사자의 밥이 된 수많은 순교자의 외침과 절규, 나치에 의한 유대인의 아우슈비츠(Auschwitz)의 학살, 일제 시대에 신사참배를 거부한 우리나라 성도들이 겪는 고난들, 예수 믿음 때문에 정치 수용소에 갇혀 있는 북한의 신자들, 이들은 자신의 고난에서 구해 달라 기도했을 것이다. 그럼에도 하나님은 마치 계시지 않는 것처럼 침묵하셨고 지금도 침묵하신다. 고난 중의 욥의 탄식은 이런 상황을 잘 나타낸다.

> 그가 내 앞으로 지나시나 내가 보지 못하며, 그가 내 앞에서 움직이시나 내가 깨닫지 못하느니라(욥 9:11).

'지혜로운 마음과 강한 힘을 가지고 진노하여 산을 무너뜨리고 땅과 해를 명하는 측량할 수 없는 큰 일로 세상 만물을 다스리는 하나님'(욥 9:4-10)이 그 백성의 고난과 고통에 귀를 막고 계심은 우리로 하여금 하나님의 존재를 의심하게 하기도 한다. 욥이 하나님을 향한 절규와 항의가 이것이다.

왜 손수 창조하신 피조물을 하나님이 괴롭게 하시는가?

이는 신학적으로 창조의 목적과 의미에 대한 질문과 의구(疑懼)다. 선한 의도와 목적으로 창조하신 하나님의 과거의 행위, 그리고 그 백성에게 고통을 안겨 주시는 현재의 행위 사이에 괴리와 모순이 있다.

왜 하나님은 "주의 손으로 지으신 것을 학대하시며 멸시하시고 악인의

꾀에 빛을 비취시기를 선히 여기시나이까?"(욥 10:3)

그래서 욥은 죽음을 희구하며 차라리 하나님이 자기를 떠나 달라고 간구한다. 선하심을 기초로 한 창조 때와 현재 자신의 모습 사이의 너무나 달라진 간격과 그로 인한 절망감에 욥은 괴로워한다. 그리고 생명의 수여자로서의 창조주가 지금 자기의 삶을 위협하는 생명의 파괴자가 되심을 이해할 수 없어 답답해한다. 순전한 자나 악한 자나 멸망시키는 하나님은 그에게 이해할 수 없는 일이었다(욥 9:21-22).

이는 니체가 "신은 죽었다"라고까지 선언한 의미이기도 하다. 하지만 그는 동시에 '자신의 영혼 속에 들어온, 그리고 자기 삶을 꿰뚫고 지나가는' 하나님을 알고 섬기고 싶어했다.[42]

우리가 무신론자로 알고 있는 니체의 고백은 고난 가운데서 하나님을 온전히 알지 못하지만 섬기고자 하는 욥과 같은 심정이 아닌가!

> [4] 그는 마음이 지혜로우시고 힘이 강하시니 그를 거슬러 스스로 완악하게 행하고도 형통할 자가 누구이랴 [5] 그가 진노하심으로 산을 무너뜨리시며 옮기실지라도 산이 깨닫지 못하며 [6] 그가 땅을 그 자리에서 움직이시니 그 기둥들이 흔들리도다 [7] 그가 해를 명령하여 뜨지 못하게 하시며 별들을 가두시도다 [8] 그가 홀로 하늘을 펴시며 바다 물결을 밟으시며 [9] 북두성과 삼성과 묘성과 남방의 밀실을 만드셨으며 [10] 측량할 수 없는 큰 일을, 셀 수 없는 기이한 일을 행하시느니라 … [21] 나는 순전하다 마는 내가 나를 돌아보지 아니하고 내 생명을 천히 여기는구나 [22] 일이 다 일반이라 그러므로 나는 말하기를 하나님이 순전한 자나 악한 자나 멸망시키신다 하나니(욥 9:4-10, 21-22).

우리가 하나님 앞에 서는 것은 공의와 정의를 얻을 때만이 가능하다. 하나님은 거룩하신 분이기 때문이다.

그러나 이것만이 하나님의 성품은 아니다. 욥은 구원 얻는 길을 아는 자다. 자신의 의로운 행위에도 불구하고 자신은 죄인으로 하나님 앞에 의로울 수 없는 자신을 안다. 그래서 그는 하나님을 믿고 의지하며 자신이 거룩한 삶을 살기 위해 최선을 다한다. 그는 행위로 의를 찾기 때문에 자기의 행동으로 인해 하나님의 징계를 받는다고 생각한다.

> 내가 범죄하면 주께서 나를 죄인으로 인정하시고 내 죄악을 사유치 아니하시나이다(욥 10:14).

욥의 이런 생각은 하나님이 왜 독생자 예수를 이 땅에 보내야 하셨는지를 알지 못한 까닭이다.

## 6. 우리가 알아야 할 하나님의 성품

하나님은 아들 예수의 죽음에 대해 침묵하셨다. 그러나 아들의 절규에 대한 침묵, 성금요일의 '아니요'(No)는 삼 일 후 부활절의 '예'(Yes)로 응답됐다. 하나님은 아들 예수를 죽음에서 생명으로 부활시키셨다. 이 침묵은 인간의 죄를 대신한 아들 예수의 죽음을 통해 하나님의 의와 공의를 충족하기 위한 통과 의례였다. 이것이 바로 인간의 힘으로 이해하고 판단할 수 없는 하나님의 정의다.

하나님은 침묵하셨지만, 응답하셨다. 욥은 자신의 고난에 침묵하시는 하나님을 경험하며, 자신이 아는 하나님을 말하지만, 정작 그 주를 온전히 알지 못함을 보여 준다. 하나님에 대한 그의 잘못된 지식은 다음과 같다.

- 자신의 기도와 간구에도 불구하고 하나님이 자기 음성을 들었다고는 생각지 않는다(욥 9:16).
- 하나님이 욥 자신을 폭풍으로 꺾으신다(욥 9:17).[43]
- 하나님이 까닭 없이 그로 고난을 당하게 하여 상처를 주고 괴로움으

로 채우신다(욥 9:17-18).
- 하나님이 순전한 자나 악한 자를 멸망시키고, 심지어 의인의 고난을 비웃는다(욥 9:22-23).
- 주의 손으로 지으신 피조물을 학대하고 멸시하신다(욥 10:3, 8-9).
- 주의 눈이 육신의 눈처럼 보는 분인가(욥 10:4).
- 하나님은 인간의 죄악을 사유치 아니하실 것이다(욥 10:14).
- 하나님은 증인의 삶을 사는 자에게 갈마들여 치고 진노하신다(욥 10:17).

하나님은 치유와 용서하시는 분이지 멸망과 저주를 내리시는 분이 아니다. 죄인 된 인생에게 죄 사함의 은혜를 주시기 위해 아들을 이 땅에 보내어 십자가에서 죽게 하시고 다시 살리셨다.

> 예수는 우리 범죄함을 위하여 내어 줌이 되고 또한 우리를 의롭다 하심을 위하여 살아나셨느니라(롬 4:25).

하나님은 이를 믿는 사실 하나만으로 우리에게 영원한 생명을 주셨고, 하나님의 진노를 면하게 하셨다.

그런 구원의 하나님이 우리의 기도에 귀을 막고, 우리에게 고난을 주어 비웃고 학대하고 멸시하시겠는가, 자신의 증인을 미워하시겠는가?

하나님은 우리의 죄 사함을 위해 십자가에서 물과 피를 쏟으신 분이다.

우리의 수고하고 무거운 짐을 대신 지신 분이다.

우리의 구하고 생각하는 것에 넘치는 복을 주신 분이 하나님이다.

욥이 놓치고 있는 것은 자기 백성을 향한 하나님의 마음 곧 그 성품이다. 하나님의 성품으로 창조된 인간이 죄로 인해 잊어버린 그 본성을 예수 그리스도로 인해 다시금 찾을 수 있도록 길을 여신 분이 하나님이다. 아담이 불순종으로 인해 잃어버린 에덴 동산을 믿는 자로 하여금 다시금 얻는 길을 예비하셨다. 욥은 인간이 구원을 얻어야 하는 존재라는 것뿐만 아니라 구원에 이르는 지식도 아는 자다.

> 인생이 어찌 하나님 앞에 의로우랴(욥 9:2).

욥은 하나님 앞에 의로운 존재가 아니라는 상한 심령의 소유자였다. 그리고 자신이 의로운 행위를 보일지라도 이는 온전하지 못함을 알았다.

> 가령 내가 의로울지라도 내 입이 나를 정죄하리니(욥 9:20).

하지만 욥은 자기 백성에게 생명을 주고 치유와 회복, 풍성함을 주기 위해 스스로 십자가를 지시는 하나님의 진정한 성품을 아직 알지 못했다. 그런 연유로 자신에게 닥친 고난과 고통을 그리도 괴로워 하며 하나님을 원망한다. 하지만 하나님은 욥이 고난을 통해 이런 하나님의 성품을 깨닫고 온전한 믿음을 회복하길 원하셨다.

하나님은 어떤 상황에서도 자기 백성을 사랑하시는 신실하신 하나님의 마음과 뜻을 우리가 알고 믿으며, 삶에서 이를 놓치지 않기를 원하신다. 만약 우리가 이런 하나님의 성품을 알지 못하고, 자신의 경험과 습관, 유전으로 인한 하나님의 지식으로 가득하다면, 하나님은 욥에게 그러하듯 우리에게도 사탄의 시험을 용납하실 것이다.

주기도문에서 주님이 가르쳐 주신 것처럼 '다만 시험에 들지 않고 악에서 구함' 받는 길은 기도하며 이런 하나님의 성품을 붙드는 것밖에 없다.

# 제11장

# 나와 변론할 자가 누구이랴?

눈과 귀로 경험한 하나님(욥 12-13장)

## 1. 역설과 모순, 부조리로 가득찬 현실 세계

재앙을 당한 욥, 그리고 조문과 위로차 방문한 세 친구와의 공박에는 다양한 신학적 주제가 담겨 있다. 친구들의 한결 같은 생각은 욥의 고난이 그의 죄에 원인이 있고, 하나님은 죄를 미워하시는 공의의 하나님이다. 철저한 도덕적 인과율과 하나님의 공의가 그들의 논리의 근거다.

죄 없이 망한 자가 누구인가(욥 4:7).

이것이 인간의 피할 수 없는 고난의 삶의 전제라고 그들은 본다. 반면 욥은 자신의 의로움을 내세우며 자신을 변호한다. 자신은 하나님 앞에 믿음과 순종으로 의인의 삶을 살려고 노력했지만, 하나님이 까닭 없이 재앙을 주셨다고 주장한다. 물론 그는 일체의 생명이 하나님의 손 안에 있음을 고백한다. 모든 짐승도, 공중의 새도, 땅도, 바다의 고기도 아는 사실임을 욥은 인정한다. 삼라만상도 다 알고 있듯, 하나님은 최고의 지혜와 권능을 가지신 분으로서, '생물의 혼과 인생의 영들이 다 그의 손에 있어'(욥 12:10) 일체의 생사화복이 다 하나님의 주권하에 있다.

친구들이 하나님의 고난 주심은 죄를 저지른 악인들만 해당된다고 본 반면, 욥은 하나님이 무죄한 자들도 무너뜨리고 있는 현실을 보지 못하느냐고 호소한다. 죄 없는 의인도 하나님에 의해 쓰러짐을 보라는 것이다. 의인조차 하릴없이 하나님의 권능의 손 아래 무너지고 쓰러진 모습을 욥 자신을 통해 조명한다.

이것이 이해할 수 없는 하나님의 감추어진 신비인가?

하나님의 지혜가 너무나 엉뚱한 방향으로 무질서하게 진행되는 역사의 부조리한 현실을 그는 하나님 앞에 탄원하며 그 이유를 알기 원한다.

자연계도 우주 만물의 창조주로서의 하나님에 대한 지혜를 아는 만큼 욥 자신도 하나님에 대한 지혜를 가지고 있다고 자신한다. 하지만 그는 하나님의 지혜와 권능과 모략과 명철이 때때로 역사와 세상 가운데 안정과 조화가 아닌 불안정과 파멸로 나타나는 모순과 부조리를 주고 있는 현실을 목도하고 이를 알기 위해 몸부림친다. 하나님이 통치하는 세계와 역사가 자신이 아는 것과는 정반대로 일어나고, 도덕적 인과율이 전혀 먹혀들지 않는 무질서와 파괴로 치닫는 이유가 무엇이냐는 것이다.

욥의 친구들이 주장한 것과는 달리, 악인들의 형통함은 어찌된 일인가?

또 자신의 재산을 약탈한 강도의 장막은 형통하고 하나님을 진노하게 하는 자들이 평안한 것은 웬 일이며(욥 12:6), 자기처럼 하나님을 경외하고 순전하게 살아도 부당한 고난을 당하는 경우가 많음은 왜 인가 하고 그는 되묻는다(욥 12:4-5).

전지전능하시고 선하신 하나님이 통치하시는 세상에 왜 역설과 모순과 부조리가 만연한가?

⁴ 하나님께 불러 아뢰어 들으심을 입은 내가 이웃에게 웃음거리가 되었으니 의롭고 온전한 자가 조롱거리가 되었구나 ⁵ 평안한 자의 마음은 재앙을 멸시하나 재앙이 실족하는 자를 기다리는구나 ⁶ 강도의 장막은 형통하고 하나님을 진노하게 하는 자는 평안하니 하나님이 그의 손에 후히 주심이니라(욥 12:4-6).

주님은 인간이 어떤 큰 불행을 당함은 그의 죄가 남보다 커서 생긴 것은 아니라고 말씀하셨다. 예수 당시 유대 총독 빌라도가 갈릴리 사람을 죽여 그 피를 제물에 섞은 일이 있었다. 또 실로암의 망대가 무너져 치여 죽은 자들이 생겨났다. 이에 대한 주님의 설명은 죽어서 제물이 된 자들이나, 치어 죽은 자들의 죽음이 특별히 그렇지 않는 자들보다 죄가 더 많기 때문이 아니라고 하셨다(눅 13:1-5).

우리는 욥의 친구들처럼 누군가 고통과 역경을 당하면 그가 죄 많아서 그 죗값을 받는 것이라고 말하는 경향이 있다. 그래서 "당해도 싸다" 혹은 "자업자득"이라고 말한다.⁴⁴ 그러나 인간은 모두 죄인이다. 그러니 인간은 궁극적으로 죄의 삯인 사망을 당하게 되어 있고, 하나님 앞에 회개하지 않으면 누구나 죽음을 맛보게 되어 있다.

또한, 욥의 주장처럼 인간이 순전하고 정직하고 하나님을 경외하고 악에서 떠난 자로 의인의 삶을 산다고 할지라도 하나님 앞에 의인일 수는 없다. 인간의 의는 더러운 옷과 같기 때문이다.

## 2. 처지와 입장의 차이

지혜의 독점자로 자처하며 지혜를 한 수 가르치려 선생의 행세를 하는 친구들, 그들은 마치 "율법에 있는 지식과 진리의 모본을 가진 자로서 어리석은 자의 교사요 어린 아이의 선생이라고 스스로 믿는"(롬 2:20) 자처럼 말하고 행한다.

그런 자들을 향해 욥은 반박한다. 자기도 한때 순전하고 정직하여 하나님을 경외하고 악에서 떠난 동방의 의인으로서 하나님과 친밀한 관계를 유지하는 지혜의 사람이었지만, 지금은 친구들에게 웃음거리와 조롱거리가 됐음을 탄식하며 고통을 당해 보지 않는 자가 남의 처지를 비웃고 있다고 말한다(욥 12:5).**45**

남이 당한 처지에 대해 공감과 위로보다는 심문과 정죄로 일관하는 그들의 태도는 넘어지려는 사람을 떠밀고, 물에 빠진 사람을 비웃듯 욥을 더욱 큰 고통의 나락(那落)으로 몰고 있는 셈이다.

고난을 이해함에 있어서 중요한 포인트가 있다. 자신과 남의 처지와 입장이 전혀 다르다는 사실을 아는 일이다. '처지를 바꾸어서 생각해 봄'(易地思之)은 상대를 이해하는 데 필요한 기본적인 전제 조건이다. 빛나는 논리와 기막힌 지혜로 무장된 친구들의 말이 욥에게 하나도 위로나 도움이 되지 않은 것은 바로 양자 간의 입장의 차이를 극복하지 못하기 때문이다.

친구들은 고통을 당하지 않아 여유로운 자, 평온한 자로 다가와 과거의 빛나는 지혜 전승으로 무장한 채, 제삼자의 관찰자 입장에 서서 아픈 자, 상심한 자, 고통받은 자인 욥을 정죄하고 멸시하며 훈계한다. 서로 다른 위치를 극복하지 못하기에 '여기 지금'(here and now) 고통 없는 자는 고통 당하는 사람을 죄인과 실패자로 정죄할 뿐이다.

친구들이 몰라 놓치는 점이 무엇일까?

하나님을 모르는 것인가, 선과 악, 정의와 불의에 대해서 무지한 것인가? 물론 그런 점도 있지만, 정작 중요한 것은 자신들의 주장과 이론들이 고통을 겪는 사람에게는 도무지 적용이 되지 않는 현실을 그들이 모르고 있다는 점이다. 이것이 이론과 실존적 현실의 간극이다.

자기들의 충고를 따르면 질병에서 고침받을 수 있고, 하나님과 다시금 화해할 수 있다고 친구들은 호언하지만 욥에게 더 큰 아픔만 안겨 줄 뿐이다. 그래서 그들은 '거짓말을 지어내는 자' 즉 무식을 거짓말로 때우는 자요, '쓸모 없는 의원' 곧 돌팔이 의사와 진배없다는 소리를 듣고, 또 진리가 아닌 불의를 말한다는 평가를 받는다("너희는 거짓말을 지어내는 자요 다 쓸모 없는 의원이니라"[욥 13:4]).

도덕적 인과율로 고난을 해석하는 것은 불의라는 것이다. 세상의 현실을 온전히 보지 못하는 허위요 위선이기 때문이다. 그래서 이들의 말은 '불의'(사악한 소리)요, '궤휼'⁴⁶(하나님을 위한다는 것을 빌미 삼아 던지는 알맹이도 없는 말)이다(욥 13:7). 그리고 그들의 격언은 '재 같은 속담'(한낱 쓸모 없는 잡담), 방어하는 것은 '토성'(흙벽에 써 놓은 낙서)(욥 13:12)에 불과하다는 말을 듣는다.

고통과 고난에서 면제되는 인간은 세상에 없다. 그들은 욥이 고통당하는 것이 그의 죄로 기인한다는 인과론과 죄인의 구원 대신 심판하는 하나님이란 신관에 갇혀 욥을 죄인으로 몰아 부칠 뿐, 그의 고통과 고난을 함께 아파하고 나누며 위로하지 않는다.

동일한 사건을 두고 보인 입장의 차이는 왜 생기는 것일까?

그들은 처음에 욥의 고난에 함께 가슴 아파하며 같이 울었던 자들이었다.

그럼에도 결국 서로 얼굴을 붉힐 정도로 상대를 격하하며 조롱하며 상호 자신의 주장을 굽히지 않는 태도와 모습으로 발전하는 것은 왜인가?

왜 입장의 차이가 폭력을 야기하는가?

바로 그들이 갖는 신관과 하나님에 대한 지식이 서로 다르기 때문이다. 신관과 죄관에 있어서의 차이는 결국 인간 관계를 금가게 하고 해친다. 그래서 사회가 건강하고 화목한 사회로 나아가기 위한 중요한 요소는 옳은 신관과 하나님을 아는 지식을 갖는 것에 있다. 상이한 신관과 하나님을 아는 지식으로 인해 생기는 세계관과 인생관의 차이는 화평을 깨고 반목과 증오를 일으킨다.

상대의 처지와 입장을 이해할 때 화목과 질서가 생긴다. 하지만 상대에 대한 진정한 이해는 하나님을 아는 동일한 지식과 믿음에 바탕을 둔다.

하나님에 대한 동일한 지식과 믿음이 아니면 그 이해는 피상적 이해에 불과하고 언제나 다시금 화목보다는 반목과 질시를 가져오는 법이다. 서로 다른 신관과 하나님에 대한 지식이 구성원의 사고와 행동을 지배하기 때문이다. 그래서 기독교와 이슬람교 간에는 진정한 화합이 있을 수 없고, 유대인과 무슬림 간의 평화는 잠정적일 수는 있지만, 영원할 수는 없다.

사무엘 헌팅톤(S. Huntington)의 책, 『문명의 충돌』(The Clash of Civilizations)이 말해 주는 것은 각 문명 간의 충돌의 이면(裏面)에는 신관의 상이로 인한 세계관과 인생관의 차이가 있음을 보여 주는 것이다.

지금 세계 평화와 화합을 위해 각기 상이한 종교가 하나로 통합되기 위한 에큐메니컬(교회일치주의) 운동이 일어나고 있다. WCC(World Council of Churches)가 대표적이다. 그렇지만 종교 통합 운동이 세상에 진정한 화합과 평화를 가져올 수 없다. 서로 다른 신관과 하나님에 대한 지식하에서의 화해와 친목은 헛된 제스처에 불과하다.

오직 하나님을 아는 온전한 지식과 믿음을 가질 때, 이를 통해 하나되는 성령의 역사가 이루어지고, 그러면 상대를 용납하고 용서하며 사랑을 더할 수 있는 성령의 열매가 나타나게 되는 법이다.

## 3. 눈과 귀로 경험한 하나님

나의 눈이 이것을 다 보았고 나의 귀가 이것을 듣고 깨달았느니라(욥 13:1).

욥은 자신이 눈으로 보고 귀로 들은 것을 다 깨달았다고 고백한다. 그가 보고 들은 것은 무엇인가?

곧 욥기 12:13-25에 나타난, 창조주 하나님이 세상을 섭리하며 행하신 하나님의 일과 역사다. 그런 하나님의 행하심을 눈으로 보고 귀로 듣는 삶의 경험을 통해 그는 하나님을 이해한다. 그는 하나님이 지혜와 권능과 모략과 명철의 하나님이며, 능력과 지혜, 속이는 자와 속은 자가 다 하나님께 속하며, 물과 같은 자연을 다스리며, 어두움에서 은밀한 것을 드러내며, 만국과 열국을 주관하는 분임을 안다(욥 12:13, 15-16).

이것은 창조주 하나님으로서 세상의 주관자, 섭리자로 보여 주신 그분의 절대적 속성이다. 그런데 욥은 자신이 '눈으로 보고 귀로 들어' 알고 경험한 하나님을 다음과 같이 기술한다(욥 12:14-25).

하나님은 헐고(tear down),
사람을 가두고(imprison),
모사와 제사장을 '벌거벗겨 끌고 가며'(walk barefoot),
재판장으로 '어리석은 자가 되게 하고'(make fool),
열왕의 맨 것을 '풀게 하고'(loosen),
권력자를 넘어뜨리며(overthrow),
충성자의 말을 없이하며(remove),
노인의 지식을 빼앗으며(take away),
방백을 멸시하며(contempt),
강한 자의 띠를 푸시며(loosen),
총명을 빼앗으며(deprive),
유리하게 하며(wander),
'캄캄한 데를 더듬게 하고'(grope in darkness),
'비틀거리게 한다'(make stagger).

욥이 다 보았고 들었다는 하나님의 일하심에 대한 표현에 긍정적이고 건설적이며 창조적인 것이 있는가?

없다! 전부 부정적, 파괴적인 것들 뿐이다. '파괴하다,' '어리석게 하다,' '가두다,' '빼앗다,' '멸시하다' 등등. 이런 표현들은 재앙과 고난을 나타내는 단어들이다. 따라서 욥이 보고 들은 것은 하나님으로부터 재앙과 고난을 받았다고 생각하는 세상 사람들의 경험과 전통에 대한 묘사일 뿐이다. 그가 생각하는 하나님을 아는 지식과 생각은 인간의 삶을 통해 형성된 습관화된 경험과 세계관에 바탕을 둔 것으로, 하나님이 항상 빼앗는 분이라는 것이다.

욥이 자기 아들들의 잔치 때마다 그들이 하나님께 혹시 범죄했을까 하여 아침에 번제를 드린 이유가 여기에 있었다. 그가 드린 번제는 아들들이 잔치를 베풀고 즐길 수 있는 그런 축복과 기쁨을 주신 하나님의 은혜와 사랑을 찬양하고 경배하기 위해 드린 번제가 아니었다. 그가 듣고 본 하나님은 이처럼 재앙과 고난만을 주는 분이었고 따라서 하나님께 드린 번제의 내면에는 이런 하나님에 대한 두려움이 숨겨져 있었던 셈이다.

> 입이 식물의 맛을 변별함같이 귀가 말을 분변하지 아니하느냐(욥 12:11).

욥은 세상 사람들의 말을 듣고 분별하는 능력을 가졌다고 생각한다. 마치 자기 입이 음식의 맛을 변별함과 같다는 것이다.

그러나 인간이 정말로 그럴 수 있을까?

우리는 육적인 것은 잘 분간할 수 있다. 오감을 가진 육적 존재이기 때문이다. 입으로 맛을 변별함은 육신적 일이다. 또 귀로 듣는 것이 육신적인 것일 때, 이는 누구나 분별할 수 있다. 하지만 문제는 눈에 보이지 않는 영적인 것을 듣고 보는 때다. 인간이 영적인 것을 온전히 분별할 수 있는가는 별개의 문제다.

마지막 때를 살아가는 우리는 바른 교훈보다는 허탄한 이야기에 귀를 더 기울이기 십상이고(딤후 4:3-4), 그래서 진리에서 돌이키는 삶을 산다. 그리고 인간은 설령 보고 들어도 알지 못하고 깨닫지 못한 존재다(사 6:9-10). 이것이 성경의 가르침이다.

³ 때가 이르리니 사람이 바른 교훈을 받지 아니하며 귀가 가려워서 자기의 사욕을 좇을 스승을 많이 두고 ⁴ 또 그 귀를 진리에서 돌이켜 허탄한 이야기를 좇으리라(딤후 4:3-4).

⁹ 여호와께서 이르시되 가서 이 백성에게 이르기를 너희가 듣기는 들어도 깨닫지 못할 것이요 보기는 보아도 알지 못하리라 하여 ¹⁰ 이 백성의 마음을 둔하게 하며 그들의 귀가 막히고 그들의 눈이 감기게 하라 염려하건대 그들이 눈으로 보고 귀로 듣고 마음으로 깨닫고 다시 돌아와 고침을 받을까 하노라 하시기로(사 6:9-10).

반면에 이사야는 여호와의 신, 성령은 눈에 보이는 대로 심판치 않고 귀에 들리는 대로 판단치 않는 분이라고 말한다(사 11:3). 반면 세상의 것은 위선과 거짓으로 가득차 있다.

그가 여호와를 경외함으로 즐거움을 삼을 것이며 그 눈에 보이는 대로 심판치 아니하며 귀에 들리는 대로 판단치 아니하며(사 11:3).

욥은 자신이 보고 듣는 모든 것을 분별할 수 있는 지혜가 있다고 생각하지만 이는 불가능하다. 그가 하나님을 믿고 섬기는 삶을 나름대로 '열심히' 살고 있다고 하나, 그 열심은 하나님의 성품이 아닌 자신의 기질과 성품의 열심으로 인함이다. 즉 자신의 육적 열심이다.

또한, 욥은 눈으로 보고 귀로 듣고 모든 것을 통달했다고 말하지만, 이 통달은 자신이 하나님의 뜻을 알았다고 착각하는 것에 불과하다. 이처럼 인간은, 욥의 고백들처럼, 자신의 삶을 통해 몸으로 경험하므로 갖게 된 습관화되고 고정화된 하나님의 지식만을 가지고 있다.

욥은 하나님이 생명과 복이 아닌 죽음과 저주를 주는 분으로만 안다. 천지와 만물을 창조하신 하나님의 성품과 그 뜻을 온전히 알지 못한 까닭이다. 이처럼 하나님의 어떠하심, 곧 그분의 성품과 인격을 알지 못하면, 성도된 우리가 이 땅에서 증거하고 누려야 하는 하나님 나라 역시 잘못된 인식과 견해를 갖게 되고, 그런 잘못된 지식과 인식 아래서는 지상 천국의 백성으로 하늘의 신령한 복을 누리며 그 주권자 하나님을 증거하는 온전히 삶을 살 수 없게 된다.

원래 세상의 피조물은 아담을 위해 창조된 것이었다. 하나님이 '심히 보기에 좋은' 에덴 동산을 만들고, '아름답고 먹기에 좋은 나무'를 아담에게 주고, 그로 하여금 임의로 먹게 하고, 그가 동산을 다스리고 지키게 하셨다(창 2장). 하나님이 최초에 에덴 동산의 인간에게 주신 것은 '보기에 아름답고 먹기에 좋은 나무'였다.

이처럼 하나님은 아름답고 좋은 것을 주시는 분이지 흉하고 나쁜 것을 주는 분이 아니며, 더욱이 까닭없이 빼앗는 분이 아니다. 즉 약을 주시지 병을 주시는 분이 아니다. 그럼에도 욥이 생각하는 하나님은 항상 헐고, 빼앗고, 넘어뜨리고, 비틀거리게 하는 분으로 비춰진다.

이런 잘못된 욥의 태도를 두고, 하나님이 폭풍 가운데 나타나셔서 욥에게 묻는 첫 질문이 무엇인가?

내가 땅의 기초를 놓을 때에 네가 어디 있었느냐(욥 38:4).

유한하고 무지한 인간의 경험으로 무한하고 전능한 하나님을 알 수 있느냐는 하나님의 반문이다.

## 4. 그리스도의 참된 지식이 아닌 것

인간은 자기 나름의 하나님을 아는 지식을 갖는다. 예수를 알지 못하는 이방인 역시 나름대로의 하나님을 아는 지식을 통해 자신이 만든 신을 경배한다. 세상 사람들은 자신의 이해, 지성을 바탕으로 그리스도에 대한 지식을 얻으려 한다. 욥 역시 여기에 속한다. 사람들은 믿음의 대상인 예수 그리스도에 대해 대체로 다음과 같은 잘못된 지식과 이해를 갖는다.

**첫째, 자신의 경험과 유전에 의한 그리스도의 지식이다.**
교회 내의 많은 사람이 때로는 삶을 통해 나름대로의 신앙 경험을 갖는다. 이런 경험을 바탕으로 타인의 신앙을 재단하려 한다. 하지만 그들이 가진 하나님과 인간에 대한 지식은 제한적이고 모순적일 때가 많다. 때로는 성경에도 없는 자신의 전통과 유전으로 내려오는 지식을 붙든다. 욥과 그의 친구들이 여기에 속한다.

> 그가 나를 죽이시리니 내가 희망이 없노라. 그러나 그의 앞에서 내 행위를 아뢰리라(욥 13:15).[47]

하나님이 자기를 죽인다고 생각하고 그래서 소망이 없지만 그래도 하나님 앞에 자신의 행위를 변호한다는 것이다. 그는 하나님이 죽이는 분으로 생각한다. 그의 기도를 보자(욥 13:20-28).

> [20] 오직 내게 이 두 가지 일을 행하지 마옵소서 그리하시면 내가 주의 얼굴을 피하여 숨지 아니하오리니 [21] 곧 주의 손을 내게 대지 마시오며 주의 위엄으로 나를 두렵게 하지 마실 것이니이다 [22] 그리하시고 주는 나를 부르소서 내가 대답하리이다 혹 내가 말씀하게 하옵시고 주는 내게 대답하옵소서 [23] 나의 죄악이 얼마나 많으니이까 나의 허물과 죄를 내게 알게 하옵소서 [24] 주께서 어찌하여 얼굴을 가리시고 나를 주의 원수로 여기시나이까 [25] 주께서 어찌하여 날리는 낙엽을 놀라게 하시며 마른 검불을 뒤쫓으시나이까 [26] 주께서 나를 대적하사 괴로운 일들을 기록하시며 내가 젊었을 때에 지은 죄를 내가 받게 하시오며 [27] 내 발을 차꼬에 채우시며 나의 모든

길을 살피사 내 발자취를 점검하시나이다 28 나는 썩은 물건의 낡아짐 같으며 좀 먹은 의복 같으니이다(욥 13:20-28).

욥은 기도를 통해 주의 손을 자신에게 대지 말며, 주의 위엄으로 자신을 두렵게 하지 말 것을 간구한다(욥 13:21). 자신의 모든 길을 살피고 자신의 일거수일투족을 기록하는 하나님은 심지어 자신이 어렸을 때에 지은 죄까지도 들추어서 벌주신 분이 아닌가 하고 생각한다("내가 젊었을 때에 지은 죄를 받게 하시오며"[욥 13:26]).

욥은 지금 하나님 앞에 의로운 삶을 산다고 자부하기 때문에 자신이 행여 알지 못한 불법과 죄가 많은가 하고 하나님께 묻는다. 그러면서 하나님이 고난을 주심은 혹시 젊은 시절에 자신도 알게 모르게 지은 죄 때문일까 염려하고 있음을 보여 준다. 이런 욥의 고민은 지금도 고난 중의 사람들에게도 동일하다. 바로 "내가 지은 죄 탓이야" 하고 말이다.

하지만 하나님은 회개한 자의 죄를 온전히 도말하시는 분이다. 욥도 그러한 사실을 안다.

내 허물을 주머니에 봉하시고 내 죄악을 싸매시나이다(욥 14:17).

그는 이런 성경적 지식에도 현실적 고난 가운데 자신의 믿음이 흔들리고 무너지고 있는 셈이다. 성경은 하나님이 우리의 죄를 사하시는 분임을 분명하게 말해 준다.

하나님은 우리의 죄를 눈과 같이 희게 그리고 양털같이 되게 하며(사 1:18), 주의 등 뒤에 던지고 보지 않으며(사 38:17), 우리의 죄를 도무지 기억치 않으며(사 43:25; 렘 31:34), (반면에 우리는 툭하면 상대의 죄를 끄집어내고 상기시킨다!) 우리의 죄를 안개처럼 구름처럼 사라지게 만들며(사 44:22), 게다가 모든 죄를 아예 덮으며(시 85:2), 깊은 바다에 수장시키며(미 7:19) 그래서 우리에게서 죄를 멀리 옮기시는 분이다(시 103:12).

너희 죄가 주홍 같을지라도 눈과 같이 희어질 것이요 진홍같이 붉을지라도 양털같이 되리니(사 1:18).

나의 모든 죄는 주의 등 뒤에 던지셨나이다(사 38:17).

나 곧 나는 나를 위하여 네 허물을 도말하는 자니 네 죄를 기억치 아니하리라(사 43:25).

내가 그들의 죄악을 사하고 다시는 그 죄를 기억지 아니하리라(렘 31:34).

내가 네 허물을 빽빽한 구름의 사라짐같이, 네 죄를 안개의 사라짐같이 도말하였으니(사 44:22).

주의 백성의 죄악을 사하시고 저희 모든 죄를 덮으셨나이다(시 85:2).

동이 서에서 먼 것같이 우리 죄과를 우리에게서 멀리 옮기셨으며(시 103:12).

다시 우리를 긍휼히 여기셔서 우리의 죄악을 발로 밟으시고 우리의 모든 죄를 깊은 바다에 던지시리이다(미 7:19).

그리스도도 많은 사람의 죄를 담당하시려고 단번에 드리신 바 되셨고(히 9:28).

**둘째, 소문에 의한 그리스도의 지식이다.**
힌두교인이었던 인도의 간디는 힌두 경전인 베다가 신의 영감된 말이라면 성경과 코란 역시 그러할 것이라 생각하고 성경을 읽었으며, 예수 그리스도의 산상수훈을 귀한 교훈으로 마음에 새긴 자였다. 하지만 그는 예수 그리스도의 죽음과 그 피로 세상 죄를 구속했다는 것을 믿지는 못했다. 그는 여기에 은유적으로(metaphonically) 어떤 진리가 있다고 믿을 뿐이었다.

> 나는 예수를 순교자, 희생제물의 현신 그리고 신적인 교사임을 받아들일 수 있으나, 인류 중 가장 완전한 인간으로는 받아들일 수는 없었다. 십자가상의 예수의 죽음은 세상에 위대한 모범이지만, 여기에는 내 심령이 받아들일 수 없는 어떤 비밀스럽고 기적적인 능력 같은 것이 있을 뿐이다. 그리스도인의 경건한 삶은 다른 믿음을 가진 자들의 삶이 주지 못했던 그런 것을 나에게 주지 않았다. 나는 다른 믿음의 삶에서도, 나의 듣는 바로는, 그리스쳔의 원리를 따른 동일한 개혁을 보아왔다. 희생의 관점에서 볼 때에 나에게는 힌두교인이 그리스도인을 훨씬 능가한 것으로 보인다. 나에게는 기독교가 완전한 종교 혹은 모든 종교 중 가장 탁월한 것으로 간주하기에는 불가하다.[48]

간디가 보듯이 인간의 진정한 명성은 그 내면에서 나온다. 그리스도에 대해서도 마찬가지다. 주에 대한 그리고 주 안에 있는 어떤 탁월함에 대한 알려진 명성이 있을 수 있다.

하지만 거기에 주님이 구원자의 모습으로 알려지지 않는다면, 이는 그리스도를 보는 것이 아니다. 많은 사람이 그리스도는 오셨고 다시 살아나셨고, 영광 받으셨음과 세상과 죄인의 구주임을 듣는다.

하지만 이를 아는 것이 확신이 없는 오직 소문에 의한다면 아직 부족하다. 물론 이 지식은 선택 받은 자 안에서의 구원의 한 방편일 수 있고, 구원 얻는 지식으로 이끌 수 있다. 솔로몬의 명성을 들었던 스바 여왕이나 주의 제자들의 경우와 같다. 그래서 주님은 강청하신다.

와 보라(요 1:46).

세상 사람들은 그리스도 없이도 잘 살 수 있기 때문에 빈 소문에도 만족한다. 오직 아픔과 괴로움을 갖는 병든 자들만이 주의 명성을 들을 때, 그들은 예수를 보러 나왔다.

> 건강한 자에게는 의원이 쓸데 없고 병든 자에게라야 쓸데 있느니라. 내가 의인을 부르러 온 것이 아니요 죄인을 부르러 왔노라(막 2:17).

**셋째, 주의 일(역사)에서 연유한 그리스도의 지식이다.**
예수 그리스도를 알지 못한 자들도 그들 눈앞에서 예수의 이름으로 기적이 일어나면, 놀라서 '이는 하나님의 일일거야'고 말한다. 무신론자가 아니라면 보통의 사람들은 만물이 주로 인하며, 주의 행사가 우리 인생을 위한 것임을 알고 고백한다. 예수 당시에 주의 역사를 보고 사람들은 말했다.

> 이이가 어떠한 사람이기에 바람과 바다도 순종하는가(마 8:27).

그러나 이 지식은 주님을 아는 것이 아니다. 주는 자신의 능력을 많이 베푼 고을들(고라신, 벳새다, 가버나움)을 책망하셨으니, 이는 그들이 예수 그리스도를 보기는 보았지만 참으로 보지 못했기 때문이다(마 11:20; 눅 10:13-15). 주님은 낯선 일시적 구원을 행하실 수 있으니, 구원과 사죄를 위한 모든 권세는 그리스도의 손 안에서 있기 때문이다. 하나님은 그 백성이 주에 대한 한가한 방관자나 영접자에 머무는 것에서 벗어나, 역사를 행하시는 주를 갖기를 소원한다.

**넷째, 성경 말씀에 대한 단순한 문자적 해석에 의한 주 예수를 아는 지식과 교리이다.**
세상 사람들이 그리스도를 아는 지식은 그리스도에 관한 설교, 영적 서적 읽기, 교리에 의한 경우도 있다. 그래서 그들은 지적으로 빛나는 불빛을 가질 수 있다. 하지만 그들의 이런 지식이 주 예수의 참된 성품과 인격을 알도록 보장하지는 않는다. 이는 그들의 마음이 육적인 까닭에 율법적 방식으로 그 관계를 이해하기 때문이다. 유대인은 성경 구절에는 박식하고, 하나님의 말을 들었고 하나님을 보았다고 자랑했다.

하지만 그리스도는 그들이 주의 음성을 듣지도, 그의 얼굴을 보지도 못했다고 하셨다(요 5:37). 복음 안에서의 지식의 형식만을 갖는 자가 바로 육적 그리스도인이다. 이런 지식은 육적 지식으로 문자와 상상의 산물이다.

> 육에 속한 사람은 하나님의 성령의 일들을 받지 아니하나니 저에게는 미련하게 보임이요 또 그것들을 알 수도 없나니 그러한 일은 영적으로 분별되기 때문이라(고전 2:14).

그래서 이 지식은 죽은 지식, 향이 없는 지식이며 또한 거짓된 지식이다. 마치 공상이 배부르게 하지 못하는 것과 같이 이 지식은 생명의 양식이 되지 않으며, 잘못된 허상을 세우고 자신을 기만할 수 있다. 이는 소경된 자에게 태양을, 미각이 없는 자에게 꿀을 기술하는 것과 같다. 그들은 "보기는 보아도 알지 못하리라"(사 6:9). 결국 이런 지식은 주에 대한 허상이요 공상일 뿐이며, 그리스도의 구원하는 지식을 막는 지식이다.

하나님에 대한 잘못된 지식은 두려움과 원망을 낳게 한다. 이런 두려움과 원망에는 하나님이 사람을 죽이는 분, 두려움을 주는 분이라는 전제가 있다. 그러나 강조하는 바이지만, 하나님은 생명을 주시는 분이지 빼앗는 분이 아니다.

하나님은 장래에 소망을 주시는 분이지 두려움과 파괴를 자기 백성에게 주시지 않는다. 하나님에 대한 잘못된 지식을 바탕으로 하나님께 소망을 둔다는 것은 참으로 이율배반적 믿음이요, 하나님에 대한 무지의 소치다. 자신을 죽여도 그런 하나님께 소망을 둔다는 것은 믿음이 아닌 맹신이다. 이런 믿음은 종말의 때에 택한 자를 미혹하게 하는 사탄의 역사로 인해 믿음에서 일탈할 수밖에 없다.

  욥이 가진 하나님의 지식뿐만 아니라 인간에 대한 지식도 제한적이다. 죄라는 단어는 보지만, 죄라는 실체는 보지 못하기 때문이다. 욥은 자신을 아무런 가치가 없는 존재라고 고백한다(욥 13:25, 28). 자신은 날리는 낙엽, 마른 검불과 같으며, 썩은 물건의 낡아짐과 좀 먹은 의복 같다고 말한다. 하지만 하나님은 자기 백성을 사랑하는 존재로 본다. 그래서 폭풍 가운데 나타나신 하나님은 욥을 낙엽이나 검불이라 칭하지 않고 "대장부"로 칭한다.

> 주께서 어찌하여 날리는 낙엽을 놀라게 하시며 마른 검불을 뒤쫓으시나이까(욥 13:25).

> 나는 썩은 물건의 낡아짐 같으며 좀 먹은 의복 같으니이다(욥 13:28).

  썩은 물건의 후패함, 좀먹은 의복은 인간 자신이 아닌 인간의 의를 나타내는 표현이다. 하나님이 우리를 먼저 사랑하셨기에 독생자를 보내 죄인된 인생에게 생명의 길을 열어 주셨다. 이처럼 욥이 보인 하나님을 아는 지식과 인식론은 제한적이며 또한 완전하지 않다.

  인간은 예수 그리스도를 믿었을지라도 하나님을 온전히 알 수 없다. 그래서 바울은 성도가 "지혜와 계시의 영을 주사 하나님을 알게" 해 주시도록 기도하라고 말한다(엡 1:17). 책으로 태양에 대해 읽거나, 계시를 통해 이를 아는 것과, 눈으로 아는 것은 서로 별개의 일인 것처럼, "우리가 그와 같은 형상으로 변화할"(고후 3:18) 때까지는 우리는 이 땅에서는 주를 온전히 알 수 없다. 이는 우리가 이 땅에 있고, 주가 하늘에 계시기 때문이다. 따라서 하나님을 아는 우리의 지식은 불완전하고 부분적일 수밖에 없다(고전 13:12).

따라서 우리의 그리스도에 대한 지식은 단순한 말씀뿐만 아니라 성령에 의해서만 깨달을 수 있다. 말씀은 그리스도를 드러내지만, 성령은 말씀의 해석자다. 하늘의 언어를 해석하는 성령은 깊은 것, 비밀들을 있는 그대로 우리에게 보이고, 그래서 이것들이 명료하게 된다(고전 2:9-10). 우리가 성령을 사모해야 하는 이유다.

> 우리가 이제는 거울로 보는 것과 같이 희미하나 그때는 얼굴과 얼굴을 대하여 볼 것이요, 이제는 내가 부분적으로 아나 그때는 주께서 나를 아신 것과 같이 내가 온전히 알리라(고전 13:12).

## 5. 그리스도를 보고 아는 것

믿음이 주 예수와 가까이 하는 것이라면, 그 동일한 믿음은 그의 인격을 먼저 보아야 한다. 인격과 가까이 함 곧 서로 교통하고 교제하는 것은 상대를 서로 알고 이해하며, 함께 공감하고, 함께 행하는 것에 있다. 진정한 부부는 서로 닮는 것처럼, 성도는 예수의 친교에서 주님의 인격을 닮아 간다. 이것이 그리스도를 보는 것이다.

그런데 성도는 예수 그리스도와 친교(가까이) 하기 전에 이해가 앞서야 한다. 죄인 된 인생은 하나님의 아들 예수를 보고 믿어야 구원을 얻는다("아들을 보고 믿는 자마다 영생을 얻을 것이라"[요 6:40]). 죄인이 의롭게 되는 길은 '예수 그리스도의 지식으로 말미암음'(by his knowledge)이다(사 53:11). 그리스도는 이 땅에서 우리에게서 부재(不在)하다.

하지만 믿음의 위대함은 부재한 것들을 현재(現在)하게 하고, 보지 못한 것을 보게 하기 때문이다(히 11:1). 아브라함은 예수를 보지 못했음에도 주님을 보고 기뻐했다("아브라함은 나의 때 볼 것을 즐거워하다가 보고 기뻐하였느니라"[요 8:56]).

무엇이 주님에 대한 지식과 보는 것인가?

주님을 보고 아는 것은 복음의 첫째 목표다. 그렇지 않다면, 우리의 믿음은 한낱 꿈이요, 우리의 성화와 변화와 소망과 욕구도, 마치 태양이 뜨지 않는 것처럼 한낱 죽음과 흑암의 일일 뿐이다.

어떻게 영혼이 주를 있는 그대로 보게 되는가?

그리스도를 본다는 것, 곧 그리스도에 대한 참된 구원 얻는 지식과 보는 것은 무엇인가?

이는 무엇보다 예수 그리스도의 인격의 영광을 보는 것에 있다. 지금 우리 눈에 보이지 않는 예수를 본다는 것은 주님이 지신 십자가를 본다는 뜻이다. 그리고 이런 십자가를 통한 구원의 은혜를 베풀고 이제 '하늘에 오르사 하나님 우편에 앉아 계시고 아버지의 모든 영광 가운데 계신' 주의 성품과 인격을 볼 때, 우리는 예수 그리스도를 보고 믿는 것이다.

## 6. 구원 얻는 지식의 증거들

우리가 참으로 구원 얻는 지식을 갖고 있는가는 예수가 함께 하는 것으로 증거를 삼을 수 있다. 주님이 자신을 우리에게 이처럼 계시하셨다면, 주는 이미 어두움으로부터 이 빛을 가져오셨고, 우리로 하여금 이를 깨닫도록 하셨다(고후 4:5-6). 따라서 구원 얻는 지식을 가진 자는 다음과 같은 증거를 삶 가운데서 보인다.[49]

**첫째**, 주의 무지로 인해 무덤에 갈까 탄식하는 경우("나는 다른 사람에 비하면 짐승이라. 내게는 사람의 총명이 있지 아니하니라"[잠 30:2]). 자신 안에 어두움이 없다면 그 안에 빛이 있다는 증거다. 설령 우리가 조금은 곤란함을 겪었을지라도, 그리스도에 대해 듣고 그를 의존하며, 그로부터 위로를 기다리면, 이제 우리는 괜찮아질 것이다.

**둘째**, 태양의 빛이 오르면 희미한 빛의 별들은 사라지듯, 세상의 모든 위로와 비극은 이제 아무것도 아니다. 이것이 우리가 그리스도를 보는 증거다(행 2장). 세상의 영광을 물로 가라앉히고, 사람은 현자처럼 이 모든 것을 그리스도의 발 아래 둔다(마 2장).

**셋째**, 구원 얻는 지식은 사람으로 하여금 자신의 눈으로 보아 매우 악함을 알게 한다(사 6:5). 자신의 뛰어남이 이사야의 입술처럼 부정하므로, 주가 그를 바라본다면 그는 지렁이에 불과함에 놀란다. 하지만 그 지렁이는 매우 영광스럽다.

> 사람이 무엇이기에 주께서 그를 생각하시며 인자가 무엇이기에 주께서 그를 돌보시나이까(시 8:4, 144:3; 욥 40:4, "나는 미천하오니 무엇이라 주께 대답하리이까 손으로 내 입을 가릴 뿐이로소이다").

**넷째**, 심령으로 하여금 확신으로써가 아니라 주께 매달림으로써 믿을 필요가 있게 한다. 위선자는 예수의 지식을 가지되, 이 지식이 심령을 뜨겁게 하지 못한다. 불과 같은 것은 반드시 뜨겁게 하고, 이에 놓여진 것 역시 뜨거워진다.

**다섯째**, 증거가 있으면 사람은 여기서 멈추지 않고 더욱더 주를 보게 된다. 사람이 주의 영광을 보는 것은 주의 사랑을 보고 주의 심중 곧 그 뜻의 비밀(고전 2:9; 엡 1:9)을 알고 난 이후다(요 1:49-50). 주의 변함 없는 임재와, 우리와 함께 한 그리고 우리를 향한 주의 걸음걸이들(행함)은 우리와 친밀하기 위함이니, 옛적부터 우리는 그리스도의 아시는 바 된 자다. 그래서 우리는 영광에서 영광으로 이른다(고후 3:18).

## 7. 하나님의 성품을 아는 길

사람들은 다음과 같이 반론한다.

아담이 죄를 범하자 하나님은 그를 에덴에서 쫓아내지 않았는가?

그렇다. 분명 하나님은 그를 쫓아내셨다. 그러나 그것은 오히려 축복의 길을 열어 주신 일이다. 하나님은 아담에게 '여자의 후손'을 약속하심으로 회복의 길을 주셨고, 그에게 저주를 내리신 것이 아니라 그 대신 뱀과 땅에 저주를 내리셨다.

아담이 에덴에서 쫓겨나 땅을 갈아야 살 수 있음은 죄인 된 인간이 일하지 않으면 더욱 타락의 길로 가기 때문이고, 저주받은 땅을 이기게 하려는 것이지 그를 저주하여 망하게 하려는 것이 아니다. 다만 인간이 죽음을 당하는 것은 자신의 죗값을 치루어야 할 대가일 뿐이다.

그러나 하나님은 우리를 위해 이 죗값을 치룰 길을 예비하셨다. 그 길은 예수 그리스도시다. 이처럼 하나님은 인간에게 생명과 치유와 안식을 주려 하신다. 그럼에도 우리는 세상에서 당한 고난과 고통을 두고 하나님 탓을 한다. 타락한 인간의 제한된 지혜로는 하나님을 온전히 알 수 없다.

그러기에 욥이 통달했다는 하나님의 지식은 자신의 경험과 조상의 유전에 따른 자신의 착각에 불과한 셈이다. 우리는 하나님이 부어 주신 성령의 능력으로만 하나님의 지식에 통달할 수 있고, 하나님의 일과 역사를 알 수 있다(고전 2:10-11).

> [10] 오직 하나님이 성령으로 이것을 우리에게 보이셨으니 성령은 모든 것 곧 하나님의 깊은 것이라도 통달하시느니라 [11] 사람의 사정을 사람의 속에 있는 영 외에는 누가 알리요 이와 같이 하나님의 사정도 하나님의 영 외에는 아무도 알지 못하느니라(고전 2:10-11).

바울이 말한 '하나님의 깊은 것'은 하나님의 영원한 진리인 그분의 성품과 인격을 뜻한다. 하나님이 인생에게 행하신 모든 일에는 하나님의 뜻과 목적이 있다. 따라서 우리가 해야 할 일은 하나님의 마음에 통달하는 일이다.

그러나 우리의 경험과 지혜로는 하나님의 뜻을 온전히 통달할 수 없다. 우리는 할 수 없지만, 하실 수 있는 분이 있다. 성령 하나님이다. 하지만 우리의 "육체의 소욕은 성령을 거스린다"(갈 5:17). 하나님의 뜻을 통달한 성령에 우리 육이 복종하지 않으면 우리 자신은 하나님의 뜻을 알 수 없고, 이룰 수 없다. 우리의 할 일은 내 육신을 조명해 보는 일이다.

성령을 소멸하고, 성령을 근심하게 하는 일은 우리 육의 성품에서 나온다(살전 5:19; 엡4:30). 우리의 성품을 하나님의 성품과 인격으로 변화시켜 가는 과정이 성화의 길이고, 이는 오직 성령의 역사로 가능하게 된다. 하나님이 자기 백성을 창세전에 부르심은 바로 하나님의 사랑 안에서 우리로 '거룩하고 흠이 없게' 하는 데 있다(엡 1:4).

이 성화의 길을 걷는 삶에서 우리는 인내의 과정을 거치게 된다. 우리의 성품이 하루 아침에 바뀌는 것이 아니기 때문이다. 내 육이 죽을 때 성령의 역사는 일어난다. 그 과정은 괴롭고 힘든 법이다. 만약 우리에게 시험이 임했다면, 이는 하나님에 대한 우리의 잘못된 지식과 성품을 변화시키기 위한 하나님의 뜻이 있다.

하나님은 모든 것을 "할 수 있는" 분이다. 하지만 모든 것을 "할 수 있다"는 하나님의 전능성은 그 능력 안에서만 무엇이 가능한지를 결정하신다는 뜻이다. 하나님은 구분과 원칙 없이 모든 것을 행하지 않고 그 성품과 인격 안에서 가능한 것만을 하신다. 즉 하나님은 주권적 능력과 힘으로 모든 것을 할 수 있지만, 항상 그분의 성품과 본성에 합치되는 범위 안에서 그것을 행하신다는 뜻이다.

따라서 모든 것을 "할 수 있는" 하나님은 그 성품과 인격에 반하는 것을 "할 수 없다." 생명을 주신 분이 죽음을, 안식을 주신 분이 고난을, 축복을 주신 분이 저주를 행하실 수는 없다.

　하나님을 믿는 우리는 때로 자신이 돌팔이가 아닌가 자문해 봐야 한다.

　하나님에 대한 어설픈 지식과 믿음으로 하나님을 원망하고 있지는 않은가?

　이웃을 어렵게 한 적은 없는가?

　깊은 고뇌와 실제적인 경험 없이 단지 이론만 가지고 하나님을 안다고 생각하며 이웃을 함부로 판단한 적은 없는가?

　세상의 일은 일도양단식의 흑백 논리로 판단할 수 없다. 중요한 것은 하나님을 아는 온전한 지식과 믿음을 가질 때, 우리는 하나님을 더욱 신실하게 믿고 섬기게 되며, 이웃을 사랑하고 용납하는 하나님 나라 백성의 삶을 살게 된다는 점이다.

*The True Understanding of the Kingdom of God according to The Book of Job*

## 제12장

# 주는 내 허물과 죄악을 봉하고 싸매나이다

구원 얻는 믿음과 소망(욥 14장)

### 1. 욥은 구원 얻은 자인가?

　삶에서 겪는 까닭 없는 고난, 욥은 이를 하나님이 주신 것이라 생각한다. 이는 욥의 생각과 판단이지만, 실상 사탄의 참소로 인한 것임을 욥기 1장과 2장을 읽었던 우리는 안다.
　하나님은 세상의 임금 사탄의 참소와 시험에 대해, 사랑하는 자 욥의 생명을 지키며 사탄과의 내기에서 자신의 명예를 욥의 결정에 거신다. 욥의 역경을 두고 세 친구는 한결같이 인과응보의 원리로 그가 당한 현실을 분석하고 나름의 해답을 제시한다.
　'네가 죄를 지은 당연한 결과이니, 하나님께 회개해라. 하나님이 회복시켜 주실 것이다. 그렇지 않으면 더 큰 화를 입을 게 뻔하다. 그리고 하나님이 너의 무엇을 고치실려는지 생각해 보거라.'
　그렇지만 욥은 친구들의 원인 분석과 그 제안을 반대한다. 자신의 고난은 인과응보로만 설명되지 않는바, 이는 자신이 하나님 앞에 의로운 삶을 살아가고 있기 때문이라는 확신 때문이다. 그럼에도 그는 친구들의 주장처럼 자신의 모든 길을 살피는 하나님이 자기 젊었을 때에 혹시나 자신이 알지 못하고 지은 죄 때문이 아닐까 두려워하기도 한다. 그래서 그는 이렇게 기도한다.

> 26 주께서 나를 대적하사 괴로운 일들을 기록하시며 내가 젊었을 때에 지은 죄를 내가 받게 하시오며, 27 내 발을 차꼬에 채우시며 나의 모든 길을 살피사 내 발자취를 점검하시나이다(욥 13:26-27).

세 친구의 주장과 권면을 거부한 욥은 자신의 결백성에 대해 확신하며 이제 하나님께 직접 고난의 동기를 따진다. 자신의 고통은 자신의 지은 죄와는 상관 없이 일어난 부조리와 부당한 것이라고 항변한다. 물론 그는 자신이 하나님 앞에 의롭게 살고 있음에도 인생 자체가 '날리는 낙엽과 마른 검불'에 불과하고 '썩은 물건의 후패함(낡아짐)과 좀먹은 의복'과 같은 존재이기에(욥 13:25, 28), 태생적으로 의로울 수 없는 연약한 피조물의 숙명을 안고 살아가는 존재임을 인정한다.

문제는 자신의 고난이 자신의 지은 죄와 전혀 비례하지 않는 '비대칭적'이라는 사실이다!

욥은 자신의 괴로운 심정을 계속해서 토로하면서, 친구들의 주장처럼 도덕적 인과율에 비추어 보아도 상대적으로 경건과 의로움의 삶을 살았던 자신이 세상 사람들보다 더 큰 고통을 당하는 이유를 용납할 수 없고, 그래서 그 마음에는 반발심이 더욱 커진다.

그렇다면 욥은 버림을 받은 자, 구원을 얻지 못한 자인가?

## 2. 구원 얻는 믿음

결론적으로 욥은 하나님의 사랑을 받은 구원 얻은 자다.
하나님의 은혜를 입은 자이기에 하나님은 사탄에게도 그를 칭찬하지 않는가?
그렇다면 그가 하나님의 구원의 은혜를 입을 수 있는 믿음의 근거는 무엇일까?
그의 고백을 통해 알 수 있다(욥 14:1-6).

> [1] 여인에게서 태어난 사람은 생애가 짧고 걱정이 가득하며 [2] 그는 꽃과 같이 자라나서 시들며 그림자같이 지나가며 머물지 아니하거늘 [3] 이와 같은 자를 주께서 눈여겨 보시나이까 나를 주 앞으로 이끌어서 재판하시나이까 [4] 누가 깨끗한 것을 더러운 것 가운데에서 낼 수 있으리이까 하나도 없나이다 [5] 그의 날을 정하셨고 그의 달 수도 주께 있으므로 그의 규례를 정하여 넘어가지 못하게 하셨사온즉 [6] 그에게서 눈을 돌이켜 그가 품꾼같이 그의 날을 마칠 때까지 그를 홀로 있게 하옵소서(욥 14:1-6).

**첫째, 그는 인생의 유한성을 알고 있다(욥 14:1-2).**

> 여인에게서 난 사람은 사는 날이 적고 괴로움이 가득하며, 그 발생함이 꽃과 같아서 쇠하여지고 그림자같이 신속하여서 머물지 아니하거늘(욥 14:1-2, 개역한글).

그는 인생의 선천적 연약성으로 인한 원죄성을 부인하지는 않는다. 그리고 죄로 인하여 불안정하고 허무한 삶을 살 수밖에 없는 인간의 본질을 드러내고 있는 욥, 그는 영원한 존재인 창조주 하나님에 대비하여 인간은 유한하고 미약한 존재로서 생명의 제한성을 갖음을 시인한다.

자신의 유한성을 아는 자만이 절대자 앞에 겸손할 수 있다. 겸손한 자만이 하나님 앞에 대적자가 되지 않는다. 성경은 인생이 구름 같고 그림자 같다고 말한다(대상 29:15; 시 90:4; 102:11; 109:23). 인생의 본질이 '허무한 존재'(vanity, 아벨)라는 것이다.

> 주 앞에서는 … 나그네와 우거한 자라. 세상에 있는 날이 그림자 같아서 머무름이 없나이다(대상 29:15)

> 저희는 잠간 자는 것 같으며 아침에 돋는 풀 같으니이다(시 90:4).

> 내 날이 기울어지는 그림자 같고 내가 풀의 쇠잔함 같으니이다(시 102:11).

> 나의 가는 것은 석양 그림자 같고 또 메뚜기같이 불려 가오며(시 109:23).

**둘째, 그는 인생의 생사화복의 주관자는 오직 하나님뿐임을 안다(욥 14:5).**

하나님은 '인생의 날을 정하고 그 달 수도 주께 있으며, 그 제한을 정하여 넘어가지 못하게 하신다.' 주님만이 사망과 음부의 열쇠를 가지신 분이요, 죽음 이후에 심판이 있다(히 9:27). 따라서 인간의 연약함과 유한성으로 말미암아 하찮은 존재로 살아가는 슬픈 인생에게 구할 것은 하나님의 구원밖에 없다.

인생의 무상함과 현세의 종말이 되는 죽음을 주관하는 주권자 하나님의 대비를 통해 욥은 신앙과 인생관을 피력한다. 이런 욥의 세계관은 자신의 처지와 신분을 깨닫고 하나님 앞에 겸손한 자, 마음이 상한 자로 서게 하며, 그로 하여금 하나님 앞에 나아가게 한다.

이런 자에게 하나님의 은혜는 임하지 않겠는가?

**셋째, 인간은 하나님 앞에 죄인에 불과하다는 것이다.**

누가 깨끗한 것을 더러운 것 가운데서 낼 수 있으리이까 하나도 없나이다 (욥 14:4).

죄인의 성품을 타고난 인간이 하나님 앞에서 의로울 수는 없다. 따라서 하나님의 은혜를 입지 않고는 '세상에 의인은 없나니 하나도 없다.' 율법의 행위로 하나님 앞에 의롭다 하심을 얻을 육체가 없기 때문이다(롬 3:10, 20). 인간이 죄인 됨을 알 때, 인간은 하나님 앞으로 나오게 된다. 이것이 구원에 이르는 회개다. 그러면 우리는 하나님이 아들 예수의 십자가를 통해 우리에게 주신 예수 그리스도의 의의 옷을 입을 수 있게 된다.

히브리어에서 회개를 나타내는 두 가지 단어가 있다. '나함'(החם)과 '슈브'(שוב)이다. '나함'(상응하는 헬라어는 '메타노에오'[μετανοέω]은 '죄로부터 돌아서는 것'(a turning from sin)을 뜻하며, '슈브'(상응하는 헬라어는 '에피스트레포'[ἐπιστρέφω])는 '하나님에게로 향하는 것'(a turning toward God)이다.[50] 즉, 회개는 죄인의 길에서부터 돌이켜 하나님의 백성으로 향하는 행위와 태도다. 이 둘의 행위는 분리될 수 없다.

죄인 됨을 알고 죄로부터 돌아서는 자만이 우상을 섬기지 않고 하나님을 향하게 된다. 죄인 됨을 아는 자는 상한 심령의 소유자가 되어 심판의 무서움을 알고 세상의 우상을 버리고 하나님 앞에 겸비한 자로서 경외하는 삶을 살려 한다. 인생의 참된 의미는 오직 하나님 안에서만 찾을 수 있다. 참된 의미를 찾는 길이 회개다.

죄인 된 인간은 이런 짧은 시간을 살다 가는 찰나적 삶을 살지만, 그마저도 기쁨과 행복을 누리기보다는 많은 괴로움으로 고난을 당하며 살아가는 것이 실상이다.

그런데 욥의 고민은 인간 생명의 유한함과 죄악성을 아신 하나님이 이런 인생을 심판하는 것이 무슨 의미가 있는가 하는 점이다. 그는 하나님 앞에 구원 얻을 만한 인생이 없다는 것을 밝히면서, 자신에게 내리신 하나님의 심판을 거두실 것을 간구한다. 이는 하나님의 은혜를 입지 못한 인간은 죄악 가운데 죽을 수밖에 없음을 말해 준다. 하나님이 아들 예수의 복음으로 구원의 은혜를 인간에게 베푸신 이유이기도 하다.

하나님을 알지 못하는 인간은 총명이 어둡고, 무지함과 강퍅한 마음으로 인해 하나님의 생명에서 떠난 자이고(엡 4:18), 그래서 죄와 허물로 죽은 자다(엡 2:1). 이런 인생을 위해 하나님은 사랑을 베풀어 우리가 복음을 들을 때에 예수 그리스도의 십자가의 은혜를 받아드리게 만드신다.

여기서 우리가 알아야 할 것은 하나님이 복음의 선포를 통해 우리로 하여금 즉시로 예수 그리스도를 영접하는 믿음을 갖도록 역사하는 것이 아니라는 점이다. 죄인이 예수를 영접함에는 물론 그리스도의 권능의 역사가 있고, 그래서 죄인은 자신의 비참한 처지에서 구원되고 해방된다.

인생으로 하여금 구원에 이루게 하는 그리스도의 권능의 첫째 역사는 바로 죄인 됨을 깨닫게 하는 일이다. 성령 강림의 일은 '세상으로 하여금 죄를 책망하고 확신하게 하는 일이다'(요 16:8-9). 그리스도는 그의 성령을 통해 택하신 자들의 실제적 해방을 시작하신다.

성령은 먼저 믿음에 대해 역사하는 것이 아니라, 그들로 하여금 '믿음이 없다는 것'(요 16:9)과, 죄 의식과 죄의 지배 아래 있다는 확신을 갖게 한다. 이후에 믿음이 붙드는 의를 확신하게 된다(요 16:10).

이것이 죄의 자각이다. 자각은 죄에 대한 양심의 통회와 겸비함이다. 자각은 구원 서정의 첫째로, 비효과적인 자각이 아닌, 효과적인 철저한 자각을 통해 깊은 슬픔과 겸비함 가운데 표현된다. 죄와 비참함의 의식이 없는 믿음은 있을 수 없다.

또한, 죄의 선행적인 경험과 자각이 없는 죄 의식도 있을 수 없다. 사람은 죄를 먼저 경험하지 아니하면 죄를 느낄 수 없는 법이다. 이처럼 예수 그리스도는 성령을 통해 영혼으로 하여금 자신이 죄인이며 사악한 존재임을 확신하게 하며, 주는 죄인이 범했던 특정한 죄들에 대해 자각의 증거를

먼저 보이신 후에 우리 인간은 다 죄 아래 있음을 알게 하신다.[51]

> [8] 그가 와서 죄에 대하여, 의에 대하여, 심판에 대하여 세상을 책망하시리라 [9] 죄에 대하여라 함은 그들이 나를 믿지 아니함이요 [10] 의에 대하여라 함은 내가 아버지께로 가니 너희가 다시 나를 보지 못함이요 [11] 심판에 대하여라 함은 이 세상 임금이 심판을 받았음이라(요 16:8-11).

하나님의 구원은 성령의 역사를 통해 죄인 됨을 깨닫고 통회하며 겸손한 자로 하나님 앞에 설 때에 성취된다. 이 모든 것은 하나님의 은혜에 달려 있는 것이지 인간 측에서의 율법적 행위로 인함이 아니다. 그래서 성도가 갖는 믿음과 확신은 그리스도를 붙들고 그 은혜에 바탕을 두어야 한다. 따라서 하나님의 구원의 서정은 은혜의 서정이라 말할 수 있다. 모패트는 이를 다음처럼 말한다.

> 그리스도 안에 계시된 하나님의 구원의 서정은 은혜의 서정이요, 믿음으로 말미암아 들어오는바, 믿음은 그 자체로 도덕적으로 긴요하다. 믿음은 다른 방식 곧 율법을 무용화(無用化)시킨다. 왜냐하면, 믿음은 율법에서 나오는 보충함으로 말미암아 조금씩 이루어지는 것이 아니기 때문이다. 이 서정이 그리스도인으로 하여금 사랑의 삶을 살도록 명하고 그래서 성도는 이 관계를 만들었던 하나님의 사랑하는 은혜에 응답하는 책임을 맡게 된다. 이 책무가 은혜의 방편에 빛을 비춘다. … 성령이 참된 믿음에 대한 실제적인 윤리적 보증을 낳고, 그래서 사랑의 이타적 삶을 낳게 된다. 왜냐하면, 그것이 그리스도 자신의 성품과 목적에 부합하기 때문이다. 그러는 동시에 믿음과 확신의 유일한 목적은 그리스도 혹은 은혜이다.[52]

## 3. 희망과 소망

나무는 희망이 있다. 이는 찍힐지라도 다시 움이 나서 연한 가지가 끊이지 아니하고, 뿌리의 그루터기는 나무를 다시 살리게 한다(욥 14:7-9). 그렇지만 하나님에 대한 믿음을 갖지 않는 자에게는 소망은 없다. 하나님의 품에 있지 아니하면 사람은 죽으면 기운이 끊어진즉 소멸되게 된다(욥 14:10).

이는 신학적으로 영혼의 소멸론을 말하는 것이 아니라, 죽음으로 인한 영생의 삶을 갖지 못함에 대한 표현이다. 인간은 살아 있을 동안에는 지혜롭고 강한 것처럼 보이지만, 죽으면 나무와는 달리 생명을 연장할 소망이 없다. 하나님 없이 사는 자의 인생 무상에 대한 묘사다.

> $^7$ 나무는 희망이 있나니 찍힐지라도 다시 움이 나서 연한 가지가 끊이지 아니하며 $^8$ 그 뿌리가 땅에서 늙고 줄기가 흙에서 죽을지라도 $^9$ 물 기운에 움이 돋고 가지가 뻗어서 새로 심은 것과 같거니와 $^{10}$ 장정이라도 죽으면 소멸되나니 인생이 숨을 거두면 그가 어디 있느냐(욥 14:7-10).

욥은 절망 중에서도 소망을 잃지 않는다. 막연하지만 소원을 가지고 하나님께 간구한다. 하나님의 진노가 쉴 때까지 자신을 음부에 감추고, 자신을 위하여 기한을 정하고, 자신을 기억해 달라고. 즉 자신을 음부에라도 숨겨 주고 하나님의 심판의 진노를 피하게 해 달라는 탄원이다. 인생은 한 번 죽으면 소멸되어 다시 일어날 수 없다.

> 장정이라도 죽으면 소멸되나니 인생이 숨을 거두면 그가 어디 있느냐 (욥 14:10).

그리고 그런 자는 다시 살 길이 없다.

> 사람이 죽으면 어찌 다시 살리이까(욥 14:14).

하나님 없는 자의 보편적인 인생을 두고 한 말이다. 하지만 욥은 기도한다.

> 주는 나를 음부에 감추시며 주의 진노가 쉴 때까지 나를 숨기시고 나를 위하여 기한을 정하시고 나를 기억하소서(욥 14:13).

'소멸된다'는 것과 '감추어진다' 혹은 '숨긴다'는 것은 큰 차이가 있다. 소멸됨은 완전히 없어지는 것, 그래서 무로 돌아가는 것이라면, 감추어짐과 숨김은 존재함을 근거로 한다. 무(無)가 아닌 유(有)다. 감추어진 것과 숨긴 것은 감춘 사람의 소유다. 따라서 자신을 음부에 감추고 숨기어 달라는 것은 자신이 죽은 후에도, 살아 있을 때와 같이 하나님께 속하기를 소원하는 뜻이다. 이는 하나님의 소유로 삼아 달라는 기도로, 욥의 영혼불멸에 대한 확신을 나타낸다. 영혼불멸에 대한 믿음이 부활에 대한 소망을 낳게 한다.

그렇다면 욥의 문제가 무엇인가?

욥은 희망과 소망을 혼동하고 있다는 점이다. 자신이 의로운 삶을 산다는 욥의 확신은 하나님 앞에 의인이 될 수 있다는 희망을 갖게 한다.

그러나 이는 잘못된 생각이다. 자신의 더 나아짐과 개선을 통해 하나님 앞에 거룩함과 흠 없는 자가 될 수 있다는 생각은 그의 희망 사항에 불과하다. 희망은 내가 할 수 있다는 가능성을 전제로 한다. 따라서 가능성을 갖지 못할 때, 우리는 절망하게 된다. 희망은 절망의 반대어다. 희망은 깨어지기 쉽다. 반면 소망은 깨어질 수 없다. 우리의 생각과 바람이 아니기 때문이다. 그것은 하나님이 주신 것이다.

소망은 세상적인 용어가 아니다. 소망은 성경적 용어다. 소망은 하나님의 일방적 약속을 담고 있기 때문이다.

우리가 소망으로 구원을 얻었으매(롬 8:24).

단순히 '우리가 소망으로 구원을 얻으리라'가 아니다. 아브라함이 열방의 아비로서 복의 근원된 삶을 살 수 있었음은 하나님의 약속으로 인해서였다. 그리고 그는 믿음과 오래 참음으로 말미암아 약속들을 기업으로 받았다. 그래서 하나님의 약속에 대한 소망은 그에게 '튼튼하고 견고한 영혼의 닻'(히 6:19)이 됐다.

하나님의 약속은 말씀으로 주어진 것이기에 소망은 말씀 위에 세워진다. 하나님의 말씀은 그분의 성품과 인격을 드러내므로, 믿음과 소망의 삶은 예수 그리스도 안에서 하나님의 성품과 인격을 닮아 가는 삶을 살아간다. 소망은 닻처럼 우리로 세상 가운데서 요동치지 않게 붙들어 매는 영혼의 견고한 지지대가 된다.

> 오직 믿음만이 영혼으로 하여금 이[주의 재림]를 보게 하리니, 모든 것들이 그렇지 않는 것처럼 보일지라도 이를 기대한다. 이것이 믿음과 소망의 차이다. 믿음은 약속 가운데 그리스도와 그의 모든 영광과 가까이하되 마치 있는(present) 것처럼 한다. 반면 소망은 앞으로 나아가며 또한 행위 그 자체를 붙들되 마치 없는(absent) 것처럼 한다. 믿음은 신실한 전령처럼 그 약속을 기뻐하며, 이 메시지가 사실임을 본다. 소망은 문 밖으로 달려 나가며, 믿음으로 문을 떠나고, 주만을 찾는다(히 11:1).[53]

인간은 깨끗한 것을 더러운 것 가운데서 낼 수 있는 존재가 아니기에, 하나님 앞에 의인이 될 수 있는 희망은 없다. 그러나 우리에게는 소망이 있다. "하나님 앞에 인생이 어찌 의로우랴"(욥 9:1)라고 하며 자신의 불의한 존재됨을 고백한 욥이 "내 허물을 주머니에 봉하시고 내 죄악을 싸매시나이다"(욥 14:17)라고 말할 수 있음은 전적으로 하나님의 약속에 대한 소망에 근거한다.

불의한 인생의 허물과 죄악을 봉하고 싸매는 분은 하나님이다. 그런 점에서 소망은 새로운 삶을 기대하게 한다. 영혼의 닻은 하나님의 약속의 말씀으로 우리 심령의 바다에 내려진 것이다. 우리의 영혼의 닻은 율법을 좇아 사는 것이 아니라, 오직 소망으로 생겨나는 삶을 붙든다. 영혼의 닻인 소망은 약속의 말씀을 우리 삶 속에 닻처럼 내려 요동치 않게 한다. 오직 소망만이 세상이 아닌 하나님만을 바라보게 한다.

### 4. 회개의 삶 곧 소망의 삶

인생의 하찮음과 죄악성을 알고 하나님 앞에 나오는 자는 회개의 삶을 산다. 그런 점에서 회개의 삶은 하나님의 약속의 말씀을 소망으로 기다린다. 예수 그리스도의 구원자 되심과 심판에 대한 기다림이다. 회개는 과거와는 단절된 새로움에 대한 소망이다.

소망은 단순히 가능성이 아니라 새로운 삶 가운데 사는 것이다. 믿음을 통해 갖게 되는 하나님 나라의 백성됨과 영생에 대한 확신, 또한 하나님과 함께 하는 삶이 소망의 삶이다. 이 소망은 종말론적으로 임하는 것이다. 세상 사람은 세상의 있는 것을 가능성으로 하여 자기의 힘과 능으로 살아가지만, 믿는 자는 믿음이 소망으로 자라게 된다. 따라서 믿는 자의 삶은 세상에서 가진 것에 희망을 두지 않고, 소망으로 날마다 새롭게 되어 간다.

성도의 생명은 믿음으로 싹트고 소망으로 자란다. 믿음으로 의롭다 하심을 얻은 우리는 하나님과 더불어 화평을 누릴 수 있다. 오직 믿음으로 은혜의 자리에 들어갈 수 있었기에 우리는 하나님의 영광을 바라고 즐거워 할 수 있게 된다. 그렇기 때문에 욥처럼 우리가 환난과 같은 고난을 당해도 즐거워 할 수 있음은 환난은 인내를, 인내는 연단을, 연단은 소망을 이루기 때문이다(롬 5:1-4).

소망은 우리를 부끄럽게 하지 않는다. 하나님의 사랑으로 우리는 구원을 얻었기 때문이다. 하나님의 약속을 받아들이는 것은 믿음이지만, 그 내용을 기다리는 것은 소망이다. 소망이 있기에 우리는 어떠한 환난과 고난을 이길 수 있다. 주님은 소망 때문에 십자가의 고난을 참으셨고 하나님 보좌 우편에 앉으셨다.

> 그 앞에 있는 즐거움을 위하여 십자가를 참으사 부끄러움을 개의치 아니하시더니(히 12:2).

## 5. 생명은 소망으로 자라는 것

욥의 고백은 자신의 고난에 대한 이유를 알고자 하는 몸부림이다. 자신은 하찮은 존재에 불과한데 자신이 무슨 잘못을 범했기에 하나님의 징계와 고난이 임하는가 하는 자기 비하를 보인다(욥 14:1-6). 그리고 죽으면 끝인 희망 없고 일과성에 불과한 가치 없는 인생에게 고난 대신 죽음을 얻는 것이 소원이라고 넋두리한다(7-12절).

또한, 욥은 죽으면 끝인 인생, 허물과 죄악을 봉하고 싸매어 죄를 살피지 말기를 탄원하며(욥 14:13-17), 자신은 현재의 고난을 견딜 수 없으니 죽을 지경이라고 절규한다(18-22절). 그의 소원은 "품꾼같이" 죽는 것이다(욥 14:6). 이것이 고난당한 욥의 모습이며 기도이기도 하다.

> [11] 물이 바다에서 줄어들고 강물이 잦아서 마름같이 [12] 사람이 누우면 다시 일어나지 못하고 하늘이 없어지기까지 눈을 뜨지 못하며 잠을 깨지 못하느니라 [13] 주는 나를 스올에 감추시며 주의 진노를 돌이키실 때까지 나를 숨기시고 나를 위하여 규례를 정하시고 나를 기억하옵소서 [14] 장정이라도 죽으면 어찌 다시 살리이까 나는 나의 모든 고난의 날 동안을 참으면서 풀려나기를 기다리겠나이다 [15] 주께서는 나를 부르시겠고 나는 대답하겠나이다.

주께서는 주의 손으로 지으신 것을 기다리시겠나이다 16 그러하온데 이제 주께서 나의 걸음을 세시오니 나의 죄를 감찰하지 아니하시나이까 17 주는 내 허물을 주머니에 봉하시고 내 죄악을 싸매시나이다 18 무너지는 산은 반드시 흩어지고 바위는 그 자리에서 옮겨가고 19 물은 돌을 닳게 하고 넘치는 물은 땅의 티끌을 씻어버리나이다. 이와 같이 주께서는 사람의 희망을 끊으시나이다 20 주께서 사람을 영원히 이기셔서 떠나게 하시며 그의 얼굴 빛을 변하게 하시고 쫓아보내시오니 21 그의 아들들이 존귀하게 되어도 그가 알지 못하며 그들이 비천하게 되어도 그가 깨닫지 못하나이다 22 다만 그의 살이 아프고 그의 영혼이 애곡할 뿐이니이다(욥 14:11-22).

욥이 고난 가운데 보인 자기 비하와 넋두리, 죽음에의 탄원과 절규는 소망을 붙든 것이 아니라 자신의 가능성에 대한 지나친 확신에 기인한다. 물론 구원 얻는 자는 죄의 자각과 함께 자신의 죄를 통회하며 그래서 교만한 자신을 낮추고 자기 비하에 이른 후에 그리스도의 권능의 역사로 인해 참된 믿음을 갖는다. 욥이 자기 비하를 보인 점에서는 어느 정도 진정한 믿음의 문턱에 와 있다.

하지만 하나님은 욥이 이 문턱을 넘기를 바라신 것이다. 문제는 욥이 성결한 하나님 앞에 충분히 자신의 힘으로 무죄한 삶을 살았다는 확신이다. 또한, 그의 말과 태도는 하나님의 성품과 인격을 오해하고, 하나님의 원하신 바를 알지 못한 데 이유가 있다. '물이 돌을 닳게 하고 땅의 티끌을 씻어버리는 것처럼' 하나님은 그 백성의 희망을 끊으시는 분이 아니다. 이처럼 그는 눈에 보이는 자연 현상을 통해 보이지 않는 하나님과 하나님 나라를 이해하려 한다.

욥은 분명 하나님에 대한 믿음과 경외함에 있어 뛰어난 자다. 그럼에도 사탄의 시험을 당할 수밖에 없음은 그의 믿음이 하나님의 사랑을 참으로 알고 신뢰함으로 마음과 뜻을 다하여 격발된 믿음이 아니라, 하나님의 심판과 공의에 대한 두려움, 예수 그리스도 자신(Himself)이 아닌 하나님 곧 그리스도가 주신 축복이 믿음의 기초가 됐다는 데에 있다.
욥의 하나님에 대한 큰 오해가 있다.

> 주께서는 사람의 희망을 끊으시나이다(욥 14:19).

하나님은 인생에게 소망을 주려 하는 분이지 소망을 막는 분이 아니지 않는가?
하나님은 인생에게 재앙이 아닌 평안과 소망을 주시는 분이다(렘 29:11). 인간이 품는 희망은 덧없는 것이지만, 하나님이 주신 소망은 실체가 있다. 하나님의 약속 위에 서 있기 때문이다. 욥의 실수는 하나님을 온전히 알지 못하고 자신의 경험과 지식으로 하나님을 판단하는 데 있다.
비록 하나님 앞에 의인이 아니라는 자신의 인간적 한계를 알았을지라도, 이 한계를 넘는 데 있어 자신의 힘과 노력으로 하나님 앞에 믿음과 의로움을 추구했음에 그의 잘못이 있다. 하나님은 소망을 주시는 분이다. 또한, 소망과 함께 생명을 주시는 분이지 주신 것을 취하신 분도 아니다. 어떤 상황에서도 인생에게 생명과 회복과 치유를 주시는 분이다.
그럼에도 자신이 당한 고난 앞에 "품군같이 그 날을 마치게 하소서"(욥 14:6)라고 말하는 것은 멋진 신앙고백처럼 들리지만 실상은 하나님을 잘 알지 못한 무지의 넉두리일 뿐이다.
사탄은 하나님 앞에 욥이 인간의 것, 세상의 것을 채우는 것으로 만족하는 존재라고 주장했다.

> 주께서 그와 그 집과 그 모든 소유물을 산울로 두리심이 아니니이까 주께서 그 손으로 하는 바를 복되게 하사 그 소유물로 땅에 널리게 하셨음이니이다(욥 1:10).

이것이 사탄의 욥에 대한 진단이다. 그러나 인간은 필요함을 다 가진다고 해서 만족하는 존재가 아니며, 또 채울 수도 없는 존재다. 인간이 세상의 필요한 것을 모두 채워도 만족할 수 없는 이유는 인간이 물질적 존재가 아니라 영적 존재이기 때문이다. 영적 존재이기에 행복과 평안은 우리의 힘과 능으로 얻어지는 것이 아니다.

욥은 세상의 물질이 자신의 힘과 능으로 얻는 것이 아님을 잘 안다. 그러기에 주신 분도 하나님이요, 취한 분도 여호와라는 고백을 한다. 대단한 믿음의 고백처럼 들리지만, 이는 하나님을 온전히 알지 못해 "무지한 말로 이치를 어둡게 하는 자"(욥 38:2)라는 하나님의 평가를 받게 된다.

주신 분은 하나님인 것은 사실이지만, 그것을 취한 자는 하나님이 아니다. 그에게서 취한 자는 따로 있다. 그런데 우리 역시 이를 알지 못하고 무조건 하나님이라고 예단한다. 욥의 소유와 건강, 자식들을 빼앗아 간 자는 우리가 기왕에 알다시피 사탄이다.

그리고 사탄의 반대편에 서신 분이 하나님이다. 하나님은 그런 사탄의 궤계에 맞서 욥의 생명을 지키신 분이다. 이런 영적 지식을 안다면 욥은 어떠한 상황과 처지에서도 하나님에 대한 믿음과 소망을 놓치지 않았을 것이다. 그가 비록 환난과 역경 가운데 거할지라도 하나님이 자신을 붙들고 있음을 안다면, 그는 자신을 비하하고 죽기를 원하고 자신의 처지를 절규하지 않고 오히려 하나님의 영광을 바라고 즐거워 할 수 있었을 것이다.

인간의 존재의 본질적 정체성은 하나님의 성품과 인격에서 분리되어서는 그 정체성이 온전히 확보될 수 없다. 인간은 존재론적으로 인식론적으로 유한한 존재, 죄인 된 존재일 뿐이다.

그러나 하나님만이 우리 존재에 영원성과 생명력의 의미를 부여한다. 오직 인간의 정체성은 하나님과의 관계성 속에만 존재한다. 우리와 관계하시는 하나님은 우리를 언제까지나 사랑하신다. 이것이 생명 얻은 자의 기쁨이요, 여기에 우리의 소망이 있다.

## 제13장

## 하나님이 나를 세워 과녁을 삼으시고

인생의 고난자에게 필요한 것(욥 15-17장)

### 1. 엘리바스의 두 번째 논증과 욥의 반론

인간이 세상을 살아가는 데 있어 한 가지 공통점이 있다. 누구나 각자의 문제가 있다는 점이다. 그 문제는 인생에서의 시련과 고난을 낳는다.

이런 인생의 삶을 고해(苦海)라고 하지 않는가?

바로 죄와 허물—그것이 원죄이든 아니면 자범죄이든간에—로 인한 어쩔 수 없는 인간의 한계다. 이는 하나님과의 교통이 단절되고 에덴 동산의 축복을 잃어버린 인간이 안고 있는 숙명이다.

하나님이 자신의 피조물인 인간을 이런 상태로 두어 구원하지 못함은 하나님의 능력이 부족해서가 아닌 바로 인간의 죄 때문이라고 성경은 선언한다(사 59:1-2). 그렇더라도 하나님은 이런 인간을 구원하기 원하신다.

¹ 여호와의 손이 짧아 구원치 못함도 아니요 귀가 둔하여 듣지 못하심도 아니라 ² 오직 너희 죄악이 너희와 너희 하나님 사이를 내었고 너희 죄가 그 얼굴을 가리워서 너희를 듣지 않으시게 함이니(사 59:1-2).

하나님과의 단절 그리고 인간의 고난은 인간의 원죄에 그 뿌리를 둔다. 선악과의 실과를 먹지 말라는 하나님 말씀에 대한 불순종의 죄로 말미암아 아담이 다스려야 하는 세상은 사탄의 장중에 넘어가 사탄은 세상 임금이 되어 있다. 그리고 인간은 결국 사탄를 아비로 둔 자가 되어(요 8:44), 공중의 권세 잡은 자를 따르며 사는 존재로 전락했다. 이런 사실로 인해 인간은 세상의 저주를 당하며 살고, 사탄의 권세를 따르며 살아간다.

여기에 인간의 비극이 있다. 인간은 자기의 운명을 자신의 힘과 능력으로 헤쳐 나갈 수 없는 존재로 전락한 것이다. 갑자기 자신에게 닥치는 세상의 불행과 역경, 이는 하나님만을 절대적으로 의지하고 바라보는 신앙인에게도 예외가 없다.

하나님이 칭찬했고, 범사를 하나님과 연결하여 생각하고 움직였던 욥도 이런 영적 사실을 알지 못하여, 왜 이런 시련이 자신에게 찾아 왔는지 도저히 납득이 가질 않는다. 그래서 욥의 탄식과 호소가 나온다.

> 내가 말하여도 내 근심이 풀리지 아니하나니 잠잠한들 어찌 평안하랴 (욥 16:6, 개역한글).

고통당하는 욥의 시선은 분명 하나님을 향하고 있다.

> 나의 친구는 나를 조롱하나 내 눈은 하나님을 향하여 눈물을 흘리니 (욥 16:20).

욥은 친구들이 자신을 알아주지 못하기에 하나님만을 바라고 있지만,

하나님으로 인해 슬픔과 원망의 눈물을 흘리고 있다. 그의 마음은 다분히 하나님에 대한 원망과 탄식이 깃들어 있다. 그는 하나님이 자신을 학대받게 하고 참혹한 상태로 만들어 죽음에 가까이 이르게까지 하셨다고 탄식한다. 욥기 12:13-25에서 이미 살펴본 대로, 욥은 하나님이 자신에게 원수와 대적처럼 파멸적이고 파괴적 행동을 보인다고 생각한다. 하지만 이런 표현은 세상 사람의 모습이지 하나님의 성품은 아니다.

그가 말한 하나님에 대하여 부정적이고 회의적인 또 다른 표현을 보자 (욥 16:7-16).

주님은

욥 자신을 곤고하게 하고(exhaust),

자기 무리를 패망하게 하고(laid waste),

자신을 시들게 하고(shrivel up),

자신에 대해 진노하고(anger), 찢고(tear), 적대시하며(hunt down),

이를 갈고(gnash), 꺾고(shatter), 부서뜨리고(shake to pieces),

'과녁을 삼으며'(set up as target),

경건치 않은 자에게 자기를 붙이고(hand over),

악인의 손에 던지고(toss),

꺾고(shatter),

목을 잡고(grasp),

부서뜨리고(shake),

쓸개를 '흘러나오게 하고'(split open),

꺾고 또 꺾는다(break).

세 친구는 처음에는 욥을 문안 와서 함께 통곡하며 옷을 찢고 일곱 주야를 한마디 말도 하지 않을 정도로(욥 2:11-13) 아픔을 함께 나누었지만, 욥의 고난의 원인을 두고 갑론을박이 시작되자 분위기가 바뀐다.

연장자인 엘리바스는 첫 논증에서 오랜 인생의 경험에 비추어 고난은 죄악의 결과라고 단정하며 하나님께 회개해야함을 강조했지만, 두 번째 연설부터는 욥의 정죄에서 더 나아가 그를 비꼬며 정죄한다(욥 15:32-35). 인생은 깨끗할 수 없는 존재임을 말한 그는 두 번째 논증에서도 이 사실을 힘주어 반복한다("사람이 무엇이관대 깨끗하겠느냐? 여인에게서 난 자가 무엇이관대 의롭겠느냐?"[욥 4:17; 15:14, 표준새번역]).
의인일 수 없는 인간이 죄 없다고 주장하지 말라고 강조한다.

> ³² 그의 날이 이르기 전에 그 일이 이루어질 것인즉 그의 가지가 푸르지 못하리니 ³³ 포도 열매가 익기 전에 떨어짐 같고 감람 꽃이 곧 떨어짐 같으리라 ³⁴ 경건하지 못한 무리는 자식을 낳지 못할 것이며 뇌물을 받는 자의 장막은 불탈 것이라 ³⁵ 그들은 재난을 잉태하고 죄악을 낳으며 그들의 뱃속에 속임을 준비하느니라(욥 15:32-35).

## 2. 너희는 다 다시 올지니라

욥과 친구들과의 논박은 욥의 고난과 하나님에 대한 논의에서 상호 인격적 공격으로 발전되고 있다. 서로 다른 하나님에 대한 지식과 신의 성품에 대한 오해가 가져온 논점의 전환이다. 엘리바스는 '욥이 혼자 지혜 있는 척한다'고 공격한다.

> 지혜로운 자가 어찌 헛된 지식으로 대답하겠느냐 어찌 동풍으로 그 복부에 채우겠느냐(욥 15:2, "지혜롭다는 사람이, 어찌하여 열을 올리며 궤변을 말하느냐?"[표준새번역]).

이는 욥이 친구들에게 '너희들만 아는 척하지 말라'고 힐난하는 것과 동일하다("너희만 참으로 사람이로구나 너희가 죽으면 지혜도 죽겠구나"[욥 12:2-3]). 논박의 중심은 상호 간에 언사가 교만하고 지혜 있다고 잘난 척하는 것에 대한 비방과 시비로 옮겨간다. 이제 친구들에게 있어 욥의 고난은 이차적 관심사가 되고, 욥의 말과 태도가 일차 관심사가 되어 버린다.

욥 또한 친구들이 자신의 아픔과 고난은 이해하려 하지 않고 무조건적으로 인과응보론만을 내세우며 자신들의 지혜가 옳다고 주장하는 점에서 진정한 친구가 아님을 비평한다. 이는 당초 병문안을 온 목적이 아닐 것이다.

심지어 엘리바스는 나이까지 들먹이며, 욥이 지혜 있는 척하는 것을 꾸짖는다("우리 중에는 머리가 흰 사람도 있고 연로한 사람도 있고 네 아버지보다 나이가 많은 사람도 있느니라"[욥 15:10]). 이런 현상은 우리에게도 다반사다. 우리는 논쟁이 격하게 되면 나이를 들먹거리며, '몇 살인데 함부로 말하냐?' 버럭 고함을 지르는 것과 같다.

토론의 논점은 '욥의 고난'이 아닌 '욥의 교만한 말'이 된다. '고난'에서 '교만한 말'로 주제가 바뀜은 주객의 전도다. 우리가 논쟁 시에 자신의 주장이 기각되면, 우리는 상대의 말투를 꼬투리 잡고, 사회적 지위나 위세를 내세워 자신의 논리와 주장을 강요하는 것과 너무나 흡사하다. 그러면서 엘리바스는 인과응보라는 장로 유전의 신학으로 욥의 죄인 됨을 확정한다. 인과율이 '정죄의 칼'로 사용된 셈이다. 이런 친구들의 태도와 언행이 욥에게 진정한 위로와 평안을 줄 수 없다. 이에 그는 친구들에게 말한다.

> 너희는 다 다시 올지니라 내가 너희 중에서 지혜자를 찾을 수 없느니라 (욥 17:10).

친구들이 내세우는 인과론은 현재의 삶의 고난이 죄의 결과라고 말한다. 하지만 인과론에 의하면, 지금 말할 수 없는 고난과 고통을 당하는 사람은 다 죄를 지었기 때문이라는 논리는 반대편 논리, 즉 오늘 호사스럽게 잘 사는 사람은 다 선을 쌓았기 때문이라는 논리를 정당화시킬 오류가 있다. 세상은 인간이 이해할 수 없는 일들로 가득 차 있다. 그러므로 섣부른 판단을 하지 않는 것이 성경적이다.

> 그런즉 우리가 다시는 서로 판단하지 말고 도리어 부딪힐 것이나 거칠 것으로 형제 앞에 두지 아니할 것을 주의하라(롬 14:13).

판단은 사람의 몫이 아니다. 판단은 오직 하나님이 하신다.
친구들이 하나님의 공의와 지혜를 변호한다는 명목으로 지혜자가 되어 욥을 판단하며 하나님의 대변자로 자처한다. 이것이 욥을 슬프게 하고 그는 이를 저항한다. 그들이 욥 자신의 고통은 아랑곳하지 않고 주제 넘는 책망과 훈계로 일관하며, 자신을 위로하기는커녕 공모자가 되어서 자기의 아픔과 슬픔을 가중시킨다고 욥은 생각한다. 이에 욥은 그들을 '번뇌하게 하는 안위자'("재난을 주는 위로자"[miserable comforters, 욥 16:2])라 부른다.[54]

이웃을 위로한다는 명목으로 내뱉는 말이 더 큰 고통을 가중시킬 때가 있다. 어설픈 지식과 쓸데없는 우월감으로 고통당하는 이웃을 심문하고 정죄할 때 그러하다. 차라리 겸손히 상대방의 아픔을 자신의 아픔으로 알고 따뜻하게 품어 주면 좋을 것이다. 그래서 성경은 다음과 같이 충고한다.

> 즐거워하는 자들로 함께 즐거워하고 우는 자들로 함께 울라(롬 12:15).

친구들의 태도에 욥은 내우외환, 사면초가에 빠진다. 극심한 고난도 감당하기 버거운데, 친구들의 정죄까지 감당해야 되기 때문이다. 이에 그는 그들에게서 해답을 찾지 않으며, 대신 두 가지를 소원한다.

## 3. 친히 나의 보주(保主)가 되소서

욥의 첫째 소원은 참된 중재자를 갖는 것이다. 극심한 고난 가운데 욥은 자신의 처지와 상황을 이해하고 하나님께 변증할 수 있는 중재자를 갈망한다. 이는 믿었던 친구들로부터 배신감을 느끼고, 한때 좋았던 그의 날이 이미 지나갔고, 미래에 펼칠 그의 계획, 마음의 소원도 다 끊어졌기 때문이다(욥 17:11).

욥은 하나님을 상대로 무죄 소송을 벌일 때 그가 부조리한 고통을 당하고 있다는 이 사실을 친구들이 양심껏 증언해 주기를 바랐으나, 그들은 그의 기대와는 달리 욥이 지은 죄에 응당한 벌을 받고 있다고 그를 절망의 코너로 내몬다. 이에 욥은 절규한다.

> 땅아 내 피를 가리우지 말라 나의 부르짖음으로 쉴 곳이 없게 되기를 원하노라(욥 16:18).

그리고 중재자를 애타게 찾는다(욥 16:19; 17:3).

> 지금 나의 증인이 하늘에 계시고 나의 중보자(사헤드, שָׂהֵד, advocate)가 높은 데 계시니라(욥 16:19).

> 청하건대 '나에게 담보물을 주소서'[청컨대 보증물을 주시고 친히 나의 보주가 되소서] 나의 손을 잡아 줄 자가 누구리이까(욥 17:3).

욥이 중보자 곧 변호인을 찾는 이유는 무엇일까?

인간에게서 한계를 보았기 때문이다. 자신의 고난을 함께 아파하고 울었던 친구들이 기대를 배반하여 자신을 책망하고 윽박지르는 모습에서 욥은 어떤 인간도 하나님 앞에 진정한 중보자가 될 수 없고, 자신의 참된 위로자가 될 수 없음을 절감한다. 친구들은 그에게 위로자가 아닌 오히려 그의 얼굴에 침을 뱉는 자들이 된다("하나님이 나로 백성의 이야기거리가 되게 하시니 그들이 내 얼굴에 침을 뱉는구나"[욥 17:6]).

이처럼 인간은 하나님 앞에 참된 중보자, 이웃을 위한 위로자가 될 수 없다. 이를 깨닫는 욥의 호소다.

> 사람과 하나님 사이에와 인자와 그 이웃 사이에 변백하시기를 원하노니
> (욥 16:21, 개역한글).

자신의 보증이 되실 분은 주님 한 분밖에 없다고 확신한다(욥 17:3). 자기를 부당하게 핍박하시는 원수 같은 하나님이지만, 동시에 자기를 변호해 주실 분이라는 사실을 고백한다. 욥에게 하나님은 원수이며 또한 자신의 무죄함을 옹호해 주는 벗으로 간주된다. 이처럼 욥의 호소는 하나님에 대한 혼동된 이해를 보여 준다.

중보자를 원하는 욥의 소원은 단지 그의 것만이 아니다. 모든 인간의 소원이기도 하다. 모든 인생이 이 땅을 살면서 나름대로 욥과 같은 고난과 고통의 길을 가기 때문이다. 욥처럼 고통받은 인생에게 하나님은 진정한 중보자를 주셨다. 하나님의 은혜로 보혜사되신 중보자 예수를 보내 주신 것이다. 하나님은 구원자 예수를 이 땅에 보내시고 우리의 중보자, 위로자, 협력자로 세우셨다. 진정한 중보자는 예수 그리스도밖에 없다.

우리가 범죄하면 우리의 대언자가 되어 주신 분은 예수다(요일 2:1). 하나님은 한 분이며 하나님과 사람 사이의 중보도 한 분으로, 사람이신 예수 그리스도다(딤전 2:5).

구약에서의 중보 사역자는 제사장과 선지자였다. 제사장은 하나님 앞에서 백성들을 대변하고(상향식), 선지자는 백성들 앞에서 하나님의 메시지를 대언한다(하향식). 이제 예수 그리스도는 새로운 약속의 중보자다(히 9:15).

이를 인하여 그는 새 언약의 중보니 이는 첫 언약 때에 범한 죄를 속하려고 죽으사 부르심을 입은 자로 하여금 영원한 기업의 약속을 얻게 하려 하심이니라(히 9:15).

그리고 하나님의 아들 예수는 하나님이 더 좋은 약속으로 세우신 더 좋은 언약의 중보다(히 8:6). 하나님은 그리스도를 통해 하나님과 인간을 새로운 관계로 회복시켜 주셨다. 중보자 예수는 십자가의 보혈로 우리를 하나님과 화목하게 하며, 하나님 보좌 우편에서 우리의 기도를 도와주시며, 하나님이 약속하신 복을 받도록 도와주는 길을 열어 주셨다.

그러나 이제 그가 더 아름다운 직분을 얻으셨으니 이는 더 좋은 약속으로 세우신 더 좋은 언약의 중보시라(히 8:6).

하나님은 아들 예수 그리스도를 우리의 더 좋은 언약, 새 언약(복음)을 이루어 주시는 중보자로 세우셨다. 예수는 하나님이 그분의 손을 우리에게 내밀도록 도와주신다. 하나님 손길이 우리에게 미치도록 중재하여, 하나님의 손과 우리의 손이 맞닿도록 해 주신다.

주 외에 '나로 더불어 손을 칠'(strike hands with me) 자가 누구리이까(욥 17:3, 개역한글).[55]

우리의 손을 잡고 손바닥을 함께 칠 자는 주님밖에 없다는 고백이다. 하나님이 전기를 만드는 '발전소'라면, 중보자 예수는 그 전력을 공급해 주는 '송전선'과 같다. 주님은 능력을 공급해 주시고, 사랑을 부어 주시며, 은혜를 넘치게 하신다. 중보자 예수는 우리의 대변인, 변호자, 위로자, 축복자시다. 우리의 상황과 사정을 변호하며, 심판으로부터 변론하며, 우리의 입장을 하나님께 호소해 주신다. 다윗은 낮고 천한 우리를 찾아와 돌보아 주는 중보자의 은총을 이렇게 찬양한다.

> 사람이 무엇이관대 주께서 저를 생각하시며, 인자가 무엇이관대 주께서 저를 권고하시니이까(시 8:4).

고난과 고통을 당한 자는 누군가의 도움을 원한다. 자신의 힘과 능으로 해결할 수 없기 때문이다. 욥의 상황은 왜 하나님이 인간에게 중보자를 허락하셨는가 하는 이유를 설명해 준다. 인간은 우리의 진정한 구원자, 위로자가 될 수 없다는 사실 때문이다. 욥의 친구들이 이를 대변해 준다.

욥이 자신의 처지를 공감하고 동참하고 구원해 줄 중보자로, 바로 자신을 곤경에 빠뜨리는 분으로 여긴 그 하나님을 찾고 있음은 역설적이다. 예수는 우리와 같은 처지와 상황을 당하신 분이다. 욥의 친구들과 달리 주님은 우리와 함께 고난을 받았기에 우리를 시험 가운데서 도우시는 것이다(히 2:17-18).

> 17 그러므로 그가 범사에 형제들과 같이 되심이 마땅하도다 이는 하나님의 일에 자비하고 충성된 대제사장이 되어 백성의 죄를 구속하려 하심이라 18 자기가 시험을 받아 고난을 당하셨은즉 시험 받은 자들을 능히 도우시느니라(히 2:17-18).

## 4. 내 소망이 음부로 내 집을 삼음

욥의 둘째 소원은 죽음과 부활이다. 모세를 통한 율법이 주어지기 전이지만 욥이 희미하게나마 부활 신앙을 가진 모습을 보여 준다. 자신을 위로해야 할 친구들이 위로는커녕, 그들이 욥의 숨겨진 잘못과 죄를 토설하고 하나님께 회개하라고 윽박지르는 것을 보면서, 그리고 자신의 말할 수 없는 고통을 겪으며 욥은 차라리 죽음을 희망한다.

욥에게 죽음은 절망스런 상황으로부터 빠져나올 수 있는 유일한 출구로서 인식된다. 창조와 출생은 이미 이루어졌기에 자신이 손을 쓸 여지가 없지만, 죽음은 아직 한 가닥 희망의 가능성으로 남아 있기 때문이리라.

욥은 음부(스올), 즉 사자(死者)가 내려가는 지하 세계를 한 가닥 희망으로 떠올리며, 자기의 소망이 음부로 자기 집을 삼는 데 있다고 말한다(욥 17:13). 세상의 삶으로는 소망을 찾을 수 없기 때문이다.

나의 소망이 어디 있으며 나의 소망을 누가 보겠느냐(욥 17:15).

욥은 하나님의 공격과 진노가 멎을 그때까지만 한시적으로 스올에 머물러 있기를 원한다. 욥은 스올에 숨어 있으면서 하나님이 정하신 시간에 자신을 기억하여 회복하실 그 날을 손꼽아 기다리겠다는 뜻이다. 일종의 부활 신앙이다.

환난 가운데 고난과 고통을 당하면, 연약한 육신을 입고 있는 인간은 차라리 죽기를 갈망한다. 그러나 죽음은 모든 것의 해결책이 아니다. 죽는다고 끝나는 것은 아니다. 죽음 다음에는 심판이 있기 때문이다. 따라서 죽음을 이겨야 한다. 오직 생명만이 우리가 살아갈 길이다. 죽음을 이기는 길을 하나님이 예비하셨다. 바로 예수 그리스도시다.

하나님은 우리에게 영생을 주기 위해 아들 예수를 주셨다. 연약한 육신을 입은 우리를 대신해 예수가 십자가에서 죽고 다시 사셨다. 우리를 대신한 예수의 십자가의 죽음을 통해 하나님은 예수를 믿는 우리에게 영생을 허락하셨다.

영생은 어떠한 상황에서도 죽지 않고 영원히 산다는 뜻이다. 그래서 영생은 죽음에서의 해방, 고난과 고통에서의 구원, 배고픔과 연약함에서의 탈출이다. 아프지 않고, 배고프지 않고, 슬프지 않으며, 염려하지 않아도 되고, 걱정이 없는 삶이 영생이다. 고난을 당한 인간은 죽기를 간구하지만, 하나님은 인생에게 예수를 믿는 사실 하나만으로 죽음에서 해방되고, 고통에서 면제되는 은혜를 허락하셨다. 하나님은 인생이 이런 영생의 축복을 누리길 원하신다.

하나님은 그리스도를 믿는 성도들이 주 예수의 재림 전까지 이 땅에서도 지상 천국인 교회를 통해 하나님 나라를 경험하면서, 삶에서 영생의 맛을 보기를 원하신다. 이것은 우리가 천년왕국 혹은 새 땅과 새 하늘이 주어진 때에 누릴 온전한 영생에는 비할 바가 되지 않겠지만, 이 땅에서도 이를 맛볼 수 있도록 환난 가운데 있는 우리에게 평강과 소망을 주심이요, 우리의 간구를 통해 세상과 사탄, 죄를 이기는 능력을 허락하심이며, 기도 가운데 하나님과 교통하고 교제하게 하심이다.

하나님은 욥기를 통해 욥의 당한 고난과 고통 가운데 그가 진정으로 원하는 것을 하나님의 아들 예수 그리스도의 십자가를 통해 성취하셨음을 보여 주신다. 믿는 자에게 중보자 그리고 부활을 통한 영생을 허락하신 것이다. 비록 가장 가까운 친구일지라도, 지혜 많은 자일지라도, 연장자일지라도, 인간은 우리 인생의 진정한 위로자와 대변자가 될 수 없다. 인간은 '번뇌하게 하는 안위자'일 뿐이다. 오직 예수 그리스도만이 우리의 참된 위로자, 중보자시다. 그리고 성령은 우리의 보혜사로 계신다.

욥이 그토록 원했던 것을 하나님은 아들 예수를 통해 이루시고, 우리의 믿음으로 말미암아 예수 그리스도의 성령을 주어 우리 심령에 내주하게 하시고, 생명과 풍성함의 축복을 우리가 누리고 간증하기를 원하신다. 하나님은 욥과 친구들의 논쟁을 통해 왜 인간은 중보자가 필요한지를 말해 주며, 고통받은 인간에게 영생의 기쁨을 주는 분이 하나님 자신임을 보여 주려 하신 것이다. 하나님은 생명을 주는 분이지 죽음과 고통을 주는 분이 아니다. 하나님이 우리의 진정한 평강과 기쁨과 감사가 되는 이유다.

# 제14장

# 하나님의 손이 나를 치셨구나

우리의 진정한 구속자 (욥 18-19장)

## 1. 빌닷의 두 번째 논증(18장)과 욥의 반론(19장)

욥은 모든 인간이 바라는 부귀영화를 지녔던 자였지만, 동시에 인생이 겪을 수 있는 가장 비참함과 가난함과 처절함을 맛보고 있다. 동방 사람의 땅인 '우스' 지방에 살던 사람으로 하나님의 칭찬을 받았던 욥, 그는 '동방 사람 중에 가장 큰 자'였다. 많은 자녀를 둔 그는 부유했으되 교만하지 않고, 많은 학식에도 불구하고 겸손한 자, 사람들의 존경을 받되 하나님을 경외한 자였다. 그런 그에게 고난과 고통이 오자 친구들은 그를 정죄한다.

빌닷은 두 번째 논증에서도 계속적으로 인과응보론을 내세우며, '하나님이 온전한 사람은 복 주시고 악한 사람은 벌주신다'는 논리를 전개한다. 그는 선대로부터의 지혜 학문을 고수하는 장로 유전을 따르는 자의 대표다. 그는 첫 번째 논증에서, 욥의 회복 가능성을 말했지만(욥 8:5-7), 이번에는 욥이 악인임을 기정사실화한다. 그러면서 악인을 반드시 심판하는 공의의 하나님으로 인해 욥은 악인이 필연적으로 당해야 할 응벌을 받을 수밖에 없다고 주장한다. 이런 명백한 사실을 욥이 "깨달으라"(욥 18:2)라고 다그치며 충고한다.

하나님 앞에 무죄임을 주장하는 욥에 대해 빌닷은 '입을 다물라'("너희가 어느 때에 가서 말의 끝을 맺겠느냐 깨달으라 그 후에야 우리가 말하리라"[욥 18:2])라고 호통치며, 자기의 권고를 받아들이지 않음은 빌닷 자신을 '짐승처럼 여기는 것'("어찌하여 우리를 짐승으로 여기며 부정하게 보느냐"[욥 18:3])으로 간주한다.

또한, 욥의 어떤 변명과 주장에도 욥의 고난은 인과응보임은 변할 수 없는 사실이라고 못 박는다("울분을 터뜨리며 자기 자신을 찢는 사람아 너 때문에 땅이 버림을 받겠느냐 바위가 그 자리에서 옮겨지겠느냐"[욥 18:4]) 이처럼 욥을 문안하기 위해 먼 길을 마다하지 않는 자들이 이제 고난당한 욥에게 적개심과 분노를 드러내고 저주를 내린다.

빌닷은 욥의 고난과 고통이 그의 악인 됨을 입증하는 것이니 욥이 스스로 하나님께 자신의 죄를 뉘우치고 행실을 바로 하라고 충고하며, 그러면 이런 회개를 통해 하나님은 그를 회복할 수 있다고 논증한다.

하지만 회개치 않으면, 욥이 파멸의 심판을 당할 것을 예단한다. 욥에게 '빛과 등불'은 꺼지고, 사냥에서 사용된 다양한 도구들—그물, 함정, 덫(창애), 올가미, 밧줄(묶을 줄)—에 걸린 짐승처럼 재앙을 당할 것이요, 유황의 심판을 당하며,[56] 심지어는 장막 곧 집에서 쫓겨나 '무서움의 왕'에게 사로잡힐 것이라고 단언한다(욥 18:5-21). '무서움의 왕'은 죽음의 세계인 지옥을 통치하는 왕, 곧 불교에서 말하는 염라대왕을 뜻한다.

> [5] 악인의 빛은 꺼지고 그의 불꽃은 빛나지 않을 것이요 [6] 그의 장막 안의 빛은 어두워지고 그 위의 등불은 꺼질 것이요 [7] 그의 활기찬 걸음이 피곤하여지고 그가 마련한 꾀에 스스로 빠질 것이니 [8] 이는 그의 발이 그물에 빠지고 올가미에 걸려들며 [9] 그의 발 뒤꿈치는 덫에 치이고 그의 몸은 올무에 얽힐 것이며 [10] 그를 잡을 덫이 땅에 숨겨져 있고 그를 빠뜨릴 함정

이 길목에 있으며 ¹¹ 무서운 것이 사방에서 그를 놀라게 하고 그 뒤를 쫓아갈 것이며 ¹² 그의 힘은 기근으로 말미암아 쇠하고 그 곁에는 재앙이 기다릴 것이며 ¹³ 질병이 그의 피부를 삼키리니 곧 사망의 장자가 그의 지체를 먹을 것이며 ¹⁴ 그가 의지하던 것들이 장막에서 뽑히며 그는 공포의 왕에게로 잡혀가고 ¹⁵ 그에게 속하지 않은 자가 그의 장막에 거하리니 유황이 그의 처소에 뿌려질 것이며 ¹⁶ 밑으로 그의 뿌리가 마르고 위로는 그의 가지가 시들 것이며 ¹⁷ 그를 기념함이 땅에서 사라지고 거리에서는 그의 이름이 전해지지 않을 것이며 ¹⁸ 그는 광명으로부터 흑암으로 쫓겨 들어가며 세상에서 쫓겨날 것이며 ¹⁹ 그는 그의 백성 가운데 후손도 없고 후예도 없을 것이며 그가 거하던 곳에는 남은 자가 한 사람도 없을 것이라 ²⁰ 그의 운명에 서쪽에서 오는 자와 동쪽에서 오는 자가 깜짝 놀라리라 ²¹ 참으로 불의한 자의 집이 이러하고 하나님을 알지 못하는 자의 처소도 이러하니라(욥 18:5-21, 빌닷의 두 번째 말).

심지어는 그냥 성한 몸으로 죽음의 왕 앞에 끌려가는 것이 아니라, "질병이 그의 피부를 삼키리니 곧 사망의 장자가 그 지체를 먹을 것이며"(욥 18:13), 그래서 결국 죽음의 세계로 향하게 되며, 아들 손자도 없을뿐더러 그의 이름과 흔적 등 그의 모든 것이 사람들의 기억 속에서 철저히 잊혀질 것이라고 선언한다. 한마디로 세상에서 가장 불행한 존재인 사회적으로 '잊혀진 사람'이 된다는 것이다.

## 2. 빛은 꺼지고 등불은 꺼질 것이요

'빛과 등불'은 하나님 앞에서 의인이 누리는 번영과 축복을 상징한다면, 기근과 재앙, 흑암과 유황은 악인의 받을 응보를 나타낸다. 이런 표현은 의와 불의, 축복과 재앙의 대조다. 재앙을 당하지 않는 자신들은 의인이고, 고난당하는 욥은 절대적으로 악인이라고 손가락질한다.

그러나 문제는 이 세상에 의인이 없다는 점이다. 하나님의 기준에 도달하는 인간이 없기 때문이다(롬 3:23). 그렇다면 세상의 모든 인간은 악인으로서 재앙과 고난 가운데 살다 가야 하는 것이고, 그런 점에서 남에게 손가락질할 수 있는 처지가 아니다.

인생은 고난을 위하여 났나니 불티가 위로 날음 같으니라(욥 5:7).

연장자 엘리바스의 이런 진단처럼, 인생은 세상에서 고난받기 위해 태어났기에 소망이 없다면 세상사 자체가 허무일 뿐이다. 하지만 하나님이 인생을 고난 주기 위해 창조하신 것은 아니다. 인간이 창조된 것은 고난을 위한 것이 아니라, 하나님께 영광을 돌리기 위함이다. 인간이 고난을 당한 삶을 사는 것은 창조의 목적이 아니다.

불티가 위로 날아가는 것은 자연 현상으로 맞는 말이지만 인간이 고난을 받은 것은 자연적 형상이 아니다. 여기에는 영적 비밀이 있다. 바로 인간의 죄 때문이다. 이런 인간의 고난을 해결하길 원하시는 분이 하나님 자신이다. 그래서 하나님은 죄인 된 인생을 의롭다고 선언하신다. 물론 예수 그리스도의 십자가를 붙드는 자들에게 내린 축복이다.

욥의 친구들은 무죄하다는 욥의 옹고집이 하나님의 창조 질서를 뒤집는 죄라고 화를 낸다. 그들은 '콩 심은 데 콩 나고, 팥 심은 데 팥 난다'는 자연 질서처럼, 공의의 하나님이 통치하는 세상에도 도덕적 질서가 그대로 적용된다고 생각한다.

그러나 영적 질서는 다르다. 하나님의 성품과 계획을 알지 못하면 우리는 자연 현상을 통해 하나님을 이해하려 한다. 또 세상을 살면서 얻게 되는 자신의 경험과 가치관, 세계관이 나름의 하나님 상을 만듦으로 하나님 나라를 오해한다. 우리가 성경을 보아야 할 이유가 여기에 있다.

자기 중심적 판단과 생각은 우상을 만든다. 그리고 우상은 사랑이 아닌 파괴와 증오를 낳는다. 욥과 그의 친구들은 자기 중심적 생각으로 인해 남을 설득할 수 없는 이론을 만든다. 그렇기 때문에 믿음은 모든 이론을 파하고 모든 생각을 사로잡아 그리스도에게 복종함에 있다(고후 10:5).

> 모든 이론을 파하며 하나님 아는 것을 대적하여 높아진 것을 다 파하고 모든 생각을 사로잡아 그리스도에게 복종하게 하니(고후 10:5).

또한, 욥과 친구들은 인간이 하나님 앞에 무슨 열심과 노력을 내어놓아야 하는 존재로 본다. 그러나 하나님이 원하시는 것은 우리가 하나님 앞에 무언가를 내어놓는 것에 있지 않다. 우리가 내어놓는 인간의 의는 더러운 옷과 같기 때문이다(사 64:6; 잠 16:2). 하나님은 우리가 하나님의 성품과 인격을 닮기를 원하신다. 보이지 않는 하나님 아버지를 아들 예수 그리스도가 이 땅에서 우리에게 보여 주셨다. 예수를 본 자는 하나님 아버지를 본 자다(요 14:8-10). 따라서 예수를 따름은 곧 하나님을 믿는 일이다.

> 무릇 우리는 다 부정한 자 같아서 우리의 의는 다 더러운 옷 같으며 우리는 다 잎사귀같이 시들므로 우리의 죄악이 바람같이 우리를 몰아가나이다 (사 64:6).

> 사람의 행위가 자기 보기에는 모두 깨끗하여도 여호와는 심령을 감찰하시느니라(잠 16:2).

> [8] 빌립이 가로되 주여 아버지를 우리에게 보여 주소서 그리하면 족하겠나이다 [9] 예수께서 가라사대 빌립아 내가 이렇게 오래 너희와 함께 있으되 네가 나를 알지 못하느냐 나를 본 자는 아버지를 보았거늘 어찌하여 아버지를 보이라 하느냐 [10] 나는 아버지 안에 있고 아버지는 내 안에 계신 것을 네가 믿지 아니하느냐 내가 너희에게 이르는 말이 스스로 하는 것이 아니라

아버지께서 내 안에 계셔 그의 일을 하시는 것이니라(요 14:8-10).

하나님의 아들 예수 그리스도는 신이며 동시에 인간, 곧 신인(神人)이다. 그렇다면 지금 성도는 예수 그리스도의 어느 면을 보아야 하는가?

바로 예수의 인성 곧 인간적 측면이다. 주는 우리에게 보이지 않는 하나님의 성품과 인격을 자신의 육신의 삶을 통해 보여 주셨고, 하나님 아버지의 뜻을 십자가상에서 드러내셨기 때문이다. 사복음서는 바로 이 이야기로 채워져 있다.

그럼에도 현재 한국교회는 예수의 인간적 측면보다는 신적 측면만을 주목하고 강조하면서 예수를 신격화를 넘어 우상화한다. 그러면 우리는 절대로 하나님의 성품과 인격을 온전히 알 수 없다. 예수 그리스도는 우리의 신앙의 대상이지만, 우리가 올려다 볼 수 없는 '절대적 타자'(absolute otherness)가 아닌, 우리의 믿음과 삶이 바라보고 따라야 할 주(auther)다.

그래서 히브리서 기자는 예수를 우리 믿음의 '주'(lord가 아닌 author, 곧 '앞선 지도자'[chief leader]라는 뜻)요 '온전하게 하시는 이'(perfecter 혹은 finisher의 뜻으로, 우리의 믿음을 완성하게 하신 분이라는 의미)라고 부른다(히 12:2).[57]

## 3. 너희는 나를 불쌍히 여기라

공의의 하나님이 통치하시는 세상, 인과응보가 정확히 작용되는 세상에서 악인은 영원히 추방되고, '무서움의 왕'에게 사로잡힐 수밖에 없다는 친구 빌닷의 말은 악인의 운명, 곧 장막에서의 축출과 하나님의 심판이 욥에게 임한다는 뜻이다. 친구들로부터 자신의 가슴을 후벼 파는 말을 들었던 욥은 그들의 말이 위로가 아니라 자기 마음을 번뇌하게 하고, 학대하고, 자긍한다고 주장한다(욥 19:3-5). 한마디로 '불 난 집에 부채질하는' 말투라는 반박이다.

욥이 악인인 까닭에 자기가 만든 그물에 걸리고, 창애에 치이고, 올무에 얽히며, 함정에 빠졌다는 것이 친구들의 일관된 주장이라면, 반면에 욥의 일관된 주장은 하나님이 그물로 자기를 에워싸고, 하나님이 자신의 원수가 되어 핍박한다고 말한다. 여기서도 그의 하나님에 대한 생각과 느낌의 표현은 여전히 욥기 12:13-25과 6:7-16의 말과 다름이 없다(욥 19:6, 8-12).

> 하나님은
> 그를 '억울하게 하시고'(overthrow, put me in the wrong, "궁지에 몰아넣고"[표준새번역]),
> 그물로 에워싸고(compass),
> '내 길을 막고'(fence up my way),
> '내 첩경에 어둠을 두고'(set darkness in my paths),
> 영광을 벗기고(strip off),
> 면류관을 취하며(take),
> 자신을 헐고(destroy),
> '자신에게 진노하고'(anger against me),
> '자신의 소망을 나무 뽑듯 뽑고'(uproot my hope),
> '원수같이 보시며'(count as enemy),
> 하나님의 군대가 '내 길을 막고'(build up against me),
> '장막을 두룬다'(camp around).

욥은 다음과 같이 하소연한다.

> 폭력이다! 하고 부르짖어도 듣는 이가 없다. 살려 달라!고 부르짖어도 귀를 기울이는 이가 없다(욥 19:7, 표준새번역).

욥은 자신이 악하기 때문에 악인의 운명을 자초한 것이 아니라, 모든 고난의 진앙이 하나님께 있다는 호소다. 또한, 이런 하나님의 핍박 이외에도 설상가상으로 인간들도 자신을 절망적인 상황으로 몰고 간다고 탄식한다. 자기 부인도 자신의 숨을 싫어할 정도이며("내 숨을 내 아내가 싫어하며 내 동포들도 혐의하는구나"[개역한글]),[58] 그의 가까운 자들도 그를 따돌리고 등을 돌리고, 심지어는 종들의 눈치까지 살펴야 하는 신세로 전락했음을 한탄한다.

하나님으로부터 고난을 당한 결과, 욥은 인간 관계에서도 철저히 고립되고 외면당하는 사회적 소외와 죽음을 경험한다.

내 피부와 살이 뼈에 붙었고 남은 것은 겨우 잇몸뿐이로구나(욥 19:20).

욥의 인간적 비참함에 대한 요약이다. 그는 친구들에게 호소한다. '하나님의 손이 자신을 치셨으니,' 제발 자신을 불쌍히 여기며, 하나님처럼 자신을 핍박하지 말아 달라 부탁한다(욥 19:21-22).

²¹ 나의 친구야 너희는 나를 불쌍히 여겨다오 나를 불쌍히 여겨다오 하나님의 손이 나를 치셨구나 ²² 너희가 어찌하여 하나님처럼 나를 박해하느냐 내 살로도 부족하냐(욥 19:21-22).

## 5. 나의 구속자가 살아 계시니

하나님뿐 아니라 믿고 의지하던 가족들, 친척들, 친구들, 심지어 나그네와 종들까지도 욥을 외면하는 상태에서 그가 이제 믿고 기대며 마음을 둘 자를 생각한다. 그는 절망의 상황에서 자신이 죽은 후에 보게 될 하나님을 소망한다. 그 인생이 완전히 밑바닥에 내동댕이쳐져 더 이상 내려갈 곳이 없는 한계 상황에 봉착했을 때, 구속자에 대한 소망을 떠올린다. 인간적으로 그리고 사회적으로 완전한 홀로 있음과 내버림 속에서 고독한 욥은 자신의 구속자를 소망한 것이다. 그의 고백을 보라.

> [25] 내가 알기에는 나의 구속자[고엘]가 살아 계시니 후일에 그가 땅 위에 서리라 [26] 나의 이 가죽, 이것이 썩은 후에 내가 육체 밖에서 하나님을 보리라 [27] 내가 친히 그를 보리니 내 눈으로 그를 보기를 외인처럼 하지 않을 것이라. '내 마음이 초급하구나'(=애간장이 녹는구나)(욥 19:25-27).

"폭력적이다!"라고 부르짖어도, "살려 달라!" 소리쳐도 하늘도 땅도 다 침묵하고, 하나님과 사람들의 핍박과 공격은 심해지는, 절망적인 상황 속에서 욥은 하나님이 구속자 되어 자기를 구원해 주실 것이라는 소망의 비전을 본다. 그 소망이 얼마나 강했던지 그는 애간장이 다 녹는다고 할 정도다. 살갗이 썩고 뼈가 으스러져도 하나님을 보고야 말겠다고 희망한다.

진퇴양난(進退兩難)의 상황 속에서, 도무지 출구가 보이지 않는 기막힌 처지 속에서, 그는 자기의 희망은 역시 하나님 한 분뿐임을 확인한다.

욥이 보기 원하는 '나의 구속자'가 누구인가?

'나의 구속자'(my redeemer, '고알리')라는 단어는 동사 '가알'(גאל)에서 파생된 말이다. 동사 '가알'과 명사형 '그울라'(גאלה)는 가정법적, 경제적 용어다. '가알'(redeem)은 어떤 사람이 빚을 지거나 이로 인해 종살이를 할 때, 가장 가까운 친족이 토지나 몸값을 대신 물어 주거나 건져 내어 해방시킨다는 뜻이다(레 25:47-9; 룻 2:20). '가알'은 자유와 생명을 잃어버릴 위기에 처한 사람을 가장 가까운 혈족이 도와주는 속량 제도다. 따라서 '나의 구속자'는 '나의 친족 구속자'의 의미를 가진다.

> [47] 너희 중에 우거하는 이방인은 부요하게 되고 그 곁에 사는 너희 동족은 빈한하게 됨으로 너희 중에 우거하는 그 이방인에게나 그 족속에게 몸이

팔렸으면 ⁴⁸ 팔린 후에 그를 속량할 수 있나니 그 형제 중 하나가 속하거나 ⁴⁹ 삼촌이나 사촌이 속하거나 그 근족 중 누구든지 속할 것이요 그가 부요하게 되면 스스로 속하되(레 25:47-49).

이처럼 하나님 자신이 이스라엘 백성의 가장 가까운 친족이 되어, 세상과 사탄의 종살이 중인 그 백성을 애굽의 종된 처지에서 건져 주었던 것이 역사 가운데 증거된 출애굽의 구속이다(출 6:6; 시 72:14; 사 41:14).

저희 생명을 압박과 강포에서 구속하리니 저희 피가 그 목전에서 귀하리로다(시 72:14).

지렁이 같은 너 야곱아 너희 이스라엘 사람들아 두려워 말라 나 여호와가 말하노니 내가 너를 도울 것이라 네 구속자는 이스라엘의 거룩한 자니라(사 41:14).

욥은 무죄한 가운데 인생의 가장 밑바닥으로 내려갔을 때, 눈을 들어 자기를 이 위기로부터 속량해 줄 구속자를 대망하는 것, 이것이 바로 구속 신앙이다. 불의와 소외, 절망 속에 그냥 내버려두지 않고 구속해 주실 하나님을 원하는 것, 그리고 육신이 죽더라도, 간장이 다 녹더라도 구속자 하나님을 반드시 보고야 말리라는 희망, 이것이 바로 구원 얻는 믿음이다.

욥은 세상에서 자신을 변호해 줄 자가 없음을 깨닫는다. 친구들과의 논쟁에서 그는 처음 법정에서 자신의 딱한 사정을 듣고 하나님과 자기 사이를 이어줄 중재자(unpire; 모키하, מוֹכִיחַ)가 없음을 한탄한다(욥 9:33). 그러나 친구들에게서 이런 기대는 철저히 부서진다.

그러자 욥은 부당하게 고통을 당하는 자신의 속사정을 증언해 줄 수 있는 증인(witness, 에드, עֵד)이자 보증인(保證人, advocate, 사헤드, שָׂהֵד)이 필요한데 바로 사람이 아닌 하나님밖에는 없다는 고백을 한다(욥 16:19-21; 17:3).

오직 하나님만이 자신의 무죄와 결백을 알기 때문이다. 이제 더 나아가 그는 자신을 이 불의한 죽음의 위기로부터 건져 내실 '나의 구속자'(고알리)는 오직 하나님 한 분이며 그가 후일에 이 땅 위에 오실 것을 고백한다(욥 19:25). 그리고 욥은 구속자가 자기를 도울 것이라는 대한 확신을 가지고 친구들을 반격한다.

> 우리 사이에 손을 얹을 판결자[=중재자]도 없구나(욥 9:33).

> 지금 나의 증인이 하늘에 계시고 나의 중보자가 높은 데 계시니라(욥 16:19).

> 사람과 하나님 사이에와 인자와 그 이웃 사이에 중재하시기를 원하노니(욥 16:21).

> 청컨대 보증물을 주시고 친히 나의 보주가 되옵소서 주 외에 나로 더불어 손을 칠 자가 누구리이까(욥 17:3, 개역한글).

> 내가 알기에는 '나의 구속자'가 살아 계시니 후일에 그가 땅 위에 서실 것이라(욥 19:25).

## 6. 하나님의 공의를 덮는 사랑

욥과 친구들 간의 격렬한 논쟁을 통해 성경은 우리에게 무엇을 말해 주려 하는가?

여기서 우리는 욥이 보인 믿음에 대한 모순과 이중성을 본다. 욥은 하나님이 자신을 무자비하게 공격하시는 원수라고 한탄하다가, 갑자기 자기를 이 위기에서 건져 내실 '고알리,' 즉 '나의 구속자'임을 고백한다.

어떻게 하나님이 참혹한 고통을 안겨 주시는 동시에 이 고통으로부터 구해 내실 구속주와 구원자가 되며, 자기 삶의 원수인 동시에 중재자, 증인, 구속자가 되고, 인정사정 보지 않고 심판하시는 하나님이 그의 결백을 입증하는 변호인이 되는가?

여기에 욥의 하나님 인식에 대한 이중성과 혼돈이 있다. 욥은 고통의 궁극적 기원이 하나님께 있음을 확신하고, 자신의 무죄를 밝히고 고통으로부터 구원하실 분도 하나님이라는 사실을 말한다. 따라서 이 역설과 모순에도 불구하고 단순히 욥이 고난을 통한 영적 갈등과 투쟁을 통해서 더 성숙한 믿음으로 나가고 있다고 말하는 것은 욥기의 본의를 놓치는 일이다.

하나님은 핍박자이되 동시에 구속자라는 욥의 고백은 성숙한 신앙을 말해 주는 것이 아니라, 오히려 하나님의 성품을 알지 못한, 그래서 그의 불완전한 믿음을 말해 주는 증표다.

하나님은 창조주 하나님의 단어가 말해 주듯, 생명을 주는 분이지 파괴자, 핍박자가 아니잖는가?

파괴와 핍박은 대적자 사탄이 하는 일이다. 사탄은 무저갱의 사자로, 그 이름은 아바돈, 아볼루온이라 불린다(계 9:11). 아바돈(욥 28:22)과 아볼루온은 멸망 혹은 파괴자라는 뜻이다.

> 그들에게 왕이 있으니 무저갱의 사자라 히브리어로는 그 이름이 아바돈이요 헬라어로는 그 이름이 아볼루온이더라(계 9:11).

이처럼 파괴자, 멸망자가 사탄임에도 불구하고 사람들은 하나님의 성품과 인격을 오해하여, 하나님이 자기 백성을 까닭 없이 죽인다고 원망한다. 이런 생각과 오해는 하나님 나라에 대한 소망을 놓치게 한다. 우리가 세상의 경험과 장로 유전의 가르침에 경도되면 진정한 하나님 나라를 알 수 없다. 성경은 하나님의 공의를 말한다.

스스로 속이지 말라. 하나님은 업신여김을 받지 아니하시나니 사람이 무엇으로 심든지 그대로 거두리라(갈 6:7).

이는 하나님의 공의에 대한 대원칙이다. 이것이 하나님의 법이다. 그러나 동시에 하나님은 '자비롭고 은혜롭고 노하기를 더디하며 인자와 진실이 많고, 악과 과실과 죄를 용서하시는 하나님'이다(출 34:6-7). 이것이 하나님의 사랑의 성품이다. 이런 성품은 법이 사람을 죽이는 데 쓰이지 못하도록 막는 하나님의 자기 계시와 인격적 본성이다. 그래서 "긍휼은 심판을 이기고 자랑한다"(약 2:13).

## 7. 친구들의 논쟁이 말해 주는 것들

친구들과 욥의 논증은 다음과 같은 사실을 말해 준다.

**첫째, 사랑으로 상대를 용납하는 것은 성령의 역사로만 가능하다는 사실이다.**

욥은 자신을 위로하기 위해 온 친구들에게서 참 위로와 사랑을 받기보다는 철저히 배신감과 거리감을 느끼고, 차라리 "다 다시 올지니라"(욥 17:10) 말한다. 욥과는 믿음과 가치관이 상이한 그들은 욥의 아픈 마음과 상황을 따뜻한 말과 위로로 격려하고 사랑하는 것이 아니라, 자기들의 생각과 가치관을 강제한다. 이는 상대를 배려하기보다는 자기 중심적 생각 때문이다.

인간은 자기애(self-love)로 인해 자기 중심적 사고와 태도를 보인다. 이것이 하나님을 떠난 죄인의 실상이다. 세상 사람들에게는 자신이 우주와 세상의 중심이 된다. 이는 믿는 자들에게도 보이는 현상이다. 우리는 자신이 옳다고 생각하는 바를 주장하고 자기의 잣대로 상대를 재려한다. 여기서 갈등은 생긴다. 이처럼 가치관과 인생관의 차이는 갈등을 낳는다. 이 차이는 바로 하나님에 대한 믿음의 유무와 차별에서 기인한다. 가치관과 인생관의 합일은 동일한 믿음의 바탕에서 가능하다.

진정한 화합은 같은 믿음을 가질 때다. 종교가 다르면 참된 화합과 일치는 불가하다. 진정한 사랑은 하나님의 사랑을 경험할 때만이 가능하다. 오직 예수 그리스도의 믿음으로 말미암아 갖게 되는 성령의 하나 되게 하는 역사만이 우리는 겸손하고 온유할 수 있으며, 오래 참음으로 사랑 가운데서 서로 용납할 수 있게 된다(엡 4:1-4).

전에는 자기 중심적이고 그래서 서로 간에 멀리 있던 인생이 이제 가까워질 수 있음은 그리스도 예수 안에서 그리스도의 피로 말미암음이다. 예수만이 화평이다. 그분만이 인간 간의 막힌 담을 헐 수 있다(엡 2:13-14).

> [13] 이제는 전에 멀리 있던 너희가 그리스도 예수 안에서 그리스도의 피로 가까워졌느니라 [14] 그는 우리의 화평이신지라 둘로 하나를 만드사 원수 된 것 곧 중간에 막힌 담을 자기 육체로 허시고(엡 2:13-14).

**둘째, 진정한 위로는 오직 하나님께 받은 위로로써 가능하다.**

욥의 친구들이 보여 준 문안은 진정한 위로가 되지 못했다. 욥의 고난은 그의 죄인 됨 때문이니 회개하라는 그들의 말에는 자신들은 무죄한 자며, 하나님 앞에 의인이라는 전제를 깔고 있는 말이다. 상대를 정죄하고 자신을 의인시 하는 자에게서 인간은 참된 위로를 얻을 수 없다.

동병상린(同病常鱗)이란 말이 있다. 같은 아픔을 가진 자가 상대의 아픔을 안다. 상대의 아픔을 함께 느끼지 못하는 자는 참된 위로자가 될 수 없다. 주 예수가 우리의 참된 위로가 되는 이유는 주가 "우리 연약함을 체휼하고 모든 일에 우리와 같이 시험을 받은"(히 4:15) 까닭이다.

고난으로 인해 아픔을 겪는 자가 하나님의 위로를 경험할 때 진정한 위로는 가능하다. 바울은 예수 그리스도의 복음을 전하는 과정에서 '힘에 지나도록 심한 고생을 받아 살 소망까지 끊어질' 정도였으나, 하나님의 위로를 경험함으로써 오히려 소망이 견고해지고, 나아가 모든 환난 중에 있는 자들을 '하나님께 받은 위로로써' 위로할 수 있었다고 말한다(고후 1:3-9).

아픔을 겪는 자의 말은 고난과 고통 가운데 있는 자들에게 참된 힘과 진정한 위로가 된다. 말의 성찬으로가 아니라 상대를 품고 이해하는 마음 때문이고, 하나님으로부터 받은 위로와 은혜로 구원받을 수 있다는 소망으로 인해 하나님의 위로와 사랑이 전달되기 때문이다.

환난에서 구원받는 경험은 자신을 의뢰하지 않고 죽은 자를 살리시는 하나님만을 의뢰하게 한다. 하나님의 위로를 아는 자는 절망에 빠진 자에게 소망과 위로를 주고, 생명과 구원의 길을 제시해 줄 수 있다.

**셋째, 인간의 아픔과 고난을 해결하기 위해 하나님이 아들 예수의 십자가를 예비하셨다는 점이다.**

인간의 죄는 오직 하나님에 의해서만이 치유된다. 사탄이 주는 환난으로 말미암아 말할 수 없는 고난을 경험한 욥은 친구들로부터 아무런 위로와 희망을 얻지 못하고 오직 죽음을 사모할 뿐이다. 인간의 위로는 진정한 치유를 가져올 수 없다. 욥의 고난은 인간의 비극적 실상을 말해 준다.

실존주의 철학자 하이데거의 용어로 말하자면, 인간은 세상에서 '내던져진 존재' 곧 피투성(彼投性, *Geworfenheit*)의 비극을 안고 산다. 세상에서 참된 위로와 기쁨을 얻지 못하고 철저히 잊혀지고 내버려진 존재, 고독과 소외된 인생을 사는 존재, 이것이 인간의 실상이다.

하나님의 백성인 욥에게 이런 비극이 왔다면, 하나님을 믿지 않는 자들의 삶은 말할 나위가 없다. 인간은 환난과 역경을 당하면 다시 살 수 있기를 희망한다. 불교가 극락왕생을 말하듯, 모든 종교는 나름대로의 죽음 이후의 삶을 말한다. 죽음 그 자체가 끝이 아님을 알기 때문이다. 이런 인간의 희망을 이루기 위해 하나님은 아들 예수를 이 땅에 보내시고 십자가에 달려 죽게 하고 다시 살게 하셨다.

욥기가 그 자신의 중재자, 자신의 증인, 자기의 구속자를 찾는 욥의 소원을 말하고 있음은 그가 단순히 부활 신앙을 가진 하나님의 신실한 백성임을 증명하기 위함만이 아니다. 욥과 같은 환난과 역경의 삶을 살아가는 인생은 생래적으로 자신을 구원해 줄 절대자를 찾을 수밖에 없다는 사실을 말하는 것이다. 하나님이 "사람에게 영원을 사모하는 마음을 주셨기"(전 3:11) 때문이다.

이런 인간의 실상과 본질을 아신 하나님은 우리에게 죄와 세상의 권세에서 해방되는 길을 열어 주셨다. 이것이 하나님의 사랑과 은혜, 긍휼과 자비의 표현인 예수의 십자가다. '수고하고 무거운 짐진 자들'에게 참다운 안식과 위로를 주기 위해 하나님은 아들 예수를 보내 그를 믿는 자에게 영생과 함께 이 땅에서도 풍성한 삶을 약속하셨다. 그리고 세상과 사탄이 주는 '환난이나 곤고나 핍박이나 기근이나 적신이나 위험이나 칼'에서 해방되는 길을 열어 주셨다(롬 8:35).

하나님이 그 무엇도 그 백성을 그리스도의 사랑에서 끊을 수 없게 행하신 일이 바로 골고다의 십자가 사건이 아닌가?

인생이 하나님을 믿어야 하는 까닭이 여기에 있다.

이를 알면 우리는 하나님을 믿고 사랑하고 경배하며 순종하지 않을 수 없으리라!

## 제15장

## 전능자가 누구기에 우리가 섬기랴

하나님의 공의와 은혜 사이에서(욥 20-21장)

### 1. 소발의 두 번째 논증(20장)과 욥의 반박(21장)

욥과 세 친구의 논쟁 첫 번째 라운드에서 세 친구는 한결같이 인과응보를 내세우며 욥의 범죄 가능성을 추궁한다. 그러나 욥의 계속되는 무죄 주장에 두 번째 바퀴에서 그들은 욥을 아예 악인으로 낙인을 찍는다.

첫 번째 논쟁에서 그들은 하나님께의 회개를 통한 욥의 회개 가능성을 논증의 끝에 덧붙이지만, 두 번째 논쟁에서는 욥의 악인 됨을 선언하고 회복의 가능성 조차도 언급하지 않는다. 그들은 불의를 심판하시는 하나님으로 인해 악인이 필연적 멸망을 맞게 되듯, 욥도 그런 운명을 갖게 될 것을 암시한다.

연장자 엘리바스가 인간은 절대로 의인일 수 없는 악인에 불과하다는 것을 논증하여 욥의 무죄 주장을 반론하며(욥 15장), 빌닷은 장막에서 축출된 악인의 운명과 하나님의 심판을 강조하고(욥 18장), 소발은 악인의 삶이 즐거움과 결실이 없는 삶이 될 것이라고 논리를 전개한다(욥 20장).

이제 심지어 소발은 욥이 가난한 이웃에게도 악행을 범하는 악인으로 단정한다. 비록 욥의 이름을 지칭하지는 않지만 이 모든 저주와 비난은 욥을 겨냥하고 있는 셈이다.

욥은 탐욕으로 가득차 아무리 가져도 도무지 만족을 모르며("마음에 평안을 알지 못하니"[욥 20:20]), 결정적으로 가난한 이웃을 부당하게 착취했기에("그가 가난한 자를 학대하고 버렸음이요 자기가 세우지 않는 집을 빼앗음이니라"[욥 20:19]) 지금의 고통을 응벌로서 받고 있다는 논리다. 욥이 당하고 있는 어려움은 결국 스스로 자초한 것으로 몰고 가는 논증은 하나님의 공의의 원칙인 인과응보에 근거를 둔다.

반면 욥은 세 친구 모두를 겨냥해서 논박한다. 그의 논증은 친구들의 이론적 접근과는 달리 현실적 경험과 사실에 바탕을 둔다. 인과응보의 논리가 세상에서 그대로 적용되지 않는 사례를 들며 친구들의 입장을 반증한다. 친구들은 악인은 반드시 패망한다고 하지만, 현실 세계에서는 반대로 악인이 장수와 번성과 부귀영화를 누리며 산다는 것이 욥의 생각이다.

욥은 이 세상이 신상필벌의 윤리적, 도덕적 법칙을 따라 움직이는 곳이 아니라, 자신과 같은 순전한 자도 고난을 당하는 모순과 부조리로 가득차 있고, 따라서 하나님의 공의에 대해 이의를 제기하고 반문한다. 악인의 처지를 두고 친구들과 욥의 상호 반대되는 견해는 다음과 같은 예들에서 찾아볼 수 있다.

그[악인] 장막 안의 빛은 어두워지고 그 위의 등불은 꺼질 것이요(욥 18:6) vs 악인의 등불이 꺼짐이 … 몇 번이나 있었느냐(욥 21:17-18).

그 힘은 기근을 인하여 쇠하고 그 곁에는 재앙이 기다릴 것이며(욥 18:12) vs 재앙이 그들에게 임함이 … 몇 번이나 있었느냐(욥 21:17-18).

그가 배를 불리려 할 때에 하나님이 맹렬한 진노를 내리시리니(욥 20:23)

vs 하나님이 진노하사 그들을 곤고하게 하심이 … 몇 번이나 있었느냐
(욥 21:17-18).

그는 광명 중에서 흑암으로 쫓겨 들어가며 세상에서 쫓겨 날 것이며
(욥 18:18) vs 그들이 바람 앞에 검불같이, 푹풍에 불려가는 겨같이 되는 일
이…몇 번이나 있었느냐(욥 21:18).[59] 후손이 앞에서 그들과 함께 굳게 서고
자손이 그들의 목전에서 그러하구나(욥 21:8).

악인의 이기는 자랑도 잠시요 '사곡한 자'(경건치 못한 자)의 즐거움도 잠
간이라(욥 20:5) vs 어찌하여 악인이 살고 수(壽)를 누리고 세력이 강하냐
(욥 21:7).

그 힘은 기근을 인하여 쇠하고 그 곁에는 재앙이 기다릴 것이며(욥 18:12)
vs 어떤 사람은 죽도록 기운이 충실하여 안전하며 평안하고(욥 21:23).

그의 날을 인하여 뒤에 오는 자가 앞선 자의 두려워하던 것같이 놀라리라
(욥 18:20, 개역한글)[60] vs 너희가 길 가는 사람에게 묻지 아니하였느냐 그들
의 증거를 알지 못하느냐(욥 21:29).

그는 강 곧 꿀과 엉긴 젖이 흐르는 강을 보지 못할 것이요(욥 20:17) vs 그
그릇에는 젖이 가득하며 그 골수는 윤택하고(욥 21:24).

그가 그 의뢰하던 장막에서 뽑혀서 무서움의 왕에게 잡혀가고(욥 18:14) vs
하나님의 매가 그 위에 임하지 아니하며(욥 21:9) … 악인의 거하던 장막이
어디 있느뇨 하는구나 … 그들의 증거를 알지 못하느냐(욥 21:28-29).

## 2. 인과응보와 부조리—논리와 현실 사이

정확한 진단과 실제적 체험도 없이 편견과 추측에 근거해 욥을 악인으로 단정하는 친구들의 논거는 욥의 현실적 경험과는 동떨어진 말이기에 아무리 그럴듯한 주장에도 불구하고 욥의 가슴에 와닿지 않고 전혀 그에게 위로가 되지 못한다.

욥의 눈에는 그들은 "쓸데 없는 의원"(돌팔이 의사, 욥 13:4)이며, "번뇌하게 하는 안위자"(재난을 주는 위로자, 욥 16:2)에 불과하고, 헛된 위로에 불과한 "거짓말"(욥 21:34)을 하는 자로 간주된다. 그러면서 욥은 자기 친구들에게 '추억하기만 하여도 답답하고 두려움이 자기를 사로잡는'("내가 기억하기만 하여도 불안하고 두려움이 내 몸을 잡는구나"[욥 21:6]) 자신의 경험을 듣고 그들이 손으로 입을 가리고 놀라라고 설파한다.

악인은 잘 살고 장수하며 번영을 누리며, 자손이 잘 번성하고, 집은 평안하여 두려움도 없고, 하나님의 징계도 없으며, 가축도 융성하고, 자녀들은 건강하며, 죽을 때는 고통 없이 경각간에 음부로 간다(욥 21:7-13). 그리고 그들은 하나님이 필요 없다고 말하고 자신의 힘과 능으로 복록을 누린다(14-16절).

이것이 욥이 보는 악인의 실상이다. 심지어 '하나님이 아비의 죄를 자식에게 갚으신다' 하지만(출 20:5), 욥은 악인과 선인, 이 둘이 매한가지로 죽음이 공평하다고 말하면서(욥 21:23-26), 하나님이 죄 지은 자를 보응해야 한다고 주장한다(욥 21:19-21).

악인은 죽을 병에 걸려 어둠의 왕에게 끌려가 먼지처럼 흔적도 없이 사라지게 된다는 빌닷의 주장에 반해, 실제는 악인이 죽을 때에도 좋은 임종을 맞지만, 오히려 선인은 죽도록 마음에 고통하고 복도 누리지 못하고 죽되, 악인과 동일하게 먼지 속에 눕고 구더기의 밥이 된다는 엄연한 현실을 강변한다. 그러면서 욥은 오직 죽음만이 악인이나 선인에게 유일하게 공평하다는 것이다.

⁷ 어찌하여 악인이 생존하고 장수하며 세력이 강하냐 ⁸ 그들의 후손이 앞에 서 그들과 함께 굳게 서고 자손이 그들의 목전에서 그러하구나 ⁹ 그들의 집이 평안하여 두려움이 없고 하나님의 매가 그들 위에 임하지 아니하며 ¹⁰ 그들의 수소는 새끼를 배고 그들의 암소는 낙태하는 일이 없이 새끼를 낳는구나 ¹¹ 그들은 아이들을 양 떼같이 내보내고 그들의 자녀들은 춤추는구나 ¹² 그들은 소고와 수금으로 노래하고 피리 불어 즐기며 ¹³ 그들의 날을 행복하게 지내다가 잠깐 사이에 스올에 내려가느니라 … ¹⁹ 하나님은 그의 죄악을 그의 자손들을 위하여 쌓아 두시며 그에게 갚으실 것을 알게 하시기를 원하노라 ²⁰ 자기의 멸망을 자기의 눈으로 보게 하며 전능자의 진노를 마시게 할 것이니라 ²¹ 그의 달 수가 다하면 자기 집에 대하여 무슨 관계가 있겠느냐 … ²³ 어떤 사람은 죽도록 기운이 충실하여 안전하며 평안하고 ²⁴ 그의 그릇에는 젖이 가득하며 그의 골수는 윤택하고 ²⁵ 어떤 사람은 마음에 고통을 품고 죽으므로 행복을 맛보지 못하는도다 ²⁶ 이 둘이 매 한 가지로 흙 속에 눕고 그들 위에 구더기가 덮이는구나(욥 21:7-13, 19-21, 23-26).

욥은 친구들의 위로가 헛되며, 거짓말이라고 공언한다("너희의 위로가 헛되지 아니하냐 너희의 대답은 거짓뿐이니라"[욥 21:34]). 여기서 '헛되다'(헤벨)는 '수증기' 혹은 '숨결'을 의미하며, 상징적으로 '허망하고 부질 없는 것'을 지칭한다. 특히 구약에서 '헤벨'('허망하고 부질 없음')은 거짓 신과 우상을 지칭할 때 사용된다(신 32:21; 시 31:6). 즉 욥에게 있어 친구들의 말은 헛 것을 섬기는 우상 숭배와 마찬가지라는 결론이다.

욥이 보기에, 친구들은 하나님이 주관하시는 세상의 현실을 모르며, 장로 유전과 가르침을 내세우며 인과응보를 말함은 하나님을 섬기는 것이 아닌, 자기 우상을 섬기는 것과 같다는 함의다. 권선징악과 인과응보라는 단순 논리는 우상적 개념으로 간주된다.

그들이 하나님이 아닌 자로 나의 질투를 일으키며 그들의 '허무'한 것으로 나의 진로를 격발하였으니 나도 백성이 되지 아니한 자로 그들의 시기가 나게 하며 우준한 민족으로 그들의 분노를 격발하리라(신 32:21).

내가 '허탄한' 거짓을 숭상하는 자를 미워하고 여호와를 의지하나이다 (시 31:6).

## 3. 하나님의 공의와 은혜 사이

실제적인 현실 세계에서 욥의 말이 맞다. 악인 중에는 비참하게 멸망당하지 않고 요람에서 무덤까지 안일과 풍요를 누리는 자도 많다. 이런 부조리한 현실 경험을 인정하지 않고 장로 유전과 교리만을 단순 반복적으로 주장하는 것은 헛된 것이요, 거짓이다. 하나님이 아닌 우상을 논하는 것과 같다. 이는 욥기 마지막에 하나님이 욥의 말이 옳고 친구들의 말이 틀렸다고 선언하심으로 확증된다.

그렇다면 욥의 주장이 진리인가? 아니다!

욥이 경험한 모순과 부조리한 삶의 모습은 시편 기자의 눈에도 같은 모습이다(시 73:1-28). 악인이 잘되고 형통한 모습으로 살아 '항상 평안하고 재물은 더하지만,' 선인은 종일 재앙을 당하고 아침마다 징책(懲責)을 맛본다. 그래서 하나님의 공의가 어디 있는가 의심한 시편 기자는 거의 실족할 뻔했고 걸음이 미끄러질 뻔했다고 고백한다. 하지만 그가 하나님의 성소에 들어갈 때에야 악인의 결국을 깨닫게 되고, 자신의 우매 무지함을 회개한다.

시인이 깨달은 것은 악인들의 결국에 대한 것이다. 우리는 우리 자신의 경험과 세상의 가르침으로만 세상사를 판단하고 재단하려 한다. 악인에 대한 심판이 드러나지 않을 때, 우리는 하나님의 공의가 어디 있느냐 의심하고 불신한다.

그러나 이생과 내생의 주관자 하나님은 반드시 악에 대하여 심판을 내리신다. 이 심판이 이생에서 드러나지 않을지라도 심판날 반드시 악인은 멸망하게 되어 있다. 하나님은 악인들을 미끄러운 곳에 두시며 파멸에 던지실 것이다(시 73:18). 또한, 악인의 형통함은 순식간에 황폐되어 놀람으로 전멸하게 되리라. 이처럼 하나님의 심판 앞에 악인의 형통함은 흔적 없이 사라지고 하나님의 징벌만이 있게 된다.

물론 욥의 친구들의 말이 어느 정도 옳은 부분도 있다. 지나친 탐욕에 사로잡혀 이웃을 괴롭히는 악인은 거기에 상응하는 벌을 받는 것은 정한 이치다. 탐욕으로 가난한 이웃을 착취하는 불의한 세력들은 언젠가 심판받게 되어 있다. 인과응보라는 법칙이 없어지면 세상의 원칙과 질서가 무너지게 되어 있다. 그래서 하나님은 악인의 행하는 대로 반드시 보응(게물, נמול) 하실 것이다(사 3:11; 애 3:64; 잠 12:14; 롬 2:6).

> 자기의 육체를 위하여 심는 자는 육체로부터 썩어진 것을 거두고 성령을 위하여 심는 자는 성령으로부터 영생을 거두리라(갈 6:8).

이는 행위대로 보응하시는 하나님을 뜻한다.

> 하나님은 만홀히 여김을 받지 아니하시나니 사람이 무엇으로 심든지 그대로 거두리라(갈 6:7).

하지만 인과응보에 앞서 하나님은 그 원칙과 질서를 세우신 인격적 존재다.

> 악인에게는 화가 있으리니 화가 있을 것은 그 손으로 행한 대로 보응(게물, נמול)을 받을 것임이니라(사 3:11).

여호와여 주께서 저의 손으로 행한 대로 보응하사(גְּמוּל)(애 3:64).

사람은 입의 열매로 말미암아 복록에 족하며 그 손이 행하는 대로 자기가 '받느니라'(גְּמוּל)(잠 12:14).

하나님께서 각 사람에게 그 행한 대로 보응하시되(아포디도미, ἀποδίδωμι)(롬 2:6).

## 4. 법이 아닌 인격적 존재

하나님은 아담을 창조하여 에덴 동산에 그를 두고 다음처럼 당부하셨다.

선악을 알게 하는 나무의 실과는 먹지 말라 네가 먹는 날에는 정녕 죽으리라(창 2:17).

아담이 하나님의 말씀에 불순종하여 선악과를 먹는 죄를 범했을 때, 하나님은 그를 바로 죽게 하지 않고 생명을 연장하셨다. 오히려 뱀과 땅을 저주했지 직접적으로 아담을 저주하지 않으셨다. 그리고 아담에게 여자의 후손을 약속하고, 그의 아내 하와, 바로 직접적인 타락의 원인을 제공한 당사자를 통한 구원자의 오심에 대한 믿음을 심어 주셨다.
하와가 가졌을 죄책의 무게를 생각한다면, 하나님이 그녀에게 주신 언약의 말씀은 그녀의 양심을 평온하게 하고 소망 가운데 살 수 있는 평강의 메시지가 아닌가!
죄를 범하면 벌을 받아야 함은 세상의 법칙이요 하나님의 공의다. 이는 변할 수 없는 정언명제다. 아담이 에덴 동산에서 쫓겨난 것은 그 대가 곧 보응이다. 그러나 하나님은 공의를 내세우기보다는 사랑과 은혜를 먼저 보이신다. 창조주 하나님은 인간의 연약성을 아시기 때문이다.

인간이 하나님의 세우신 원칙과 질서를 온전히 지킬 수 없는 체질임을 아시고, 진토에 불과한 존재임을 기억하기에(시 78:39; 103:14), 하나님이 먼저 우리에게 인격적 존재로 다가오셨다. 이처럼 공의와 심판에 앞서 하나님의 사랑과 긍휼과 은혜가 있다.

> 저희는 육체뿐이라 가고 다시 오지 못하는 바람임을 기억하셨음이로다 (시 78:39).

> 이는 저가 우리의 체질을 아시며 우리가 진토임을 기억하심이로다 (시 103:14).

"내가 곧 길이요 진리요 생명"(요 14:6)이라는 예수 그리스도의 말씀은 하나님의 성품과 인격을 잘 드러낸다. 길과 진리와 생명은 개념이 아니며, 원칙도 아니며, 법도 아니다. 길과 진리와 생명은 주님의 성품과 인격이 만든 신실함이다. 도저히 하나님 앞에 나갈 수 없는 인생을 위해 하나님의 독생자 예수 그리스도가 인생처럼 낮아져 우리에게 십자가의 은혜를 주심으로 우리의 길과 진리와 생명이 되셨다.

하나님의 진노가 모든 '경건치 않음'(ungodliness)과 불의(unrighteousness)에 대하여 하늘에서부터 나타난 것(롬 1:18)이 십자가에서의 예수의 죽음이다. 하나님의 저주의 심판은 이미 예수의 십자가에 쏟아졌다. 그리고 우리의 믿음으로 말미암아 우리에게 심판이 아닌 죄 사함이 이루어진다. 하나님의 공의를 좇아 우리 대신 하나님의 진노를 몸소 받고 우리로 하여금 하나님께 나아갈 길을 열어 준 것이 십자가다. 이처럼 하나님의 은혜는 우리에게 진노 대신 사랑을 주신다.

이 세상에 죄인 아닌 자가 있는가?

하나님은 모든 사람이 구원받기를 원하시기 때문에, 하나님의 아들 예수는 의인이 아닌 죄인을 부르러 이 땅에 오셨다(마 9:13). 이것이 인생을 바라보는 하나님의 성품이요 인격이다.

십자가는 하나님이 세우신 원칙과 질서도 자신의 피조물인 인생의 유익 곧 영생을 위해서만 효력을 발하고, 손해 곧 죽음에 대해서는 융통성을 가질 수 있음을 보여 주는 사건이다. 바로 원칙과 질서는 자신의 피조물을 긍휼히 보시는 인격자 하나님의 손에 쥐어진 법칙일 뿐이다. 이것이 하나님의 성품과 인격에서 나오는 사랑과 긍휼과 은혜다. 따라서 하나님의 공의와 은혜, 이 두 가지 사이에는 전혀 충돌과 모순이 없다.

하나님이 그 백성에게 공의를 요구하시는 것은 하나님 나라의 백성인 성도가 거룩한 하나님과 함께 하기 위해서는 '하늘에 계신 하나님 아버지의 온전함처럼 우리도 온전해야 하기 때문이다'(마 5:48). 하나님이 우리를 창세전에 택하신 이유도 '우리로 사랑 안에서 하나님 앞에 거룩하고 흠이 없게 하시기 위함이다'(엡 1:4).

## 5. 믿음이란 무엇인가?

하나님의 은혜만을 강조하면 인간이 무책임해진다고 말함은 우리의 죄성을 반증한다. 은혜에 어떠한 잘못이 있는 것이 아니다. 해야할 의무를 강조하며 도덕적 인간임을 자랑하고 싶은 것 또한 우리의 죄성이다. 인간의 의를 내세우는 교만함 때문이다.

그런데 이것이 욥의 친구들이 보인 죄성이다. 그들은 고난 중의 욥에게 충고를 하고 회개를 촉구하고 신앙의 이치에 대한 설명 중, 욥의 고난이 그의 죄 때문에 일어난 하나님의 징벌이라고 주장한다. 친구들의 충고와 촉구는 다 인과 관계를 근거로 한 충고와 회개의 촉구에 지나지 않는다. 이들은 인과응보라는 종교적 보편 원칙으로 욥을 정죄하며 그를 묶고 있는 셈이다. 하나님의 법을 지키라는 것이다.

그러나 하나님은 우리가 법에 갇히기보다는 관계 안에 있기를 원하신다. 관계에는 사랑과 미움이라는 애증의 관계를 포함한다. 애증의 대표적 예가 가족이요 그 중 최고가 부부 관계다. 사랑하기 때문에 질투가 생기는 법이다. 가족은 초법적인 관계를 바탕으로 한다. 여기에는 사랑과 믿음이 있다.

믿음은 인과 관계가 아니다. 인격과 인격 간의 신뢰와 사랑의 관계다. 즉 신앙적 인격의 근본적인 자질은 역시나 인격적인 하나님을 의존하는 것이다.

믿음은 인과적인 이해 관계나 논리적 기계적 관계에 바탕을 두는 것이 아니라, 은혜로운 인격적 관계에 둔다. 이 관계가 인격적임은 인간이 하나의 도덕적 인격체이고 그래서 그 도덕적 주체성이 언제나 존중받아야 하며, 동시에 하나님의 은혜가 없이는 인간은 도덕적 실패자에 불과하기 때문이다.[61] 하나님이 아담의 선악과 사건에도 이를 말리지 않았음은 도덕적 인격체로서의 인간의 독립성을 기각시키려 하지 않는 데 있다.

그러나 이 관계가 은혜로운 것은 신앙적으로 인간은 하나님께 전적으로 의존적이며, 삶의 모든 경험 가운데 하나님의 도움이 필요한 까닭이다.

따라서 믿음은 인격적인 신적 존재에 대한 그의 성품의 신뢰와 사랑이다. 즉 하나님의 성품과 인격에 대한 전적인 항복이다. 베드로의 표현처럼 "세상에서 썩어질 것을 피하여 신의 성품에 참예함"이다(벧후 1:4).

믿음은 하나님이 우리에게 베푸신 은혜와 사랑과 긍휼에 대한 인격적 반응과 감사다. 믿음은 결코 바리새인이 그랬던 것처럼 어떤 행위를 하는 것에 있지 않고, '영혼의 구원을 받음'(벧전 1:9)에 대한 감사와 찬양이요, 이런 은혜를 주신 하나님께 순종하고 그런 하나님을 찬양하는 것에 있다. 하나님의 공의와 의, 그 법칙과 질서를 넘는 하나님의 긍휼과 사랑을 우리가 기뻐해야 하는 이유다.

믿음의 결국 곧 영혼의 구원을 받음이라(벧전 1:9).

악인의 형통함과 의인의 고난을 보고 하나님의 공의를 의심하며 갈등했던 시편 기자는 하나님의 성소에서 하나님의 공의를 깨닫는다(시 73:16-19). 신약 시대를 살고 있는 우리에게 실체적인 하나님의 성소는 더 이상 없다.

그러나 '하나님의 성소'를 볼 수 있고 체험할 수 있는 곳이 있다. 이제는 예루살렘의 성전이 아닌 골고다, 곧 해골 골짜기에 세워진 예수 그리스도의 십자가다. 우리는 십자가에서 하나님의 공의를 알고 동시에 하나님의 사랑을 체험할 수 있다. 십자가는 죄를 미워하며 용서하실 수 없는 하나님, 동시에 그런 죄인을 사랑하시는 하나님이 아들을 내어놓는 현장이다. 십자가 앞에 서면 우리는 하나님의 은혜와 사랑을 찬양하게 된다.

시인은 짐승처럼 우매 무지하나 항상 주와 함께 하니 주께서 자신의 오른손을 붙드셨음을 성소에서 깨닫고 하나님을 찬양한다(시 73:22-23).

> [16] 내가 어쩌면 이를 알까 하여 생각한즉 그것이 내게 심한 고통이 되었더니 [17] 하나님의 성소에 들어갈 때에야 그들의 종말을 내가 깨달았나이다 [18] 주께서 참으로 그들을 미끄러운 곳에 두시며 파멸에 던지시니 [19] 그들이 어찌하여 그리 갑자기 황폐되었는가 놀랄 정도로 그들은 전멸하였나이다 … [22] 내가 이같이 우매 무지함으로 주 앞에 짐승이오나 [23] 내가 항상 주와 함께 하니 주께서 내 오른손을 붙드셨나이다(시 73:16-19, 22-23).

욥은 아직 하나님의 성소에 들어가서 하나님을 뵙지 못한 연유로 하나님의 공의를 의심하며 갈등하는 모습을 보여 준다. 그러나 마침내 그는 하나님을 듣지만 않고 눈으로 보자 하나님의 공의를 온전히 알게 된다. 그리고 그는 시편 기자처럼 하나님이 사탄의 시험에도 불구하고 자기 생명을 붙들고 있음을 깨닫는다.

하나님은 자기와 동행하는 삶을 살아가는 인생들을 교훈으로 인도하시고 후에는 영광으로 영접해 주신다. 무지한 인간이 갈 길을 몰라 어둠 속에서 헤매일 때에 말씀을 통한 교훈으로 진리의 길로 인도하시며, 마침내는 교훈을 따라 바른 길을 걸어온 자를 영광으로 영접하신다.

하나님은 욥에게 모든 것을 배전(倍前)의 축복으로 회복하심으로 그를 영광으로 인도하셨다. 하나님만이 우리의 영원한 분깃, 우리 마음의 반석이다. 그래서 하늘에서나 땅에서나 주밖에는 우리가 사모할 자가 없다. 이것이 우리의 믿음이요 찬양이다.

The True Understanding of the Kingdom of God
according to The Book of Job

## 제16장

# 그가 나를 단련하신 후에는
# 내가 순금같이 되어 나오리라

인생의 고난과 하나님의 사랑(욥 22-24장)

### 1. 엘리바스의 세 번째 논쟁(22장)과 욥의 반증(23-24장)

 욥기 22장부터는 욥과 그의 친구들 간의 세 번째 논쟁의 바퀴가 시작된다. 그런데 논쟁이 계속되자 둘째 라운드에서부터는 친구들은 자기들의 주장을 정당화하고 증명하기 위해 장로의 지혜를 가졌음을 내세우고, 연장자에게 그렇게 말할 수 있느냐는 식의 말투를 꼬투리 잡는 등, 고통 중의 욥에게 교묘한 정죄를 내리고 억지스런 논리를 펴기까지 한다.
 견강부회(牽强附會)의 논리로 친구들은 인과응보론을 내세우며 욥의 죄과를 몰아부치지만, 욥이 자기의 의로움을 내세우며 그들의 주장에 항복하지 않는다.
 이에 그들은 욥의 현재의 고난이 그가 과거에 이웃을 착취하고 박해했기 때문이라고 억측과 추론으로 말한 다음에 심지어 그를 정죄하고 자기 생각을 강요하는 억지를 부린다. 자신들의 논점은 신명기적인 인과응보에 바탕을 둔다. 이스라엘이 하나님 말씀에 순종할 때 모든 일에 생명과 복을 주시되, 만일 하나님의 명령과 규례를 지켜 행하지 아니하면 모든 화와 저주가 임한다는 것이다(신 28장).

엘리바스는 하나님이 틀릴 수 없음에 비추어 욥에게 하나님과 화목하고 평안하도록 하며, 하나님의 교훈을 받고 그 말씀을 마음에 두라고 충고한다(욥 22:21-22). 그리고 욥이 보화를 티끌로 여기고 오빌의 금을 돌같이 볼 때에 전능자 하나님이 이를 기뻐하고 그의 기도를 들을 것이며, 당연히 기도할 때에 하나님의 응답은 물론 형통한 삶을 살 것이라고 그에게 말한다(24-28절). 그리고 욥이 교만하지 않는 겸손함으로 살아간다면 하나님의 구원을 얻게 될 것이라 확약한다(29-30절).

이 점에서만 본다면 엘리바스의 말은 참으로 타당하다.

실상 우리가 설교 강단에서 듣는 말이 아닌가?

하나님과 화목하고, 세상 정욕을 멀리하고 하나님 앞에서 겸손한 삶을 사는 것은 성화된 성도의 삶의 지향점이다. 이 같은 하나님의 지식에도 불구하고 엘리바스의 믿음과 지식은 문제가 있었던 까닭에 하나님은 그를 합당하지 않는 자로 간주하며, 그의 죄 사함을 얻기 위한 번제를 요구하셨다.

그렇다면 그의 믿음과 지식의 어느 부분이 잘못된 것인가?

> 21 너는 하나님과 화목하고 평안하라 그리하면 복이 네게 임하리라 22 청하건대 너는 하나님의 입에서 교훈을 받고 하나님의 말씀을 네 마음에 두라 23 네가 만일 전능자에게로 돌아가면 네가 지음을 받을 것이며 또 네 장막에서 불의를 멀리 하리라 24 네 보화를 티끌로 여기고 오빌의 금을 계곡의 돌로 여기라 25 그리하면 전능자가 네 보화가 되시며 네게 고귀한 은이 되시리니 26 이에 네가 전능자를 기뻐하여 하나님께로 얼굴을 들 것이라 27 너는 그에게 기도하겠고 그는 들으실 것이며 너의 서원을 네가 갚으리라 28 네가 무엇을 결정하면 이루어질 것이요 네 길에 빛이 비치리라 29 사람들이 너를 낮추거든 너는 교만했노라고 말하라 하나님은 겸손한 자를

구원하시리라 $^{30}$ 죄 없는 자가 아니라도 건지시리니 네 손이 깨끗함으로 말미암아 건지심을 받으리라(욥 22:21-30).

빌닷과 소발처럼 엘리바스는 욥의 죄 있음을 증거하기 위해 궤변과 같은 논리를 내세운다. '사람이 어찌 하나님께 유익이 되겠느냐'(2절), '인간이 의롭고 행위가 온전한들 하나님께 무슨 기쁨과 이익이 있겠느냐'(3절) 고 묻는다. 가상적인 죄악들을 사실인 것처럼 열거하며 일방적으로 욥을 매도한다. 욥은 '형제의 물건을 빼앗고, 가난한 자의 옷을 벗기며, 배고픈 자에게 물도 주지 않으며, 과부와 고아를 돌보지 않는 자임에도 권세와 존귀를 얻은 자'라는 것이다(4-11절).

친구들은 공의의 하나님을 변호하기 위해 욥에게 증거 없는 죄를 내세운 셈이다. 이는 교리와 경험을 내세운 자기 중심적 인간이 보인 이기심의 표현일 뿐이다.

$^2$ 사람이 어찌 하나님께 유익하게 하겠느냐 지혜로운 자도 자기에게 유익할 따름이니라 $^3$ 네가 의로운들 전능자에게 무슨 기쁨이 있겠으며 네 행위가 온전한들 그에게 무슨 이익이 되겠느냐 $^4$ 하나님이 너를 책망하시며 너를 심문하심이 너의 경건함 때문이냐 $^5$ 네 악이 크지 아니하냐 네 죄악이 끝이 없느니라 $^6$ 까닭 없이 형제를 볼모로 잡으며 헐벗은 자의 의복을 벗기며 $^7$ 목마른 자에게 물을 마시게 하지 아니하며 주린 자에게 음식을 주지 아니하였구나 $^8$ 권세 있는 자는 토지를 얻고 존귀한 자는 거기에서 사는구나 $^9$ 너는 과부를 빈손으로 돌려보내며 고아의 팔을 꺾는구나 $^{10}$ 그러므로 올무들이 너를 둘러 있고 두려움이 갑자기 너를 엄습하며 $^{11}$ 어둠이 너로 하여금 보지 못하게 하고 홍수가 너를 덮느니라(욥 22:2-11).

엘리바스는 욥이 범하지 않는 행위를 나열하며, 그의 잘못을 고발한다. 흠 없는 사람이 없듯이 욥이 죄를 범했기 때문에 고난의 저주가 임했다는 논리다. 악인의 결국은 멸망이기 때문에, 욥에게 자신의 죄를 인정하고 배금주의를 버리고 겸손해져서 하나님과 화목하고 평안하라고 훈계한다(21절). '하나님은 겸손한 자를 구원하는' 분이기 때문이란다(욥 22:29).

외견상 그들의 논리는 맞다. 신명기는 율법의 모든 말씀을 지켜 행하지 않고 여호와를 경외하지 않으면, 애굽의 모든 질병을 이스라엘 백성에게 들어붓고, 모든 질병과 재앙으로 멸망하게 할 것이라고 말하고 있다(신 28:58-61). 하지만 욥은 자신이 범죄하지 않았다고 항변한다.

엘리바스의 논증은 언뜻 들으면 다 맞는 말처럼 들린다. 그럼에도 그가 하나님의 인정을 받지 못한 이유는 그가 하나님 나라의 주권자 되신 하나님의 성품과 인격을 오해하고 있기 때문이다. 인간은 하나님 앞에 유익한 존재가 될 수 없으며, 인간의 의로움과 온전함이 하나님께 기쁨과 이익이 되지 못한다는 그의 주장은(2-3절) 하나님의 성품을 한참 오해한 말이다.

하나님이 아담을 창조한 이유는 하나님께 영광을 드리는 자로 세우기 위함이다. 이것이 인간의 유익성이다. 하나님은 그 어떤 피조물의 찬양보다도 인간의 찬양을 받기 원하신다. 따라서 하나님이 만상을 만들고, 창조의 마지막 날에 손수 아담을 지으시고 그를 에덴 동산에 두심은 만물의 영장 인간의 찬양을 받기 위함이었다. 풍요와 아름다움의 상징인 에덴은 바로 아담을 위함이었다.

물론 죄인 된 인간은 하나님께 유익한 존재가 될 수 없다. 그렇기 때문에 하나님이 먼저 인간에게 죄 사함의 방편을 제시하시고 우리의 믿음으로 말미암아 하나님 앞에 유익한 존재가 되는 길을 열어 주신 것이다.

죄인은 하나님 앞에 의로움과 온전함이 될 수 없다. 하지만 하나님이 예수 그리스도의 십자가를 골고다에 세우심은 죄인으로 하여금 의로움과 온전함을 얻을 수 있는 길을 여심이다. 이 십자가를 믿음으로 말미암아 인간이 의롭고 온전하게 되어 하나님의 형상을 회복하고 그래서 하나님께 기쁨과 이익이 되는 길을 예비하셨다. 그런 점에서 인간의 의로움과 온전함은 하나님의 형상을 닮는 것이요, 당연히 이는 하나님께 큰 기쁨과 이익이 되지 않을 수 없다.

하나님이 인간을 무익한 자로 보는 것은 순전히 하나님의 뜻과는 거리가 먼, 인간의 잘못된 억측, 예단, 상상에 지나지 않는다. 억측과 예단은 우상으로 나아가게 만들고, 상상은 아무리 먹어도 배부르게 하지 못한다.

## 2. 인생의 탄식과 두려움

엘리바스의 터무니 없는 주장에 욥은 다시금 자신의 처지를 혹독히 원망하며 하나님 보기를 원한다(욥 23:2-3). 그리고 친구들의 말에 답하기보다는 독백 형태의 기도로 자기 문제를 하나님께 소송해 자신의 입장을 항변하고 자신의 정당성을 주장한다(3-9절). 의로운 하나님만이 정의의 심판자로 생각되기 때문이다. 하지만 그는 '숨어 계신 하나님'(elusive God)을 확인할 뿐이다. 그가 앞으로 가고 뒤로 가도 주를 만날 수도, 볼 수도 없다.

왜 하나님은 침묵하심으로 스스로 '숨어 계신 하나님'이 되시는 것일까? 욥처럼 거룩한 삶 속에서도 고난을 겪고 하나님의 침묵을 경험하는 이유는 무엇일까?

[2] 오늘도 내게 반항하는 마음과 근심이 있나니 내가 받는 재앙이 탄식보다 무거움이라 [3] 내가 어찌하면 하나님을 발견하고 그의 처소에 나아가랴 [4] 어찌하면 그 앞에서 내가 호소하며 변론할 말을 내 입에 채우고 [5] 내게 대답하시는 말씀을 내가 알며 내게 이르시는 것을 내가 깨달으랴 [6] 그가 큰 권능을 가지시고 나와 더불어 다투시겠느냐 아니로다 도리어 내 말을 들으시리라 [7] 거기서는 정직한 자가 그와 변론할 수 있은즉 내가 심판자에게서 영원히 벗어나리라 [8] 그런데 내가 앞으로 가도 그가 아니 계시고 뒤로 가도 보이지 아니하며 [9] 그가 왼쪽에서 일하시나 내가 만날 수 없고 그가 오른쪽으로 돌이키시나 뵈올 수 없구나 [10] 그러나 내가 가는 길을 그가 아시

나니 그가 나를 단련하신 후에는 내가 순금같이 되어 나오리라(욥 23:2-10).

욥은 전후좌우 사방을 돌아봐도 하나님은 계시지 않는다고 탄식한다(욥 23:8-9). 하나님을 뵙고 싶지만 어디 계신지 알 수 없다는 탄식은 '환난 중의 큰 도움'(시 46:1)이 되어야 할 하나님의 침묵을 경험할 때에 더욱더 애절하고 간절해진다. 그는 하나님과 자신의 처지를 '반항하는 마음과 근심으로 오늘도 혹독히 원망한다'(욥 23:2). 불의한 현실에 귀와 입을 닫으시는 하나님으로 인해서이다. 하지만 욥은 하나님이 어디에 계시는지는 알 수 없지만, 하나님은 욥의 모든 것을 다 알고 계심을 안다.

나의 가는 길을 오직 그가 아시나니(욥 23:10).

이것은 기막힌 역설이다.
우리를 다 알고 계시는 전지하신 하나님!
이런 하나님이 어디 계신지 알지 못하는 무지한 인생!
이것은 우리 인생과 하나님의 관계다.
하나님은 욥의 발걸음 하나도 아신다. 그러나 욥은 자기 상황과 처지를 머리털같이 헤아리시는 하나님 계신 곳을 알지 못한다.
이런 답답함에도 불구하고 욥의 한 가지 확신은 하나님이 자기 결백을 아실 것에 대한 자신감이다. 욥의 발걸음까지 다 세고 계시는 하나님이 자신을 시험한다고 할지라도 자신의 깨끗함이 입증될 것이라고 확신한다. 마치 불순물을 걸러내 순금이 되듯, 자신은 시련에 단련된 후 정금 같은 자가 되리라는 것이다. 자신은 하나님이 정하신 길을 벗어난 적이 없고 하나님의 말씀을 어긴 적이 없다는 그의 자신감 때문이다. 이처럼 그는 하나님의 길을 걸어왔다는 양심의 증거를 내세우고, 하나님의 규례와 명령을 어김없이 지켰다고 고백한다.

그러나 내가 가는 길을 그가 아시나니 그가 나를 단련하신 후에는 내가 순금[정금]같이 되어 나오리라(욥 23:10).

자신의 무죄를 확인하는 말이다. 하나님이 자신의 길을 아시기 때문에 하나님이 자신을 시험하신 후에는 정금같이 자신의 의가 드러날 것을 확신한다. 이런 무죄의 확신 속에서도 고난은 인간이 알 수 없는 하나님의 작정이라는 불확실한 회의에 빠져 있다.

하나님은 절대 주권과 자유를 가지신 분이다. 그의 뜻이 일정하고 그 뜻을 행하신 하나님은 인생에게도 작정한 바를 이루실 것이다. 인간의 눈에는 숨어 계신 하나님 그리고 인간의 생사화복을 주관하신 하나님은 인생 행로에 대한 작정으로 인해 누구도 이를 막을 수 없다. 그러니 인생은 낙심하게 되고 두려워 떨 수밖에 없다. 그래서 욥 자신도 주의 발을 따랐노라 고백한다(11-17절). 이것이 욥의 생각이다.

하나님 앞에 자기 처지와 문제를 털어놓겠다는 욥의 고백은 하나님의 숨어 계심과 뜻하신 일은 반드시 이루신다는 하나님의 절대 의지를 확인하는 순간, 말할 수 없는 두려움이 된다. 여기에는 그가 갖은 하나님 나라에 대한 오해와 허상이 다시금 드러나 있다.

> [11] 내 발이 그의 걸음을 바로 따랐으며 내가 그의 길을 지켜 치우치지 아니하였고 [12] 내가 그의 입술의 명령을 어기지 아니하고 정한 음식보다 그의 입의 말씀을 귀히 여겼도다 [13] 그는 뜻이 일정하시니 누가 능히 돌이키랴 그의 마음에 하고자 하시는 것이면 그것을 행하시나니 [14] 그런즉 내게 작정하신 것을 이루실 것이라 이런 일이 그에게 많이 있느니라 [15] 그러므로 내가 그 앞에서 떨며 지각을 얻어 그를 두려워하리라 [16] 하나님이 '나의 마음을 약하게 하시며'[개역한글: 나로 낙심하게 하시며] 전능자가 나를 두렵게 하셨나니 [17] 이는 내가 두려워하는 것이 어둠 때문이나 흑암이 내 얼굴을 가렸기 때문이 아니로다(욥 23:11-17).[62]

욥은 하나님이 '자기 마음을 연약하게 하고'(즉 낙담하게 하고) 자신을 두렵게 했다고 말하며(16절), 자신의 두려움이 어둠이나 흑암 때문이 아니라고 확신한다(17절). 그러나 그렇지 않다. 잠언 24:10의 말씀을 보라.

네가 만일 환난 날에 낙담하면 네 힘의 미약함을 보임이니라(잠 24:10).[63]

연약한 육신을 가진 이유로 인해 우리는 환난을 당하면 육신뿐 아니라 마음의 힘도 작아지는 것은 사실이다. 하지만 여기서 '미약함'(짜르, צַר)은 '좁다, 작다'의 뜻과 함께 '원수, 적'(enemy)의 의미도 갖기 때문에, 이 구절은 다음처럼 직역될 수도 있다.

환난 날에 너의 낙담은 네 힘의 원수다.

즉 '환난 날에 우리가 낙담함은 우리 힘의 원수 때문이다'는 의미다.
그렇다면 우리의 적, 원수가 누구인가, 사탄이 아닌가?
고통과 어려움의 배후에는 우리를 낙담하게 하는 사탄이 있다. 하나님이 아니다. 삶에서 어려움과 환난이 임할 때 사탄은 우리를 좌절하게 하고 낙담하게 하여 우리의 믿음을 흔들고, 그래서 의심과 불신을 심어 놓는다. 이처럼 하나님에 대한 우리의 믿음과 소망이 희미해지면 하나님의 축복을 내 것으로 할 수 있는 힘과 능력은 약해지는 법이다. 두려움과 불신은 하나님의 축복을 훔쳐가는 가장 큰 도적이요 원수다.
욥이 까닭없이 환난을 당한 이유가 무엇인가?
바로 사탄의 참소 때문이 아니었던가?
욥이 갖은 두려움 역시 어둠과 흑암의 세력인 사탄으로 말미암는다. 욥은 이런 영적 비밀을 알지 못했다. 하지만 하나님은 두 번이나 그를 대장부로 부르셨다(욥 38:3; 40:7). 즉 하나님은 그의 환난 날에 그를 낙심하게 하고 두렵게 하는 분이 아니라 그에게 힘을 주는 분이며, 욥 자신은 환난과 어려움에 낙심하지 말고 이를 '대장부'처럼 이겨야 하는 존재임을 환기해 주신다.

## 3. 하나님의 주권과 은혜

신학적인 용어로 예정과 주권이 있다. 하나님이 창세전에 인간 구원의 길을 다 작정해 놓으셨고, 그대로 구속사가 진행되고 있다는 것이다. 예정은 예수의 성육신도 "때가 차매" 이루어진 것이고, 개인적 구원도 하나님이 미리 정하신 것이라 본다. 하나님의 예정과 작정에 따라 하나님의 정하신 때와 방법에 의해 인간의 삶은 하나님의 예정된 수순을 밟아 가고 있기 때문에 인간의 어떠한 탄식과 호소에도 불구하고 하나님의 작정한 바를 이루시게 되리라는 생각은 욥을 낙심하게 하고 두렵게 한다.

따라서 많은 사람은 하나님이 주권과 예정으로 정하신 길을 따라 살 때 인생은 평탄하게 된다고 생각한다. 우리 인생은 우리 힘으로 사는 것이 아닌, 하나님이 정하신 코스를 살아가기 때문에, 비록 우여곡절 속에서도 인간은 하나님의 작정과 예정의 길로 가게 되어 있다는 것이다.

하지만 하나님의 은혜를 알지 못하고 하나님의 주권만을 강조하면 인간은 무능한 자가 되고, 하나님 앞에 낙심하게 되고 두려워할 수밖에 없다. 우리가 하나님의 뜻과 그 행하심을 알지 못하기 때문이다. 어두운 밤길에 길을 알지 못하면 두려움이 임하는 것과 같다.

창조주 하나님은 주권자, 만유 위에 계신 분으로 인간의 생사화복을 주관하신다. 그렇다고 하나님은 주권자이며 동시에 인격인 까닭에 인간의 어떠함과 행위와는 무관하게 그 뜻을 행하며 작정하신 것을 이루시는 분은 아니다. 하나님이 주권적으로 역사하므로 우리는 하나님의 일에 전혀 영향을 미칠 수 없으리라 여기는 것은 우리의 착각이다. 하나님의 은혜와 긍휼을 알면 상황은 다르다. 하나님은 작정하신다.

> 내가 이미 말하였으며 작정하였고 후회하지 아니하였은즉 또한 돌이키지 아니하리라(렘 4:28).

하지만 동시에 하나님은 "배역한 자식들아 돌아오라, 내가 너희의 배역을 고치리라"(렘 3:22)라고 하시며, "내가 너와 함께하여 너를 구원할 것이라"(렘 30:11)라고 약속하시고, 그래서 "그들은 내 백성이 되고 나는 그들의 하나님이 되리라"(렘 24:7; 31:33)라고 선언하신다.

하나님은 그 백성의 아픔과 탄식을 듣는다. 하나님이 이스라엘을 출애굽하심은 애굽에서 종노릇하는 이스라엘의 '고통 소리를 들으시고, 아브라함과 이삭과 야곱에게 세운 그 언약을 기억하사 이스라엘 자손을 권념하셨기'(출 2:24-25) 때문이다. 바로 하나님이 이스라엘의 역사에 개입하심은 하나님의 은혜다. 마찬가지로 하나님이 인생의 구원을 위해 인간의 역사 속에 들어오셨고, 또한 우리의 인생길을 인도하기 위해 우리 삶 속에 함께 계신다. 이 마중물이 바로 예수 그리스도의 십자가다.

하나님의 은혜와 긍휼의 측면을 보지 않고 하나님의 주권과 예정만을 강조하면 우리의 믿음 생활은 흔들리게 되어 있다. 하나님의 은혜와 긍휼에 바탕을 둔 사랑을 모르면, 욥의 경우처럼 인생 항로 중 하나님에 대한 믿음이 시계추처럼 흔들리게 된다.

모든 것이 하나님의 주권이면, 인생 쪽에서는 아무런 할 일도 없이 손놓고 오직 하나님께 탄식과 원망만 할 일이다.

하지만 하나님의 긍휼과 은혜의 면에서 하나님의 주권을 생각하면, 이는 하나님이 우리에게 베푸신 엄청난 축복임을 알게 된다. 하나님은 일방적으로 아브라함과 언약을 맺고 이를 그 뜻대로 이루시기 위해 동물의 피 사이를 걸으며 스스로 쪼개짐을 약속하신 분이다. 하나님의 주권은 하나님의 성품과 인격에 의해 제한받는다. 생명이신 하나님이 죽음과 파멸을 주지 않으며, 평강의 하나님이 두려움과 공포를 주는 분이 아니다. 그럼에도 많은 그리스도인이 하나님을 두려움의 존재로 아는 경향이 있다.

긍휼이 풍성한 하나님이 우리의 잘못된 행위에 매번 분노하시는 분인가? 하나님은 자기 백성 이스라엘의 죄악을 자비하심으로 사하여 멸하지 않고, 그 진노를 여러 번 돌이키셨다. 이는 하나님이 인생은 먼지로 만들어진 육체이며, 가고 다시 오지 못하는 바람 같은 존재임을 아신 까닭이다 (시 78:38-39).

## 4. 하나님의 부르심과 인간의 한계

욥은 악인의 횡포(욥 24:2-4, 9), 그들의 외형적 번영과 풍성함을 목도한다(욥 24:13-21). 그리고 연약한 사람들은 악인으로 인해 신음과 고통을 당한다(욥 24:4-8, 10-11). 그럼에도 하나님은 악인의 불의를 보지 않으며(욥 24:12), 그 권능으로 강한 자들을 보존하고 평안하게 한다고 욥은 생각한다(욥 24:22-23). 그러면서도 욥은 하나님의 궁극적인 심판을 잊지 않는다.

'왜 악당에게는 벌을 내리지 않으며, 의인에게 보상하시지 않는가, 하나님은 왜 그때를 감추시는가, 지금이 그때 아닌가?'(욥 24:1)

'아니다, 하나님은 그 뜻이 있다. 그래서 우리의 소원과 우리의 요구와 간격을 유지하시고, 그의 작정하신 것을 이루신다. 이런 일이 그에게 많다, 그가 가진 뜻을 누가 돌이키겠느냐?'(욥 23:13-14)

두려움에 떠는 욥의 탄식이며 호소며 동시에 그의 결론이다.

> [1] 어찌하여 전능자는 때를 정해 놓지 아니하셨는고? 그를 아는 자들이 그의 날을 보지 못하는고? [2] 어떤 사람은 땅의 경계표를 옮기며 양 떼를 빼앗아 기르며 [3] 고아의 나귀를 몰아 가며 과부의 소를 볼모 잡으며 [4] 가난한 자를 길에서 몰아내나니 세상에서 학대 받는 자가 다 스스로 숨는구나 [5] 그들은 거친 광야의 들나귀 같아서 나가서 일하며 먹을 것을 부지런히 구하니 빈 들이 그들의 자식을 위하여 그에게 음식을 내는구나 [6] 밭에서 남의

꿀을 베며 악인이 남겨 둔 포도를 따며 ⁷ 의복이 없어 벗은 몸으로 밤을 지내며 추위도 덮을 것이 없으며 ⁸ 산중에서 만난 소나기에 젖으며 가릴 것이 없어 바위를 안고 있느니라 ⁹ 어떤 사람은 고아를 어머니의 품에서 빼앗으며 가난한 자의 옷을 볼모 잡으므로 ¹⁰ 그들이 옷이 없어 벌거벗고 다니며 곡식 이삭을 나르나 굶주리고 ¹¹ 그 사람들의 담 사이에서 기름을 짜며 목말라 하면서 술 틀을 밟느니라 ¹² 성 중에서 죽어가는 사람들이 신음하며 상한 자가 부르짖으나 하나님이 그들의 참상을 보지 아니하시느니라 … ²² 그러나 하나님이 그 권능으로 강한 자들을 보존시키시니 살기를 바라지 못할 자도 일어나는구나(개역한글)⁶⁴ ²³ 하나님은 그에게 평안을 주시며 지탱해 주시나 그들의 길을 살피시도다(욥 24:1-12, 22-23).

우리는 고난을 당하면 이렇게 생각한다.
'어찌 내게 이런 일이?' '내가 뭘 잘못했기에?'
이런 생각이 드는 것은 당연하다. 인간의 본성 속에 있는 양심의 소리이기 때문이다. 이 양심이 창조주, 생사화복의 주관자인 하나님 앞에서 막연한 정죄감보다 훨씬 크고 깊은 두려움을 낳게 한다. 욥의 심정이 이것이다. 하지만 하나님은 자기 백성에게 두려워하는 마음이 아니라 "능력과 사랑과 근신하는 마음"을 주신다(딤후 1:7).
욥과 친구들의 잘못은 무엇인가?
그것은 하나님을 오해했다는 점이다. 하나님은 죄를 절대로 용서하실 수 없는 분, 그래서 두 눈을 부릅뜨고 악인의 행위를 심판하시는 분으로만 이해한 것이 친구들이라면, 악인들은 그냥 두고 까닭 없이 의로운 자를 심판과 같은 고난에 두고 침묵하시는 하나님으로만 생각하는 자가 욥이다.
그들은 하나님의 주권만을 생각했지 하나님의 은혜와 긍휼을 간과한 것이다. 인간을 그 죄로 말미암음에도 불구하고 심판하지 않는 연민의 마음이 하나님의 긍휼이며, 그리고 그런 자를 음부에 버려두지 않고 하나님의 백성으로 만들며, 이 땅에서도 풍성한 삶을 살도록 하시는 것은 하나님의 은혜다. 시편 기자가 찬양하는 이유는 바로 "주의 인자가 생명보다 낫기 때문이다"(시 63:3).

이 은혜의 발로는 하나님의 성품과 인격에서 나온다. 하나님의 어떠하심을 알지 못하면 하나님과의 온전한 관계를 갖지 못한다. 우리를 불러 예수 그리스도로 더불어 교제하게 하심은 하나님의 신실함 때문이다(고전 1:9). 이 교제를 단절시키는 것이 죄다. 죄는 하나님과 분리되는 것이다.

> 너희를 불러 그의 아들 예수 그리스도 우리 주로 더불어 교제하게 하시는 하나님은 '미쁘시도다'(faithful, πιστός)(고전 1:9).

## 5. 죄는 하나님의 성품과 인격을 알지 못하는 것

하나님이 창세전부터 우리를 부르심은 우리로 거룩하고 흠 없게 하려 하심이다(엡 1:4). 하지만 하나님의 거룩하심에의 부름에 대한 인간의 한계가 있다. 신앙에는 어떤 상반된 원칙이 있다. 절대적 규칙을 지키는 것과 진실된 존재가 되는 것이 그것이다.

신앙 생활은 '절대적 규칙을 지키는 것'에 있다고 생각한 자는 하나님 말씀을 온전히 지키는 일이 진정한 믿음 생활이라는 입장에 선다. 따라서 이 입장에 따르면, 예수를 믿는다는 것은 자신에게도 엄격해야 한다는 원칙을 강조한다. 믿는 자는 하나님의 백성으로서, 성도로서, 하나님 말씀을 절대적으로 지키고 따라야 하는 존재로서, 규범적, 도덕적 삶이라는 책임을 요구한다. 그렇지 않다면 참된 성도가 아니라고 판단한다.

반면 신앙에 대한 다른 주장이 있다. '진실된 존재가 되는 것'이다. 의인이 아닌 죄인을 구하기 위해 예수가 이 땅에 오셨다는 말씀처럼, 우리 모두가 잘못과 약점이 있음에 이를 인정하고, 따라서 항상 겸손하여 자신의 약점을 돌아보고 무릎을 꿇는 겸손의 자세를 보이는 것이 신앙 생활이라 본다. 이런 믿음은 가슴을 치고 재 가운데서 회개하는 심령 가운데 항상 긍휼과 은혜를 찾게 한다.

하나님의 부르심은 성도로 하여금 말씀과 기도로 거룩해지는 것에 있다. 그러나 인간의 한계는 마음으로는 원이되 육신이 연약하여 온전히 이를 행할 수 없다는 점이다.

믿음은 이 중 어느 한 입장에만 서 있을 때 잘못된 길로 나가게 된다. 두 가지 입장, 즉 절대적 규칙을 행함과 진실된 존재가 되는 것, 다시 말해, 믿는 자로서의 책임과 하나님의 은혜의 조화를 균형 있게 잡는 것이 신앙생활의 목표가 된다.

하지만 이보다 더 중요한 것이 있다. 신앙의 출발은 죄를 아는 것에 있다. 죄는 단순히 어떤 것을 하고, 하지 않는 것에 있지 않다. 십계명을 온전히 행했다고 해서 죄를 범하지 않는 것이 아니다.

바울은 히브리인 중의 히브리인이요 율법으로는 바리새인이고, 율법의 의로는 흠이 없는 자였으나 교회를 핍박한 죄인이었다고 고백한다(빌 3:5-6). 바울은 율법에 충실한 자신이 오히려 훼방자, 핍박자, 포행자였고, 자신이 '믿지 아니할 때에 알지 못하고 행했던' 그때에 주의 은혜를 입었노라 말한다(딤전 1:13). 그의 말에 따르면 율법의 의로는 흠이 없는 그때가 '믿지 않는 때'라는 것이다. 율법의 의에는 예수 그리스도가 없기 때문이다.

십계명을 포함한 모든 율법을 지킨 것이 오히려 하나님의 아들 예수와 하나님으로부터 자기를 멀어지게 한다면, 이는 참된 믿음, 구원 얻는 믿음, 하나님의 기뻐하시는 믿음, 사랑으로써 역사하는 믿음을 가질 수 없다.

죄는 어떤 형태나 규칙이 아니다. 죄는 하나님을 성품과 인격으로 알지 않고 법칙과 행위로 아는 것이다. 유대인의 잘못은 바로 여기에 있다. 그들은 율법에 기록된 대로 변개(變改)할 수 없는 법칙으로, 어떤 경우에도 율법의 행함으로 하나님 앞에 나갈 때, 죄가 없는 것으로 간주했다.

그러나 그들은 하나님을 온전히 알지 못해 진정한 교제를 가질 수 없었다. 하나님의 어떠하심을 알지 못했기 때문이다. "주의 어떠하심과 같이 우리도 세상에서 그러하는 것"(요일 4:17)이 죄에서 멀어진 삶이다. 죄는 하나님으로부터 멀어지게 하는 경향 곧 마음과 태도의 문제다. 죄는 하나님과의 관계를 방해하는 힘이요, 하나님과의 교제의 단절은 우리의 죄로 인한 것이다(사 59:1-2).

죄는 하나님의 성품과 인격을 알지 못함에 있다. 하나님이 죄인의 구원을 위해 아들 예수를 내어 주심은 바로 자신의 사랑, 은혜와 긍휼이라는 성품과 인격 때문이다. 따라서 그리스도를 거절하는 죄는 본질적 죄가 된다.

> 죄에 대하여라 함은 저희가 나를 믿지 아니함이요 (요 16:9).

주 예수의 말씀처럼, 세상에서 범하는 죄가 아닌, 예수의 불신이 본질적 죄가 됨은 이처럼 하나님의 뜻과 마음에 반하기 때문이다.

구체적으로 왜 이 죄가 가장 큰 죄인가?

다음과 같은 이유에서다.[65]

① 가장 피흘리는 죄이기 때문이다. 이는 하나님의 아들을 밟고 자기를 거룩하게 한 언약의 피를 부정하게 여긴 행위다(히 10:29).

② 가장 불명예스런 죄이기 때문이다. 믿음의 첫째 행위로 말미암아 사람은 하나님을 영화롭게 하며, 이는 그리스도 안에 있는 순간 모든 율법을 순종함으로 인해서이다. 마찬가지로 주를 거절하므로 인해 우리는 하나님의 모든 율법을 깨는 것이요, 이는 율법의 입법자, 수여자인 하나님을 욕되게 함이다.

③ 가장 배은망덕한 죄이기 때문이다. 이는 하나님의 가장 큰 사랑을 멸시함이다. 하나님이 아들 예수를 주기까지 죄인을 사랑하는데도 이

를 멸시함은 하나님의 사랑에 대한 배반이다. 하나님이 아들을 주신 사랑은 아버지의 가장 귀히 여기는 사랑이다.

④ 가장 변명불가한 죄이기 때문이다.

우리는 예수 그리스도에 대적하여 무엇을 던지려 하는가?

그리스도를 취하라. 그러면 그의 피가 우리의 모든 죄로부터 우리를 씻으리라. 내 심령은 강팍하고 내 생각은 눈멀기 때문에 그리스도를 취할 수 없다는 변명을 하지 말라. 그리스도는 우리의 심령을 깨고 우리의 눈을 열게 하실 것이니 이것이 은사요, 새로운 창조. 또 주는 자신을 내어 주실 뿐만 아니라, 우리에게 그를 영접할 손을 주실 수 있다.

⑤ 가장 무거운 죄이기 때문이다.

무슨 죄가 이것만큼 지옥에서 그렇게 꼭 붙들겠는가?("그 정죄는 이것이니 곧 빛이 세상에 왔으되 사람들이 자기 행위가 악하므로 빛보다 어두움을 더 사랑한 것이라"[요 3:19])

하나님 아버지는 창조의 법을 깨는 마귀들을 칠 것이다. 하지만 아들 하나님은 우리를 칠 것이요, 보혜사는 우리를 대적하리니, 이는 우리가 구속의 방편과 주어짐을 멸시한 까닭이다.

하나님은 아들 예수 그리스도의 십자가에 심판의 진노를 쏟아부으셨다.

> 하나님의 진노가 불의로 진리를 막는 사람들의 모든 경건치 않음과 불의에 대하여 하늘로 좇아 나타나나니(롬 1:18).

이 하나님의 진노가 죄인들을 대신해 예수의 십자가에 이미 내려졌다. 하나님은 이미 세상을 심판하셨다는 뜻이다. 하나님이 아들 예수를 세상에 보내심은 세상의 심판이 아니라 저로 말미암아 세상이 구원을 얻게 하려 하심이다. 따라서,

저를 믿는 자는 심판을 받지 아니하는 것이요, 믿지 아니하는 자는 하나님의 독생자의 이름을 믿지 아니하므로 벌써 심판을 받은 것이라(요 3:18).

불신자는 '벌써 심판을 받은 것'이란 무엇을 뜻하는가?
하나님 앞에서의 인생의 죄는 세상에서 범하는 죄악이 아니라, 예수 그리스도를 믿지 않는 것에 있다는 의미다. 하나님이 세상의 모든 불경건과 불의를 이미 십자가에서 심판했기 때문이다. 그러므로 예수를 믿지 않는 자는 '벌써 심판을 받은' 존재가 되어 버린다. 이처럼 구원은 우리의 처지와 형편에 상관 없이 예수 그리스도의 십자가의 은혜로 성취된다. 이것은 신실하신 하나님의 성품 때문이다.

하나님의 신실함이란 우리가 잘못할 때도 하나님이 우리를 놓지 않고 포기하지 않으며, 자신의 소유로 붙드신다는 뜻이다. 따라서 믿음으로 인해 우리가 예수 그리스도와 묶여 있고 또한 죽음에서도 우리로 하여금 승리하게 하실 것이라는 바탕은 하나님의 신실하심에 있다. 인간의 마음은 조석간으로 변하지만 하나님은 그 뜻이 결코 변하지 않는 미쁘신 분이다.

이런 하나님을 알고, 고난의 인생과 현실 속에서도 하나님의 일하심을 든든히 믿고 흔들리지 않는 것, 이것이 하나님의 성품과 인격에 머무는 태도다. 하나님의 성품과 인격에 머물 때 우리는 승리하게 된다. 우리의 연약함과 하나님의 성품이 승리로 종합되는 하나님의 신비를 믿는 것, 이는 바로 하나님의 신실함에 바탕을 둔다.

우리의 아직 완성되지 않는, 아직도 부족한 현실로 인해 우리가 범하는 실패와 실수와 엎어짐에도 불구하고 예수 그리스도가 우리를 십자가로 묶으셨다는 사실을 알면, 우리는 환난 가운데 담대할 수 있고, 고난 가운데 소망을 가질 수 있다. 어떤 상황에서도 우리는 혼자가 아니라는 생각과 신뢰가 하나님과의 교제요 그리스도와의 연합이다.

## 6. 하나님을 안다는 것

예수 그리스도의 말을 듣고 하나님을 믿는 자는 영생을 얻는다. 영원히 죽지 않고 사는 것, 이 영생은 아버지와 예수 그리스도를 아는 것이다(요 17:3). '안다'는 것은 단순히 피상적인 지적 인식을 갖는다는 뜻이 아니다. 유대인에게 있어 '알다'(아다, ידע)는 '동침하다'(창 4:1)는 의미를 가질 만큼 상대에 대해 '정신적 육체적으로 아는 것'이다. 그런 의미에서 영생을 얻기 위한 앎은 교회를 다니면서 하나님과 예수에 관해 듣고 어떤 지식을 갖는다는 범주를 넘어선다.

'안다'는 구원 얻는 지식을 뜻하며, 믿음의 다른 말이다. 단순한 지식은 구원에 이를 수 없다. 살아 있는 효과적 빛이 구원에 이르게 한다. 그리고 믿음은 하나님과 그리스도의 대상을 의도한다. 하나님이 최고의 선과 유일한 행복임을 분별하는 것이 하나님의 지식을 갖기 위한 전제 조건이다.

'하나님과 그리스도를 안다'는 것은 하나님이 나를 구원하기 위해 하나님의 아들 예수를 세상에 보내셨고, 십자가에서 나를 위해 대속물이 되심을 아는 일이요, 이를 나의 것으로 인식하며, 이 예수를 나의 소유로 하는 것이며 동시에, 십자가를 주신 하나님 아버지를 신뢰하는 일이다.

이 '안다'는 단순히 2,000년 전의 십자가의 역사적 사실에 대한 관념적이고 객관적 지식이 아니라, 그 십자가의 사건이 나와 연관되어 자신의 심령으로 받아들일 때, 이는 진정으로 구원 얻는 지식 곧 앎이 된다. 하나님을 나 자신의 구원의 원천과 기업으로 선택하지 않는 자는 하나님을 알지 못한 자다. 심지어 귀신도 하나님을 알고 떤다(약 2:19). 문자적 가르침은 영생에 충분하지 않다. 육적 인간도 하나님과 그리스도에 대하여 많이 알 수 있지만, 구원 얻지 못한 비참한 존재로 전락할 뿐이다.

아버지와 예수 그리스도가 하나인 것처럼, 예수와 내가 하나가 되어 서로 아는 것이 영생이다. 그 하나됨이 순종으로 나타난다. 따라서 순종은 다만 내 뜻을 접고 상대의 요구에 무조건적으로 나를 복종시키는 정도가 아니다. 오히려 내 존재의 내용물을 내가 채우는 것이 아니라 하나님의 채워주심으로 넘기는 것, 그래서 하나님의 성품과 인격으로 채워지고 이로 인해 삶에서 성령의 열매가 풍성함에 이르도록 하는 것이다. 내 힘과 능력으로 사는 것이 아니라 하나님의 손길을 바라보는 것이 순종이다. 즉 '내가 우선'이라는 자기중심적 경지를 포기하고 신의 은혜가 허락하는 경지로 자신을 넘기우는 것이다.

이렇게 넘어가기 위해서 필요한 것은 자아의 죽음이다!

인간으로서의 죽음! 옛 사람을 못 박는 것!

인간이 인간으로서 자신의 존재를 확인하는 방식과 자기를 목적하는 한계를 넘기 위해서 겪어야 하는 과정에 죽음이 있다. 이것이 낮아짐이요 순종이다.

## 7. 하나님 앞에 온전한 성도가 되는 것

인생을 향한 하나님의 뜻이 있다. 하지만 그 뜻에 우리는 항상 미흡하다. 이 미흡함은 인간의 육체적 한계만을 뜻하지 않는다. 미흡함은 하나님의 뜻에 멀리 미치지 못하는 우리의 이해의 부족으로 인한 것이다. 하지만 하나님은 인간의 모자람과 부족함, 죄책감, 한숨과 눈물을 아신다. 온전한 신자는 이 모든 것을 극복하는 것에 있지 않다.

하나님이 기뻐하시는 신자의 믿음은 어떤 것일까?

**첫째, 하나님의 성품과 인격을 아는 일이다.**

하나님의 역사 가운데 신비 중의 신비가 있다. 바로 골고다의 십자가다. 이 십자가를 짊어지기 위해 예수 그리스도가 이 땅에 오셨다. 주님은 의인이 아닌 죄인들과 병든 자들을 위해서 육신을 입고 이 땅에 오셨다. 그런데 우리 인간은 병든 자가 아닌 완벽한 자, 의인이 되려고 노력한다.

하지만 하나님의 은혜는 죄가 더한 곳에 넘치는 법이다. 물론 우리는 은혜를 더하려고 죄에 거할 수는 없는 노릇이다(롬 5:20; 6:1). 우리는 항상 죄인임을 잊지 말고 우리의 모자람과 부족함에도 불구하고 예수 안에서 하나님이 기뻐하신 자로 만들어져 가는 것, 다시 말해 하나님의 성품과 인격을 알고 이를 닮고 소유하는 자로 나아가야 한다.

이는 성도로서의 조건과 자격을 갖추어야 하나님의 백성이요 온전한 성도가 됨을 뜻하는 것이 아니다. 욥처럼 하나님 앞에 나의 무죄함과 결백, 의인 됨을 증명받는 것보다는 하나님이 어떤 분이며, 내가 어떤 존재인가를 아는 것이 중요하다.

죄책감을 없애고 탓할 것이 없는 사람이 되는 것이 기독교 신앙의 최우선 과제가 아니다. 오히려 자신의 잘못된 것을 고치려고 하고, 모자람과 부족함 그리고 한숨과 눈물 속에서 하나님의 성품과 인격을 신뢰하고 주님을 닮아 가려는 순간, 우리는 하나님 앞에 쓸모 있는 백성이요 자녀가 된다. 이것이 십자가의 반전처럼 우리에게도 역전의 승리를 주게 되리라.

**둘째, 하나님에 대한 신뢰다.**

우리가 할 일인 하나님에 대한 절대적 신뢰는 바로 하나님의 성품과 인격에 대한 신뢰다. '사람이 시험을 받을 때에 하나님께 시험받는다 하지 말라'고 야고보 사도는 충고한다(약 1:13). 하나님은 악에게 시험을 받는 분도, 친히 아무도 시험하지 않는 분이다. 스스로 계신 자이기 때문이다.

따라서 우리는 하나님의 신실하심을 신뢰해야 한다. 욥의 잘못은 바로 자신을 망하도록 하나님이 시험하고 있다고 생각하고, 그런 하나님을 원망하며 자신의 처지를 한탄하는 데 있다. 광야의 이스라엘 역시 여기서 실패했다.

"자비롭고 은혜롭고 노하기를 더디하고 인자와 진실이 많은 하나님. 인자를 천 대까지 베풀며 악과 과실과 죄를 용서하나 형벌 받을 자는 결단코 면죄하지 않는"(출 34:6-7) 하나님을 신뢰하는 것, 이것이 우리의 할 일이다. 사탄이 하나님께 욥에 대해 시비를 거는 것은 바로 그의 하나님의 신뢰에 대한 것이다.

사탄의 시비는 욥의 믿음의 크기에 대한 것이 아니다. 욥의 능력이나 경건함도 아니다. 사탄이 시비를 거는 것은 욥이 과연 하나님의 축복이 없어도 하나님을 신뢰할 수 있는가에 관한 것이다. 하나님의 응답이 없고, 하나님의 보호와 은혜가 끊어진 상태에서도 여전히 하나님을 의뢰하고 찬양하는가의 문제이다.

만약 욥이 하나님의 성품과 인격은 자신의 백성을 어떠한 상황과 처지에서도 그의 사랑에서 끊을 수 없게 하시는 분임을 알았더라면, 그는 자기의 처지를 원망하고 하나님의 공의를 의심하며 차라리 죽기를 소원하지 않았으리라.

우리는 종말의 때를 살고 있다. 예수 그리스도의 십자가 사건이 종말의 시작이다. 십자가 사건이 종말의 시작이 되는 이유는 하나님이 십자가상의 아들 예수에게 이미 심판을 선언했기 때문이다. 이처럼 그 심판의 선고는 내려졌지만, 다만 심판의 집행은 미루어져 있다. 우리는 그 집행을 바라보는 시대에 살고 있다.

이제 하나님은 '새 하늘과 새 땅'이라는 세상의 재창조를 하실 것이고, 그래서 우리는 종말을 향하는 하나님의 시간대 안에 살고 있다. 요한계시록에 나타난 수많은 재앙, 즉 인 재앙, 나팔 재앙, 대접 재앙은 하나님이 역사의 수레바퀴를 돌리는 과정에 나타난 현상들일 뿐이다. 이때를 당하면 성도들도 큰 환난과 고난을 피할 길이 없다.

그리고 성도의 기도는 응답되지 않는 하나님의 침묵을 경험하게 될 것이다. 마치 십자가상의 예수의 절규에 아버지 하나님이 귀를 막으신 것과 같다. 바로 그때가 되면 환난의 고통과 적그리스도의 미혹으로 인해 많은 자가 믿음에서 일탈하게 된다(마 24:24). 하지만 그 순간에도 하나님의 신실하심을 붙들고 나아갈 때, 우리는 온전한 구원을 얻게 되고 그리스도의 신부로 서게 된다. 우리가 하나님의 성품과 인격을 붙들어야 하는 이유다.

우리는 세상에 살고 있는 한, 세상과 사탄이 주는 고난에서 면제될 수는 없다. 그러나 하나님은 이런 고난에서 우리를 구원하시길 원하시는 분이고, 따라서 어떤 경우에도 하나님에 대한 원망과 이로 인한 믿음의 흔들림으로 사탄의 시험에서 지는 자가 되는 것을 안타까워하신다.

때때로 우리의 고난 가운데 하나님은 침묵하실 것이다. 그렇지만 하나님은 이 침묵 가운데서도 우리를 향한 그분의 계획을 가지고 계신다. 주님은 우리의 영혼의 구원뿐 아니라, 우리의 영혼이 잘 됨같이 우리가 범사에 잘 되고 강건하기를 원하신다(요삼 2절). 이런 사실을 안다면, 우리는 "깨어 믿음에 굳게 서서 남자답게 강건하게"(고전 16:13) 신앙 생활을 할 수 있는 힘과 능력을 얻게 된다.

**셋째, 이웃의 아픔을 마음으로 함께 하는 것이다.**

믿는 자가 이웃에게 상담하고 충고하고 논쟁할 때, 주의할 것이 있다. 욥의 친구들의 주장은 모두 틀린 말은 아니다. 그럼에도 그들의 주장은 욥에게 상처가 됐고 위로가 되지 못했다. 하나님의 말씀을 인용하여 자기의 주장을 내세우는 우리의 말과 논리가 비록 외견상 맞는 말일지라도 오히려 상대에게 올무가 되고, 고소가 되며, 가시가 되어, 사람의 마음을 찢고 인간 관계를 무너뜨리는 말들이 될 수 있다.

하나님의 사랑을 알지 못하고 하나님의 공의만을 주장할 때, 우리는 상처와 파열음을 만든다. 그래서 주님은 "옳다, 아니라"만 말하라고 하셨다. 이에서 지난 것은 악으로 좇아 난 것이기 때문이다(마 5:37).

인간 관계에 대한 바울의 충고가 무엇인가?

함께 울고 함께 웃으며, 서로 마음을 같이 하는 것이며, 결코 아는 척하지 말라는 것이 아닌가?(롬 12:15-16)

그런데 하나님의 사랑을 알지 못하는 세상 인간사에는 즐거움 가운데 시새움이 있고, 울음 가운데 경멸과 조롱이 있다. 욥의 친구들의 실수가 여기에 있다.

오직 너희 말은 '옳다 옳다, 아니라 아니라'(yes, yes or no, no) 하라. 이에서 지나는 것은 악으로 좇아 나느니라(마 5:37).

¹⁵ 즐거워하는 자들로 함께 즐거워하고, 우는 자들로 함께 울라 ¹⁶ 서로 마음을 같이 하여 높은 데 마음을 두지 말고 도리어 낮은 데 처하며 스스로 지혜 있는 체 말라(롬 12:15-16).

*The True Understanding of the Kingdom of God according to The Book of Job*

# 제17장

## 하나님 앞에서 사람이 어찌 의롭다 하며

인간의 죄와 벌, 그리고 하나님의 은혜(욥 25-27장)

### 1. 빌닷의 세 번째 논증(25장)과 욥의 항변(26-27장)

욥기 25장의 빌닷의 세 번째 논증으로 욥과 그 친구들 간의 지루한 논박은 끝이 나고, 26장부터 31장까지 이제 욥의 장황한 자기 변병과 논리가 전개된다.

첫 번째 논쟁(욥 4-14장)에서 친구들은 각기 자기들의 경험과 지식, 그리고 선조들의 지혜를 빌려 자신들의 논리를 주장하며 욥을 설득하고, 욥은 이에 반대하며 자신의 의로움을 내세운다. 친구들은 공의의 하나님이 선한 자에게 복을 주고, 악한 자에게 화를 준다는 인과응보의 논리를 내세우며, 욥이 하나님께 죄악을 범했기 때문에 하나님의 징계로 고통을 당하는 것이 아니냐고 암시하며 그러니 하나님께 회개하라고 충고한다.

반면 두 번째 논쟁(욥 15-21장)부터는 상호 자신의 지식과 지혜의 우위성을 내세우며 상대를 몰아세우고, 친구들은 욥을 악인으로 낙인하며, 심지어는 욥의 말투를 꼬투리 잡기까지 한다.

그리고 마지막 세 번째 논쟁(22-26장)에서, 그들은 "네가 의로운들 전능자에게 무슨 기쁨이 있겠으며, 네 행위가 온전한들 그에게 무슨 이익이 있겠느냐"(욥 22:2), "하나님 앞에서 사람이 어찌 의롭다 하며 여자에게서 난 자가 어찌 깨끗하다 하랴"(욥 25:4) 하면서, 의로움을 주장하는 욥을 철저히 부인한다. 심지어 그들은 욥을 "구더기 같은 사람, 벌레 같은 인생"(욥 25:6)에 비유한다.

욥의 친구들은 욥의 고난이 죄의 결과이며, 의로운 하나님 앞에 인간은 깨끗할 수 없는 존재임에 비추어 욥의 무죄 주장을 반박한다. 그들의 지적은 동일하다. 잘못을 행하지 않고서야 고난과 어려운 일이 생길 수는 없다는 것이다. 철저히 '콩 심은 데 콩 나고, 팥 심은 데 팥 나는,' 심는 대로의 법칙에 대한 주장이다. 친구들의 권면과 꾸중의 내용은 욥이 빨리 회개하고 용서를 빌어야지 왜 끝까지 무죄하다고 우기느냐는 것이다. 하나님은 불의가 없고 틀리신 적이 없으며, 하나님은 높으신 분이고 인간은 의로운 존재가 아니기 때문이라는 논거다.

반면 욥의 주장은 하나님의 전능하심과 공의를 알지만 자신이 당한 고난은 인과응보로는 설명될 수 없다는 것이다. 그는 자신의 온전함과 공의로운 삶을 공언한다.

> 결코 내 입술이 불의를 말하지 아니하며 내 혀가 거짓을 말하지 아니하리라 나는 결코 너희를 옳다 하지 아니하겠고 내가 죽기 전에는 나의 온전함을 버리지 아니할 것이라(욥 27:4-5).

욥은 하나님의 전능성과 공의를 인정한다.

하나님의 권세와 능력과 지혜 앞에 스올(음부[陰府])과 멸망도 드러나며(욥 26:6), 만물이 떨며(11절), 심지어 바다가 잠잠하고, 괴물 라합이 깨뜨려진다(12절). 이처럼 그 입김으로 하늘을 단장하고 손으로 날랜 뱀을 찌르시는 하나님은 전능하고 무한하신 분으로 우리는 하나님의 능력을 헤아릴 수 없는 존재일 뿐이다(13-14절).

그런데 그런 하나님의 역사가 지금 욥 자신에게 임하고 있다고 말하며, 친구들에게 아는 척하지 말라고 경고한다. 창조주 하나님, 전지전능의 하나님, 공의의 하나님이 지금 자신의 의를 빼앗고 자기의 영혼을 괴롭게 하고 있다고 하소연한다("나의 정당함을 물리치신 하나님, 나의 영혼을 괴롭게 하신 전능자의 사심을 두고 맹세하노니"[욥 27:2]).

욥 자신은 불의를 말하지 않고, 궤휼을 드러내지 않으며, 순전함을 버리지 않으며, 자신의 의를 굳게 잡고 놓치지 않으며, 일평생 양심이 책망할 일이 없는 삶을 살아가겠다고 선언한다. 그리고 악인은 분명 하나님의 심판을 받는 것을 알지만 악인이 아닌 자신에게 임한 하나님의 진노를 자신도 잘 모르는데 이를 친구들이 이해하고 설명할 수 있느냐고 욥은 항변한다.

> $^6$ 하나님 앞에서는 스올도 벗은 몸으로 드러나며 멸망도 가림이 없음이라 … $^{11}$ 그가 꾸짖으신즉 하늘 기둥이 흔들리며 놀라느니라 $^{12}$ 그는 능력으로 바다를 잔잔하게 하시며 지혜로 라합을 깨뜨리시며 $^{13}$ '그의 입김으로 하늘을 맑게 하시고'$^{66}$ 손으로 날렵한 뱀을 무찌르시나니 $^{14}$ 보라 이런 것은 그의 행사의 단편일 뿐이요 우리가 그에게서 들은 것도 속삭이는 소리일 뿐이니 그의 큰 능력의 우렛소리를 누가 능히 헤아리랴(욥 26:6, 11-14).

욥의 주장을 요약하면 다음과 같다.

너희는 내가 죄를 지었기 때문에 고난당한다고 주장하나 나는 그렇지 않다. 너희는 하나님을 이해 못하고 있다. 나 역시 이해 못한다. 그러나 하나님의 전능하심과 완전하심과 그의 의로우심이 분명한 것같이, 나에게 일어난 일도 하나님 외에 그 누가 하실 수 없는 일이다. 결코 나는 거짓말 하지 않으며, 이를 맹세할 수 있다. 그러니 너희가 옳지 않다. 너희는 반 밖에 모른다. 너희가 하나님을 다 안다고 얘기하지 마라. 하나님은 내가 알 았던 그 하나님 보다 더 크다. 얼만큼 크신지는 잘 모르지만, 하나님이 내 안에 역사하시고 지금 말씀하시고 나를 인도하시고 나를 붙잡고 계신다. 이는 외면할 수도 없는 사실이다. 이건 멀리서 한 말이 아니라, 내 영혼을 뚫고 들어와 앉으신 그분의 역사이며, 내 말은 지금 제 정신의 말이다.
우리의 지각에 뛰어난 하나님의 큰 능력의 우뢰를 누가 능히 측량할 수 있단 말인가?

## 2. 인생의 고난과 하나님의 신실하심

하나님은 '스스로 있는 자'(I am who I am)이다. 이 말은 하나님은 '시공을 초월하고 환경에 무관한 하나님'이란 뜻이다. 인간이 시공과 환경의 제한에 묶인 존재라면, 하나님은 시간과 공간, 환경과 조건에 상관 없이 항상 계시는 신적 존재다. 우리의 생각과 이성을 초월하여 항상 계신 하나님은 인간의 상상과 지혜로 생각해 내고 만들어진 분이 아니라는 뜻이다.
따라서 하나님은 인간이 우상으로 만든 세상의 단순한 신이 될 것을 거부하시는 하나님이다. 그런 점에서 하나님은 우리가 원하는 선에서 타협하지 않는다.
그런데 시공을 초월하며, 인간의 조건과 환경에 무관하신 하나님이 왜 인간의 역사에 개입하시는가?
그리고 하나님이 왜 그 백성으로 하여금 고난을 당하게 하시는가?
여기 시편 기자의 말을 음미해 보자(시 119:75).

여호와여 내가 알거니와 주의 판단[미쉬파트, מִשְׁפָּט, 심판]은 의로우시고 주께서 나를 괴롭게 하심은 성실하심[에무나, אֱמוּנָה, 확고함]으로 말미암음이니이다(시 119:75).

우리는 남들이 어려움을 당하면 쉽게 얘기하는 말이 있다.

"아마도 하나님은 무슨 뜻이 있으실거야."

이는 교회에서 많이 들어볼 수 있는 소리다. 반면에 고통을 당하는 당사자에게는 제일 듣기 싫은 소리이기도 하다. 이 말은 지금 욥의 친구들이 하는 소리와 같다.

"하나님에게 무슨 불의가 있겠느냐?

하나님이 너를 책망하고 심문하심은 너의 경외함 때문이 아니라 네 죄 때문이야."

그런데 시편 기자는 고통을 당하자 욥의 친구들처럼 말한다. '내가 알거니와 주의 심판은 의롭다'는 것이다. 하지만 시편 기자는 그들과는 다른 생각을 보인다.

'주께서 나를 괴롭게 하심은 성실하심(אֱמוּנָה) 때문이다.'

하나님의 공의에 대한 표현은 같지만 그 함의는 전혀 다르다. 여기에서 사용된 '성실함' 혹은 '신실함'은 '지지하다' 혹은 '믿다'의 뜻을 가진 '아만'(אָמַן)에서 나온 단어로, '하나님이 사탄의 참소에도 불구하고 자기 백성을 지지하고 믿는다'는 의미를 갖는다. 이처럼 기자는 환난 가운데서도 주 하나님이 자신을 지지하고 믿을 것이라는 하나님의 성품과 인격을 붙들고 있다.

우리는 누군가 형통한 삶을 살면 축복받았다고 말한다. 반면 그가 고난을 당하면 하나님의 저주가 임한 것이라고 말하지는 못하고 대신 거기에 하나님의 뜻이 있을 것이라고 말하는 경향이 있다. 형통과 고난, 이것이 하나님이 주신 당근과 채찍으로 생각한다. 그래서 믿는 자들은 하나님 앞에 잘 하면, 만사가 잘 되어 형통하게 되어야 하고—곧 당근을 받는 것이다—어쩌다가 잘 되지 않을 때—채찍을 맞는다—이를 어떻게 해석해야 하는지를 몰라 믿음이 흔들리게 된다.

현실적으로 우리 힘으로 환경과 조건을 바꿀 수 없는 것이 신앙의 현실이다. 우리가 더 열심을 내어 헌신하고 거룩한 삶을 산다고 해서, 하나님도 항복하고 우리 자신도 만족하는 것을 얻을 수는 없다. 그래서 고난이 오면 우리는 자책하게 된다. 하나님이 잘못하실 리가 없으니, 내게 정성이 부족하거나, 기도가 부족하거나, 무언가 잘못이 있기 때문이라고 스스로를 책망하게 마련이다. 좋으신 하나님을 믿고 노래하지만, 동시에 자신에게 벌을 내리신 하나님에 대한 원망과 불평이 내재한다. 그래서 안 믿는 것도 아니고 믿는 것도 아닌 어정쩡한 자리에 머물 수밖에 없다.

우리가 우리에게 닥친 문제를 해결할 능력이 없고, 오직 '하나님의 의로우심에 만족을 드려야 한다'는 것만 안다면, 우리는 애매한 자리로 도망갈 수밖에 없다. 우리가 하나님의 의를 충족시킬 수 있는 존재가 아니기 때문이다. 그래서 선교니 봉사 활동, 중보 기도 등에 매달린다. 그러면 하나님이 자신의 헌신과 열심을 알고 용납하여 줄 것이고 그래서 자기 앞에 닥친 문제를 어찌하든 해결 받을 수 있다고 생각한다. 이것이 애매한 신앙의 태도다.

하나님이 원하신 것은 우리의 거룩함이다. 그런 이유로 하나님은 우리가 애매한 신앙 태도에서 벗어나 스스로를 돌아보기를 원하신다. 주만을 위해서 그리고 주의 거룩함을 갖기 위해서가 아니라 오직 주가 주시는 평강, 기쁨, 위안, 형통만을 얻기 위해 예수 앞에 나가는 것은 미혹된 믿음이다.

따라서 하나님이 기뻐하신 기도는 세계 선교와 평화와 같은 대의적 명분의 기도가 아니라, 우리의 자신을 돌아보는 기도다. 그런 점에서 기도는 얼마나 자기를 씻어 내서 흠이 없게 만드느냐의 싸움이어야 하고, 기도에는 우리의 눈물과 한숨과 땀과 피가 나와야 하는 것이다. 자신을 돌아보며 알아가는 기도는 하나님의 성품을 알게 하고, 인간의 죄와 됨됨이를 깨닫게 한다. 모든 문제는 우리 자신에게 달려 있기 때문이다.

예수 그리스도와의 친교가 죄를 없애는 것, 죄를 멀리 하는 것이 아닌, 삶의 공포와 두려움을 없애기 위한 것이라면, 이는 자신의 거룩함을 위한 친교가 아니다. 하나님이 그의 성실하심으로 우리를 고난으로 이끌어 우리를 자책하게 하시는 것까지 하나님이 일하시는 영역임을 모르면, 우리는 마음 놓고 우리 삶을 신앙에다 맡길 수가 없다.

하나님이 기뻐하시는 기도, 주 예수의 인격과 가까이 하는 기도는 주와 그의 임재의 부재, 그리고 그의 위로함과 거룩한 임재의 부재를 느끼는 것에 있다. 주의 부재를 아는 자는 주를 구하기 마련이다. 그러면 주는 구하는 자에게 오신다. 주의 부재를 슬퍼하며 그 임재를 갈망하는 자의 예는 모세와 마리아다.

> 주께서 친히 가지 아니하시려거든 우리를 이곳에서 올려 보내지 마소서 (출 33:15).

'주 없이 살기보다 차라리 죽도록 하소서'라는 뜻이다. 마리아는 십자가형을 당한 후 무덤에 안치된 예수의 시체가 사라지자 자리에서 앉아 운다. 그런 그녀에게 주 예수는 가장 먼저 나타나셨다. '일찌기 일어나고 늦게 누우며 수고의 떡을 먹지만'(시 127:2), 아무것도 얻지 못한다면 슬픈 일이다.

하나님이 인생을 고난으로 이끄는 것은 하나님의 성실하심으로 말미암음이다. 고난은 하나님의 창조와 구원과 심판에 있어서 하나님의 뜻을 이루기 위한 타협없는 하나님의 성실하심이다. 바로 욥이 당하고 있는 고난은 그를 향한 하나님의 뜻을 이루기 위한 하나님의 신실하심 때문이다. 이처럼 고난은 욥으로 하여금 하나님이 어떤 분인가를 온전히 알 수 있는 길을 열어 준다.

고난당한 욥의 첫째 소원은 죽음이었다. 그는 고난이 임하자, 자신이 죽은 들 하나님께 무슨 누가 되겠느냐고 호소한다.

> 내가 범죄하였은들 주께 무슨 해가 되오리이까(욥 7:20).

그리고 더 나아가 자기의 생일을 저주하며 차라리 고난을 피하여 죽고 다시 태어나기를 소원한다.

> 나의 이 가죽, 이것이 썩은 후에 내가 육체 밖에서 하나님을 보리라(욥 19:26, 개역한글).

욥의 소원처럼 죽으면 끝이다.
그런데 왜 하나님은 그의 고난을 허락하시고 그의 죽음이 아닌 생명을 붙들고 계신가?
바로 죽음을 초월하는 가치로 그를 부르기 위해서이다. 그 가치란 하나님 백성이 하나님의 목적과 뜻에 온전히 응함으로 하나님의 성품과 인격을 알고 그 안에 거하는 것이다. 이것이 우리의 괴로움 속에 드러나는 하나님의 신실하심이다.

## 3. 하나님 나라의 오해

욥과 친구들의 주장은 철로처럼 평행선을 달린다. 욥의 친구들의 주장인 인과응보는 전혀 터무니 없는 것이 아니다. 신명기적인 복과 화를 약속한 하나님의 말씀에 의하면 그들의 주장은 전혀 비논리적, 반율법적이지 않다. 그럼에도 하나님은 그들의 주장이 잘못된 것이라 선언하시고 그래서 죄 사함을 위한 번제를 요구하신다.
그렇다면 세 차례의 논쟁을 통해 드러난 욥과 그 친구들의 잘못은 무엇보다 우선, 그들이 하나님 나라를 오해하고 있는 점에서 드러난다. 하나님의 성품과 인격을 온전히 알지 못할 때, 우리의 주권자 하나님을 아는 온전하고 타당한 지식을 갖지 못하며, 그 결과 당연하게 하나님 나라는 제대로 이해될 수 없다. 다음은 그들이 인간의 죄를 알지 못한다는 점이다.

그래서 욥과 그 친구들보다는 하나님을 더 잘 알며 세 라운드의 논쟁이 끝난 후에 등장하는 젊은 지혜자 엘리후는 그들에게 노한다(욥 32:1-3). 욥이 하나님보다 자기가 의롭다 했기 때문이요, 친구들은 욥을 정죄했기 때문이란다. 이를 상론하자면, 다음과 같다. 즉, 무엇보다 그들은 하나님 나라를 오해한다. 다시 말해 하나님 나라의 주권자 되신 하나님에 대한 오해다.

어떤 점에서 그러한가?

하나님이 욥의 고난을 허락하신 것은 하나님의 뜻과 목적을 이루어 하나님의 성품과 인격으로서의 하나님의 의가 무엇인지를 욥으로 하여금 알게 하는 데 있다. 그들은 하나님의 공의를 말한다. 분명 그들이 내세우는 인과응보는 성경에 나타난 중요한 하나님의 공의 중의 하나다.

신명기에서 모세를 통하여 선언하신 복과 저주의 약속은 신약에서도 하나님이 각 사람의 행한 대로 보응하시는 분임을 나타낸다(롬 2:6-9). 선을 행하는 자에게는 영생을, 불의를 좇는 자에게는 재앙을 주시는 분은 하나님이다. 인과응보의 법칙에 따라 '사람이 무엇으로 심든지 그대로 거두는 법이다'(갈 6:7). 이것이 하나님의 공의에 따른 심판이요, 공의로운 하나님의 통치의 질서요 원칙이다.

> [6] 하나님께서 각 사람에게 그 행한 대로 보응하시되 [7] 참고 선을 행하여 영광과 존귀와 썩지 아니함을 구하는 자에게는 영생으로 하시고 [8] 오직 당을 지어 진리를 좇지 아니하고 불의를 좇는 자에게는 노와 분으로 하시리라 [9] 악을 행하는 각 사람의 영에 환난과 곤고가 있으리니 첫째는 유대인에게요 또한 헬라인에게며(롬 2:6-9).

하지만 만약 여기에서 하나님의 공의가 그대로 집행된다면 인간에게 소망은 없을 것이다. 다행히 인간에게 소망이 있음은 하나님의 공의에 앞서 하나님의 긍휼이 나타난 까닭이다.

하나님이 인간을 창조하셨다. 이 말은 우리의 생각, 본성, 능력 등 인간이 갖는 모든 요소도 하나님의 창조물이라는 뜻이다. 그래서 창조주 하나님은 우리 인생의 체질을 아신다. 하나님은 우리가 진토에 불과한 존재, '가고 다시 오지 못하는 바람'(시 78:39)과 같은 연약한 존재임을 아신다.

하나님은 인간의 연약함으로 인해 온전한 법을 행할 수 없는 존재임을 아시기에 긍휼을 보이셨다. '자비롭고 은혜롭고 노하기를 더디하고 인자와 진실이 풍성하신' 하나님의 성품과 인격에 해당되는 또 다른 하나님의 의로움이 나타났다. 인간은 율법의 행위로는 하나님 앞에 의롭다 하심을 얻을 육체가 없기에 '이제는 율법 외에 하나님의 의가 나타났다'(롬 3:20-21). 그 의는 바로 예수 그리스도다. 율법이 하나님의 한 공의인 것과 같이, 예수 그리스도로 말미암은 은혜와 사랑이 또 다른 하나님의 공의로 나타났다. 그래서 하나님의 긍휼은 그 공의에 앞선다고 말할 수 있다.

하나님 앞에 인간의 문제는 무엇인가?

문제는 하나님의 율법에서 출발된다. 하지만 하나님의 율법을 가진 인간에게 문제가 있지, 율법을 주신 하나님에 있지 않다. 연약한 인간은 죄를 이기지 못하므로 하나님의 율법을 온전히 이룰 수 없고 그래서 하나님 앞에 의로울 수 없는 존재로 머물고 만다. 율법 중 그 어느 하나만이라도 범하면 온 율법을 범하는 것이기에 율법을 온전히 이룰 수 있는 자는 오직 이 율법을 만든 장본인뿐이다. 즉 하나님의 법을 온전히 만족시킬 수 있는 유일한 길은 전능자 하나님 자신에 의해서이다.

그래서 하나님의 아들 예수가 인간의 몸을 입고 이 땅에 오신 것은 "율법의 마침이 되기"(롬 10:4) 위해서였다. 그리고 하나님 자신이 율법을 이루지 못한 악인을 대신해 죽어야 했다. 이것이 하나님의 의다.

하나님이 악인에게 죄 사함을 할 수 있는 유일한 길은 그를 대신해 죽는 것, 곧 율법을 만드신 하나님 자신이 이 땅에 내려와 죗값을 지불하는 일이다. 죄인 된 인간을 용서하신 것이 은혜다. 그래서 "율법은 모세로 말미암아 주신 것이요, 은혜와 진리는 그리스도로 말미암아 온 것이라"(요 1:17), 요한 사도의 선언이다. 율법은 하나님이 모세를 통해 인간에게 주신 것이지만, 은혜는 하나님이 그 아들을 우리 인간에게 보내심으로 성취된 것이기 때문이다.

그래서 은혜는 우리에게 그냥 임한 것이지 우리의 노력과 힘으로 얻는 것이 아니다. 우리 인간이 아무리 애를 써도 가지 못하는 의의 자리로 우리를 인도하는 것이 은혜의 길, 바로 예수 그리스도의 길이다.

## 4. 하나님의 거룩

하나님의 무한함, 지극함, 측량할 수 없음, 전지전능함, 영원함 등 하나님의 속성은 어떤 단어로 불러도 우리는 하나님을 다 묶을 수 없고, 표현할 수 없다. 그래서 단순히 '거룩하신 하나님,' '좋으신 하나님'이라 부른다.

'거룩하다'는 '구별되다'는 뜻이요, '좋다'는 것은 '선하다'는 의미다. 이는 단순히 도덕성에 관한 문제가 아니다. 누구와도 비교할 수 없고, 어떤 한 개념으로 설명할 수 없는 하나님, 우리의 지각을 뛰어넘어 계시는 하나님, 그래서 '거룩하고 좋으신 하나님'의 의를 아는 것이 영생이다.

욥의 친구들은 이런 하나님의 성품과 인격을 알지 못한 것이다. 영생은 하나님과 그 보내신 자 예수 그리스도를 아는 일이다. 하나님과 예수 그리스도의 어떠하심은 공의와 함께 긍휼을 통해 드러나기 때문에 하나님의 공의만을 내세우는 하나님의 지식은 반쪽에 불과한 셈이다.

거룩은 죄와 오염으로부터의 자유함이다. 헬라어 거룩(하기오스, ἅγιος)은 부정사 ἀ와 γῆ(게, "땅")의 합성어로, '땅이 없다,' 즉 오염이 없고 오직 모든 천상의 순전함만이 있다는 뜻이다.

반면 하나님은 인간을 두고 "땅이여, 땅이여, 땅이여, 여호와의 말을 들을지니라"(렘 22:29) 하신다. 우리의 이해, 우리의 감정, 우리의 행습에서 우리는 땅이다. 하지만 스랍들이 하나님께 말할 때에는 '거룩, 거룩, 거룩' 하다고 외친다(사 6:3). 마치 '땅이 없는, 땅이 없는, 땅이 없는'이라고 말

하는 것과 같다.⁶⁷

하나님의 거룩은 주의 본질적 속성으로 가장 온전하게 정의롭고 순수함이다. 죄와 연약함에서 가장 멀리 떠나있음이며, 피조물들이 다소간에 하나님의 영광에의 참예자가 된 것처럼, 만물 위에 계신 하나님 자신을 사랑하고 좋아함이다.

하나님은 단순히 '어떤 거룩한 이'(an holy one)가 아니라 '거룩하신 분'(the holy one)이다. "여호와와 같이 거룩하신 이가 없으니"(삼상 2:2). '여호와 이외에는 누구도 거룩하지 않다'가 아니라, '여호와와 같이 거룩한 이가 없다.' 하나님은 다음과 같은 점에서 거룩하다.⁶⁸

**첫째, 하나님은 본질적으로(essentially) 거룩하시다.**

하나님은 거룩할 뿐만 아니라 거룩 그 자체, 선함 그 자체다. 이것이 바로 하나님의 본질이다. 반면 피조물은 그들이 거룩할 때에 율법을 쫓아 거룩하다. 천사나 사람의 거룩함은 그들 창조의 법칙에의 순응이다. 우리가 어떤 자가 거룩하다고 말한 때에는 그의 심령과 삶이 하나님의 율법에 정확히 일치함을 뜻한다.

하지만 하나님의 뜻은 그의 법칙이요, 그의 본질이 그의 율법이며 따라서 하나님의 모든 행위는 필연적으로 거룩하다. 신적 실재와 존재는 모든 존재의 시작으로, 모든 도덕적 완전성의 법칙이다. 모든 피조된 거룩함은 오직 하나님의 거룩함의 유사함으로, 하나님의 성품에의 부합(符合)함, 혹은 하나님의 뜻에의 부합함이다.

습관적인 거룩은 하나님의 성품에 부합함이요, 실제적 거룩은 하나님의 뜻에의 부합함이다. 하나님의 뜻은 그의 법칙이요, 하나님의 성품은 그의 모범이다. 하나님은 자신에게 법칙이다. 하나님을 뛰어넘는 선과 악에 대한 영원한 이유는 없다. 사물은 먼저 거룩하지 않지만 하나님이 사물을 거룩하게 만드신다. 하나님이 그렇게 하시기 때문에 그것이 거룩하다. 하나님 자신이 자신의 법칙이다.

하나님으로부터 나오는 모든 것에는 거룩이 있다. 하나님이 우리를 환난 가운데 두시거나 혹은 하나님이 우리의 원수들을 아끼며 우리의 슬픔을 배가시키실 때에도 하나님의 행위는 그의 법칙이다. 하나님의 뜻은 만사의 최고 이유다.

우리 안의 거룩은 필요한 자질, 덧붙여진 은사다. 우리의 본질은 거룩이 사라질 때라도 남아 있을 수 있다. 하나님 안의 거룩은 자질이 아니라 그의 본질이다. 천사적인 본질은 마귀들 안에서처럼 거룩이 사라져도 계속된다. 마찬가지로 성도가 사라져도 사람은 남는다.

하지만 하나님 안에서 그 본질과 그의 거룩함은 동일하다. 이것은 피조물을 겸손하게 하는 실제적 적용에 속한다. 죄는 하나님의 바로 그 성품에 반한다. 이는 우리의 이해관계뿐만 아니라 하나님의 성품에도 반한다. 사람은 자신의 본성에 반하는 것을 매우 싫어한다. 이제 우리의 부패된 본성 안에 하나님의 성품과 직접적인 정반대가 있다. 실제적 죄는 오직 불면 사라지는 것이다. 원죄는 상시적인 정반대다. 하나님과 우리 사이에는 고정된 적의가 있다.

**둘째, 하나님은 무한히(infinitely) 거룩하시다.**

성도는 거룩하지만 불완전하다. 하지만 "하나님은 빛이시라 그에게는 어둠이 조금도 없으시니라"(요일 1:5). 모든 피조물 중에서 빛은 가장 순수하고 맑다. 그러므로 빛은 하나님의 거룩에 가장 유사하다.

우리의 삶은 빛과 어둠의 하나의 바둑판 무늬다. 아담은 그 순전함 가운데 어떤 부패도 없었지만, 가변적으로 거룩했다. 그는 악을 범할 수 있었다. 비록 그는 '죄인'(*peccator*)은 아니었지만, 여전히 '죄를 지을 수 있는'(*peccabilis*) 자였다. 하지만 하나님은 죄와 연약함에서 가장 크게 멀리 떨어져있다.

하나님은 악에게 시험을 받지도 아니하시고 친히 아무도 시험하지 아니하시느니라(약 1:13).

구원 얻은 영혼은 비록 그들 종류에서는 온전히 거룩할지라도 여전히 유한적이며 파생적이다. 그들은 하나님이 마땅히 사랑받아야 할 정도로 하나님을 사랑하지 않는다. 하나님은 사랑받을 수 있는 정도로 자신을 사랑하신다. 하나님의 본성에서 온전함이 있듯이 그의 사랑에서 같은 정도의 순전함이 있다. 피조물의 거룩은 제한적이다. 우리는 하나님이 사랑받아야 할 만큼 하나님을 사랑할 수 없다. 하나님은 최고의 천사가 하나님을 사랑할 수 있는 것보다 더 높은 사랑으로 가장 천한 성도를 사랑하신다.

중생된 피조물은 여전히 더 많은 정도로 거룩해져야 하고 그래서 그리스도 안의 규례의 한량에 이른다. 복 받은 영은 비록 모든 오염에서 분리됐어도 여전히 무한하게 하나님의 성품에 합당한 영광스런 거룩에는 미치지 않는다. 그러나 하나님은 여전히 이 땅에서 성도 안의 거룩을 더 높이 고양시키신다.

**셋째, 하나님은 원천적으로(originally) 거룩하시다.**
하나님은 거룩의 샘, 항상 흐르며, 넘쳐 흐르는 거룩의 샘이다. 반면 우리의 거룩은 오직 하나의 물줄기, 하나의 파생, 빛들의 아버지의 하나의 광선일 뿐이다. 어린 아이들처럼 우리는 우리 자신을 더럽힐 수 있다. 우리는 하나님이 우리를 깨끗하게 하지 않는다면 우리의 더러움 가운데 누워야 한다. 피조물이 스스로 거룩하게 만들지 못한 것처럼 스스로 거룩할 수 없다. 하나님은 원천적인 성품적 및 도덕적 완전함이다.

나는 너희를 거룩하게 하는 여호와이니라(레 20:8).

하나님은 '최상의 선'이며, 제일 원인이시다. 우리가 거룩한 것은 하나님의 영향력으로 말미암는다. 은혜는 "하나님의 성품에 참예함"(벧후 1:4)이다. 이는 그리스도 안에서 원천의 원인인 빛들의 아버지의 약한 광선이다. 하나님과 교통함을 갖는 성도들은 약간의 희미한 광채를 갖으니, 이는 우리로 거룩을 유지하는 데 주의하도록 만든다. 이것이 하나님의 일이다.

하나님의 거룩과 의는 공존하며 하나님의 변할 수 없는 성품이다. 하나님의 의는 그의 긍휼과 동시에 거룩과도 일체되어 나타난다. 하나님의 사랑과 은혜의 확증으로 볼 수 있는 긍휼은 인간의 비참함과 연약함에 동참하는 과정에서 나타난다. 바로 하나님의 긍휼과의 일체됨에서 하나님의 의가 나온다. 하나님은 자신의 합당한 것을 뜻하고 나타내며 행하신다.

하나님의 의가 율법의 성취를 요구하고 이를 온전히 이루지 못한 자를 벌 내린다고 생각한다면, 긍휼의 하나님이 어떻게 인간의 고통을 마음에 두시겠는가?

하나님이 긍휼을 보이신다면 어떻게 오직 법만을 요구하며 의를 행하실 수 있는가?

그런 점에서 하나님의 긍휼은 곧 하나님의 의이다. 그것이 하나님의 뜻이고, 그 법에 충실한 하나님의 뜻이 곧 의로운 뜻이다. 하나님의 긍휼이 곧 의이기 때문에 하나님은 심판 전까지는 악인에게도 선을 베푸시는 것이다. 따라서 "긍휼 없는 공의는 없고, 공의 아닌 긍휼은 없다. 베르나르의 표현처럼 '공의와 긍휼은 하나님의 두 발'이라 말할 수 있다."[69]

## 5. 죄에 대한 오해

그들이 가진 또 다른 오해는 죄의 본질에 관한 것이다. 즉 그들은 죄의 본질을 알지 못한다.

욥의 친구들은 욥의 고난이 그의 범죄함에 원인이 있다 보고 이를 회개하고 하나님께 회개하라고 충고한다. 욥이 그들의 주장을 용납하지 않자,

심지어 그들은 욥을 악인으로 간주한다. 공의의 하나님이 틀릴 수 없는 일이니 당연히 욥의 잘못의 결과가 고난으로 나타난 것이 아니냐고 추궁한다. 그들은 욥의 잘못을 추궁하고 시비하며, 교만하다고 질책까지 한다.

"욥, 네가 옳다고?

아무리 그렇더라도 네가 하나님보다 옳을 수는 없지 않는가?

그러니 너는 교만해!"

이것이 그들의 주장이다. 그들은 하나님이 욥에게 허락하신 고난의 의미를 이해하지 못하고, 하나님이 불의하지 않으니 욥이 불의할 수밖에 없다고 낙인하는 것, 이런 정죄와 교만이 그들의 죄다. 그들은 이 죄를 알지 못하고, 외양상의 죄를 범하지 않았기에 스스로 의인이라 간주한다.

죄는 단순히 율법에 나타난 말씀, 특히 십계명을 구체적으로 범하는 것에 머물지 않는다. 죄는 단순히 어떤 것을 하고, 하지 않는 것을 넘어선다. 죄는 하나님을 성품과 인격으로 알지 않고 법칙과 행위로 아는 것이다. 또 죄는 어떤 형태나 규칙이 아니라, 하나님으로부터 멀어지게 하는 경향 곧 마음과 태도다.

이는 인간 관계에서도 잘 드러난다. 분명 친구들이 말하는 하나님을 아는 지식은 매우 지성적이고 교리적이다. 그러나 그들은 하나님 나라 그리고 하나님의 성품과 인격을 알지 못했다.

"하나님이 은혜로 우리를 구원했다. 의인이 되었으니 우리가 할 일은 없다."

"한번 구원은 영원한 구원이니, 우리는 더 이상 죄인이 아니다."

심지어 이단 종파의 하나인 구원파는 거듭난 이후에는 죄를 지어도 더 이상 죄가 아니라고 주장한다. 이처럼 죄를 지어도 천국은 보장되고, 하나님 앞에 우리가 아무것도 할 것이 없다고 생각한다면, 이는 은혜를 빙자한 무책임이다.

하지만 구원받는 자는 죄를 더 이상 짓지 않는 자가 아니고, 내주하신 성령으로 인해 죄와 싸우고 저항하는 자다. 그래서 시편 기자는 매일 밤마다 자신의 일과를 반추하며 심령에 내주하는 성령으로 인해 자신을 돌아본다고 말한다.

> 나를 훈계하신 여호와를 송축할지라 밤마다 '내 심장'(킬요티, כִּלְיוֹתָי, my kidneys)이 나를 교훈하도다(시 16:7).

여기서 우리말 성경의 '심장'은 히브리어로는 '신장'을 뜻한다.[70] 유대인에게 있어 신장은 오장육부 가운데 가장 귀중한 것으로, 자신의 마음을 지배하는 기관, 감정의 자리로 본다. 시편 기자는 자신의 죄로 인한 아픔과 고통이 밤마다 자신의 '오장육부'를 뒤틀리게 하며, 그래서 상한 심령이 되는 고통을 당한다. 이것이 통회(뉘우침)다.

이런 과정을 통해 성도는 참된 하나님의 백성으로 자라간다. 이 통회를 두고 토마스 쉐퍼드는 다음처럼 말한다.

> 죄에 대한 두려움과 슬픔이 진정한 통회다. 이는 죄 된 처지 아래서 영혼을 죄로부터 분리하게 한다. 통회가 없이는 주 그리스도를 가질 수는 없다. 영혼은 두려움과 슬픔으로 말미암아 죄로 인해 베이고 상하지만, 이 성령의 역사로 잘려지는 것이다. 이는 죄의 존재로부터가 아니라, 죄의 커져가는 권능으로부터의 단절이다. 죄를 범하려는 의지로부터이지, 의지 안에서 모든 죄로부터의 단절이 아니다. 이 의지는 영혼이 그리스도로 접붙여진 후에 거룩의 영으로 말미암아 죽게 된다. 왜냐하면, 우리의 뜻하는 바인 죄에 대한 통회, 뉘우침, 심령의 깨어짐은 심령의 강곽함과 반대되는 것이기 때문이다.[71]

"우리는 구원받은 자이니 하나님 백성으로 살기 위해서는 주일성수, 십일조, 기도 등 계명과 의무들을 지켜야 한다. 그렇지 않으면 하나님의 벌이 임하는 법이야."

이런 태도는 믿는 자의 책임을 말하면서 율법으로 흐른다. 또 "너나 잘해"라고 하거나, "너 교만해!" 하는 시비와 비꼼은 전부 죄의 표현이다. 이는 자아의 자랑에서 나온 교만과 정죄이기 때문이다. 욥의 친구들이 범한 죄의 모습이다.

죄는 법과 규칙을 뛰어넘는다. 그래서 죄는 은혜를 말하면 무책임해지고, 책임을 말하면 율법으로 가는 경향을 포함한다. 하나님이 율법을 통해 죄를 알려 주신 것은 우리 삶의 거룩을 얻을 수 있도록 알려 주는 가이드라인이다. 그래서 율법은 초행길의 내비게이션과 같다. 우리가 죄를 알 때, 율법은 우리로 하여금 죄를 멀리하려는 테두리와 같은 행동 지침을 제공한다.

하지만 하나님은 우리가 이런 죄의 테두리에 갇혀 사는 것이 아닌, 하나님의 은혜가 주신 부요함을 누리시길 원하신다. 죄가 가지는 테두리, 그리고 은혜가 가지는 부요함을 알지 못하면 우리는 일상에서 짓는 죄로 인해 자책과 절망에 빠질 수밖에 없다. 욥이 범한 잘못이다.

### 6. 하나님의 은혜

은혜(카리스, χάρις)는 하나님의 자발적이고 자기결정적인 자비의 선물이다. 은혜는 '기뻐하다'(카이로, χαίρω)의 단어에서 유래된 것처럼, 기쁨을 전제한다.[72] 받을 자격이 없는 자에게 주신 무조건적인 은사이기에 은혜는 기쁨을 수반하게 된다.

하나님은 인간의 죄와 무가치함에도 불구하고 하나님의 아들 예수 그리스도를 내어 주는 큰 사랑으로 인해 우리에게 죄 사함과 생명을 주셨다. 그런 점에서 은혜는 '예수 그리스도의 대가로 얻은 하나님의 부요함'(God's riches at Christ's expense)이다.[73] 우리의 주 되신 예수 그리스도가 육신을 입고 우리처럼 가난한 자가 되어 십자가에서 죽으심은 우리에게 하나님의 부요함을 주기 위함이라고 바울은 분명하게 밝힌다(고후 8:9).

> 우리 주 예수 그리스도의 은혜를 너희가 알거니와 부요하신 이로서 너희를 위하여 가난하게 되심은 그의 가난함으로 말미암아 너희를 부요하게 하려 하심이라(고후 8:9).

> 내가 나 된 것은 하나님의 은혜로 된 것이니(고전 15:10).

다시 말해 지금 상황이 어찌하든 간에 모든 순간이 하나님의 은혜라는 바울의 고백이다. 교회 안에서 우리는 하나님의 은혜와 사랑에 대해 많은 소리를 듣는다. 하지만 매사가 하나님의 은혜임을 고백하는 자는 너무나 적다. 이런 문제의 뿌리는 '나와 하나님' 사이의 관계에 대한 불신에 있다. 이 불신은 생각에 있는 것이 아니라 심령에 있다.

우리가 은혜에 대해 기억할 것은 세 가지다.

① 하나님의 은혜는 죄 사함의 원천 곧 우리로 하여금 칭의를 얻게 하는 선물이다. 이는 오직 우리의 믿음으로 말미암아 성취된다.
② 은혜는 하나님의 구원 계획의 동기라는 점이다. 하나님이 창세전에 우리를 선택하시고 그리스도 안에서 하늘의 신령한 복을 주신 것이 은혜다.
③ 은혜는 성도의 견인(보전)의 보증이다. 성도는 하나님이 예비하신 구원을 얻기 위해 우리의 믿음으로 말미암아 하나님의 능력으로 보호하심을 얻는다(벧전 1:5).[74]

하나님은 우리의 연약하고 죄 된 체질을 아신다. 그렇기에 욥이 말한 죽음의 소원에도 불구하고 그로 하여금 죽음을 초월하는 하나님의 뜻과 가치를 알게 하려고 그의 생명을 붙드셨다. 우리는 우리의 아픔, 우리의 실패, 우리의 연약까지 포함해서 합력하여 선을 이루는, 그리스도 안에서의 하나님의 창조물, 곧 '그의 만드신 바'(His workmanship, 엡 2:10)이다.

따라서 하나님은 자신의 피조물인 인간이 율법을 통해 정해 주신 것을 어떤 상황과 처지에서도 잘 하는가를 바라보고 있다가, 잘 하면 상 주고, 못 하면 벌 주는 그런 분이 아니다. 하나님은 우리의 연약함 가운데 우리에게 일어난 모든 것으로 창조의 완성으로 이끌고 가신다. 이것이 하나님의 신실하심(에무나)이다. 따라서 믿음이란 어떤 상황 가운데서도 하나님의 신실하심을 붙들고 신뢰하는 것에 있다.

하나님의 신실하심이 없다면 욥은 죽었어야 했다.

욥을 죽이면 쉬운 것 아닌가?

그러나 하나님이 그를 생명으로 붙들고 계심은 그에게 영원한 생명을 주고자 하신 그의 성품인 신실하신 사랑과 은혜 때문이다. 어떤 상황과 여건 가운데서도 하나님은 자기 백성의 생명을 붙들고 계신다. 우리는 이 하나님을 믿고 신뢰하기만 하면 된다.

이것이 우리가 하나님께 무한한 자유와 감사를 드려야 하는 이유이고, 당당하게 진정성 있게 살 수 있는 조건이다.

하나님은 우리의 연약한 체질을 아시는 분이 아닌가?(시 103:13-14)

# 제18장

# 주를 경외함이 지혜요 악을 떠남이 명철이라

지혜와 명철, 그리고 하나님 경외(욥 28장)

## 1. 만물의 운행은 하나님의 지혜

하나님은 어떤 분인가?
인간의 존재는 무엇이며 고난의 원인은 어디에 있는가?
이에 대한 친구들과의 오랜 논쟁 이후, 욥은 지혜와 명철에 대하여 변론한다. 친구들은 하나님은 공의의 하나님이며, 인간은 의로울 수 없는 존재이고, 인간의 고난은 죄로 말미암음이라는 일관된 주장을 펼치며, 이것이 지혜와 명철이라고 생각한다.

반면 욥은 이에 반대한다. 지혜는 세상에서 물질적으로 찾을 수 없으며, 지혜와 명철은 하나님께 속한 것이라고 주장한다. 인간이 땅 속에서 온갖 귀한 보석을 캐내지만, 지혜는 그렇게 캐낼 수 있는 성질의 것이 아니다(욥 28:1-14). 그리고 그것은 값을 주고 살 수 있는 것도 아니며, 많은 값을 치루면 소유할 수 있는 물건도 아니고, 어디서 파내고 노력해서 얻어지는 것도 아니다.

이처럼 고귀한 지혜는 세상의 어떤 보배로도 살 수 없음을 욥은 강조한다(욥 28:15-20).

> ¹ 은이 나는 곳이 있고 금을 제련하는 곳이 있으며 ² 철은 흙에서 캐내고 동은 돌에서 녹여 얻느니라 ³ 사람은 어둠을 뚫고 모든 것을 끝까지 탐지하여 어둠과 죽음의 그늘에 있는 광석도 탐지하되 ⁴ 그는 사람이 사는 곳에서 멀리 떠나 갱도를 깊이 뚫고 발길이 닿지 않는 곳 사람이 없는 곳에 매달려 흔들리느니라 ⁵ 음식은 땅으로부터 나오나 그 밑은 불처럼 변하였도다 ⁶ 그 돌에는 청옥이 있고 사금도 있으며 ⁷ 그 길은 솔개도 알지 못하고 매의 눈도 보지 못하며 ⁸ 용맹스러운 짐승도 밟지 못하였고 사나운 사자도 그리로 지나가지 못하였느니라 ⁹ 사람이 굳은 바위에 손을 대고 산을 뿌리까지 뒤엎으며 ¹⁰ 반석에 수로를 터서 각종 보물을 눈으로 발견하고 ¹¹ 누수를 막아 스며 나가지 않게 하고 감추어져 있던 것을 밝은 데로 끌어내느니라 ¹² 그러나 지혜는 어디서 얻으며 명철이 있는 곳은 어디인고 ¹³ 그 길을 사람이 알지 못하나니 사람 사는 땅에서는 찾을 수 없구나 ¹⁴ 깊은 물이 이르기를 내 속에 있지 아니하다 하며 바다가 이르기를 나와 함께 있지 아니하다 하느니라 ¹⁵ 순금으로도 바꿀 수 없고 은을 달아도 그 값을 당하지 못하리니 ¹⁶ 오빌의 금이나 귀한 청옥수나 남보석으로도 그 값을 당하지 못하겠고 ¹⁷ 황금이나 수정이라도 비교할 수 없고 정금 장식품으로도 바꿀 수 없으며 ¹⁸ 진주와 벽옥으로도 비길 수 없나니 지혜의 값은 산호보다 귀하구나 ¹⁹ 구스의 황옥으로도 비교할 수 없고 순금으로도 그 값을 헤아리지 못하리라 ²⁰ 그런즉 지혜는 어디서 오며 명철이 머무는 곳은 어디인고(욥 28:1-20).

주를 경외함이 지혜다.

> 주를 경외함이 지혜요 악을 떠남이 명철이니라(욥 28:28).

그의 결론이다. 욥은 사람이 각종 금속을 채광하는 모습을 그리면서, 지혜는 그러한 방법으로는 찾을 수 없다고 말한다. 지혜는 세상의 값비싸고 귀중한 보화와 비교하여 그 값을 견줄 수 있는 것이 아무것도 없다. 그래서 그는 인간의 방법이 아닌 절대 초월자이신 하나님에게서만이 지혜를 발견할 수 있다는 사실을 말함으로써, '주를 경외함이 지혜'라고 선언한다. 욥은 첫 번째 논증에서 이미 지혜와 명철이 하나님께 있음을 설파했다.

지혜와 권능이 하나님께 있고 모략과 명철도 그에게 속하였나니 (욥 12:13).

지혜란 하나님이 세상을 운영하시는 섭리의 오묘함이다. 지혜는 피조계 내에서 발견되지 않는다. 욥의 친구들은 마치 자신들이 지혜로운 양 욥을 정죄하고 책망했으나, 욥은 산 자나 죽은 자 누구를 막론하고 피조계 내에서는 지혜를 찾을 수 없다고 주장한다.

생명보다도 가치 있는 것을 찾기 위해 온갖 위험을 무릅쓰는 험난한 작업 과정의 묘사는 하나님께로부터 비롯되는 참 지혜를 인간이 얻기가 참으로 힘들다는 사실을 암시한다. 인간의 열망에도 불구하고 지하에 묻혀 있는 보석을 발견하는 것은 솔개와 매의 밝은 눈도 알지 못하며, 모든 피조물의 눈에 숨겨져 있다 (욥 28:7, 21).

또한, 지혜의 가치는 사람이 알 수 없으니, 이는 땅에서 구할 수 없기 때문이다. 그리고 땅에서 나는 보석은 아무리 귀하다고 할지라도 적당히 값을 계산할 수 있지만, 값어치를 헤아릴 수 없는 지혜와 명철은 오직 하나님을 경외하는 자에게만 주어진다 (욥 28:15-19, 21-28).

[21] 모든 생물의 눈에 숨겨졌고 공중의 새에게 가려졌으며 [22] 멸망과 사망도 이르기를 우리가 귀로 그 소문은 들었다 하느니라 [23] 하나님이 그 길을 아시며 있는 곳을 아시나니 [24] 이는 그가 땅 끝까지 감찰하시며 온 천하를 살피시며 [25] 바람의 무게를 정하시며 물의 분량을 정하시며 [26] 비 내리는 법

칙을 정하시고 비구름의 길과 우레의 법칙을 만드셨음이라 [27] 그때에 그가 보시고 선포하시며 굳게 세우시며 탐구하셨고 [28] 또 사람에게 말씀하셨도다 보라 주를 경외함이 지혜요 악을 떠남이 명철이니라(욥 28:21-28).

하나님은 자연계를 만드셨다. 하나님만이 '멸망과 사망의 길을 아시며, 땅을 감찰하고 천하를 살피시며,' 또 바람과 물과 비와 번개는 하나님의 지혜를 따라 쓰여지는 것이다(22-26절).

하나님의 만물 창조와 이의 섭리는 모두 하나님의 지혜에 따른 것이다. 만물을 감찰하시고, 천하를 살피며, 그 일을 정하고 명령하심은 하나님의 지혜다. 따라서 욥 자신의 현실도 하나님의 능력과 지혜와 선하심과 기뻐하시는 뜻 속에서 일어나고 있는 하나님의 지혜라는 뜻이다.

인생과 역사와 세계에 가장 중요한 유일한 근거가 하나님이며, 그의 신실하심과 거룩으로 그가 맹세를 하고 있다는 것을 욥이 고백한 셈이다. 욥이 당하고 있는 현실은 자신에 근거를 두지 않고 오직 하나님께 근거를 두고 있다. 이는 하나님만이 지혜를 아시고, 하나님만이 이를 갖고 계시며, 그리고 그 지혜를 지금의 세상에서 펼치시고 행하고 계시기 때문이다.

## 2. 감추어져 있는 하나님의 지혜

하나님의 지혜는 감추어져 있다. 인간이 하나님의 지혜로부터 멀리 떨어진 이유는 하나님의 주권적인 섭리 때문이요, 하나님의 의지에 따라 자신의 모습과 지혜를 세상에 속한 자에게는 밝히지 않기 때문이다. 그래서 세대의 뛰어난 관원도 영광의 주 예수 그리스도를 알아보지 못하고 감히 십자가에 못 박고 말았다(고전 2:8-9).

최상의 지혜자인 솔로몬은 "내가 지혜자가 되리라 하였으나 지혜가 나를 멀리 하였도다. 무릇 된 것이 멀고 깊고 깊도다. 누가 능히 통달하라"(전 7:23-24)라고 말함으로써 인간이 자신의 힘으로는 스스로 얻을 수 없는 지혜임을 고백한다.

그렇다면 세상에서 찾을 수 없는 지혜의 출처는 어디인가?

지혜는 진주보다도 귀하며(잠 3:15), 금을 얻는 것보다 나은 것이다(잠 16:16). 그래서 지혜는 세상의 무엇과도 비교할 수 없다. 지혜를 갖음은 자신의 모든 재산을 다 팔아 밭에 묻혀있는 보물을 사는 것과 같다(마 13:44). 그리고 지혜와 명철을 얻는 자가 복이 있다("지혜를 얻는 자와 명철을 얻는 자는 복이 있나니 이는 지혜를 얻는 것이 은을 얻는 것보다 낫고 그 이익이 정금보다 나음이니라"[잠 3:13-14]).

지혜는 오직 하나님으로부터 온다. 그래서 "여호와를 경외함이 곧 지혜의 근본"이다(잠 9:10; 시 111:10). 또한, 성경은 지혜를 하나님께 구하라고 말한다(약 1:5). 하나님은 그 지혜를 후히 주시고 꾸짖지 아니하신다. 실상 욥은 지혜자다.

> 지면은 식물을 내나 지하는 불로 뒤집는 것 같고(욥 28:5).

현대 과학만이 지구의 지표 밑이 뜨거운 용암으로 되어 있음을 말해 주지만, 욥은 학식과 지식을 겸비한 지혜자의 모습으로 이미 지구의 안은 뜨겁다고 말한다.

지혜는 하나님으로부터 오기 때문에 죄인 된 인간은 지혜를 알 수가 없다. 지혜는 창조의 능력과 법칙으로써 하나님만 아는 것이다. 하나님만이 모든 만물의 기원과 본질과 목적을 아시고, 그런 점에서 하나님은 지혜의 창조자다. 그리고 이 지혜는 구원에 이르게 하는 영적 능력을 지니고 있다.

세상에서 찾을 수 없는 참 지혜는 그리스도 안에 있다. 하나님의 비밀인 그리스도 안에는 지혜와 지식의 모든 보화가 감추어져 있기 때문이다(골 2:3). 그러므로 인간이 하나님의 지혜를 얻어 구원에 이르는 것은 하나님이 주시는 은혜의 선물이다("대저 여호와는 지혜를 주시며 지식과 명철을 그 입에서 내심이며"[잠 2:6]).

또한, 주를 경외하는 것이 지혜다(욥 28:27-28). 인간이 구하여 얻는 것이 아니라, 하나님이 인간에게 허락해 주시는 지혜는 오직 하나님을 경외하고 악에서 떠나는 것에 있다. 하나님을 경외함으로써 지혜를 얻은 자는 가장 먼저 성결하며, 다음에는 화평하고 관용하고 양순하며 긍휼하여 마침내는 선한 열매로 가득하고 그래서 편견과 거짓이 없다(약 3:17). 위로부터 난 지혜를 소유한 자는 주를 경외하고 악에서 떠나며, 그러므로 지혜의 열매를 맺게 된다.

오직 위로부터 난 지혜는 첫째 성결하고 다음에 화평하고 관용하고 양순하며 긍휼과 선한 열매가 가득하고 편견과 거짓이 없나니(약 3:17).

### 3. 이해 관계를 떠난 믿음

인간은 어떤 이해 관계를 떠나서 하나님을 섬길 수 있는가?

사탄은 욥이 까닭 없이 하나님을 경외하겠느냐고 물으며, 욥의 믿음이 하나님과의 어떤 이해 관계 곧 하나님의 물질적 축복이 있기 때문이라고 주장했다. 하나님은 그렇지 않다는 것이다. 그 문제를 확인하기 위하여 하나님은 사탄에게 믿음의 사람 욥의 시험과 고난을 허락하셨다. 이로 인한 고통 속에서 욥은 억울하다는 호소를 했고, '이럴 수는 없다!'는 비명을 질렀다.

그 와중에 친구들은 "너의 고난은 너의 잘못한 탓에 하나님 앞에 벌을 받는 것이니 회개하라"고 쓰라린 권면과 충고를 하고, 욥은 "그렇지는 않다"고 반박한다. 욥의 고난은 무엇인가 하는 문제에서 친구들은 끝까지 인과응보 이외에 다른 해석을 내어놓지 못한다. 사실 욥은 의로운 사람이다. 사탄의 도전에 대하여 하나님은 욥의 의로움을 인정하셨다. 그리고 욥기의 끝을 아는 우리는 욥이 옳고 친구들이 틀렸다는 결론을 안다.

욥은 답은 모르지만 자신의 고난은 인과응보의 법칙을 벗어난다고 생각한다. 인과응보가 하나님의 의로우신 통치라면, 지금 자신에게 일어나는 일도 공의의 하나님의 어떤 통치이며 하나님의 지혜의 나타남이라고 말할 수 있다. 욥은 하나님의 뜻을 모르겠다고 말하며, 금이나 보석은 땅에서 캐낼 수 있고, 세상의 보배라도 값을 치루고 살 수 있지만, 하나님의 뜻은 알 수 없다고 생각한다. 하나님의 지혜에 속하는 것이기 때문이다.

주를 경외함이 지혜요 악을 떠남이 명철이니라(욥 28:28).

여호와를 경외하는 것이 지혜의 근본이요 거룩하신 자를 아는 것이 명철이니라(잠 9:10).

여호와를 경외하는 것이 지혜요, 악을 떠나는 것, 혹은 거룩하신 자를 아는 것이 명철이라는 말의 뜻은 무엇일까?

이 표현은 실상 욥의 세 친구와 욥이 다르게 쓰고 있다.

"하나님 앞에 잘못했다고 고백해라. 그러면 하나님이 회복시켜 줄 것이다."

그들은 이것이 지혜며 명철이라고 생각한다. 그러나 욥은 지금 자신이 당하고 있는 것을 잘 감수하는 것이 주를 경외하는 것이요 그것이 곧 지혜요 명철임을 반론한다. 우리는 여기서 지혜와 명철을 성도가 갖는 믿음과의 상관 관계에서 살펴볼 필요가 있다.

하나님을 향한 참다운 믿음은 '마음을 다하고 목숨을 다하고 뜻을 다하여 하나님을 사랑하는 일이다'(마 22:37). 이것은 믿음에 있어서 성도의 하나님을 향한 올바르고 진정한 감정을 의미한다.

그러나 이 감정은 하나님을 아는 올바른 지식을 바탕으로 한다. 그 지식은 믿음의 말씀을 통해 예수를 주로 시인하고 또 하나님이 그를 부활시킴을 마음으로 믿고 입으로 시인하는 것에 있다(롬 10:8-10). 이것이 구원 얻는 지식이다. 이런 사실을 아는 것이 '거룩한 자를 아는 것'이요, '악에서 떠나는 일'이다. 즉 구원 얻는 지식을 갖는 것이 명철[75]이다. 이것이 구원의 진리에 대한 지적인 영적 인식이다.

그러나 참다운 믿음은 이 지식에 머물지 않고 이에 더하여 하나님의 계시된 진리에 인격적으로 반응하는 일이다. 즉 머리로만 진리를 믿는 것이 아니라 마음으로 받아드리는 것, 다시 말해 '하나님을 경외하는 것'이 참된 신앙 감정이 된다.

경외(fear)는 말 그대로 '두려움으로 섬김'을 뜻한다면, 믿음은 지성을 뛰어넘는 감정을 갖는 일이다. 왜냐하면, 감정이 지성을 이기기 때문이다. 따라서 하나님에 대한 경외는 '마음과 목숨과 뜻을 다해' 하나님을 사랑하는 것으로 나타나게 된다. 이처럼 하나님에 대해 참다운 지성과 감정을 갖는 것이 명철과 지혜를 얻는 일이 된다.

이 영적 지식을 마음으로 믿어 의에 이르고, '입으로 시인하여,' 세상 가운데서 그 믿음을 행사하고 증거하고 일, 다시 말해 '행함이 있는 신앙'(약 2:14-26)을 가질 때 우리는 진정으로 구원에 이르게 된다. 따라서 하나님 앞에 구원 얻는 참된 지성과 감정을 갖고 삶에서 증거하는 삶이 지혜와 명철이며, 그런 믿음을 갖는 자가 지혜자요 명철이 뛰어난 자다.

## 4. 진정한 신앙이란 무엇인가?

지혜는 무엇인가?

사실 지혜는 무엇(what)이 아니라 누구(who)이다. 지혜는 예수 그리스도요 주가 지신 십자가를 뜻하기 때문이다. 예수와 십자가는 구원에 이르는 참된 지혜의 길이다. 그래서 하나님은 "지혜를 보시고 선포하시며 굳게 세우시며 궁구하셨다"(욥 28:27, 개역한글).⁷⁶ 하나님이 구원의 길을 예수 안에서 골고다의 십자가를 통해 여신 것이 지혜며, 동시에 이런 일을 행하신 주를 경외함이 지혜다.

> 지혜는 그 행한 일로 인하여 옳다 함을 얻느니라(마 11:19).

지혜되신 예수 그리스도가 행하신 십자가로 인한 구원의 성취와 이로 인해 갖게 되는 영생의 선물은 주의 백성으로부터 옳다 함을 얻는다. 왜냐하면, 이 길만이 진리이기 때문이다.

예수 그리스도가 말씀하신 '장터의 비유'(마 11:16-19)는 남의 말을 무시하고, 호소에 귀를 막고, 책임을 회피하는 사람에 대한 비유로, 상대의 말에 공감하고 동참하는 것이 아니라 비평하고 트집을 잡는 자의 모습에 대한 것이다. 하나님 백성으로서 하나님의 믿음으로 행하지 않고, 일신상의 안심과 만족을 얻고자 하거나, 아니면 이렇게는 못하겠다고 하나님께 불평불만만 했지, 실제로 동참하여 순종하거나 자기를 맡기지 않는 외식된 믿음에 대한 비유다.

> ¹⁶ 이 세대를 무엇으로 비유할까 비유하건대 아이들이 장터에 앉아 제 동무를 불러 ¹⁷ 이르되 우리가 너희를 향하여 피리를 불어도 너희가 춤추지 않고 우리가 슬피 울어도 너희가 가슴을 치지 아니하였다 함과 같도다 ¹⁸ 요한이 와서 먹지도 않고 마시지도 아니하매 그들이 말하기를 귀신이 들렸다 하더니 ¹⁹ 인자는 와서 먹고 마시매 말하기를 보라 먹기를 탐하고 포도주를 즐기는 사람이요 세리와 죄인의 친구로다 하니 지혜는 그 행한 일로 인하여 옳다 함을 얻느니라(마 11:16-19).

신앙은 내가 원하는 결과를 얻기 위한 조건이 아니다. 신앙이 하나님을 움직이고 조종하는 우리의 조건이나 주문(呪文)이 될 수 없다. 신앙, 곧 하나님 경외는 하나님의 통치에 자신을 맡기는 일이다. 여호와를 경외하는 것이 지혜라는 말은 내가 하나님께 잘하여 내가 겪고 싶지 않은 결과를 면제받고, 내가 원하는 현실을 받는 것이 아니다. 하나님 경외는 나와 내 삶을 하나님 손에 맡기며 살아나가는 감정적이고 의지적인 믿음의 행위다.

하나님이 시간과 공간을 만드시고 그 속에서 일하시는 주권자임을 인정하는 것, 곧 하나님에 대한 신뢰가 믿음이라는 말로 성도의 삶 속에서 구체화되는 것이 지혜다. 하나님은 '자기 아들을 아끼지 아니하시고 우리 모든 사람을 위하여 내어 주셨다'(롬 8:32). 이 말은 하나님의 사랑이 공허한 약속이나 조건이 아니라 구체화된 사실임을 말해 준다. 하나님이 그 아들을 내어 주심은 하나님 사랑의 구체화다.

하지만 지혜를 모르는 세상은 예수를 죽이고 말았다. 하나님의 신앙 곧 예수를 믿는다는 것은 하나님의 어떠하심을 알아, 하나님이 우리를 사랑하사 그 아들을 주신 것같이, 우리 자신의 인생과 운명을 하나님께 내어 주어 순종하고 인내하는 것이다. 인내란 시간을 바치는 것이기에 오래 참음이다. 지금 당장 어떤 열매나 보답이 없지만 어제와 오늘과 내일을 바치는 것이 인내다.

아담은 '선악을 알게한 열매는 먹지 말라'는 하나님의 말씀에 불순종하여 사탄의 유혹을 받아 이를 먹었다. 그 결과 자신이 벌거 벗었음을 안다. 벌거벗었음을 안다는 것은 하나님의 금령(禁令)을 어김으로 하나님의 생명과 안식과 풍요함을 받을 모든 덮개가 사라졌다는 의미다. 즉 스스로 책임질 수 없는 연약한 존재, 하나님으로부터 멀어져 홀로 죄와 세상에 노출된 존재가 됐음을 뜻한다.

하지만 예수 그리스도는 어떤가?

예수 그리스도는 우리의 지혜, 의로움, 거룩함, 구원이 되셨다(고전 1:30). 이는 단순히 하나님의 어떤 약속이나 어떤 힘, 어떤 주문도 아니다. 절대로 공허하고 관념적인 것이 아니다. 하나님이 구체적으로 시공간 속에서 우리에게 구체적으로 하나님 자신, 곧 사랑하시는 아들 예수를 주심으로 우리의 삶 속에 개입하신 것이다. '예수'라는 표현은 성자 하나님이 육신이 되어 가진 인간의 이름이다.

> 너희는 하나님으로부터 나서 그리스도 예수 안에 있고 예수는 하나님으로부터 나와서 우리에게 지혜와 의로움과 거룩함과 구원함이 되셨으니(고전 1:30).

예수는 누구신가?
우리는 성경을 통해 다음 세 가지를 고려할 수 있다.[77]

### 첫째, 예수는 보내심을 받은 분이다.

보내심을 받았음은 그 신적 기원이 하나님으로부터임을 말해 준다.

> 때가 차매 하나님이 그 아들을 보내사 여자에게서 나게 하시고 율법 아래 나게 하신 것은(갈 4:4).

> 아버지 품 속에 있는 독생하신 하나님이 나타내셨느니라(요 1:18).

그래서 예수 그리스도의 피는 하나님의 피가 된다.

> 하나님이 자기 피로 사신 교회를 치게 하셨느니라(행 20:28).

보내심을 받음은 보낸 자가 있다는 뜻에서 예수 그리스도는 하나님과는 별개의 인격이다. 그렇지만 예수는 하나님과 동등하시다.

> 그는 근본 하나님의 본체시나 하나님과 동등됨을 취할 것으로 여기지 아니하시고(빌 2:6).

여기서 우리가 알 수 있는 것은 죄인을 구하기 위해 사랑하는 아들을 보내시는 하나님 아버지의 사랑, 그리고 보내심에 순종하는 하나님의 아들 예수 그리스도의 겸비함이다. 또한, 이런 사랑과 겸비함은 결국 하나님이 죄인 된 영혼을 얼마나 가치 있게 생각하는지에 대한 척도가 된다. 우리는 그의 피로 사신 바 된 자들이지 않는가?

**둘째, 예수는 구원자다.**

그 이름 그대로 예수는 자기 백성을 '죄에서 구원할 자'이다(마 1:21). 즉 독생자 예수가 보내심을 받은 이유는 바로 하나님 백성의 구원자가 되기 위함이었다. 주는 우리를 위해 그리고 우리 안에서 무엇을 행하시고 승리하신다. 다시 말해 '우리를 위해서는' 주님은 죽음의 공로로 인해, '우리 안에서는' 성령의 효력으로 인해 승리하신다.

하나님과 우리를 화목하게 하시기 위해, 주님은 십자가에서 보혈을 쏟았다. 정의는 희생제물을 가져야 하고, 율법은 만족을 가져야 한다. 누군가 한 저주가 되어 율법의 권위를 지켜야 했기 때문이다.

예수는 죄인 자신의 허물로 인해 사탄의 손에 자신들을 넘겨준 택하신 자들을 구하시고 회복하신다. 이는 우리의 위로를 위함이며, 그리스도는 자신의 순종과 공로로 인해 우리에게 권리와 자격을 주시고, 그의 영향과 능력으로 기업을 주신다.

**셋째, 예수는 그리스도 곧 기름 부음 받은 자, 메시아다.**

예수는 그의 신성(divinity)을, 그리스도는 그의 인성(humanity)을 나타낸다. 왕, 선지자, 제사장이 받는 기름 부음을 통해 주 예수에게 권능과 권위가 부여되고, 성령이 충만하게 부어졌다. 주가 기름 부음 받은 것은 중재자의 직책을 위해서이고, 특별히 교회에 대해 왕, 제사장, 선지자가 되시기 위함이다.

## 5. 시공간 속에서 함께 하시는 하나님

하나님은 인간의 역사라는 시간과 공간 속에 들어와 우리에게 '예수 안에서, 예수를 통하여, 예수와 함께'(in Jesus, through Jesus and with Jesus) 일하신다. 그래서 하나님은 그의 지혜, 하나님을 경외하여 받아내는 구원과 의로움과 거룩함을 시공간 안에서 예수 그리스도의 십자가로 구체화하고 실체화하여 우리의 것으로 주신 것이다. 따라서 예수는 하나님이 일하신 역사적 공간적 실체인 셈이다. 예수는 하나님의 긍휼의 실제적 나타남이다.

말로는 예수를 믿고, 진실된 마음을 내놓는다고 말하지만 실제로는 그렇게 살 필요는 없다고 생각하여 삶이 따르지 않는 신앙은 병든 신앙이다. 그럼에도 많은 이단이 여기에 빠져 있다. 또 진심을 바쳐 밤을 새워 기도하고 금식하기만 하면 하나님이 응답해야 할 것이라 생각하는 것 역시 잘못된 신앙이다. 밤을 새우고 눈물을 흘리는 기도는 늘상 있는 일이며, 다른 종교도 하는 행위다.

우리는 자신의 힘과 능으로 감당할 수 없는 '이 악한 세상'에 살고 있기에 하나님께 우리의 처지와 사정을 말하는 것은 옳은 것이다. 하지만 하나님의 응답이 내 소원, 내 요구와 같지 않을 때에도 믿음의 행진을 계속하는 것이 진실된 신앙인의 자세다.

예수를 믿는다는 말은 우리가 기대하지 못했던 현실과 처지에 직면하여 세상이 주는 위협과 환난, 도전과 시험, 타락과 유혹 앞에서도 하나님의 통치에 자신을 맡기는 행위다. 이것이 욥기가 우리에게 보여 주는 것이다.

우리가 할 수 있는 건 오직 회개하여 하나님 앞에 우리의 할 일을 끝내면—이것이 욥의 친구들의 주장이다—그 결과는 이제 하나님의 책임이다고 할 수는 없다. 우리가 기도하고 소원하고 고백한 하나님의 의로움과 신실함과 거룩함을 인정한다면, 하나님의 무응답 속에서도 기꺼이 어두움과 아픔의 길을 들어갈 수 있어야 한다. 하나님이 응답하지 않는 길을 믿음으로 들어가는 것, 이것이 여호와를 경외하는 지혜다.

주 예수는 하나님의 아들임에도 십자가 앞에서 심한 통곡과 눈물로 아버지께 간구와 소원을 올린 분이지만, 고난으로 순종하여 온전하게 됐다. 어떤 상황에서도 하나님을 신뢰하며 믿음의 행진을 하는 것이 경외함(이레아, יִרְאָה; 울라베이아, εὐλάβεια)이다. 이 모범을 보여 주신 분이 예수 그리스도다.

주의 어떠하심과 같이 우리도 세상에서 그러하니라(요일 4:17).

따라서 참 지혜인 예수를 본받는 것이 경외함이다.

예수 그리스도는 시간과 공간 속에 하나님의 통치의 신실함을 구체화했다. 예수는 고난으로 순종함을 배워서 경외의 대상인 하나님을 실체화했다. 주님이 보이지 않는 하나님 아버지를 관념적 약속과 언약이 아닌, 한 인격 속에서 역사의 실체로 드러내심으로 하나님의 성품과 인격을 보여 주셨기에, 우리는 하나님을 손으로 만질 수 있고, 주목하고, 눈으로 보고 귀로 들을 수 있게 된다(요일 1:1).

우리의 배신으로 가시관을 쓰고, 우리의 찌름으로 몸에서 물과 피가 나오고, 우리의 죄로 인해 십자가상에서 고통의 절규를 토하는 예수를 봄으로, 우리는 변명하고 외면하고 무시할 수 없는 하나님의 실체에 가까이 다가선다. 그래서 십자가 옆 백부장의 고백은 바로 우리의 고백이 된다.

이는 진실로 하나님의 아들이었도다(마 27:54).

자기 백성에 대한 하나님의 사랑과 긍휼이 시공간 속에서 구체화된 험한 십자가는 하나님 나라의 주권자로서의 하나님 통치에 대한 신실하심의 '실체'(entity)다. 그래서 십자가의 역사는 우리의 구원을 넘어 하나님께 영광이 된다.

하나님이 인간의 역사 속에 독생자를 보내시고 죽게 하심은 우리를 위하여 우리가 보고, 만지고, 들을 수 있는 움직일 수 없는 증거로 삼기 위함이다. 순종하는 자에게 예수가 영원한 구원의 근원이 되실 수 있는 이유다. 우리는 십자가를 통해 하나님이 시간과 공간의 주인임을 예수 안에서 본다. 십자가에는 인간의 반역과 저항과 죄악과 불순종으로 인해 아들 구원자를 죽이는 패역하고 참혹한 현실을 오래 참으며 건져 내는 사랑과 긍휼 많은 하나님의 손길이 있다.

신앙은 하나님 앞에 흠도 점도 없는 그래서 책망할 것 없는 자가 되는 것이 궁극적 목표지만, 이는 우리 힘과 노력으로 되는 것은 아니다. 오히려 우리가 우리 자신을 붙들고 살지 않고, 인간의 모든 것을 몸소 겪으신 예수 안에서 우리를 부르고 택해 자기 백성으로 삼으며, 창조주 하나님을 경배하라고 외치는 하나님, 곧 아들 예수와 십자가를 주신 하나님을 믿고 신뢰하는 것에 있다.

하나님은 우리가 잘 해야만 받아 주시는 그런 하나님이 아니다. 잘 해야만 받아 주는 것은 복음이 아니다. 복음은 어떤 상황과 처지—우리가 잘 하든 못하든 간에—에서도 우리에게 기쁨이 되는 소식이다. 우리의 구차한 변명, 하나님을 원수로 대하는 적개심과 대적, 말할 수 없는 불의와 패역함 속에서도 하나님이 우리를 향하여 자신의 신실함 그리고 구원의 은혜와 능력을 베풀고 계시다는 사실을 인정하고 이런 하나님을 신뢰하는 것이 경외함이다.

비록 겨자씨와 같은 크기의 작은 믿음일지라도 하나님에 대한 신뢰와 순종이 하나님께 기쁨이 되지 않겠는가?

그런 까닭에 우리는 자신의 결벽증에서 벗어나야 한다. 그리고 믿음으로 자신이 직면한 현실을 이겨야 한다. 믿음과 현실은 다르기 때문이다.

> 하나님의 뜻대로 부르심을 입은 자들에게는 모든 것이 합력하여 선을 이루느니라(롬 8:28).

지금 우리에게 처한 상황과 여건이 어찌하던지 하나님은 모든 것을 합력하여 선을 이루신다는 하나님의 성품과 인격을 예수 안에서 확인하지 못하면, 믿음은 흔들릴 수밖에 없다.

십자가상의 예수의 죽음이 부활로 가는 길임을 깨닫지 못하면, 온전한 신앙 생활은 기대난(期待難)이 아닌가!

*The True Understanding of the Kingdom of God according to The Book of Job*

# 제19장

## 복을 바랐더니 화가 왔고
## 광명을 기다렸더니 흑암이 왔구나

하나님의 주권에 대한 이해(욥 29-30장)

### 1. 복을 바랐더니 화가 왔고

  세 바퀴 논쟁이 다 끝난 뒤 29장부터 31장까지 '욥의 독백'은 계속된다. 욥의 고난이 시작되자, 2장에서 욥의 친구들이 위로차 오고, 이에 3장에서는 욥의 신세 타령과 같은 독백으로 세 친구와의 논쟁이 시작됐다면, 이제 지루한 세 차례의 논쟁이 완결된 뒤에 또 다른 욥의 독백으로 마무리된다. 욥은 "주신 이도 여호와요 취하신 이도 여호와"라고 생각하며(욥 1:21) 자신이 범죄치 아니하고 하나님을 향하여 어리석게 원망하지 않는다.
  그러나 3장에서 욥은 이 땅에 태어남으로 겪는 고난을 인해 자기 생일을 저주함으로써 하나님을 향한 내면적인 원망과 불평이 토로되는 것을 보게 된다. 그러면서 자신이 그토록 하나님 앞에 온전한 삶을 살려 했던 이유는 '자신의 두려워하는 그것,' '자신의 무서워하는 그것'에 대한 생각 때문이라고 고백하며, 놀랍게도 그 두려움과 무서움이 현실이 되어 자신에게 임했음을 탄식한다(욥 3:25-26).

이는 그가 보인 열심의 신앙의 밑바탕에는 하나님의 징계에 대한 두려움이 깊게 깔려 있음을 암시한다.

> ²⁵ 내가 두려워하는 그것이 내게 임하고 내가 무서워하는 그것이 내 몸에 미쳤구나 ²⁶ 나에게는 평온도 없고 안일도 없고 휴식도 없고 다만 불안만이 있구나(욥 3:25-26).

친구들과의 계속된 논쟁을 통해 이제 욥은 자신의 고난의 원인에 대해 하나님의 절대 주권을 인정하며, 있는 현실을 담담하게 수용하기 시작한다. 그는 깊은 고뇌와 성찰과 대화를 통하여 한결 절제된 감정과 믿음을 보이지만, 아직도 자신의 무죄를 확신하고 자신에게 임한 까닭 없는 부당한 고난를 이해하지 못한다.

29장에서 욥은 고난을 당하기 이전, 전능자와 함께 했던 행복했던 시절, 사람들의 존경을 받았던 그때, 이웃에게 정의와 선의를 베풀었던 옛날을 아름다운 필치로 회상하며, 자신은 행복한 삶을 살다 죽을 것이라 기대했다("내가 스스로 말하기를 나는 내 보금자리에서 숨을 거두며 나의 날은 모래알같이 많으리라 하였느니라"[욥 29:18]). 한마디로 "아, 행복했던 옛날이여!" 하며, 과거의 축복을 잃어버림에 대한 통한과 절망의 감정이 표출된다.

반면 30장에 가서는 현재의 비참한 상황을 언급함으로써 그때의 행복과 대비한다. 그리고 "수금은 애곡성이 되고 피리는 애통성이 되었다"(욥 30:31, 개역한글)라고 탄식한다.

더 나아가 31장에서 하나님 앞과 사람 앞에서 자신의 결백을 다시금 확증한다. 그는 과거에 분에 넘치는 축복을 받았을 때는 왕과 같았으나("내가 그들의 길을 택하여 주고 으뜸되는 자리에 앉았나니 왕이 군대 중에 있는 것과도 같았고 애곡하는 자를 위로하는 사람과도 같았느니라"[욥 29:25]), 이전까지 누리던 왕과 같은 존영을 하나님이 다 빼앗음으로 인해 진흙 가운데 던져진 티끌과 재 같은 존재로 전락됐음을 한탄한다("하나님이 나를 진흙 가운데 던지셨고 나를 티끌과 재 같게 하셨구나"[욥 30:19]).

그러면서 욥은 하나님이 늘 함께 했다는 확신 속에 다시금 그런 상황으로 돌아갈 수 있기를 희망한다("내가 그처럼 잘 살던 그 시절로 다시 돌아가서 살 수 있으면 좋으련만! 내 집에서 하나님과 친밀하게 사귀던 그 시절로 되돌아갈 수 있으면 좋으련만!"[욥 29:4, 표준새번역]).

욥은 자신이 잘 나갈 때는 공동체 안에서 명성과 존경이라는 사회적 축복 가운데 가난하고 소외된 사람들에게 자비와 정의를 베풀어 "맹인의 눈이 되고 다리 저는 사람의 발이 되고"(욥 29:15), 지혜로운 조언과 감화력으로 공동체의 정신적 지주와 왕 같은 역할을 했음을 회상한다.

하지만 욥에게 고난이 임하자 사람들의 태도는 바뀌어 부랑자들에게까지 천대를 받고 조롱을 받는 신세로 전락해서, "내 복록(구원)이 구름같이 지나갔구나"(욥 30:15, 개역한글)라고 개탄한다.

그런데 이 모든 변화는 하나님으로 인한 것이라고 말한다(욥 30:11, 19-23). 참으로 하나님이 그의 활시위를 풀어버리고, 그래서 그로 곤고하게 하며, 잔혹하게 하고, 완력으로 핍박하며, 대풍 속에서 없어지게 하며, 진흙에 던짐으로 티끌과 재같이 만들어서 그를 죽게 했다는 것이다. 친구들과의 긴 논쟁을 통해서도 하나님에 대한 그의 생각은 조금도 변화된 것이 없다.

욥이 생각한 것처럼 하나님은 참으로 그러할까?

> [11] 이는 하나님이 내 줄을 늘어지게 하시고 나를 곤고하게 하심에 무리가 내 앞에서 굴레를 벗었음이라 … [19] 하나님이 나를 진흙 가운데 던지셨고 나로 티끌과 재 같게 하셨구나 [20] 내게 주께 부르짖으나 주께서 대답지 아니하시며 내가 섰으나 주께서 굽어보기만 하나이다 [21] 주께서 돌이켜 내게 잔혹히 하시고 완력으로 나를 핍박하시며 [22] 나를 바람 위에 들어 얹어 불려가게 하시며 대풍 중에 소멸하게 하나이다 [23] 내가 아나이다. 주께서 나를 죽게 하사 모든 생물을 위하여 정한 집으로 끌어 가시리다(욥 30:11, 19-23, 개역한글).

## 2. 광명을 기다렸더니 흑암이 왔구나

욥이 하나님에 대해 오해하는 부분은 무엇인가?

앞에서처럼 그는 여전히 하나님을 세상 사람의 행동과 태도로 평가하고 있다는 점이다. 사람들은 욥이 형통할 때는 그를 왕처럼, 그들의 정신적 지주처럼 받들었으나, 욥이 고난으로 인해 가난하고 힘 없고 병들고 아플 때, 그들은 그를 철저히 무시한다. 이것이 인간의 본성이다.

인간은 외양으로 판단하고 힘과 권력 앞에 굴신한다. 그래서 강한 자와 부자에게는 약하고 굽신거리고, 약한 자와 가난한 자를 무시하고 거만하다. 강자에는 약하고, 약자에는 강한 것이 인간의 특징이다. 인간은 이웃의 아픔에 동참하지 않는다. 욥은 이런 세상 사람의 모습을 통해 하나님을 인식하고 있는 셈이다. 이것이 세상 사람이 가진 하나님에 대한 이해요, 지식이다.

그러나 하나님은 인간이 아니다. 인간은 조석 간으로 이해 관계에 따라 마음과 태도가 변하지만 하나님은 신실하신 분이다. 일향 미쁘신 하나님은 인간의 중심을 보신다(딤후 2:13). 그래서 인생의 형편이 어떠하든지 늘 신실하시다.

> 우리는 미쁨이 없을지라도 주는 일향 미쁘시니(faithful) 자기를 부인할 수 없으리라(딤후 2:13).

욥이 형통할 때나, 고난 가운데 있을 때나 그를 불꽃 같은 눈동자로 지키시고 그의 생명을 돌아보고 계신 분이다. 하나님은 우리 인생과는 달리 식언치 않으시며 후회하지 않으신다(민 23:19-21). 물론 인간에게 허물과 패역이 있지만 그럼에도 하나님은 신실하게 자기 백성에 대한 약속을 지키시고 보호하시는 분이다.

¹⁹ 하나님은 인생이 아니시니 식언치 않으시고 인자가 아니시니 후회가 없으시도다 어찌 그 말씀하신 바를 행치 않으시며, 하신 말씀을 실행치 않으시랴 ²⁰ 내가 축복의 명을 받았으니 그가 하신 축복을 내가 돌이킬 수 없도다 ²¹ 여호와는 야곱의 허물을 보지 아니하시며 이스라엘의 패역을 보지 아니하시도다. 여호와 그의 하나님이 그와 함께 계시니 왕을 부르는 소리가 그 중에 있도다(민 23:19-21).

욥의 하나님에 대한 불만은 그가 하나님께 부르짖었으나 하나님은 대답지 않고 오직 굽어보시기만 하신다는 것이다(욥 30:20). 하지만 하나님은 자기 백성의 소리에 귀를 막으시는 분이 아니다. 자기 백성 이스라엘의 고통의 소리를 들으시고, 아브라함과 이삭과 야곱에게 세운 그 언약을 기억하사 이스라엘 자손을 권념하셨고 그래서 모세를 통한 출애굽을 예비하셨다(출 2:24-25). 하나님이 스스로 자기 백성을 세우시고 또 그들과 언약을 세우심은 순전히 하나님의 은혜다.

하나님은 우리의 구원을 위해 은혜를 베푸신 분이다. 이 구원은 받을 가치가 없는 우리에게 아무런 대가도 없이 주신 하나님의 선물이다. 하나님은 인간의 아픔과 상처 그리고 죄악을 치유하고자 육신을 입고 이 땅에 오시고 낮은 자와 동참하며, 홀로 십자가를 지셨다. 오직 하나님의 아들 예수의 십자가상에서의 부르짖음, '엘리 엘리 라마 사박다니' 소리에만 귀를 막으셨다. 예수로 하여금 우리의 죄를 대신하여 죗값을 치루게 하기 위해서이다. 이것이 구원의 방편이고 하나님의 긍휼이다.

하나님은 자기 백성의 허물과 패역과 반역에도 불구하고 은혜 베풀기를 원하신다. 은혜가 조건 없는 사랑의 표현이라면, 긍휼은 죄 없는 자가 죄인의 자리에 들어오는 하나님의 낮아짐이다. 이것은 그분의 신실하심 때문이다. 이런 하나님을 아는 온전한 지식을 갖추지 못한 욥은 하나님을 인생처럼 판단한다.

믿음이란 이런 하나님의 은혜와 긍휼에 대한 우리의 반응이다. 욥이 하나님의 징계에 대한 무서움과 두려움 때문에 열심을 다해 자식들을 성결하게 하고 번제를 드리는 하나님의 섬김은 진정한 믿음의 행위가 아니다. 그의 믿음은 하나님과의 관계가 아닌, 하나님 앞에 보이는 인간의 행위에 바탕을 두었다.

하지만 진정한 믿음은 하나님과의 관계다. 하나님이 베푸신 은혜와 긍휼 앞에 감사와 찬양과 순종의 덕을 보이며 하나님과 교제하는 것이 믿음이다. 그런 점에서 믿음이 하나님과의 관계 속에서 발견된다면, 하나님에게서부터 멀어지는 마음과 태도는 죄가 된다. 따라서 믿음은 행위가 아닌 마음과 태도의 문제인 셈이다.

## 3. 하나님의 주권에 대한 이해

참새 한 마리가 땅에 떨어지는 것도 결코 우연이 아니고 하나님의 허락하심을 믿는 것이 신앙적인 관점이다(마 10:29). 이는 세상사가 모두 우연의 산물이라고 보는 세상 사람과는 다른 관점이다.

하나님이 세상을 다스리고 섭리하신다는 관점은 우리 믿는 자에게는 큰 위로와 소망을 준다. 세상의 모든 일에 하나님의 목적과 방향이 있기 때문이다. 따라서 만약 모든 것이 우연의 결과라면 우리는 미래에 대하여 희망을 가질 수 없으리라.

그렇다면 하나님이 세상을 섭리하고 통치한다고 할 때, 고난과 악의 문제를 어떻게 답할 수 있는가?

사람들은 선하신 하나님이 왜 세상에 고통과 악을 허용하시는가 의문시한다. 악의 최종적인 결재권자가 하나님이라면, 그 하나님은 더 이상 선하신 하나님이 아니고, 반면에 세상의 악이 하나님과 아무런 관계가 없다면, 하나님이 과연 전능하신 분이며 과연 궁극적으로 선이 악을 이긴다는 확신을 가질 수 있겠는가 하는 문제를 제기한다.

성경은 이 문제에 대하여 상반된 것처럼 보이는 대답을 내놓는다. 하나님이 세상의 모든 것에 대하여 섭리하되, 죄와 악의 책임은 사람에게 있으며 악은 하나님이 원하는 것이 아니라는 것이 성경의 답이다. 세상에서 발생하는 모든 악도 하나님과는 상관없이 발생하는 것이 아니며, 그렇다고 하나님의 통치를 벗어나서 발생하는 것도 아니다. 분명 욥의 고난은 하나님의 허용하심 가운데 일어난 일이다.

애굽 왕 바로가 마음을 완악하게 하여 이스라엘 민족을 해방시키지 않으려고 했던 것도 하나님의 섭리 가운데 있었고, 가룟 유다가 예수를 팔아버린 것, 그리고 빌라도가 예수 그리스도를 십자가형에 처한 것도 모두 하나님의 섭리 가운데서 일어난 일이었다. 이런 입장을 신학적으로는 하나님의 허용적인 작정, 또는 감추인 뜻으로 설명한다.

하지만 애굽 왕 바로, 가룟 유다, 빌라도의 행위에 하나님의 섭리가 있었음에도 그들이 결코 무죄한 것은 아니다. 이처럼 악과 불의도 하나님이 주권적인 섭리 가운데 이루어진다고 보는 것은 세상사가 하나님의 섭리와 통치의 범위를 넘을 수 없다는 절대 주권 사상에 뿌리를 둔다.

이런 절대 주권적 사상에서 세상의 역사를 평가할 때, 우리나라의 역사나 우리 개인사 역시 모두 하나님의 손아귀에 있는 셈이다. 그래서 신앙심 많은 어떤 장로는 간증 집회를 통해 일제의 식민 지배와 6.25 전쟁, 심지어 남북 분단까지도 하나님의 뜻이라고 확신한다. 우리는 주변에서 많은 믿는 자가 자신의 사업이 망하고, 가정이 깨어지고, 병들어 갑자기 죽는 것도 모두 하나님의 뜻이라는 말을 듣게 된다. 언뜻 들으면 매우 신앙심이 좋은 태도같지만 이는 하나님의 지식에서 멀어진 잘못된 믿음이다.

일제 식민 통치가 하나님의 뜻이라면, 그럼 친일파들은 하나님의 뜻에 순복한 자들이고, 일제 식민 통치에 항쟁한 독립투사들은 모두 하나님의 뜻을 거스린 반역자들인가?

병들어 죽음에 이른 것이 하나님의 뜻이라면, 치유를 기도하는 것은 하나님의 뜻에 거스리는 행위가 아닌가?

2014년에 일어난 비극적인 세월호 사건, 이로 인해 수많은 어린 학생이 죽은 참사를 두고, 심지어 한국의 대형교회의 한 유명한 목사는 "죄에 빠진 우리 나라 국민들을 회개시키기 위해서 하나님이 아이들을 제물로 삼아 세월호를 침몰시켰다"라고 설교했다. 이는 하나님이 무고한 세월호 희생자인 학생들을 저주의 제물로 삼으셨다는 뜻이다. 또한, 그는 다음과 같이 주장했다.

> 모든 인생의 풍랑은 교회를 나오지 않고 성경을 모르고, 십일조 안 하면 만나게 됩니다. 기도하고 하나님께로 돌아가면 풍랑은 멈추고 주님이 순풍을 주십니다.[78]

세월호 사건은 하나님을 제대로 믿지 않는 이 나라 국민들을 대신해서 죄 없는 어린 아이들에게 주신 심판의 풍랑이며, 주일성수나 십일조를 열심히 하는 자는 인생의 거친 풍랑을 맞지 않고 오히려 순풍 속에서 살아가는 의인이라는 의미다.

이런 논조에 따르면 고난당한 욥은 절대로 의인이 아니다. 그리고 세월호 사건을 일으킨 당사자도 하나님이 되는 셈이다. 그러나 그 사건은 분명한 인재(人災)다. 사람들의 잘못으로 일어난 일이다. 그럼에도 많은 사람이 하나님의 탓을 한다. 하나님의 주권을 오해하기 때문이다.

세상에 일어나는 모든 일이 하나님의 주권 아래 발생하기 때문에 모든 악까지도 하나님의 뜻이라는 생각은 하나님의 주권과 전능성을 왜곡하는 일이다. 악과 불의는 하나님의 의가 될 수 없기 때문이다. 불의는 하나님의 공의와 선하심을 거스르는 반역이다.

하나님은 그 선하신 뜻을 거역하고 방해하며 좌절시키려는 악과 불의의 세력, 즉 정사와 권세와 어두움의 세상주관자들과 하늘의 악한 영들인 반역의 세력을 주권적인 섭리로 제압하고 승화하여 궁극적으로 그분의 선하신 뜻을 이루신다는 것이 주권 사상의 핵심이다(골 2:15; 엡 6:12).

또한, 하나님의 전능성은 세상의 독재자처럼 모든 것을 전횡적인 독단적 행위의 행사를 뜻하지 않고, 하나님 자신의 성품과 인격 안에서 제한성을 갖는다. 따라서 하나님은 모든 것을 하실 수 있지만, 동시에 모든 것을 하실 수 없다. 어떤 선한 목적을 이루기 위해 악과 불의를 발생하게 한 것은 하나님의 뜻이 아니다. 하나님은 악의 세력인 사탄의 시험에도 욥의 생명을 붙들어 주셨다. 고난의 제공자는 사탄이지 하나님이 아니다.

'일제 통치와 6.25전쟁이란 고난과 시련은 우리 민족의 불순물을 제거하고 단련시키는 하나님의 뜻과 방법이다'라는 말은 얼핏 보면 성경적인 듯하다. 세상사가 하나님의 경영과 섭리를 벗어날 수 없다는 점에서는 모든 일이 하나님의 뜻이라 할 수 있을지 모른다. 하지만 실제로 세상에서 벌어지는 일들이 하나님의 통치에 역행하고 대적하는 사탄의 일이요, 공중 권세 잡은 자의 뜻을 좇는 악한 인간의 일들임을 감안한다면, 모든 일이 다 하나님의 뜻이라고 말해서는 안 된다.

욥에게 일어난 고난은 사탄의 시험으로 인한 것임을 우리는 잘 안다. 그리고 하나님이 이를 허락하신 것은 이 세상의 주인이 사탄이기 때문이다. 주 예수를 시험할 때 사탄이 이렇게 말한다.

> 이 모든 권세와 그 영광을 내가 네게 주리라. 이것은 내게 넘겨 준 것이므로 나의 원하는 자에게 주노라(눅 4:6).

하나님이 세상의 주인으로 하나님의 형상과 모양을 닮은 아담을 세우고, 그에게 복을 주어 생육하고 번성하고 땅에 충만하며 땅을 정복하고 모든 생물을 다스리라 하셨다(창 1:27-28). 하나님이 아담을 만물 창조의 마지막 날인 엿새 날에 창조하시고 그를 에덴 동산에 두신 까닭이다.

그렇지만 아담이 하나님의 말씀에 불순종하여 죄를 범한 순간, 하나님의 형상을 잃게 되고 세상의 지배권은 사탄에게 넘어갔다. 그래서 사탄은 그런 권세와 영광을 가지고 있다고 말하며 이를 자신에게 복종하는 예수에게 넘겨 주겠노라 당당하게 말하고 있는 셈이다.

이제 잃어버린 권세와 영광을 찾는 길이 하나님 아버지에 의해 주어졌다. 예수 그리스도에 대한 믿음을 통해서이다(벧전 1:7). 믿음을 통해 우리 인생은 칭찬과 영광과 존귀를 얻게 된다. 그 믿음의 길이 바로 골고다의 십자가다.

> 너희 믿음의 시련이 불로 연단하여도 없어질 금보다 더 귀하여 예수 그리스도의 나타나실 때에 칭찬(praise)과 영광(glory)과 존귀(honor)를 얻게 하려 함이라(벧전 1:7).

## 4. 복과 광명을 주신 분

하나님은 고난을 허용하신다. 하지만 하나님은 악의 숨은 조성자가 아니다. 생명을 주기 원하시는 하나님이 고난과 저주를 창조하고 제공하여 죽음을 주는 분이 될 수 없다.

모든 불행과 고난의 일차적인 제공자는 악의 화신인 사탄과 세상 자체다. 이 악의 세력은 끊임없이 하나님의 평강의 통치에 반대해 세상을 혼돈과 공포로 몰아 넣는다. 정사와 권세의 지상적 세력(눅 12:11), 그리고 세상 주관자들 및 하늘의 악령인 우주적 세력(엡 2:2)은 국가적, 지역적, 제도적 차원에서 하나님의 통치를 반발하고 거부하고 악을 보편화시키려고 시도한다.

하지만 하나님은 세상에서 벌어지는 불행한 일들로 인한 그 백성의 시련과 고난에도 불구하고 이를 섭리 가운데 합력하여 선을 이루시는 분이다. 그래서 궁극적으로 더 큰 유익과 결실을 가져다 주게 된다. 마치 욥이 고난을 통과한 후 배전의 축복을 받음과 같다.

한국의 식민 통치와 분단과 전쟁, 그리고 세월호 사건은 인간의 사악함이 만든 악과 불의가 원인이다. 오직 하나님은 이런 악의 세력으로 인해 당하는 백성의 고난과 고통을 안타까워하시고 궁극적으로 악의 세력에 대해 승리로 이끄시는 분이다.

어떤 자가 장사하다가 사업이 망하게 되면, 그의 잘못된 경영이나 사회적 트렌드의 변화, 혹은 사업 거래상에서의 악한 자의 농간 때문이지 하나님의 뜻에 따른 역사 때문이 아니다. 어떤 자가 병이 들었다면 잘못된 생활 습관이나 식생활 때문이지 하나님이 고통 가운데 혼내려고 질병을 주신 분이 아니다.

하나님의 뜻과 계획은 그 백성이 형통하고 건강하고 장수하는 데 있다. 하나님은 자기 백성의 영혼 구원뿐만 아니라 육의 구원도 원하신다. 하나님이 예수의 죽음을 통해 우리의 몸도 '값으로 산 것이 되었기' 때문이다(고전 6:19-20). 그래서 하나님은 우리의 육신이 평강하길 원하신다. 이것이 생명과 복을 주시길 원하시는 하나님의 성품과 인격이다. 그렇기 때문에 하나님을 믿는 자에게는 어느 순간, 어느 곳에서든지 소망과 기쁨과 감사가 있게 된다.

> [19] 너희 몸은 너희가 하나님께로부터 받은 바 너희 가운데 계신 성령의 전인 줄을 알지 못하느냐 너희는 너희 자신의 것이 아니라 [20] 값으로 산 것이 되었으니 그런즉 너희 몸으로 하나님께 영광을 돌리라(고전 6:19-20).

욥의 잘못은 하나님을 이런 악의 세력과 같은 것으로 생각하는 데 있다. 하나님은 그에게 화와 흑암 대신에 복과 광명을 주시길 원함에도 불구하고, 하나님의 지식이 온전하지 못한 욥은 이렇게 탄식한다.

내가 복을 바랐더니 화가 왔고, 광명을 기다렸더니 흑암이 왔구나(욥 30:26).

분명 하나님은 인간의 이성이 다 이해할 수 없는 신비 속에서 그런 악의 세력들, 그리고 그 악에 동조하는 인간의 자유의지를 존중하면서 악이 세상에서 활동하도록 일시적으로 허용하신다. 마치 욥에게 사탄의 시험을 일시적으로 허락하신 것과 같다.

하지만 하나님은 단순히 악의 활동을 방관하시는 분이 아니고, 오히려 적극적으로 악을 무력화시키시는 분이다. 그것은 크게 두 가지로 실행된다.

**첫째**, 하나님이 악의 희생자들 곧 악으로 인해 고난당하는 자들의 한숨과 눈물과 피와 죽음과 함께 하시는 방법으로써이다. 이는 약자들의 기도를 들으시며 위로하시는 하나님, 그리고 긍휼의 하나님의 모습이다. 이에 대한 결정적 예가 예수 그리스도의 십자가다.

**둘째**, 하나님이 악의 희생자들을 격려하시고 도와주심으로써 그들로 하여금 악에 저항하게 하시고 결국 악을 몰아내게 하신다. 성령의 능력을 힘입고 우리 자신의 기도를 통해 그리스도의 권세로 흑암의 세력을 대적하여 승리할 수 있는 있도록 우리에게 예수 이름의 권세를 사용하게 하신 이유다.

우리는 신앙의 이름으로 신앙의 본질을 배반하는 어리석음을 범해서는 안 된다. 욥은 하나님의 절대주권 사상을 온전히 이해하지 못한 결과, 고난과 고통 가운데서 하나님을 원망하고 자신의 신세를 탄식한다. 하나님은 고난을 통해 욥의 이런 믿음의 실상을 보고 깨닫기를 원하신 것이다. 하나님을 뵙기 전의 욥의 신앙의 모습이 현재 한국 교회 내의 많은 신앙인이 안고 있는 문제일 것이다. 그리고 하나님은 이런 신앙에서 탈피하길 원하신다.

하나님은 때로 그 자녀를 징계하신다. 역사적으로 하나님은 범죄한 이스라엘 백성을 징계하셨다. 포로가 되게 하고 나라가 없어지게 하셨다. 그러나 이것은 하나님과 이스라엘 민족간에 세우신 언약적 징계 때문이다. 물론 이것은 새로운 언약 백성인 교회에 지속되고 있다.

우리는 하나님의 택하심으로 인해 그리스도 안에서, 사랑 안에서 하나님 앞에 거룩하고 또한 흠이 없어야 할 하나님의 자녀이기 때문에 때로는 하나님의 징계를 당할 수 있다. 이것이 항상 달갑지는 않지만 우리를 자녀로 대우하시는 하나님의 배려이며 하나님의 자녀의 특권이기도 하다.

자녀가 아닌 사생자에게는 언약적인 징계가 없지 않는가!(히 12:7-8)

세상 사람에게는 이런 징계가 없지만, 징계가 없다는 것은 더 무서운 징계, 즉 심판의 전조일 뿐이다. 따라서 하나님의 자녀인 믿는 자는 자신에게 임하는 고통과 어려움이 사탄과 세상으로부터 오는 것인지, 혹은 하나님의 징계가 깃들여 있는지 자신의 삶을 조심스럽게 반추하여 살펴보고 기도해야 한다. 그리고 하나님 앞에 거룩하고 또한 흠이 없이 살아가는지를 되돌아 보아야 한다. 이것이 성도의 올바른 신앙 생활이다.

> [7] 너희가 참음은 징계를 받기 위함이라. 하나님이 아들과 같이 너희를 대우하시나니 어찌 아비가 징계하지 않는 이 있으리요 [8] 징계는 다 받는 것이어늘 너희에게 없으면 사생자요 참 아들이 아니니라(히 12:7-8).

## 제20장

## 내가 내 눈과 약속하였나니
## 어찌 처녀에게 주목하랴

욥의 믿음과 하나님의 원하심 (욥 31장)

**1. 뛰어난 욥의 신앙 행위**

욥기 31장은 친구들과의 고난의 원인에 대한 논쟁이 끝난 후, 욥이 자신의 믿음을 증명하기 위한 독백이다. 욥은 "만일 ~라면, ~하다"(민, אִם, if... then ...)이라는 형식을 통하여 자기가 저지르지 않았다고 주장하는 열네 가지의 죄악들을 열거한다. 그는 말한 것들 중 어떤 것이라도 범죄했다면 어떤 형벌도 달게 받으리라는 결의에 찬 주장이다.

이는 그 어떤 범죄에 대해서도 책임을 지겠다는 강한 양심과 신앙의 표시이며, 자기 확신과 맹세다. 맹세는 거짓이나 위증이 있을 경우 자신에게 가해지는 그 어떤 저주나 징벌도 감수하겠다는 양심 선언이다. 때문에 욥은 자신의 양심으로 이루어진 심판대 위에 서서 자기의 행위가 죄악에 해당하는지를 철저히 계산해 보겠다고 각오를 다진다.

욥의 맹세에서 나타난 행위는 어떤 추상적인 이론이 아니라 자신과 이웃과 사회윤리적 관계에서의 구체적인 죄악들과 관계된다. 무인도에서 혼자 산다면, 외형적인 죄는 생길 수 없다. 다시 말해 죄악들은 사회 생활 가운데 인간 관계에서 발생하는 것들이다. 그는 이런 사회윤리적 관계에서 매우 뛰어난 윤리적 도덕적 규범적 삶을 살고 있음을 자신한다. 그의 열네 가지의 주장은 다음과 같다.

① 젊은 여성을 심지어 보지도 않았다(욥 31:1-4). 그는 자신의 분깃, 즉 자신의 처지와 입장은 하나님이 주신 것임을 인정하고 이를 어기는 자는 불의자와 행악자이며, 이들에게 환난과 재앙이 임한다고 생각한다(2-3절). 이는 하나님이 불꽃 같은 눈동자로 모든 행위를 감찰하기 때문이다(4절).
② 악한 일을 저지르지 않았고, 항상 정직하려고 애썼다(5-8절). 하나님은 공의의 하나님으로 자신의 정직을 아실 것이며(6절), 그렇지 않으면 자기 소산이 뽑혀질 것이다(8절).
③ 이웃 여인에 대해 정욕을 품은 적이 없다(9-12절). 하나님의 공의 심판을 두려워해서이다(11절).
④ 자기의 남종이나 여종을 공평무사하고 평등하게 대했다(13-15절). 모든 인간은 창조주 하나님의 피조물이기 때문이다(15절).
⑤ 가난한 자, 고아, 과부에 대한 도움의 손길을 회피한 적이 없었다(16-18절). 자신은 일평생 인도주의적 삶을 살았다.
⑥ 이웃에 대한 동정과 연민을 갖지 않은 적이 없다(19-20절).
⑦ 약자를 이기기 위해 속인 적이 없다(21-23절). 불의로 인한 하나님의 심판의 두려움 때문이다(23절).
⑧ 황금 등 재물을 목표로 산 적이 없고, 재산 많음을 기뻐한 적도 없다(24-25절).
⑨ 일월성신을 섬기지 않았다(26-27절). 그렇다면 이는 하나님을 배반하는 행위다(28절).
⑩ 원수들의 멸망과 재앙을 기뻐하거나 그들을 저주하지 않았다(29-30

절). 원수에 대한 사랑의 삶을 실천했다(마 5:43).
⑪ 나그네와 행인 등 이웃을 대접했다(욥 31:31-32).
⑫ 아담처럼 자기 죄를 감춘 것이 아니라 자신의 허물을 모두 드러냈다 (33-37절). 그리고 이를 사람과 하나님 앞에 떳떳하게 변백할 수 있다 (35절).
⑬ 타인 소유의 땅을 부당하게 빼앗은 적이 없다(38절).
⑭ 소산을 공짜로 먹고 농부를 굶겨 죽게 한 적이 없다(39-40절).

욥이 말한 행위들은 매우 구체적이고 사회 윤리적인 성격을 가진다. 특히 고아와 과부에 대한 도움, 이웃에 대한 동정, 약자에 대한 선한 대우를 말하는 것은 친구들이 주장하는 욥이 범했다는 죄악들(욥 4:6-7; 15:14-16; 20:12-19; 22:5-9)에 대한 반론이기도 하다.

'순전하고(흠이 없고) 정직하여 하나님을 경외하고 악에서 떠난 자'(욥 1:1)라는 추상적이고 개인적인 차원을 넘어, 이웃과의 일상적인 구체적 관계에서 그의 신앙의 증거들이 열거된 셈이다. 특히 약자들과의 관계에서 그러했음을 강조한다. 이는 당시의 엄격한 신분 질서 사회 속에서 가장 홀대받기 쉽고 취약했던 여성과 빈자와 약자와의 관계 속에서 그러했다는 점을 강조하는 신앙인의 정의이며, 친구들의 정죄에 대한 반론이다.

욥이 외치는 정의는 성차별주의를 반대하고, 황금만능주의를 배격하며, 사회 정의와 인권 평등을 내세우며, 우상 숭배를 배척하고, 임금과 분배의 정의를 거론하는 등 구체적인 실천으로 확증된 정의다.

욥이 보인 신앙의 삶은 '자비와 정의의 행위'로, 성도의 삶을 예표하는 것처럼 보이고 그래서 외견상 예수의 말씀을 연상하게 한다. 지극히 보잘 것 없는 사람 하나가 목 마를 때 마실 것 주고, 나그네로 있을 때에 영접해 주고, 헐벗을 때에 입을 것 주고, 병들었을 때에 돌봐 주고, 감옥에 갇혔을 때 찾아 주는 자처럼 보인다. 이런 자가 하나님 나라에 들어갈 수 있는 자다(마 25:31-46).

"행함이 없는 믿음은 그 자체가 죽은 것"(약 2:17)임을 안다면, 욥의 믿음은 한점 흠 잡을 데가 없다. 그럼에도 하나님은 폭풍 가운데 나타나시고 그에게 "무지한 말로 이치를 어둡게 하는 자"(욥 38:2)라고 선언하신다.

엘리야에게 세미한 소리로 응답하시는 것과는 달리, 욥에게 하나님이 폭풍 가운데 말씀하셨다는 것은 욥의 잘못된 신앙에 대한 강한 질책과 경고의 말씀임을 뜻한다. 욥의 말이 무지한 말이며 하나님 나라의 이치를 어둡게 한다는 뜻은 그의 신앙에 오해와 잘못이 있다는 뜻이다.

어떤 점에서 그러할까?

그의 오해는 신앙, 죄, 하나님의 주권과 은혜 그리고 하나님의 성품과 인격에 대해서이다.

## 2. 신앙에 대한 오해와 잘못

욥의 신앙의 모습은 세상의 어느 누구도 따를 수 없는 흠 없는 자의 표상이다. 그럼에도 하나님이 그를 질책하심은 하나님 앞에 온전하지 못한 믿음을 보였기 때문이다. 믿음에 있어서 그의 가장 큰 문제는, 먼저 그의 신앙의 밑바탕이 잘못되어 있다는 점이다. 그는 믿음과 죄에 대해 오해한 것이다.

믿음의 본질은 행위가 아닌 하나님에 대한 신뢰다. 즉 믿음은 어떤 상황에서도 우리를 구원하여 주신 하나님과의 교통과 교제에 바탕을 둔다. 믿음은 하나님의 은혜에 뿌리를 두어야 한다. 물론 믿음에는 행위가 있어야 함은 당연지사다.

하지만 율법적 행위에 앞서 은혜에 근거하는 믿음의 교제가 중요하다. 하나님의 구원이라는 은혜와 긍휼, 사랑 앞에 자신의 삶을 맡기는 것이 진정한 믿음의 바탕이다.

반면 욥의 신앙 생활의 기저에는 하나님의 공의에 대한 두려움, 즉 자신이 잘못했을 때에 하나님의 분노가 임할 것에 대한 두려움과 무서움이었다. 자신이 혹시나 범한 죄로 인한 갖게 될 환난과 재앙으로 인해 자신의 소산이 뿌리까지 뽑히지나 않을까(욥 31:8, 12), 어깨와 팔 뼈가 부러질까(욥 31:22) 두려워하고 무서워한다. 이처럼 그의 신앙의 바탕에는 하나님의 심판에 대한 두려움이 깔려 있다.

나는 하나님의 재앙을 심히 두려워하고 그의 위엄으로 말미암아 그런 일을 할 수 없느니라(욥 31:23).

실제로 욥이 하나님 앞에 온전한 삶을 살려 했던 이유는 '자신의 두려워하는 그것,' '자신의 무서워하는 그것'에 대한 생각 때문이라고 고백하며(욥 3:25-26), 놀랍게도 그 두려움과 무서움이 현실이 되어 그는 자식들과 재물을 잃었다고 생각하고 탄식한다. 이처럼 그의 열심 있는 신앙의 밑바탕에는 하나님의 징계에 대한 두려움이 짙게 배여 있다.

25 나의 두려워하는 그것이 내게 임하고 나의 무서워하는 그것이 내 몸에 미쳤구나 26 평강도 없고 안온도 없고 안식도 없고 고난만 임하였구나(욥 3:25, 26).

신앙은 욥이 그의 삶에서 보여 준 것처럼 늘 흠 없고 점 없고 자책하지 않는 자가 되는 것에 있지 않다. 우리는 불순종한 육신의 몸을 입고 있기 때문에 하나님 앞에 온전한 인간으로 설 수 있는 존재가 아니다. 이런 연유로 자신의 힘과 능력으로 이룰 수 없는 인생을 위해 온전한 인간, 거룩한 존재가 되는 길을 하나님 자신이 마련하셨으니, 그것이 바로 하나님의 아들 예수 그리스도의 성육신과 죽음이다. 이것이 하나님의 열심이다.

그리고 하나님은 우리의 불순종과 죄악을 따라 우리 인생에게 갚지 않고, 아들 예수에게 대속의 죽음인 십자가를 허락하셨다. 믿음은 예수의 십자가상에서의 죽음과 부활을 믿고, 나와 상관하는 것으로 받아들여 내 것으로 삼는 것에 있다.

따라서 믿음은 우리 자신을 붙들고 살아, 흠과 점도 없고 자책할 것이 없는 행위를 하는 것이 우선이 아니라, 대신 우리 인생의 죄와 허물을 짊어지고 십자가의 고통을 몸소 겪으신 '예수 안에서'(in Jesus), '예수를 통해서'(through Jesus) 그리고 '예수와 함께'(with Jesus) 우리를 불러내고 자기 백성으로 삼으며, 하늘의 하나님 아버지를 경배하라고 외치시는 하나님을 알고 온 몸과 마음과 뜻으로 믿고 신뢰하는 것에 있다.

하나님은 우리가 무엇인가 잘 해야만 우리를 받아 주고 인정하는 그런 분이 아니다. 잘 해야만 주고 못하면 뺏는 것은 복음이 아니다.

복음은 말 그대로 어떤 상황에서도 기쁨이 되는 소식이 아닌가?

신앙 곧 예수를 믿는다는 말은 형통하든, 역경이든 간에 주어진 현실들에 직면하여 세상이 주는 위협과 도전, 그리고 타협과 유혹 앞에서도 하나님의 신실하심과 인도하심에 자신을 맡기는 것이다. 이것이 진정한 믿음의 교제다.

믿음은 인과 관계가 아니다. 즉 인과적인 이해 관계나, 논리적인 기계적 관계도 아닌 은혜로운 인격적 관계다. 따라서 믿음은 권능의 하나님이 아닌 인격의 하나님 그리고 종이 아닌 아들로서의 인격인 그 백성 간의 인격적 관계다. 그런 점에서 한마디로 믿음은 인격과 인격 간의 신뢰와 사랑의 관계다.

믿음은 신적 존재이지만 인격인 하나님의 성품에 대한 신뢰와 사랑이며, 인간은 도덕적 주체성을 가지고 하나님 앞에 독립적인 존재로서 하나님 앞에 의존하는 관계다. 따라서 믿음은 도덕적 주체성을 갖는 인간이 보이는 하나님의 성품과 인격에 대한 전적인 항복인 셈이며, 하나님이 우리에게 베푸신 은혜와 사랑과 긍휼에 대한 우리의 인격적 반응과 감사라고 할 수 있다.

믿음은 내가 하나님 앞에 무엇인가 잘 하는 것을 내세우는 데 있지 않고, 자신의 연약함과 부족함을 알고 하나님 앞에 긍휼과 자비를 구하는 자리로 나아간다.

욥의 믿음의 바탕은 하나님에 대한 두려움이었다. 그의 삶에서의 모든 행동 하나 하나가 두려움의 동기라면 이는 참된 믿음의 행위가 아니다. 그가 보인 사회적 선행과 하나님에 대한 믿음이 사랑에 뿌리를 내리지 않는다면 이는 잘못된 믿음이다. 사랑 안에는 두려움이 있을 수 없다(요일 4:18). 사랑은 두려움을 쫓아낸다.

> 하나님이 우리에게 주신 것은 두려워하는 마음이 아니요 오직 능력과 사랑과 근신하는 마음이니(딤후 1:7).

욥이 자랑하는 것의 하나인, 아름다운 '처녀를 주목하지 않았다'는 것은 하나님의 창조 행위에 대한 불신이기도 하다. '좋다'(아름답다)는 말은 만물의 창조 때 하나님이 처음 사용하신 말이다.

"보시기에 좋았더라(아름다웠더라)."

하나님이 매일의 창조가 마무리될 때마다 표현하신 말이다. 그리고 하나님은 아담을 위해 에덴 동산을 지으시고 그를 거기에 두고, 거기에 "보기에 아름답고(pleasing, delighted, '즐거운') 먹기에 좋은(good) 나무가 나게 하신" 분이다(창 2:9). 우리가 '아름다운' 자연 앞에서 하나님의 역사를 기뻐하고 좋아하며 하나님을 찬양하듯, 창조주의 작품인 아름다운 여인을 두고 아름답다고 여기는 것은 극히 자연스러운 일이다. 이것이 하나님에 대한 찬양이다.

그럼에도 욥이 아름다운 여인 보는 것조차 두렵게 생각한 것은 인간이 갖는 육신의 정욕에 대한 두려움 때문이었을 것이지만, 이를 극복하는 것이 참된 믿음이다.

사랑 안에 두려움이 없고 온전한 사랑이 두려움을 내어 쫓나니 두려움에는 형벌이 있음이라. 두려워하는 자는 사랑 안에서 온전히 이루지 못하였느니라(요일 4:18).

## 3. 죄에 대한 오해

욥은 분명 율법적 죄악을 범하지 않았다. 그는 하나님을 섬기고, 이웃을 사랑하는 마음과 행위에서 흠 잡힐 것이 없다. 하지만 하나님은 그를 책망하셨다. 그는 죄가 무엇인가에 대해 오해하고 있기 때문이다.

죄는 단순히 어떤 것을 하고, 하지 않음으로 인해 율법의 계명을 범하는 것에 머물지 않는다. 우리가 십계명을 다 행했다고 해서 죄를 범하지 않는 것이 아니다. 주님은 영생을 구한 젊은 부자 관원에게 그가 비록 계명들을 잘 행했을지라도 온전하지 못하다고 말씀하셨다(마 19:16-22).

네가 온전하고자 할진대 가서 네 소유를 팔아 가난한 자들을 주라(마 19:21).

이는 구원받기 위해 육적으로 가난한 자가 되어야 한다는 것이 아니라, 진정으로 하나님 앞에 온전하고자 한다면 탐욕을 버리라는 말씀이다. 하지만 그 관원은 죄의 근본인 탐심을 알지 못하고 근심하며 주님 곁을 떠날 수밖에 없었다.

율법은 외형적 행위를 죄악의 범주에 두지만, 주님은 내면의 마음가짐을 죄로 규정하셨다. 마음으로 음욕을 품은 것도 간음이다. 주님이 율법적으로 흠 없는 바리새인을 위선자로 간주한 것은 그들이 죄의 범주를 외형적 행위에 국한했기 때문이다.

죄는 단순히 어떤 것은 하고, 어떤 것은 하지 않는 것을 넘어선다. 죄는 하나님을 성품과 인격으로가 아닌, 법칙과 행위로 알고 믿고 따르는 것에 있다. 즉 죄는 어떤 형태나 규칙이 아니라, 하나님으로부터 멀어지게 하는 경향인 마음과 태도요, 그런 연유로 하나님과의 교제의 단절이다.

욥이 외형적 믿음의 실천을 행했지만, 고난 가운데서 하나님과의 교제의 끈을 붙들기보다는 하나님께 자신의 의를 드러내고 자신의 무죄함을 변백했음은 죄의 본질에 대한 그의 오해에서 출발한다.

고난을 통해 하나님이 원하신 것은 우리가 자신의 연약함을 인정하고 하나님의 신실하심을 붙들게 하는 데 있다. 하나님의 신실함이란 우리의 잘못에도 불구하고 하나님이 우리를 놓지 않고 포기하지 않고 끝까지 붙드신다는 뜻이다. 따라서 믿음은 하나님의 신실하심에 대한 우리의 인격적인 직접적 반응이다. 하나님과의 교제는 바로 이런 하나님의 신실하심에 대한 우리 측의 무한한 신뢰와 믿음에 있다.

## 4. 하나님의 주권과 은혜에 대한 오해

욥의 또 다른 문제는 하나님에 대한 오해이다. 하나님을 오해함은 곧 하나님 나라를 오해하는 것과 같다. 우리가 하나님 나라의 주권자 되신 주를 온전히 알 때에 그 백성으로서의 합당한 삶을 살게 된다. 욥은 하나님의 주권과 은혜를 알지 못하고, 자신에게 임한 고난이 주권자 하나님으로부터 온 것이라 생각하고 하나님을 원망한다. 세상사 모든 것이 하나님의 섭리라는 생각은 세상의 모든 죄와 악까지도 하나님의 뜻과 계획이라 말할 수밖에 없다.

악과 불의는 하나님의 공의와 선하심을 거스르는 반역과 패역이기에 하나님의 성품과 본질이 아니다. 하나님의 주권은 악과 불의의 세력을 주권적인 섭리로 제압하고 승화하여 궁극적으로 하나님의 선하신 뜻을 이루신다는 의미다. 따라서 어떤 선한 목적을 이루기 위해 악과 불의를 발생하게 한 것은 하나님의 뜻이 아니다. 그럼에도 욥은 자신에게 임한 고난이 하나님으로 말미암은 것으로 오해한다.

하나님은 절대 주권과 자유를 가지신 분이다. 그의 뜻이 일정하고, 그 뜻을 행하신 하나님은 인생에게도 작정한 바를 이루실 것이다. 인간의 눈에는 숨어 계신 하나님 그리고 인간의 생사화복을 주관하신 하나님은 인간의 인생 행로에 대한 작정으로 인해 누구도 이를 막을 수 없다. 이것이 욥을 두렵게 하고 무서워 하게 한다.

하나님의 예정과 작정에 따라, 그리고 정하신 때와 방법에 의해, 인간의 삶은 하나님의 예정된 수순을 밟아 가고 있기 때문에 인간의 어떠한 탄식과 호소에도 불구하고 하나님의 작정한 바를 이루시게 되리라는 생각에 욥은 낙심하고 두려워한다. 그러나 "긍휼은 심판을 이기고 자랑한다" (약 2:13). 심판에 앞서 하나님의 긍휼과 사랑이 있음은 죄인 된 우리를 안도하게 한다.

하나님의 주권적 역사로 인해 우리가 하나님의 일에 전혀 영향을 미칠 수 없다는 생각은 착각이다.

하나님의 은혜를 알면 상황이 다르다!

하나님은 그 백성의 아픔과 탄식을 듣고 그 처지와 상황에 개입하시기 때문이다. 하나님의 은혜를 알지 못하고 하나님의 주권만을 강조하면 인간은 무능한 자가 되고, 하나님 앞에 낙심하고 두려워하게 된다. 하나님의 은혜의 측면을 보지 않고 하나님의 주권과 예정만을 강조하면, 우리의 믿음 생활은 흔들리게 되어 있다.

하나님의 은혜의 면에서 하나님의 주권을 생각하면 그 주권의 역사는 하나님이 우리에게 베푸신 엄청난 축복임을 알게 된다. 하나님이 '만군의 여호와의 열심으로,' 다시 말해 주권적으로 예수 그리스도의 십자가를 예비하시고 우리의 패역과 불순종과 반역에도 불구하고 우리에게 구원을 예비하시고 믿음을 허락하셨기 때문이다.

하나님의 주권은 하나님의 성품에 의해 제한받는다. 생명이신 하나님이 죽음과 파멸을 주지 않으며, 평강의 하나님이 두려움과 공포를 주는 분이 아니다. 따라서 하나님을 두려움과 파멸의 존재로 인식하는 것은 하나님의 주권적 역사를 온전히 이해하지 못하기 때문이다. 은혜가 풍성한 하나님이 우리의 잘못된 행위에 매번 분노하시는 분은 아니다.

만약 그렇다면 이 세상에서 어느 한시라도 감히 살아갈 자 누가 있겠는가?

> 사랑은 오래 참고(고전 13:4).

이것이 하나님이 보이신 그 사랑의 첫째 요소다.

## 5. 하나님의 성품과 인격에 대한 오해

이처럼 욥은 하나님의 성품과 인격을 오해했다. 하나님은 생명을 주시는 분이지, 생명을 파멸과 죽음으로 만드시는 분이 아니다. 하나님은 죄를 미워하시지만, 죄인을 사랑하시는 분이다. 그런 까닭에 오래 참음 가운데 죄인이 회개하여 하나님께 돌아오기를 기다리신다.

욥이 혹시 범할 죄악에 대해 두려워하고 무서워하는 것은 하나님의 백성으로서는 당연하다. 죄를 범하는 일은 하나님을 욕되게 하는 것이기 때문이다. 하나님은 분명 각 사람의 행한 대로 복과 저주로 보응하시는 분이다. 인과응보의 법칙에 따라 '사람이 무엇으로 심든지 그대로 거두는 법이다'(갈 6:7). 이것이 하나님의 공의에 따른 심판이요, 공의로운 하나님의 통치의 질서와 원칙이다.

하지만 하나님의 공의가 그대로 집행됐다면 인간에게 소망은 없다. 다행히 인간에게 소망이 있음은 하나님의 공의에 앞서 하나님의 긍휼이 나타나기 때문이다.

욥의 고난은 그로 하여금 하나님의 성품으로서의 하나님의 의가 무엇인지를 알게 하는 데 그 뜻과 목적이 있다. 욥에 대한 사탄의 시험을 하나님이 허락하심은 욥이 어떤 상황에서도 하나님의 신실하심을 믿는지에 있다. 인간의 마음은 조석 간으로 변하지만 하나님은 변하지 않는 분, "스스로 있는 자"다.

이런 하나님을 알고, 고난의 인생과 현실 속에서도 하나님의 일하심을 든든히 믿고 흔들리지 않는 것, 이것이 하나님의 성품과 인격에 머무는 일이다. 신약 시대에 살고 있는 우리도 믿음의 바탕은 하나님의 신실하심에 있다. 우리가 연약한 믿음에도 불구하고 예수 그리스도에 묶여 있고 죽음에서도 승리하게 하실 것이라는 바탕은 하나님의 신실하심에 있다.

## 6. 하나님의 원하심

하나님과 인간의 관계는 정적이며 개념적이며 교리적인 것이 아니다. 하나님은 인간에게 절대적 제삼자가 아니다. 하나님과 인간이 관계하는 과정은 온갖 변화와 불확실성 가운데서 구원을 통한 하나님 나라의 백성이라는 궁극적 목표를 전망하는 역사적 과정이다. 그래서 하나님은 인간의 역사에 뛰어들고 야곱 같은 자와 씨름하신다. 하나님과 인간 간의 역동적 관계가 바로 믿음의 교제다.

우리는 형통하여 괜찮을 때에만 하나님께 감사하고 찬양하는 경향이 있다. 하지만 어려움과 역경이 오면, '하나님이 정말 계신 것인가?'라고 하나님을 회의하고 원망한다. 우리가 고난을 당하면 하나님이 없는 것처럼, 하나님이 외면하는 것처럼, 하나님이 내 편이 아닌 것처럼 생각한다. 하지만 내가 무엇인가를 잘해서 하나님 앞에 만족할 만한 답을 찾아야만 비로소 다시 돌아보시는 하나님이 아니다. 하나님은 우리를 흔들어 깨우신다.

그래서 하나님이 어떤 분인가를 알도록 우리를 끌고 들어가시는 하나님은 갈대아 우르에서 우상을 섬기는 아브라함을 택하여 부르고, 압복강에서 야곱에게 씨름을 걸며, 이스라엘 역사에 개입하신다. 이는 아브라함의 후손 이스라엘로 하여금 하나님의 나라가 되도록 만들기 위함이요, 야곱으로 하여금 '속이는 자'에서 '하나님을 이기는 자'로 만들어 믿음의 조상으로 삼기 위해서다.

이처럼 하나님은 우리를 붙들고 우리의 실존을 보게 하신다. 그럼에도 우리는 실존과 상관없는 현실이 아닌 일에 붙들려 인생을 낭비한다. 마치 마른 하늘이 무너질 것이라는 기우(杞憂) 속에서 사는 것과 같다.

하나님은 우리의 삶 가운데 역동성 속에서 간섭하고 개입하신다. 그러니 우리의 삶이 어찌하던지 간에 두려움과 무서움에서 벗어나야 한다. 욥의 잘못은 이런 하나님의 성품과 주권을 온전히 알지 못하고 하나님의 심판에 대한 두려움과 무서움 속에서 신앙 생활을 한 것에 있다. 이해할 수 없는 현실, 우리의 무지한 선택, 돌이킬 수 없는 결정적 실수, 이런 것들이 있을지라도 하나님은 우리를 신실하심 속에서 붙들고 하나님 나라 백성으로 만들고 계신다. 이것이 하나님의 주권이다.

우리의 할 일은 신인(God-man)이신 예수 그리스도 안에서 드러난 하나님과 인간의 본래적인 관계인 교제로부터 출발한다. 하나님과의 교제를 위해 구원받은 하나님의 백성은 하나님의 뜻을 좇아 살아야 한다(고전 1:9). 이것이 순종의 삶이다.

욥은 분명 거룩한 삶을 살려고 했지만, 부르심의 소망을 잘 알지 못했다. 하나님이 우리를 부르시고 구원함은 '하나님이 우리의 하나님이 되고, 우리는 하나님의 백성이 되는 것'에 목적이 있다.

'인간에게로 향하는 하나님의 전향'(God's turning to man)이 칭의요, '하나님을 향한 인간의 돌아섬'(man's conversion to God)이 성화다. "나는 너희의 하나님이 될 것"(I will be your God)는 인간의 칭의요, "너희는 나의 백성이 될 것"(You shall be my people)이 성화다. 하나님의 방향으로 향한 인간의 순종이 성화라면, 성화는 하나님의 뜻을 적극적으로 이루기 위해 하나님의 뜻을 따르는 인생에 대한 삶과 존재와 행위의 요구다.[79]

하나님은 우리가 어떤 상황에 처하든 간에 우리를 향한 얼굴을 되돌리시는 분이 아니다. 이것이 하나님의 의이기 때문이다.

하나님의 의의 표현은 십자가에서 가장 잘 나타나지 않는가?

하나님으로부터 의로운 자로 선언 받은 자는 하나님의 백성이 되기 위한 거룩한 자가 되어야 할 사명이 있다. 이는 하나님의 성품과 인격에 동참하는 일이다. 예수 그리스도 안에서 성취되고 계시된 하나님의 속죄 사역은 하나님의 자기 비하(卑下)이지만 동시에 인간의 고양(高揚)이다. 인생의 고양은 하나님의 자기 비하 안에서 그리고 자기 비하와 함께 관계된다. 하나님이 인간을 위해 자신을 준 것, 그리고 심판자 하나님이 스스로 인간을 대신해서 심판 받음을 허락함으로써 죄인 가운데에 있다.

이것이 하나님의 성품과 인격이 아니고 무엇인가?

*The True Understanding of the Kingdom of God according to The Book of Job*

## 제21장

# 하나님은 한번 말씀하시고
# 다시 말씀하시되 사람은 관심이 없도다

젊은 지혜자의 소리(욥 32-33장)

**1. 엘리후는 누구인가?**

    욥의 친구들은 세 차례의 논쟁을 통해 욥을 충고하고 지적하며, 자기들의 이해로 그를 납득시키고 회개시키기를 원했지만 성공하지 못했다.
    반면 욥은 의로운 자신의 고난이 억울하며, 고난을 주신 하나님이 왜 그랬는지 답하지 않으면 우리는 알 길이 없다고 주장했다. 욥은 반항적인 자기 연민 가운데 하나님이 행하심을 알고자 했지만 하나님은 침묵하셨다. 이제 친구들은 더 이상 할 말을 잃고, 욥마저 자신의 논증을 그치자 젊은 엘리후가 나타난다. 그리고 그는 욥과 친구들을 꾸짖는다.
    욥의 고난에 대한 자신의 처지와 신세 타령에 이어, 친구들과의 신앙의 본질에 대한 긴 논박이 끝난 후, 엘리후가 혜성처럼 등장한다. 엘리후는 젊은 지혜자다. 그는 욥과 친구들에 비해 가장 연소한 사람이라는 것만 알 수 있을 뿐 수수께끼 같은 인물이지만, 하나님이 욥 앞에 나타나시기 전에 신앙의 참된 의미와 하나님의 성품과 하나님 나라의 본질에 대한 설명을 통해 주님이 오신 길을 예비하는 자와 같은, 사전 정지 작업의 역활을 하는 사람으로 등장한다.

그런데 특이한 것은 많은 성경학자가 엘리후를 부정적으로 평가하고 있다는 점이다. 하나님이 그의 말에 침묵하고 계시며, 욥 역시 그를 무시하고 있고, 무엇보다 그의 근본적인 논리 전개가 타인의 것에서 빌려 온 것으로 보기 때문이다.[80] 하지만 그는 그들과는 전혀 다른 논점으로 설명하고 있다.

성경은 엘리후가 부스 사람 바라겔의 아들임을 의도적으로 강조하여 두 번이나 기록하고 있다. 이는 그가 믿음의 가정에서 자란 자임을 말해 준다. 그의 가문이 아브라함의 동생 나홀의 아들인 부스의 후손이고(창 22:20-21), 그의 아버지 바라겔(하나님이 축복하신다[May God bless!])과 자신의 이름 '엘리후'(그는 나의 하나님)에서 보듯, 그는 믿음의 가정에서 자란 자다.

따라서 바라겔과 엘리후의 이름을 종합하면, '축복하신 하나님은 바로 나의 하나님'이라는 뜻을 가진다. 이는 욥의 친구들이 원칙과 인과응보를 가지고 욥의 삶과 믿음을 조명하고 그를 권면하고 설득하려고 했던 것과 달리, 엘리후는 그 이름이 가진 뜻처럼 하나님의 성품과 인격에 주목하며, '나를 축복한 하나님이 바로 너의 하나님'이라는 축복의 의미를 고난받은 욥에게 전달하고자 한다.

자신의 당한 역경으로 인해 고통받고, 엎친 데 덮친 격으로 친구들의 가시돋친 비난에 상처를 받은 욥에게 엘리후는 자신이 아는 하나님의 지식을 말하고 참된 신앙의 자세를 설명함으로써 위로와 격려의 분위기를 만들고 있는 셈이다.

## 2. 욥의 친구들과 엘리후의 차이점

욥의 친구들과 엘리후의 가장 큰 차이점은 언어의 사용법이다. 친구들은 차가운 이성의 언어를 사용하여 논리적 접근으로 욥을 압박한다. 그들의 언어는 소위 '지적 언어'(head language)이지만, 마음에 상처를 준다.

반면 엘리후의 말은 '가슴의 언어'(heart language)다. 그의 말은 마음으로부터 우러나는 격려와 위로, 소망을 넘치게 만든다. 그래서 그는 그 동안 친구들한테 혹독한 언어 폭력으로 상처를 받아 마음이 닫힌 욥의 심령을 어루만지고 위로하며 격려하는 상담자가 된다.

또한, 엘리후는 상대방 욥의 처지를 이해하고 그의 마음을 깊이 헤아려 용납하고, 그의 영혼을 어루만져 주는 가슴의 사람으로 다가감으로 인해 하나님의 대변자가 된다. 그가 욥의 가슴을 터치해 줌으로 욥의 마음이 부드러워짐은 엘리후의 긴 설교(32-37장에 이르는 여섯 장)에도 불구하고 욥이 아무런 반론 없이 끝까지 경청하고 있음이 이를 반증한다.

4장부터 31장까지의 친구들과의 논쟁이 공방전의 구조였다면, 엘리후의 말은 가슴에서 우러나오는 훈계와 설교에 가깝고, 욥은 이를 다소곳이 경청한다.

친구들이 공의의 율법적 하나님만 강조했다면, 엘리후는 사랑과 자비의 하나님을 동시에 강조한다. 무엇보다 그는 하나님의 성품이 무엇이며, 하나님의 절대 주권의 의미를 설명함으로써, 고난 중의 욥에게 하나님의 사랑과 긍휼을 확신시켜 주며(욥 36:15-16), 하나님의 기묘하심을 기대해 보라는 격려와 소망을 불어 넣는다(욥 37:14). 그의 말은 시편 기자의 말을 상기시키다(시 18:19; 34:18-19; 66:12; 77:11).

엘리후는 하나님이 우리가 헤아릴 수 없는 큰 일을 행하는 분임을 확신하며, 욥의 고난에 하나님의 뜻이 있을 것임을 암시함으로써 욥이 하나님을 향해 마음 문을 열게 한다.

또한, 친구들은 조상의 유전을 바탕으로 전통적인 지식을 내세우거나,

세상적 경험과 관찰을 주관화하여 말을 하지만, 엘리후는 '전능자의 기운' 곧 하나님의 영, 즉 계시를 직접 받아서 말하고 있다. 그래서 자신의 말이 누구보다 더 지혜로울 수밖에 없는 이유는 이렇게 자신의 지혜가 하나님의 영감(입김)을 받아서 나왔기 때문이라고 그는 말한다 (욥 32:8).

> ¹⁵ 하나님은 곤고한 자를 그 곤고할 즈음에 구원하시며, 학대 당할 즈음에 그 귀를 여시나니 ¹⁶ 그러므로 하나님이 너를 곤고함에서 이끌어내사 좁지 않고 넓은 곳으로 옮기려 하셨은즉 무릇 네 상에 차린 것은 살진 것이 되었느니라 (욥 36:15-16).

> 욥이여, 이것을 듣고 가만히 서서 하나님의 기묘하신 일을 궁구하라 (욥 37:14).

> 나를 넓은 곳으로 인도하시고 나를 기뻐하시므로 나를 구원하셨도다 (시 18:19).

> ¹⁸ 여호와는 마음이 상한 자를 가까이 하시고 충심으로 통회하는 자를 구원하시는도다 ¹⁹ 의인은 고난이 많으나 여호와께서 그의 모든 고난에서 건지시는도다 (시 34:18-19).

> 사람들이 우리 머리를 타고 가게 하셨나이다. 우리가 불과 물을 통과하였더니 주께서 우리를 끌어내사 풍부한 곳에 들이셨나이다 (시 66:12).

> 곧 여호와의 일들을 기억하며 주께서 옛적에 행하신 기이한 일을 기억하리이다 (시 77:11).

사람의 속에는 심령이 있고 전능자의 기운이 사람에게 총명을 주시나니 (욥 32:8).

## 3. 엘리후의 성품

엘리후는 왜 욥과 친구들에게 화를 내고 있는가?
성경은 두 가지 이유를 대고 있다.

**첫째, 욥의 경우, 하나님보다 자기가 의롭다 주장했기 때문이다**(욥 32:2).
욥 자신은 성품이나 행동에 있어 의로운 자인데, 하나님은 아무런 까닭 없이 자신을 고난으로 학대했기 때문에 오히려 자신이 하나님보다 의롭다고 생각하고, 당연히 친구들의 지적과 비난에도 불구하고 자신이 죄인이라고 생각하지 않는다. 이는 그 스스로 자신을 의롭다 하려 하여 하나님을 불의한 자로 만든 셈이다. 결국 욥의 이런 생각과 태도는 하나님의 질책을 낳게 한다("네가 내 심판을 폐하려느냐 스스로 의롭다 하려 하여 나를 불의하다 하느냐"[욥 40:8]).

**둘째, 친구들에 대한 경우, 엘리후가 화를 낸 이유는 '그들이 능히 대답치 못하여도 욥을 정죄하기 때문이다'**(욥 32:3).
욥의 고난을 두고 그의 친구들은 추측과 억측 그리고 세상의 경험을 좇아 욥을 정죄하지만, 욥의 범죄에 대한 구체적인 증거를 내세우지 못한다. 자신의 의로움을 주장하는 욥을 그들은 하나님의 공의의 입장에서 무장해지 하지도 못하고 다만 그를 정죄할 뿐이다. 욥의 질문에 변변히 대답도 하지 못하고 지혜가 바닥난 그들에게 엘리후는 실망한 셈이다.

제21장 하나님은 한번 말씀하시고 다시 말씀하시되 사람은 관심이 없도다   333

¹ 욥이 자신을 의인으로 여기므로 그 세 사람이 말을 그치니 ² 람 종족 부스 사람 바라겔의 아들 엘리후가 화를 내니 그가 욥에게 화를 냄은 욥이 하나님보다 자기가 의롭다 함이요 ³ 또 세 친구에게 화를 냄은 그들이 능히 대답하지 못하면서도 욥을 정죄함이라(욥 32:1-3).

엘리후의 변호는 욥에게 하나님의 성품과 인격이 무엇이며, 창조주로서 하나님의 절대 주권은 어떤 것인가를 들려주는 것으로 전개된다. 우리는 교회 안팎에서 때로 하나님의 말씀으로 남을 정죄하는 경우가 있다. 따라서 욥의 친구들의 정죄 행위는 믿는 자들이 일상적으로 범할 수 있는 바로 우리 자신의 이야기다. 우리도 하나님 나라와 그 성품을 오해하면 욥의 친구들이 될 수 있다.

엘리후는 자신의 하나님에 대한 변호 가운데 여러 면에서 자신의 성품을 드러낸다. 그런데 그의 성품은 곧 하나님의 성품을 닮은 모습과 태도가 드러난다. 그것은 놀랍게도 세상의 상식과 규범에 바탕을 두고 있음을 알 수 있다. 하나님을 아는 참 지식을 갖도록 하나님 나라의 실체를 선포하고 진술하는 가운데 보인 그의 성품과 인격은 바로 하나님의 성품과 인격을 드러낸다. 다음과 같은 점에서 그렇다.

**첫째, 연장자를 공경한다(욥 32:4, 6).**
자신은 연소하고 욥과 친구들은 연로하므로 참고 자신의 의견을 진술치 못하고 있다가 욥이 말을 마치자 입을 연 것이다.

⁴ 엘리후는 그들의 나이가 자기보다 여러 해 위이므로 욥에게 말하기를 참고 있다가 … ⁶ 부스 사람 바라겔의 아들 엘리후가 대답하여 이르되 나는 연소하고 당신들은 연로하므로 뒷전에서 나의 의견을 감히 내놓지 못하였노라(욥 32:4, 6).

손위 공경은 세상의 상식이며, 동시에 하나님의 성품이기도 하다. 하나님은 질서의 하나님, 화평의 하나님이시기 때문이다. 장유유서(長幼有序)는 유교권 문화나 유대 사회에서 통용되는 일반적인 사회 규범이다. 바울은 모든 권세는 하나님이 정하신 바이므로 권세들에게 복종할 필요가 있다고 말한다("각 사람은 위에 있는 권세들에게 굴복하라"[롬 13:1]). 그는 자기 차례가 되기까지 연장자에게 진술의 기회를 양보한 셈이다.

**둘째, 오랜 기다림 후에 성숙된 인격을 보이며 자신의 의견을 진술한다 (욥 32:4, 10-11).**

그도 욥과 친구들과의 논쟁에 끼어들고 싶었을 것이다. 그럼에도 오래 참으며 상대방의 입장을 이해하며 경청하고서 자기 차례를 기다린다.

> 보라 나는 당신들의 말을 기다렸노라 당신들의 슬기와 당신들의 말에 귀 기울이고 있었노라(욥 32:11).

그는 욥이 자신의 독백을 마친 이후에("욥의 말이 그치니라"[욥 31:40]) 자신의 견해를 드디어 나타낸다. 친구들과 욥이 더 이상 할 말이 없다고 생각하고 입을 다물 때, 그는 신중하게 자기 의견을 표명한다. 보통의 경우 대화 중 자신의 견해와 다를 때, 우리는 상대의 말이 다 끝나기도 전에 그 말을 막으며 자기를 주장하는 경향이 있다.

그러나 이것은 하나님의 성품이 아니다. 하나님은 오래 참으시고 관용하시며, 우리의 목소리를 듣는 분이다.

**셋째, 모든 사람의 인격을 존중한다(욥 32:10).**

엘리후는 오래 기다린 후에 성숙한 인격으로 말한다. 친구들이 거칠게, 날카롭게, 비인격적으로 공격투의 말을 했다면, 그는 자신의 말을 귀 기울여 들으라고 호소한다.

내가 말하노니 내 말을 들으라 나도 내 의견을 말하리라(욥 32:10).

엘리후는 자신이 상대방을 억누르려는 의도가 아니라 세워 주려는 뜻으로 말을 하는 것이라고 안심시킨다. 보통 사람들은 자기 생각과 철학, 자기 주장과 방법을 강요하고 주입시키려 한다. 특히 율법적인 신자일수록 자기 주관을 올바른 믿음과 지식인양 강하게 내세운다. 그래서 교회 안에서 하나님의 말씀을 빙자해 남을 공격하고 비난하고 비평함으로써 오히려 상대방에게 마음의 상처를 주고, 때로는 분열을 낳는 경우가 종종 있다.

반면 엘리후는 자신의 주관적 생각과 사상을 주입하는 대신 모든 것을 객관적으로 해석하며 공감대를 형성하려 한다. 특히 그는 욥의 상처와 아픔을 치유해 주고 싶은 뜨거운 가슴으로 말한다("내게 말이 가득하고 내 영[심령]이 나를 압박함이라"[18절]).

### 넷째, 성령의 감동으로 말한다(욥 32:8).

엘리후가 말하는 모든 내용은 개인적 생각과 철학에 바탕을 둔 사견이 아니다. 이것이 그가 욥의 친구들과 근본적으로 다른 점이다. 그는 성령께서 자기 심령에 깨달음을 주신 내용을 말하는 것이라며, 듣는 자들의 공감을 끌어내며 대화를 열어 간다.

자신이 과거에 생각하기를, '날이 많은 자'[=나이가 많은 자]와 '해가 오랜 자'(=연륜이 많은 자)가 말을 내고 가르칠 것이라고 생각했으나 그게 아니라는 것이다. 이는 세상 사람들의 말이지만 실상은 잘못된 생각이기 때문이다. 세상의 직분과 경험의 연륜보다 더 귀한 것이 있는데, 바로 영이라는 것이다.

사람의 속에는 심령이 있고, '전능자의 기운'(샤다이 네샤마, נִשְׁמַת שַׁדַּי, 하나님의 영)이 사람에게 총명을 주시나니(욥 32:8, 개역한글).

그렇다고 그가 세상적 지식과 총명을 배제한 것은 아니다. 세상 것을 무시하고 배척하는 것이 아니라, 세상 것과 함께 해야 할 것이 '전능자의 기운' 곧 성령이라는 것이다. 세상의 것은 상식과 통한다. 그리고 믿음은 세상을 뛰어넘는 것이 아니다.

어떤 믿음 좋은 자가 소매점을 낸다고 생각해 보자. 아무리 대단한 믿음이라도 사람의 왕래가 거의 없는 곳에 상점을 연다면, 그 비즈니스가 성공할 리는 없다. 물론 온라인 상의 고객을 상대한다면 별개지만, 오프라인의 고객을 위주로 한다면 이는 상식에 벗어나기 때문이다.

상식은 우리의 지정의(知情意)에서 나온다. 우리의 지정의 역시 하나님이 주신 것이다. 하나님은 우리에게 '지적 능력과 감정, 그리고 의지의 능력'을 주심으로 우리 스스로 올바른 인격적 사고와 판단, 행동을 하는 가운데 성령의 인도를 받기 원하신다.

### 4. 새 술을 헌 가죽 부대에 담는 욥

> 어른이라고 지혜롭거나 노인이라고 정의를 깨닫는 것이 아니니라 (욥 32:9).

하나님의 말씀을 듣고 성령이 임하면 되는 것이 있다. 연소한 자이지만 지혜와 총명을 나타낼 수 있다는 것이다. 그래서 말세에 하나님의 영이 모든 육체에 부어지면 자녀들은 예언하고, 젊은이들은 환상을 보고 늙은이들은 꿈을 꾸게 된다(행 2:17; 욜 2:28).

세상적인 지혜와 총명은 연륜과 경험에서 나오지만, 하나님의 지혜는 하나님으로부터 오기 때문에 아무리 어린 자라도 예언하는 자가 될 수 있고, 죽음을 앞둔 노인이 소망을 가질 수 있으며, 젊은이는 자신의 판단과 생각이 아닌 하나님의 비전을 붙들게 된다. 예언은 하나님 말씀을 전한다는 뜻이다. 이런 점에서 엘리후는 비록 연소자이지만 하나님의 말씀을 담대히 설득력 있게 전하고 있는 셈이다.

주님은 '나중 된 자로서 먼저 되고, 먼저 된 자로서 나중 된다'(마 20:16; 막 10:31; 눅 13:30)고 말씀하셨다. 이 말은 하나님의 성령으로 인해 어린 자나 젊은이나 늙은 자나 모든 자가 하나님 안에서 일률적이 된다는 뜻이다.

세상 사람은 누가 먼저이며, 처음이며, 넘버원인가를 따지지만, 하나님의 부르심을 입은 자들은 성령의 역사로 인해 소망 안에서 성령의 하나 되게 하심을 경험하게 된다(엡 4:3). 하나님의 지혜가 부어지면 누구나 하나님 앞에 지혜와 공의를 깨닫게 되는 법이다.

엘리후가 생각한 욥의 잘못이 있다. 욥이 하나님보다 자신을 의로운 자라고 생각한 점이다. 그래서 그의 잘못한 생각과 말을 두고, 엘리후 자신의 가슴은 봉한 '포도주 통 같고 새 가죽 부대가 터지는 것' 같다고 말한다(욥 32:19). 물론 그의 말은 불안과 탈진 상태에 있는 욥에게 안정감을 갖게 해 주고, 신뢰감을 심어 주며, 하나님을 바라볼 수 있게 하고, 하나님의 사랑을 확신시켜 주어 소망을 품게 하여, 크고 좋으신 하나님을 대망하게 한다. 따라서 궁극적으로 모든 것을 회복해 주시는 하나님을 갈망하도록 한다.

하지만 먼저 엘리후는 욥이 하나님 나라의 실체와 하나님의 성품을 알고 깨닫는 데 있어 잘못을 범하고 있음을 말한다. 욥이 하나님의 좋으신 성품과 인격을 자신의 고정 관념, 철학과 사상, 세상 경험에 의거해서 알고 있는 성품과 인격으로 인식하고 있음은 새 술을 헌 가죽 부대에 넣는 것과 같다는 뜻이다. 하나님의 백성으로서 새 술은 새 가죽 부대에 담아야 한다. 그렇지 않으면 터지게 되는 법이다.

> 새 포도주를 낡은 가죽 부대에 넣지 아니하나니 그렇게 되면 부대가 터져 포도주도 쏟아지고 부대도 버리게 됨이라 새 포도주는 새 부대에 넣어야 둘이 다 보전되느니라(마 9:17).

새 술로써 새 가죽 부대에 담기 위해서는 우리 성품이 변화되어야 하나님의 성품을 닮을 수 있다. 그러나 인간의 성품은 쉽게 변화되는 것이 아니다. 아무리 그리스도의 말씀을 들음으로 거듭나 새 술의 존재가 됨에도 불구하고 우리 육신은 아직도 낡은 가죽 부대를 입고 있다. 그래서 새 술로써 하나님의 백성된 자가 새 가죽 부대를 입기 위해서는—새 사람을 입기 위해서는(엡 4:24)—육신을 쳐서 복종해야 한다.

주님이 새 술과 새 가죽 부대의 비유를 언급하신 배경에는 바래새인은 금식하는데 왜 예수의 제자들은 금식하지 않는지에 대한 질문의 답으로 하신 말씀에 연결된다. 주님은 '신랑을 빼앗길 날이 이르리니 그때에는 금식할 것이니라' 하셨다(마 9:14-15). '신랑을 빼앗길 날'이란 말은 주님의 십자가상에서의 죽음을 뜻한다.

주 예수의 죽음과 부활을 믿는 자는 성령이 임하게 되고 그러면 새 술의 존재가 된다. 새 술은 헌 가죽 부대에 담을 수 없다. 술의 발효로 인해 팽창하게 되면 낡은 가죽 부대는 찢어질 수밖에 없기 때문이다. 이것은 새 사람을 입은 자가 어떻게 자신의 육신을 새롭게 해야 하는지에 대한 비유다. 헌 가죽 부대인 육신을 쳐서 복종하여 새 가죽 부대가 되기 위해서는 그때야말로 금식이 필요하다는 뜻이다. 바로 금식은 육신을 쳐서 복종하게 하는 대표적 행위인 까닭이다.

## 5. 하나님의 성품

엘리후는 욥이 새 가죽 부대를 입고 하나님의 성품과 그 나라를 생각하라고 권면한다. 그리고 자기 말은 자신의 개인적 생각이 아닌 하나님의 기운으로 말하는 것임을 선언한다. 그의 말은 때로 하나님의 말씀을 상기한다.

그대가 할 수 있거든 일어서서 내게 대답하고 내 앞에 진술하라(욥 33:5).

이 말은 하나님이 욥에게 하신 말씀과 거의 동일하다("하나님과 변론하는 자는 대답할지니라 너는 대장부처럼 허리를 묶고 내가 네게 묻는 것을 대답할지니라"[욥 40:2, 7]). 또 그는 "하나님의 영[신]이 나를 지으셨고 전능자의 기운이 나를 살리시느니라"(욥 33:4)라고 말한다.

엘리후의 이 말은 창세기 2:7의 말씀을 생각나게 하지 않는가?

즉 '하나님이 흙에 불과한 나를 성령의 능력으로 인해 하나님의 자녀로 만들었다'는 뜻이다. 하나님은 전능자의 기운을 불러 넣은 창조주다. 죽은 존재에 하나님의 생명의 기운을 넣으심이 바로 하나님의 성품이다. 즉 우리가 이런 하나님의 성품과 본질을 알지 못하고는 하나님이 말씀하실 수 없다는 것이다("하나님은 모든 행하시는 것을 스스로 진술치 아니하시나니 네가 하나님과 변쟁[辯爭]함은 어찜이뇨"[욥 33:13]).[81]

욥이 헌 가죽 부대에 하나님을 넣으려 했기 때문에 하나님이 말씀하실 수 없다는 뜻이다. 모든 행사를 스스로 진술하지 않으신 하나님이 욥에게 나타나시고 욥과 대화하신 이유는 욥이 엘리후의 말을 통해 하나님의 성품과 그 나라의 의미를 깨달아 새 가죽 부대를 예비했기 때문이다.

그럼 그가 말한 하나님의 성품은 구체적으로 어떻게 드러나며, 하나님의 일하심과 우리의 할 일은 무엇인가?

욥기 33장을 보자.

- 하나님은 우리가 깨달아 알도록 '자주' 말씀하신다("하나님은 한번 말씀하시고 다시 말씀하시되"[33:14]).
- 하나님은 꿈과 이상 중에 그 성품을 교훈해 주신다("귀를 여시고 인치듯 교훈하시니"[33:15-16, 한글개역]).
- 교훈을 기초한 징계는 옛 행실을 버리게 하고 교만한 마음과 태도를 버리도록 하기 위함이다("사람으로 그 꾀를 버리게 하고 교만을 막으려 하심이라"[33:17]).
- 가르침은 파멸로부터의 구원과 생명을 지키기 위함이다("사람의 혼

으로 구덩이에 빠지지 않게 하시며 그 생명으로 칼에 멸망치 않게 하시느니라"[33:18]).
- 사람이 당하는 병, 고난과 같은 징계는 "멸하는 자" 곧 사탄이 주는 것이다("병상의 고통과 뼈가 쑤시는 징계는 그 생명이 멸하는 자에게 가까워짐이니라"[33:19-22]).
- 인간의 징계 시 천사가 중보자로 도울 것이며 사람이 마땅히 해야 할 일을 상기할 것이다("천사 가운데 하나가 그 사람의 해석자로 함께 있어서 그 정당히 행할 것을 보일진대"[33:23]).
- 긍휼하심으로 음부로부터 백성을 건지며, 이는 대속물 예수 때문이다("내가 대속물을 얻었다"[33:24]).
- 자기 백성을 환난 가운데서 회복하신다("살이 청년보다 부드러워지고 젊음을 회복하리라"[33:25]).
- 백성의 기도를 들으며 은혜를 베풀고, 하나님을 보게 하신다("그는 주로 말미암아 기뻐 외치며"[33:26]).
- 자기 백성에게 하나님의 의를 회복하게 하신다("사람에게 그의 공의를 회복시키느니라"[33:26]).
- 불의한 자의 영혼을 건져 음부가 아닌 생명의 빛을 보게 하신다("하나님이 내 영혼을 건지사"[33:27-28]).
- 하나님의 행하심은 일회로 끝나는 것이 아니고 지속적으로 이루어진다("모든 일을 재삼 행하심은"[33:29]).
- 그 행하심이 인생의 영혼을 음부로부터 구하고 생명에 빛을 주는 일이다("영혼을 구덩이에서 끌어 돌이키고 생명의 빛으로 그에게 비춰려 하심이니라"[33:30]).
- 이런 좋으신 하나님을 안다면 그는 사람들 앞에서 하나님을 찬양하게 되고 간증하게 된다("사람 앞에 노래하여 이르기를 내가 전에는 범죄하였으나 하나님이 내 영혼을 건져 구덩이에 내려가지 않게 하셨으니 내 생명이 빛을 보겠구나 하리라"[33:27-28]).

욥의 친구들이 생각한 것처럼 하나님은 욥의 범죄한 까닭에 공의를 내세워 그에게 벌을 주신 것도 아니요, 욥이 생각한 것처럼 까닭 없이 의로운 자를 고통과 파멸로 몰고 가는 분도 아니다.

하나님의 성품은 생명을 주는 것이요, 음부 곧 구덩이에서 건지시는 것이지, 생명을 걷어 가고 죽음을 안겨 주는 것이 아니다. 주 예수가 이 땅에 오신 것은 "양으로 생명을 얻게 하고 더 풍성히 얻게 하려 함이다"(요 10:10). 도적질하고 죽이고 멸망시키는 자는 도적인 사탄의 일이다. 하나님은 죄인 된 인생을 구원하고자 하시며, 그 백성으로 하여금 하나님 나라의 풍성한 기업을 얻게 하려 하신다. 다메섹 도상에서 주 예수를 보게 된 사도 바울은 이를 잘 요약한다(행 26:17-18).

> 이스라엘과 이방인들에게서 내(하나님)가 너를 구원하여
> 그들에게 보내어 그들의 눈을 뜨게 하여
> 어두움에서 빛으로,
> 사탄의 권세에서 하나님께로 돌아가게 하고,
> 죄 사함을 얻게 하고,
> 예수 그리스도를 믿어 거룩하게 된 무리 가운데서 기업을 얻게 하리라
> (행 26:17-18).

엘리후의 변호에는 아주 중요한 전환점이 있다. 감히 사람과 비길 수 없는 하나님 앞에서 고통의 기원과 이유만 따지지 말고 이제 시각을 바꾸라는 것이다. 고통의 원인이 되는 과거로부터 돌이켜 하나님이 이 특별한 고통을 통하여 이루시려는 목적이 어디에 있는지를 깨닫는 미래로의 시선을 돌리라는 충고다.

이런 점에서 욥의 고난은 결코 불행만이 아니고 하나님의 음성에 귀 기울여 더욱더 환한 생명의 빛(욥 33:30)을 보게 하려는 하나님의 섭리로서 받아들일 수 있게 된다.

그들의 영혼을 구덩이에서 이끌어 돌이키고 생명의 빛을 그들에게 비춰려 하심이니라(욥 33:30).

예수 그리스도는 하나님의 성품과 인격을 보여 주는 이상적인 모델이다. 예수의 말씀은 언제나 성령의 감화와 감동이 흘러 넘쳤다. 바리새인들은 지식적으로, 교리적으로 잘 가르쳤을지는 모르나 사람의 심령을 터치해 주지 못했다. 오히려 그들의 말을 듣는 사람들을 더욱 힘들고 지치고 좌절하게 하여 절망하게 만들었다. 바리새인 자신도 감당하지 못하는 율법을 강요했기 때문이다. 그들 자신이 소경이 되어 소경을 인도하는 자였다.

반면 주 예수의 말씀은 모두가 은혜를 받고, 압박과 억눌림에서 고침 받고 자유함을 얻게 했고, 그래서 무리들은 그 가르침에 권세가 있기에 놀랄 수밖에 없었다(마 7:28-29).

28 예수께서 이 말씀을 마치시매 무리들이 그의 가르치심에 놀라니 29 이는 그 가르치시는 것이 권위 있는 자와 같고 그들의 서기관들과 같지 아니함일러라(마 7:28-29).

엘리후의 말로 인해 깊은 영적 침체와 탈진에 빠졌던 욥은 회복될 것이다. 하나님의 성품을 알게 하는 말씀이 성령의 감동으로 인해 그의 심령을 움직이고, 그래서 그의 내면 세계가 치유되고, 잘못된 하나님 나라에 대한 생각과 오해가 고쳐질 것이다. 이처럼 하나님의 성품과 지식을 아는 엘리후로 인해 욥은 마음 문을 열고 하나님의 음성을 귀 기울여 듣는다.

그런 점에서 엘리후는 하나님의 회복과 변화의 은총을 대망하도록 준비시켜준 하나님의 대변자다. 그는 우리가 삶의 질곡을 통과하기만 하면 하나님의 놀라운 보상 은총이 주어짐을 바라보라는 희망의 복음을 말해 준다. 엘리후의 모습은 우리 믿는 자가 육신의 고난과 역경, 마음의 상처와 아픔에 처한 자들에게 보여 줄 모범이다.

**제22장**

# 하나님은 악을 행치 아니하고
# 전능자는 공의를 굽히지 아니하며

믿는 자가 가져야 할 분별력(욥 34장)

## 1. 욥의 의와 하나님의 의

욥기 34장은 엘리후의 욥을 향한 두 번째 발언이다. 엘리후는 네 차례에 거쳐 욥과 욥의 친구들을 상대로 설교를 한다. 하나님의 대변자요 인간적 품성의 면에서 하나님의 성품을 나타내는 그가 욥과 그 친구들의 믿음의 잘못을 일깨워 준다.

때로 엘리후는 하나님의 공의를 적극 옹호하고 동시에 하나님의 주권과 주권적 자유를 철저히 강조한다. 그렇지만 욥의 친구들이 내세운 인과응보론과는 다르다.

하나님이 사람들이 행한 대로 갚아주시는 공의로운 분이라는 사실(욥 34:10-12)을 주장함에 있어서는 하나님과 하나님이 통치하시는 세상의 도덕적 속성을 강조하는 인과율과 상통하다. 공의만 있다면 세상에 살 자가 없다는 것이다.

그러나 하나님은 인간과 세계, 하나님 외부에 있는 그 어떤 것에 의해서도 간섭과 영향을 받지 않는다는 하나님의 주권적 자유(욥 34:13-15, 29)에서는 인과율을 뛰어넘는다.

그렇다면 어떻게 하나님의 공의와 하나님의 주권적 자유는 형평성을 갖게 될까?

> [10] 하나님은 단정코 악을 행치 아니하시며, 전능자는 단정코 불의를 행치 아니하시고 [11] 사람의 일을 따라 보응하사 각각 그 행위대로 얻게 하시나니 [12] 진실로 하나님은 악을 행치 아니하시며 전능자는 공의를 굽히지 아니하시느니라 [13] 누가 땅을 그에게 맡겼느냐 누가 온 세계를 정하였느냐 [14] 그가 만일 자기만 생각하시고 그 신과 기운을 거두실진대 모든 혈기 있는 자가 일체로 망하고 사람도 진토로 돌아가리라 … [29] 주께서 사람에게 평강을 주실 때에 누가 감히 잘못한다 하겠느냐 주께서 자기 얼굴을 가리울 때 누가 감히 뵈올 수 있으랴 나라에게나 사람에게나 일반이시니 (욥 34:10-15, 29, 개역한글).

욥이 의로운 존재요 무죄한 자라는 자기 결백은 자신이 까닭 없이 부당한 고난을 받고 있다는 항변이며, 이는 결국 하나님께 모든 책임을 돌리는 일이 된다. 욥의 의로움과 그에게 임한 불의한 고통은 고의로 악과 고통을 허락하는 의롭지 못한 하나님을 전제하기 때문이다. 따라서 욥의 주장은 공의의 하나님이 섭리하는 세상에서의 상선벌악(賞善罰惡)의 도덕적 질서를 깨는 일종의 신성 모독이 된다.

그래서 엘리후는 욥이 죄와 함께 하나님에 대한 반역(패역)을 하고 있다고 질타한다(욥 34:37).

> '그[욥]가 그 죄 위에 패역을 더하며'(He adds rebellion to his sin) 우리 중에서 손뼉을 치며 하나님을 거역하는 말을 많이 하는구나(욥 34:37).

구약은 인간의 죄악을 세 가지 단어로 표현한다. 죄(하타아), 악(온) 그리고 과실(페사)이다("인자를 천대까지 베풀며 악과 과실과 죄를 용서하리라"[출 34:7]). 구약과 신약 공히 죄(sin, 하타아, 하마르티아)는 '과녁에서 벗어난 행위'로서, 율법에서 벗어난 구체적인 인간의 잘못이다.

반면, 패역 혹은 과실(transgression, 페사, 파랍프토마)은 허물과 불법을 뜻하는 것으로, 하나님에 대한 반역과 적대적 행위를 나타낸다. 이것은 아담의 불순종에서 출발된 것으로 원죄를 의미한다. 그리고 악(iniquity, 온, 아노미아)은 하나님의 법 곧 규범에서 벗어난 모든 불의를 뜻한다.

이런 점에서 욥이 인간으로서 죄를 범할 수밖에 없는 연약한 존재인데 이를 알지 못하고 자신이 의롭다고 주장하는 것은 하나님께 반역하는 신성 모독이 되는 셈이다.

욥이 자기 의로움을 주장하면, 의로운 사람을 징벌하는 하나님의 공의가 무너지는 것처럼 해석된다. 사실 이는 욥이 빠진 딜레마이기도 하다. 자기의 결백을 변호하고 무죄 판결을 내려 주실 분은 하나님 한 분이라는 믿음에도 불구하고, 자신이 범한 일체의 죄악을 적은 소송장을 어깨에 메고, 왕관처럼 쓰고, 하나님 앞에 가서 따지겠다고 하는 것은 그의 딜레마를 보여 준다(욥 31:35-36). 욥의 무죄 주장은 결국 하나님의 공의를 무시하는 신성 모독이 된다.

그렇다면 공의와 주권을 가진 하나님은 어떻게 조화되며 그 하나님을 아는 길은 무엇인가?

> [35] 누구든지 나의 변명을 들어다오 나의 서명이 여기 있으니 전능자가 내게 대답하시기를 바라노라 나를 고발하는 자가 있다면 그에게 고소장을 쓰게 하라 [36] 내가 그것을 어깨에 메기도 하고 왕관처럼 머리에 쓰기도 하리라(욥 31:35-36).

## 2. 욥에게 부족한 것

하나님을 알 수 있는 바탕은 우리의 분별력이다. 분별력은 우리의 지정의의 영역이다. 엘리후는 욥의 잘못된 행태를 들추어낸다. 욥 자신이 의롭고 허물이 없음에도 하나님이 그의 의를 제했다고 하는 것은 하나님을 조롱하는 일이며(욥 34:5-7), 하나님 기쁘게 하는 삶을 살아도 유익할 것이 어디 있느냐는 냉소주의에 빠져 있다는 것이다(욥 34:8-9). 이런 욥의 모습은 분명 하나님의 공의로움을 거역하는 신성 모독이 아닐 수 없다.

그렇다면 욥이 가진 딜레마를 어떻게 해결할 것인가?

엘리후의 답은 지혜 있는 자, 지식 있는 자의 말을 듣고 귀를 기울어 '분별하라'는 것이다(욥 34:2-4). 욥은 마치 입이 식물의 맛을 변별함같이 하나님의 행하심을 분별해야 한다고 말한다.

> ² 지혜 있는 자들아 내 말을 들으며 지식 있는 자들아 내게 귀를 기울이라 ³ 입이 음식물의 맛을 분별함같이 귀가 말을 분별하나니 ⁴ 우리가 정의를 가려내고 무엇이 선한가 우리끼리 알아보자 ⁵ 욥이 말하기를 내가 의로우나 하나님이 내 의를 부인하셨고 ⁶ 내가 정당함에도 거짓말쟁이라 하였고 나는 허물이 없으나 화살로 상처를 입었노라 하니 ⁷ 어떤 사람이 욥과 같으랴 욥이 비방하기를 물마시듯 하며 ⁸ 악한 일을 하는 자들과 한패가 되어 악인과 함께 다니면서 ⁹ 이르기를 사람이 하나님을 기뻐하나 무익하다 하는구나(욥 34:2-9).

욥은 자신의 경험과 인생관 그리고 세상의 풍조에 따라 하나님의 성품을 생각했다. 그는 모든 것을 주신 분도 하나님이시니 이를 취하신 분도 하나님일 것이라 예단했다.

내가 모태에서 적신으로 나왔은즉 또한 적신이 그리로 돌아가올지라 주신 자도 여호와시요 취하신 자도 여호와시오니 여호와의 이름이 찬송을 받으실지어다(욥 1:21, 개역한글).

그에게 하나님은 병 주시고 약 주시는 분이었다. 이미 우리가 결론을 내었듯이, 이는 언뜻 대단한 신앙고백 같지만 인간으로서의 성품에 따른 신앙을 참된 믿음으로 착각한 것에 지나지 않는다. 육적, 영적으로 인간이 죽는 것은 맞지만, 인간이 가진 소유물을 영적인 것으로 비교하면서 눈에 보인 것을 가지고 보이지 않은 하나님을 생각하고 판단하고 재단하는 잘못된 모습을 보여 준다. 만물의 주관자, 전능자 하나님은 한번 주면 다시 취하는 분이 아니다.

또 욥은 불의한 세상 인간들의 행위를 통해 깨닫고 아는 지식을 통해 공의의 하나님을 판단하는 잘못을 범했다. 욥은 하나님이 자신을 다음처럼 다루신다고 생각했다(욥 19:6-11).

하나님은

나를 굴하게 하고(overthrown me),

그의 그물로 나를 에워싸고(compassed me with his net),

내 길을 막고(fenced up my way),

내 첩경에 흑암을 두고(set darkness in my paths),

내 영광을 벗기고(stripped me from my glory),

머리에서 면류관을 취하며(taken the crown from my head),

나 자신을 헐고(destroyed me),

내 소망을 나무 뽑듯 뽑고(removed mine hope),

내게 불같이 노하며(kindled his wrath against me)

나를 원수같이 보신다(counted me as enemy).

이는 하나님에 대해 사랑과 긍휼 대신 미움과 적의를 품은 원수를 연상하게 한다. 이런 행위들은 하나님의 성품이 결단코 아니기 때문이다. 이는 사탄의 일이며, 악한 인간의 모습일 뿐이다.

이처럼 욥이 가진 하나님에 대한 생각은 그의 주관적 경험과 지식, 그리고 세상적 풍조와 가치관에 뿌리박혀 있다. 욥은 비록 믿음은 있지만, 영적 분별력이 없었기 때문이다.

### 3. 믿는 자의 고난 그리고 형통

물론 하나님은 그 백성에게 항상 레드 카펫이 깔린 길을 제공하는 것은 아니다. 이는 단지 우리의 희망사항일 뿐이다. 하나님은 때로 우리의 가는 길에 카펫이 아닌, 우리의 첩경에 흑암을 두듯, "가시로 그 길을 막으며," 우리의 길을 막기 위해 "담을 쌓아 그 길을 찾지 못하게 하신다"(호 2:6). 이런 상황은 우리에게 역경처럼, 환난같이 보이고 그래서 욥처럼 하나님을 원망하고 자신의 처지를 비관하게 만들 수 있다.

하지만 이는 우리의 잘못된 길을 바로잡기 위한 하나님의 손길이다. 즉 우리의 정욕이 세상을 사랑하여 이에 따라가거나 찾는다면 하나님은 우리의 첩경을 되돌리게 하기 위해 장애물을 두신다. 다시 말해 세상이 아닌 우리의 신랑("본 남편") 되는 예수 그리스도께 돌아가도록 하기 위함이다 (호 2:7).

> 6 그러므로 내가 가시로 그 길을 막으며 담을 쌓아 그로 그 길을 찾지 못하게 하리니 7 그가 그 사랑하는 자를 따라갈지라도 미치지 못하며 그들을 찾을지라도 만나지 못할 것이라 그제야 그가 이르기를 내가 본 남편에게로 돌아가리니 그때의 내 형편이 지금보다 나았음이라 하리라 (호 2:6-7).

우리는 이 세상이 주는 안락과 쾌락을 원하며, 또 실제로 세상 안의 안식은 때로는 달콤하게 느껴진다. 하지만 하나님은 세상으로 흐르는 우리의 감정의 물줄기를 막고 우리로 하여금 그리스도로 향하게 한다. 우리에게 임하는 고난이 축복이 되는 역설이요, 고난의 신비이기도 하다. 우리는 세상이 주는 감미로움을 잠시 맛볼 수 있다.

그러나 이는 미혹하는 감미로움이요 결국 쓴 맛일 뿐이다. 우리의 고난 중에 행하신 하나님의 역사로 말미암아 이 세상의 그 어떤 감미로움보다 신랑되는 주와 함께함이 가장 복된 것임을 알게 된다. 그래서 "그때의 내 형편이 지금보다 낫다"고 고백할 수 있게 된다.

따라서 자신이 처한 상황을 바라보지 않으면서 하나님이 자기 백성에게 미움과 괴로움, 좌절과 상처, 고통과 죽음을 준다는 생각은 하나님의 성품과 인격을 알지 못함에서 나온다.

우리는 예수 그리스도를 믿으면 매사가 형통하기를 바란다. 그리고 일반적으로 형통하면 '번영,' '문제 없음,' '순적함' 등을 생각하기 쉽다. 특히 영어성경은 형통을 세상적 번영을 나타내는 'prosperous'로 번역하므로 그런 의미가 강화됐다.

그러나 성경이 말하는 '형통하다'[82]의 단어 '사칼'은 원래 '신중하다'(to be prudent), 또는 사역의 뜻으로 '신중히 행동하다'(to act wisely)는 의미다. 이것은 인간적인 내 생각과 판단과 지혜로 매사를 결정하지 않고 하나님의 말씀을 좇아 살면, 하나님의 뜻을 알게 되고 매사 신중해지며 그래서 순전하고 성실하며 정직한 삶이 드러나고 이것이 성공의 길로 이른다는 뉘앙스다.

우리가 하나님의 성품을 알고 그 말씀을 우리의 생각과 마음 속에 담고 있다면, 매사를 하나님의 뜻에 비추어 이해하고, 생각하고, 판단하며, 처리하게 되어 형통할 수 있다. 형통은 우리가 하나님을 잘 믿고 많이 기도한 결과 하나님이 천사의 손길을 통해 불가능을 가능하게 하는 기적적인 어떤 역사로 인한 결과가 아니다. 오히려 하나님의 성품 안에서 주를 신뢰하며,

그 말씀이 우리 입에서 떠나지 않고 묵상하고 이를 좇아 행할 때에, 우리에게 주어진 일과 행동을 현명하게 이해하고 처리하는 능력과 지혜다.

이런 형통한 삶의 대표자가 요셉('형통하다'[צָלַח], 창 39:2-3, 23])과 다윗('지혜롭게 행하다'[שָׂכַל], 삼상 18:5, 14-15]), 그리고 다니엘(학문과 재주에 '통달하고 명철하다'[שָׂכַל], 단 1:4, 17])이다. 그런데 요셉은 종으로 감옥에 갇혀 있는 신세였고, 다윗은 사울에게 늘상 쫓기는 몸이었으며, 다니엘은 바벨론의 포로된 신세였다.

그럼에도 성경이 그들을 형통하다고 말함은 그들이 어떠한 고난과 환경 가운데서도 하나님의 성품을 알고 주를 신뢰하는 가운데 그 말씀을 따라 살았기 때문이다.

따라서 예수 그리스도를 알고 하나님을 믿는 자는 이미 형통한 자라고 말할 수 있다. 주의 말씀은 그 백성에게 교훈과 소망을 주며(롬 15:4), 삶의 본을 보이며(벧후 2:6), 거울과 경계(고전 10:6)가 되기 때문에, 우리가 하나님의 성품과 인격을 알고 그의 말씀과 그 뜻을 좇아 살면, 우리의 삶은 실패하지 않으며, 그래서 주 안에서 형통한 삶을 살게 된다.


## 4. 왜 분별이 필요한가?

엘리후가 욥에게 한 충고는 분별하라는 것이다. 이것이 하나님 앞에 형통한 삶의 기초이기 때문이다. 세상에서 보고 느낀 경험에 의존하거나 세상의 풍조에 따르지 않고, 옳은 판단과 선한 것을 택하고 알 때(욥 34:4), 분별이 생긴다. 분별은 하나님이 주신 지정의를 통해 갖는 것이다. 하나님은 우리 인생에게 온전하고 선한 것을 판단하고 알 수 있는 지정의와 양심을 주셨다.

따라서 아무리 죄인 된 인생이라도 하나님을 알 수 있는 지각과 능력, 양심을 갖고 있기 때문에 하나님을 모른다고 핑계치 못하게 되어 있고,

양심으로 율법적 행위를 드러내기도 한다(롬 1:19-20; 2:14-15).

> 우리가 스스로 '옳은 것'(미쉬파트, "판단," 어떤 일을 결정하는 행위)을 택하고 무엇이 선한가 우리끼리 알아보자(욥 34:4, 개역한글).

> [19] 이는 하나님을 알 만한 것이 그들 속에 보임이라. 하나님께서 이를 그들에게 보이셨느니라 [20] 창세로부터 그의 보이지 아니하는 것들 곧 그의 영원하신 능력과 신성이 그가 만드신 만물에 분명히 보여 알려졌나니 그러므로 그들이 핑계하지 못할지니라(롬 1:19-20).

> [14] 율법 없는 이방인이 본성으로 율법의 일을 행할 때는 이 사람은 율법이 없어도 자기가 자기에게 율법이 되나니 [15] 이런 이들은 그 양심이 증거가 되어 그 생각들이 서로 혹은 송사하며 혹은 변명하여 그 마음에 새긴 율법의 행위를 나타내느니라(롬 2:14-15).

우리는 하나님을 아는 지식에 대해 무조건 성령의 역사만을 강조하는 경향이 있다. 물론 인간은 죄로 인해 총명은 어두워지고 무지함과 마음의 굳어짐으로 인해 하나님의 생명에서 떠나 있다. 그래서 하나님을 믿지 않은 자들은 마음의 허망함을 따라 행하려 한다(엡 4:17-18). 그러나 믿는 자에게는 하나님의 성령이 함께 한다.

그렇다고 모든 것을 성령이 가르쳐 주면 얼마나 좋겠는가?

하지만 우리는 삶에서 그렇지 않음을 경험한다. 하나님은 인간에게 생각하고 판단하고 느끼며 행할 수 있는 지정의(知情意)를 주셨고, 인간은 이를 통해 하나님의 말씀을 배우고 깨닫고 느끼고 행하도록 지음 받은 존재다.

이것이 분별의 중요성이다. 분별의 일차적 책임은 우리 자신에게 있다. 그리고 참된 지혜와 지식을 얻는 일은 하나님의 말씀이다. 그렇지만 이 말씀을 온전히 깨닫는 길은 성령에 의해서이다.

이는 마치 항해 중의 선원과 같다. 가고자 하는 목적지를 위해 나침반을 쫓아 행하는 분별은 선원의 지정의에서 나온다. 이를 위해 "돛(sail)을 붙들고 바람(wind)을 구하라."[83] 목표를 향해 돛을 붙드는 것은 우리의 영역이다. 그러나 그 길을 순적히 가기 위해서는 바람을 이용할 수 있어야 한다. 다시 말해 우리는 인생 항로를 위해 하나님의 말씀을 붙들되, 바람, 곧 성령을 구해야 한다.

많은 이단이 세상에 나와 판을 치는 이유는 동일하게 하나님의 말씀을 들었지만 하나님의 말씀이 참으로 그러한가에 대한 분별력을 갖지 못해 사람들이 미혹되고, 그래서 하나님의 말씀을 오해하고, 그 결과 하나님에 대한 잘못된 믿음을 갖으며 말씀에 벗어난 행동을 하기 때문이다. 말씀의 오해는 잘못된 믿음을 갖게 하고 멸망의 길로 인도한다.

바울이 그리스의 베뢰아 지역에서 말씀을 전할 때, 그 지역 사람들은 어느 누구보다도 하나님 말씀을 상고하되 이것이 정말로 그러한지를 살핌으로 많은 사람이 회심하고 온전한 믿음을 갖게 됐음을 사도행전은 말해 준다(행 17:11).

> 베뢰아 사람은 데살로니가에 있는 사람보다 더 신사적이어서 간절한 마음으로 말씀을 받고 '이것이 그러한가 하여 날마다 성경을 상고하므로'
> (examining the Scriptures daily, to see whether these things were so)(행 17:11).

그렇다면 어떻게 온전한 분별력을 가지게 되는가?

그것은 바로 하나님의 성품과 인격을 듣고 알 때이다. 하나님의 진정한 어떠하심을 알면 우리는 선악을 분별하게 되고 옳은 것을 택할 수 있게 된다. 하나님은 악과 불의를 행하지 않으며, 공의를 굽히지 않는 분이다(욥 34:10-12). 이는 변하지 않는 신실하신 창조주 하나님의 성품을 뜻한다. 하나님은 사람의 일을 따라 보응하시고 인간의 행위대로 얻게 하신다. 뿌린 대로 걷는 것은 상식이다.

사람이 무엇으로 심든지 그래로 거두리라(갈 6:7).

열심히 일하면 그만큼 축복이 크다. 하나님의 성품과 인격을 아는 분별력이 바로 총명이다.

¹⁰ 그러므로 너희 총명한 자들아, 내 말을 들으라. 하나님은 단정코 악을 행치 아니하시며 전능자는 단정코 불의를 행치 아니하시고 ¹¹ 사람의 행위를 따라 갚으사 각각 그의 행위대로 받게 하시나니 ¹² 진실로 하나님은 악을 행치 아니하시며 전능자는 공의를 굽히지 아니하시느니라(욥 34:10-12).

하나님이 욥의 고난을 기뻐하신 분이 아니다. 자기 백성이 고생하며 근심하게 하심은 하나님의 본심이 아니다. 하나님의 성품과 이를 닮아야 할 우리가 해야 할 일이 무엇인지를 예레미야애가는 잘 말해 준다(애 3:25-26, 33-41).

세상의 약자들이 강자들에 의해 밟히며 사는 것은 하나님 보시기에 기쁜 일이 아니다(애 3:33). 하나님은 모든 자가 정의가 흐르는 곳에서 평강과 풍요 속에 사는 것을 원하신 분이다. 우리는 화와 복이 모두 하나님으로부터 온다고 생각한다. 그러나 그렇지 않다.

화, 복이 지극히 높으신 자의 입으로 나오지 아니하느냐(애 3:38).

우리는 이 말씀을 잘못 이해하는 경향이 있다. 언뜻 보면 화와 복이 하나님의 입으로부터 나오는 것처럼 보인다. 하지만 본의(本意)는 화와 복이 있는데 인간의 분별 곧 총명을 이용하여 어느 길이 옳은 판단이며, 어느 것이 선인지를 분별하여 이 중에 복을 선택하라는 하나님의 말씀이다. 우리가 죄의 길로 가면 자연히 화를 받게 되어 있기 때문이다. 죄악의 길은 종말의 때에 심판받을 사탄의 길이요 이는 결국 저주의 화를 낳는 법이다.

따라서 분별은 '우리 스스로의 행위를 조사하고'("우리의 지나온 길을 돌이켜 살펴보고"[40절]), 악과 불의가 발견될 때마다 용서와 도움을 구하기 위해 하나님께로 돌아가는 것에서부터 출발한다.

> 25 무릇 기다리는 자에게나 구하는 영혼에게 여호와께서 선을 베푸시는도다 26 사람이 여호와의 구원을 바라고 잠잠히 기다림이 좋도다(애 3:25-26).

> 33 주께서 인생으로 고생하며 근심하게 하심이 본심이 아니시로다 34 세상에 모든 갇힌 자를 발로 밟는 것과 35 지극히 높으신 자의 얼굴 앞에서 사람의 재판을 굽게 하는 것과 36 사람의 송사를 억울하게 하는 것은 다 주의 기쁘게 보시는 것이 아니로다 37 주의 명령이 아니면 누가 능히 말하여 이루게 하랴 38 화, 복이 지극히 높으신 자의 입으로 나오지 아니하느냐 39 살아 있는 사람은 자기 죄로 벌을 받나니 어찌 원망하랴 40 '우리가 스스로 행위를 조사하고 여호와께로 돌아가자'("지나온 길을 돌이켜 살펴보고, 우리 모두 주께로 돌아가자"[표준새번역]) 41 마음과 손을 아울러 하늘에 계신 하나님께 들자(애 3:33-41).

## 5. 영적 무지와 하나님의 성품에 머무는 것

하나님이 주권적 자유를 가진 분이라고 해서 인간에게 불의를 임의로 행하시는 분이 아니다. 자유를 가진 하나님의 공의는 항상 주의 본래적 성품인 사랑에 바탕을 둔다. 물론 하나님 백성에 대해서는 일시적인 징계를 내릴 때가 있다.

그러나 이 징계는 자기 백성이 옳은 믿음을 갖고 하나님 백성다운 삶을 살 수 있도록 하는 일시적인 하나님의 채찍일 뿐이다. 달리는 말에게 행한 기수의 채찍질은 말에게 자극을 주어 더욱 잘 달리게 하기 위함이다. 잘 길

드려진 경주마는 기수가 채찍을 들기만 해도 속도를 낸다고 한다.

마찬가지로 늘 하나님과 동행하는 삶을 살아 하나님의 뜻과 계획을 잘 안다면, 우리는 하나님의 채찍이 들리는 순간 하나님의 뜻에 순종하므로 징계를 피할 수 있으리라!

믿는 자로 하여금 하나님 나라의 백성으로 거룩하고 또 흠 없는 자로 다듬어 가길 원하시는 하나님이 채찍질 대신 몽둥이질을 해서 파멸과 죽음으로 몰아간다는 것 또한 어불성설이다. 세상을 살아가는 우리는 역경과 어려움을 당할 수 있다.

이런 경우 우리는 고통과 고난을 당하면 왜 이런 상황이 임했는지 자신을 살피고—우리는 자신을 살피기보다는 항상 남과 환경을 탓하는 버릇이 있다—선하고 신실하신 하나님을 바라며 잠잠히 기다리는 것이 필요하다. 그리고 마음과 손을 아울러 하늘에 계신 하나님께 들어야 하는 것이다(애 3:39-41). 하나님은 무릇 기다리는 자와 구하는 자에게 선을 베푸시는 분이기 때문이다.

'징계를 당했으면 다시는 범죄치 않기를 결단하고'(문맥상의 의미는 다음과 같다. "내가 자고[自高]하였다면 앞으로 다시는 이에 얽매이지 않겠노라"[욥 34:31]), 깨닫지 못한 것이 있다면 가르침을 달라고 하나님께 기도하라고 엘리후는 충고한다. 즉 하나님 앞에 자고하여 악을 행했다면 이를 행하지 않겠노라 결단하고, 죄인지를 알지 못하고 행했다면 기도하라는 것이다(욥 34:31-32).

그러나 알아야 할 것은 비록 욥이 하나님으로부터 멀어졌을지라도 하나님은 앙갚음을 하시는 분이 아니라는 것이다(욥 34:33).[84] 이것을 알지 못하는 욥에 대해 엘리후는 "욥이 무식하게 말하니 그 말에 지혜가 없다"(욥 34:35)고 선언한다.

즉 하나님의 성품을 알지 못하는 것이 바로 영적 무지(無知)다. 우리가 이 세상에서 살면서 고난을 당하면 이는 하나님이 주신 벌로 알며, 그래서 이를 기꺼이 감내하는 것, 그리고 이런 생각을 하는 자가 믿음이 좋다고 착각하는 경향이 있다.

그러나 그렇지 않다. 우리가 받는 벌은 우리의 죄로 말미암음이다. 결코 하나님이 주신 것이 아니다. 결국 우리의 죄가 화와 복 중에서 화를 당하게 하는 것이다. 그러니 우리는 늘 우리의 행위를 조사하고 살펴야 할 필요가 있다(애 3:40).

> [31] 그대가 하나님께 아뢰기를 내가 죄를 지었사오니 다시는 범죄하지 아니하겠나이다 [32] 내가 깨닫지 못하는 것을 내게 가르치소서 내가 악을 행하였으나 다시는 아니하겠나이다 하였는가 [33] 하나님께서 그대가 거절한다고 하여 그대의 뜻대로 속전을 치르시겠느냐 그러면 그대가 스스로 택할 것이요 내가 할 것이 아니니 그대는 아는 대로 말하라 [34] 슬기로운 자와 내 말을 듣는 지혜 있는 사람은 반드시 내게 말하기를 [35] 욥이 무식하게 말하니 그의 말이 지혜롭지(사칼, לכׂש, 형통하다) 못하도다 하리라 [36] 나는 욥이 끝까지 시험 받기를 원하노니 이는 그 대답이 악인과 같음이라(욥 34:31-36).

하나님은 인간의 행위대로 갚으시는 공의의 하나님이지만 동시에 하나님의 자유적 주권으로 징계를 허락하실 수 있다!

그러나 이 징계가 결코 하나님의 불의를 뜻하는 것은 아니다. 미래에 희망을 걸기에는 현실이 견딜 수 없을 만큼 어려운 고난과 고통을 당할 때, 하나님의 성품을 아는 자라면, 욥처럼 하나님께 항의하는 것이 아니라, 예레미야처럼 마음과 손을 들어 하나님께 구하는 겸손과 믿음의 자세가 요구된다. 우리는 세상의 임금인 사탄, 곧 '도적질하고 죽이고 멸망시키는 자(요 10:10)로 인해 고난을 당할 때가 있고, 이 고난은 하나님의 뜻과 계획이 있기에 허락된 것일 수도 있다.

하지만 하나님은 자기 백성에게 고통을 허락하시지만 반드시 정의를 회복시켜 주실 것이다. 설령 엄청나게 부당한 고통을 받고 있을지라도 머지않은 장래에 혹은 하나님이 우주를 심판하실 최후의 날에 필연적인 회복과 보상을 받게 될 터이다. 이것이 우리가 갖는 소망이다.

  우리 주 예수 그리스도도 죽음 앞에 있는 즐거움이라는 소망을 바라고 험한 십자가를 참으사 부끄러움을 개의치 아니하시더니 결국 하나님 보좌 우편에 앉으신 것이 아닌가!

  믿음의 주요 또 온전하게 하시는 이인 예수를 바라보자 저는 그 앞에 있는 즐거움을 위하여 십자가를 참으사 부끄러움을 개의치 아니하시더니 하나님 보좌 우편에 앉으셨느니라(히 12:2).

The True Understanding of the Kingdom of God
according to The Book of Job

## 제23장

# 그대가 의로운들 하나님께 무엇을 드리겠으며

인간의 의와 하나님의 성품(욥 35장)

### 1. 자신이 의롭다고 생각하는 자

하나님의 대변자인 엘리후는 성령의 인도를 좇아 하나님이 어떠하신 분인가를 설명한다. 그러면서 인간의 선악 간의 행실이 하나님께 영향을 미치는가 하는 문제와 왜 하나님으로부터 기도 응답을 받지 못하는가 하는 주제를 다룬다.

욥이 자랑하는 인간의 의로움은 하나님의 초월적인 절대 주권에는 아무런 영향을 미치지 못하며, 자기 백성을 불꽃 같은 눈동자로 지켜보시고 응답하시는 하나님이 왜 때로는 인생의 기도에 답하지 않고 침묵하신 것인지를 설명한다.

욥처럼 '자신이 하나님보다 의롭다'고 주장하는 인간의 의는 결국 '죄 위에 패역(pesha)'(욥 34:37)을 더하는 것, 곧 신성 모독이 된다. 하나님이 인간 욥보다 의롭지 못하다는 주장은 하나님의 불의를 전제하기 때문이다. 이는 하나님을 욕되게 함이다. 자기 의를 주장하는 욥의 잘못을 엘리후는 논박하며, 오직 하나님의 의만이 진정한 의임을 주장한다.

욥은 인간이 범죄한들 하나님께 해가 없을 것이라 항의했다("사람을 감찰하시는 자여, 내가 범죄하였은들 주께 무슨 해가 되오리까"[욥 7:20]). 또 하나님의 정의가 합리적이지 않는 것 같다고 의문점을 던졌다("하나님이 순전한 자나 악한 자나 멸망시키신다 하나니"[욥 9:22]).

또한, 하나님과의 기쁨의 교제가 하나님께 무익한 것이라 단정했다("이르기를 사람이 하나님을 기뻐하나 무익하다 하는구나"[욥 34:9]). 욥의 주장은 자기 삶의 경험과 지식을 바탕으로 하나님이 인간의 행위대로 갚아주지 않는다는 전제를 바탕으로 한다.

불의한 자는 고통을, 의인은 형통을!

이것이 욥의 기대와 하나님을 아는 지식이다. 그런데 현실은 반드시 그렇지 않다는 점에서 그는 하나님의 정의에 대해 의심하고, 그 결과 자신의 삶에 대해 냉소와 조소를 보낸다. 의롭게 살아도 고난을 당한다면 죄를 짓든 말든 하나님께 아무런 영향도 미치지 못할 것이며, 또 자신에게도 아무 유익이 없을 것이니, 무엇이 유익이고 무엇이 이익인가라는 한탄을 한다.

이 태도는 세상을 살아가는 우리가 보고 겪는 경험이 아닌가?

엘리후는 욥의 말에 대해 반박하며, 그가 보인 냉소적 태도는 하나님이 어떠하신 분인지를 알지 못하기 때문이라고 본다. 그러면서 그는 욥에게 뜬금없이 하늘과 구름을 보라고 말한다("너는 하늘을 우러러 보라 그대보다 높이 뜬 구름을 바라보라"[욥 35:5]). 이 말은 변화 무쌍한 인간을 바라보지 말며 세상의 지식과 풍조를 좇지 말고, 항상 신실하고 변함 없는 하늘의 하나님을 바라보라는 충고다.

그러면 하나님을 깨닫고 인간의 처지를 알게 된다는 뜻이다. 이 엘리후의 말은 어떤 상황에 처하든 믿는 자는 '땅의 것을 생각지 말고 위의 것을 생각하라'(골 3:1-3)는 바울의 충고를 떠올리게 만든다.

¹ 그러므로 너희가 그리스도와 함께 다시 살리심을 받았으면 위엣 것을 찾으라 거기는 그리스도께서 하나님 우편에 앉아 계시느니라 ² 위엣 것을 생각하고 따엣 것을 생각하지 말라 ³ 이는 너희가 죽었고 너희 생명이 그리스도와 함께 하나님 안에 감추었음이니라 (골 3:1-3).

하늘의 구름은 우리 인간의 행위에 상관 없이 유유히 흘러간다. 이처럼 하늘과 궁창이 인간의 행위와 아무런 상관 관계가 없듯, 하나님 앞에서 인간이 아무리 선하고 의롭게 살아도, 그리고 아무리 무거운 죄악을 저지른다고 할지라도 초월적 하나님께는 전혀 영향을 미칠 수 없다. 인간의 행위는 초월해 계시는 하나님에게가 아닌 오직 사람들에게나 손익을 줄 뿐이다(욥 35:6-8).

절대 주권과 자유를 가진 하나님은 "스스로 계신 자"이기에 인간의 행위와는 무관한 초월적 존재이고 그래서 인간의 그 어떤 행위에도 제한 받는 분이 아니다. 하지만 하나님은 인간의 행위를 낱낱이 살피시는 분이다.

그럼 왜 인간이 세상을 살피시는 하나님의 응답을 받지 못하는가?

바로 인간은 진정으로 하나님에 대해 무지한 결과, 그를 찾고 구하지 않으며 때로는 그들의 헛된 부르짖음 때문이다.

⁶ 그대가 범죄한들 하나님께 무슨 영향이 있겠으며 그대의 악행이 가득한들 하나님께 무슨 상관이 있겠으며 ⁷ 그대가 의로운들 하나님께 무엇을 드리겠으며 그가 그대의 손에서 무엇을 받으시겠느냐 ⁸ 그대의 악은 그대와 같은 사람에게나 있는 것이요 그대의 공의는 어떤 인생에게도 있느니라 ("네 악은 너와 같은 사람이나 해할 따름이요, 네 의는 너와 같은 인생이나 유익하게 할 뿐이라"[개역한글])(욥 35:6-8).

## 2. 헛된 부르짖음과 하나님의 성품

세상을 살다 보면 사람들은 이런 일, 저런 일로 인해 부르짖는다. 하나님을 알지 못하는 자들도 자신의 신을 만들고 소원을 간구하고 탄원한다. 하지만 그들은 창조주 하나님께로 돌아가지 않는다. 이는 아마도 고통에 처했음에도 불구하고 욥이 사람에게나 기대지도, 하나님께 기도하지도 않음에 대한 엘리후의 은밀한 힐난일 수 있다. 하나님이 "어디 계신가 말하는 이가 없구나."

그렇다면 엘리후가 말하는 하나님은 어떠하신 분인가?

**첫째, 하나님은 인생을 인도하시고 의의 길로 이끄신다(욥 35:10-11).**
하나님은 우리가 어두운 밤, 곧 환난과 고통의 어두움의 삶 가운데서도 하나님을 찬양하는 마음을 주고, 하나님을 알도록 교육하며, 지혜를 주신다. 그런데 세상은 이런 하나님에 대해 무지하다는 것이다.

> 10 나를 지으신 하나님은 어디 계시냐고 하며 밤에 노래를 주시는 자가 어디 계시냐고 말하는 자가 없구나 11 땅의 짐승들보다도 우리를 더욱 가르치시고 하늘의 새들보다도 우리를 더욱 지혜롭게 하시는 이가 어디 계시냐고 말하는 이도 없구나 (욥 35:10-11).

또 '악인의 교만함'으로 인해 고통받은 인생이 이를 위해 부르짖으며 기도해도 응답되지 않는 이유는 '헛된 부르짖음'(샤브, שָׁוְא, empty cry)[85] 때문이다(욥 35:12-13). 즉 고난 중 하나님의 응답을 받을 수 없음은 잘못된 기도 때문이다. 기도를 안 하는 것도 문제이지만, 기도해도 메아리만치는 공허한 기도가 있다. 지혜가 없어 하나님께 부르짖지 않는 것도 문제이지만, 실질적 문제는 바로 하나님의 성품과 인격을 알지 못하고 무조건 울부짖는 헛된 부르짖음의 기도다.

하나님 앞에 '헛된 부르짖음'은 하나님의 응답을 받을 수 없다. 하나님은 자기 백성의 소리를 듣는 분이다. 헛된 부르짖음은 하나님을 알지 못한 '지식 없는 말' 곧 하나님의 성품과 인격을 알지 못한 말로 구하는 것이다(16절).

> 12 그들이 악인의 교만으로 말미암아 거기에서 부르짖으나 대답하는 자가 없음은 13 헛된 것[부르짖음]은 하나님이 결코 듣지 아니하시며 전능자가 돌아보지 아니하심이라 … 16 욥이 헛되이 입을 열어 지식 없는 말을 많이 하는구나(욥 35:12-13, 16).

신앙은 은혜와 믿음의 조화의 문제다. 많은 성도의 문제점은 '구하라 그러면 주실 것이요'라는 무조건적 믿음만을 강조한다는 점이다. 그러나 진정한 신앙은 하나님의 은혜에 긍정적으로 반응하는 믿음이다.

주님은 십자가에서 모든 것을 '다 이루었다'(요 19:30). 십자가상에서 '다 이루었다'는 하나님의 은혜의 바탕 위에서 믿음으로 행하는 것이 진정한 '구함'이요, 그러면 아들을 주신 하나님이 아들과 함께 모든 것을 은사로 주시는 것이다(롬 8:32). 하나님 은혜를 알지 못하는 믿음으로 기도함은 '헛된 부르짖음' 곧 '망령된 소리'에 불과할 뿐이다.

### 둘째, 하나님은 오래 참는 분이다(욥 35:15).

> 그[하나님]가 진노하심으로 벌을 주지 아니하셨고 악행을 끝까지 살피지 아니하셨으므로(욥 35:15).

하나님이 죄인을 진노하심으로 벌하지 않음은 바로 오래 참는 분이기 때문이다. 하나님이 오래 참으심은 인간의 회개를 기다리기 위함이다. 그럼에도 이런 하나님의 성품과 인격을 알지 못하는 욥은 되려 자신이 하나님를 기다리겠노라 말한다.

고난과 역경을 당하는 자들을 보면, 사람들은 너무나 쉽게 '욥의 인내를 보라'고 충고하려 든다(약 5:11). 무조건 욥처럼 인내하면 복되다고 생각함은 잘못이다.

욥에게 벌을 내리는 자는 하나님이 아니다. 그런데 욥의 인내를 말하는 자는 고난은 하나님의 벌이므로 그 고난의 길을 인내로 기다림이 복되다고 말한다. 이런 태도가 바로 엘리후가 말하는 헛되이 입을 열어 말하는 '지식 없는 말'에 불과하다.

기다리는 자는 우리가 아니라 오히려 하나님 자신이다. 하나님은 우리가 그분의 성품과 인격을 알고 우리의 죄악을 회개하며, 우리의 잘못된 신앙을 바로 고치길 원하시기 때문에 오래 참으신다. 우리가 이런 하나님을 안다면 하나님을 원망하고 불평하지 않을 것이다.

> 보라 인내하는 자를 우리가 복되다 하나니 너희가 욥의 인내를 들었고 주께서 주신 결말을 보았거니와, 주는 가장 자비하시고 긍휼히 여기는 자시니라(약 5:11).

## 3. 하나님의 의

인간의 범죄(하타)와 죄악(페사, "악행")은 하나님께 아무런 영향과 관계가 없다("네가 범죄한들 하나님께 무슨 영향이 있겠으며 네 죄악이 관영한들 하나님께 무슨 관계가 있겠으며"[욥 35:6, 개역한글]). 범죄와 죄악은 의로운 하나님의 성품과 인격에 속한 것이 아닌 사탄에 속한다.

또한, 인간의 의는 하나님께 무익한 것이다. 인간의 의로는 하나님 앞에 나갈 수 없고, 그래서 그것으로는 하나님 나라의 백성이 될 수 없기 때문이다. 그리스도의 의가 아니고는 누구도 하나님 앞에 나갈 수 없다.

하나님의 의, 곧 그리스도의 의를 가진 자만이 하나님 나라에 들어갈 수 있다. '하나님의 의'는 오직 예수 그리스도의 십자가에서 나타났다. 죄 없으신 예수 그리스도가 인간의 죄삯을 다 치르시고, 그를 믿는 자들에게 값없이 입혀 주신 것이 곧 '하나님의 의'이다. 그래서 복음은 하나님의 의다(롬 1:17).

> 복음에는 하나님의 의가 나타나서 '믿음으로 믿음에 이르게' 하나니 기록된 바 오직 의인은 믿음으로 말미암아 살리라 함과 같으니라(롬 1:17).

우리의 착한(실상은 '착하게 보이는') 양심과 선한(실제로는 '선하게 보이는') 행위로 자기는 의롭게 산다고 여기지만, 이는 참된 의가 아니다. 바울에 따르면 이는 오직 '자기 의'일 뿐이다. '하나님의 의'는 십자가에서 나타난 것으로써, 하나님이 입혀 주시는 것, 하나님이 수여해 주시는 것이다.

우리는 십자가의 그리스도를 믿음으로써 그 의를 덧입을 뿐이다. '믿음으로 믿음에 이른다'[86]라는 뜻은 처음부터 끝까지 오직 믿음으로만 '하나님의 의'에 이를 수 있다는 것으로, 예수에 대한 믿음으로만 가질 수 있다. 예수 그리스도만이 믿는 자에게 의를 이루기 위한 율법의 마침이 되기 때문이다("그리스도는 모든 믿는 자에게 의를 이루기 위하여 율법의 마침이 되시나니"[롬 10:4]).

대부분의 종교는 인간의 의를 강조한다. 그래서 선행과 자비를 내세운다. 이런 주장은 휴머니즘의 냄새를 보여 사람들의 찬사를 불러 일으킬지라도 구원과는 아무런 관계가 없고, 그래서 이런 인간의 행위와 태도는 하나님과 전연 무관하다. 따라서 세상의 종교는 사람들을 '자기 의'로 속이고 있는 셈이다.

물론 믿는 자는 의롭게 살아야 한다. 남에게 손가락질을 받거나, 눈총을 받을 정도로 불의하게 살아서는 안 된다. 그러나 우리가 '자기 의'로 옷 입으려고 해서는 절대 안 된다.

인간의 의는 더러움 옷에 불과할 뿐이지 않는가?(사 64:6)
사람이 남에게 손가락질을 받지 않는다고 해도 그는 본질상, 타락한 양심을 가진 죄인에 불과하다. 따라서 '인간의 의'는 절대 '온전한 의'가 될 수 없다.

> 대저 우리는 다 부정한 자 같아서 우리의 의는 다 더러운 옷 같으며 우리는 다 쇠패함이 잎사귀 같으므로 우리의 죄악이 바람같이 우리를 몰아가나이다(사 64:6).

주님은 우리의 의가 서기관과 바리새인의 의보다 낫지 아니하면 천국에 들어갈 수 없음을 경고하셨다(마 5:20). 지금의 성도가 예수 당시의 유대 서기관이나 바리새인과 같은 의를 가질 수는 없다. 그럼에도 우리가 그들보다 더 나은 의를 갖지 못한다면 결단코 천국에 들어갈 수 없다.
우리가 어떻게 바리새인보다 나은 의를 가질 수 있단 말인가?
우리는 가질 수 없다!
이 의는 오직 하나님으로부터 받을 뿐이다. 그 길이 십자가다. 서기관과 바리새인보다 더 나은 의는 오직 십자가에서 받는다. 그래서 우리는 '인간의 의'가 절대 '온전한 의'가 될 수 없음을 깨닫고—인간의 의는 하나님의 진노를 피하지 못한다—'하나님의 의'를 덧입기를 간절히 사모해야 한다. '하나님의 의'를 사모하지 않고, 남의 손가락질 받지 않고, 사람들에게 눈총을 받지 않는다고 '자기가 의롭다'고 생각하는 자는 하나님 앞에 결코 의로운 자가 될 수 없다.
오직 세상적으로 볼 때 도덕적, 양심적으로 고결한 존재, 존경의 대상일 뿐이다. 이런 '자기 의'를 믿음으로 간주한다면 이는 위선적 믿음이다. 하지만 불행히도 '자기 의'를 덮어씌워서 사람들로 하여금 구원받지 못하게 하는 사탄의 미혹에 유혹되어 멸망의 길로 빠져드는 자가 교회 안에는 너무나 많다.

성경은 인간의 의를 믿음으로 착각한 자들의 예를 보여 준다. 주님의 수제자 베드로를 생각해 보자. 주님이 십자가를 짊어질 것을 말씀하시자, 그는 절대로 주를 포기하고 버리지 않겠노라 자신했다(마 26:33, 35). 그렇지만 세 차례나 주님을 부인하고 십자가 앞에서 도망하고 말았다. 베드로의 이 자신감이 '자기 의'의 발현이다. 사람 앞에서 자기를 한 번 멋들어지게 과시한 셈이다. 아직 오순절의 성령충만을 받지 못하고, 세 번의 닭 우는 소리에 뼈저린 회개를 하기 전까지 보여 준 베드로의 태도는 '자기 의'로 충만한 모습이다.

사도 바울 역시 마찬가지였다. 그도 다메섹 도상에서 주님을 만나기 전에는 '자기 의'에 붙들려 자기 자신을 '율법의 의로는 흠이 없는 자'로 생각하며 살았던 자였다(빌 3:6).

> ³³ 베드로가 대답하여 가로되 다 주를 버릴지라도 나는 언제든지 버리지 않겠나이다 … ³⁵ 베드로가 가로되 내가 주와 함께 죽을지언정 주를 부인하지 않겠나이다 하고 모든 제자도 이와 같이 말하니라(마 26:33, 35).
>
> 열심으로는 교회를 핍박하고 율법의 의로는 흠이 없는 자로라(빌 3:6).

유대인은 율법을 외모로 지키는 데 매우 열심이었다. 그러나 이런 행위는 사람에게 보이고 존경을 받기 위한 '자기 의'에 불과했다. 그 결과 다른 사람을 판단하고 정죄하는 것이 자기 삶의 습관이 되고, 마지막에는 그들의 눈앞에 나타난 하나님의 아들 메시아 예수조차 알아보지 못하고 인간적 생각과 판단으로 주 예수를 정죄해서 십자가에 못 박고 말았다. 그들이 '하나님께 대한 열심'이 없었다면 결코 그렇게 하지 않았을 것이다. 그들은 하나님께 열심은 있었으나 지식을 좇는 것이 아니라 자기 의를 세우려 한 것에 지나지 않았다(롬 10:2-3). 지금 교회 안에서 하나님께 열심이 있으나, 주 예수의 십자가를 알지 못하여 자기 의를 붙드는 자들이 있다면 불행한 일이다.

> ² 내가 증거하노니 저희가 하나님께 열심이 있으나 지식을 좇는 것이 아니라 ³ 하나님의 의를 모르고 자기 의를 세우려고 힘써 하나님의 의를 복종치 아니하였느니라(롬 10:2-3).

인간이 아무리 선행하고 봉사해도 '자기 의'가 없다는 것을 인정해야 한다. 오직 우리가 보이는 그 선행과 봉사는 하나님의 은혜에 감사해서 주께 돌려드리는 것에 불과할 뿐이지 구원에 이르는 의가 아니다. '자기 의'를 내세우면, 그렇지 못한 남을 비판하고 정죄하게 되어 있다.

'하나님의 의'는 '자기 의'를 부인하고, '자기 의'가 없을 때 받는다. 자기를 의롭다고 생각하고 다른 사람을 멸시하는 바리새인과 같은 사람은 '하나님의 의'를 받을 수 없다. 이미 자기가 의롭기 때문이다(눅 18:9).

하나님은 이 세상에 경이로운 세계를 만들고 그 위에 계시며, 예수 그리스도는 십자가에서 불의한 우리 인생을 위해 죽음으로써 우리에게 의를 덧입혀 구원을 얻게 하셨다.

우리로 구원 얻기를 원하시는 하나님이 오래 참음 가운데 우리의 회개를 기다리시는데, 현실 속에서 우리가 지금 처한 현실이 이해가 가지 않는다고 해서 어떻게 하나님에게 불의나 부조리가 있을 수 있겠는가?

우리는 오직 하늘을 바라보며 잠잠한 가운데 하나님을 신뢰하는 삶을 사는 것, 이것이 우리가 할 일이다.

죄인에 불과한 우리 인생을 진노로 벌하지 않고 오래 참으시는 하나님은 우리로 찬양하게 하시며, 우리를 삶에서 일어나는 일들을 통해 교육하시며, 하나님을 아는 지혜를 주시는 분이다. 하나님은 아들 예수의 십자가를 통해 그 백성에게 안식과 평강을 주신다. 소망의 하나님이 우리를 영원한 만족과 평강으로 채우기 때문에(롬 15:13), 성도의 안식과 평강은 하나님으로부터 오며 동시에 하나님 안에 있다.

## 4. 인생의 낮과 밤

여호와의 속량함을 받은 자들이 돌아오되 노래하며 시온에 이르러 그들의 머리 위에 영영한 희락을 띠고 기쁨과 즐거움을 얻으니 슬픔과 탄식이 사라지리로다(사 35:10).

이것이 하나님의 약속이지만, 현실은 그렇지 않다. 우리는 중단 없는 '영영한 희락'을 누리지 못한다. 우리는 낮과 기쁨만큼이나 우리의 밤과 눈물을 갖는다. 하루에는 낮과 밤이 함께 있다. 낮만 있지 않고 밤이 있듯, 마찬가지로 인생도 낮과 밤이 함께 있다. 즐거운 날만 있으면 좋으련만, 우리에게 어려움과 고난이 다가올 때가 있다.

이런 인생을 살아갈 때, 우리는 어떻게 살아야 하는가?

야고보 사도는 고난을 당할 때는 기도하고, 기쁜 일이 있을 때는 찬송하라고 권면한다(약 5:13). 고난의 때에 기도하지 않으면 우리는 낙심하고 하나님을 원망하게 된다. 그리고 즐거운 일에 찬송하지 않으면 우리 자신이 잘나서 내 힘과 능력으로 이룬 것으로 착각하고 교만하게 된다. 형통할 때, 하나님께 찬송하며 그 공로를 하나님께 돌리고 영광과 감사를 하나님께 드려야 한다. 전도서 기자는 충고한다.

일이 만사여의(萬事如意)로 형통하고 풀릴 때 기뻐하며, 일이 풀리지 않고 어려움이 닥칠 때는 생각하라!(전 7:14)

왜 하나님이 어려움을 내게 허락하셨을까를 생각하라는 것이다.

너희 중에 고난당하는 자가 있느냐 저는 기도할 것이요 즐거워하는 자가 있느냐 저는 찬송할지니라(약 5:13).

형통한 날에는 기뻐하고 곤고한 날에는 생각하라 하나님이 이 두 가지를 병행하게 하사 사람으로 그 장래 일을 능히 헤아려 하지 못하게 하셨으니라(전 7:14).

형통한 날에는 기뻐하고 곤고한 날에는 생각하라.
우리의 인생길에 하나님이 이 두 가지를 병행하게 하셔서 사람으로 능히 장래를 헤아려 알지 못하기 때문에 우리는 매일 하나님을 의지하며 살아야 하고, 날마다 주를 찬송하며 매사를 감사하며 살아야 하는 이유를 갖는다.

범사에 우리 주 예수 그리스도의 이름으로 항상 아버지 하나님께 감사하라(엡 5:20).

*The True Understanding of the Kingdom of God according to The Book of Job*

## 제24장

## 하나님이 그대를 환난에서 이끌어 내사
## 넉넉한 곳으로 옮기려 하셨은즉

인간의 고난과 하나님의 공의(욥 36-37장)

**1. 인생에게 임하는 고난**

　인간에게 고난이 있다. 인간은 그 죄로 인해 사탄이 지배하는 세상에 '내던져진 존재'이기 때문이다. 하지만 하나님이 인간에게 고난을 주는 분은 아니다. 그러함에도 때로 하나님은 자기 백성의 고난을 허락하신다.
　하나님이 사탄에 의한 욥의 참소에 대해 그 시험을 허락하신 것은 무엇인가?
　사탄은 욥의 축복이 그의 신실함을 하나님이 보상한 대가로 보고, 이제 이런 보상이 없어도 욥이 정말로 하나님을 믿고 섬기는지를 알고자 했고 하나님은 이를 허락하셨다. 하나님과 사탄의 내기다. 물질적 풍요와 형통함으로 그가 하나님 앞에 신실한 자가 된 것이 아님을 증명해 보이길 원하셨기에, 하나님은 욥의 순전함과 신실함과 경건함에도 불구하고 그의 고난을 허락하신 것이다.
　욥의 고난에 대해, 친구들은 그의 잘못 때문에 고통받는다는 신상필벌의 인과응보론을 들먹이며 욥의 죄를 회개하라고 촉구한다.

반면 욥은 자신이 하나님 앞에 의로움을 내세우며 자신의 결백을 주장한다. 그리고 고난을 주신 하나님을 원망한다("내 마음의 아픔을 인하여 말하며, 내 영혼의 괴로움을 인하여 원망하리이다"[욥 7:11]). 심지어 자신의 생일을 저주하며(욥 3:1), 자신을 음부에 감추어 달라며(욥 17:13) 차라리 죽기를 소원한다. 고난의 상황에 처하면 인간은 자책하거나 하나님을 원망하며 욥처럼 죽기를 소원하기 십상이다.

"차라리 죽었으면 이런 꼴이나 안 보지!"

이것이 우리의 넋두리, 소망 없는 하소연이다. 하지만 하나님은 욥의 생명을 붙들고 계심으로 욥은 죽을 수 없었다. 마찬가지로 하나님은 우리 삶에 닥친 어려움과 고난 때문에 우리가 죽도록 허락하지 않는다.

우리에게 어려움이 올 때마다 마음 먹은 대로 죽음이 허락된다면, 세상에 제명(命)대로 살 수 있는 인간이 몇 명이나 되겠는가?

하나님의 백성에게 고난이 면제되는 것은 아니다. 그렇다고 "인생은 고난을 위해 났나니 불티가 위로 날음 같으니라"(욥 5:7)는 엘리바스의 주장과는 달리, 인간은 고난을 위해 태어난 존재도 결코 아니다. 그럼에도 성도들에게 고난이 오면 많은 사람이 이런 말씀 구절로 스스로를 위로하려 든다. 인간은 하나님의 명예를 돌리기 위해 창조된 자이지 고난을 위해 태어난 존재가 아니다.[87]

하나님이 욥의 고난을 허락하심은 이 고난을 통해 욥이 궁극적으로 하나님의 신실하심, 그리고 사랑의 실체를 가진 하나님의 성품과 인격을 알고 그 하나님께 영광을 돌리도록 만들기 위해서이다. 그런 점에서 욥의 고난은 그저 한 사람의 시험에 그치는 것이 아니라, 하나님 백성, 즉 교회에 대한 사탄의 주장과 참소를 두고, 하나님이 공정하게 꺼내 놓은 하나의 내기인 셈이다.

따라서 우리의 신앙 현실은 나 하나의 삶을 잘 살아가는 것에 그치지 않고 하나님의 명예를 위탁받은 자로 존재한다는 사실을 잊어서는 안 된다.

그래서 우리가 하나님의 이름을 위해 하나님과 세상 앞에 '두렵고 떨림으로' 살아가야 하는 이유이기도 하다(빌 2:12).

## 2. 하나님은 어떠하신 분인가?

젊은 지혜자요, 하나님의 대변자인 엘리후가 말하는 하나님은 어떤 분인가?

우리 인생의 유한한 지식과 지혜로는 온전히 알 수 없는 하나님을 세상적 가치와 유전으로 판단할 수 없다. 엘리후가 하나님의 영으로 하나님을 말한 것처럼, 우리는 성령이 주신 지혜가 아니면 하나님을 알 수 없다. 엘리후는 자신의 말이 곧 '하나님의 음성'(욥 37:2)이라고 자신한다.

성령이 깨닫게 해 주시는 하나님의 성품과 인격은 무엇인가?

한마디로 하나님 자신에게는 사랑과 거룩이요, 하나님 백성에게는 생명과 은혜다. 우리는 이런 하나님의 성품에 대해 들으면 하나님의 지식과 함께 믿음은 커지게 된다. 믿음은 들음에서 나기 때문이다.

또한, 하나님의 성품에 대해 들어야만 우리는 행하게 되고, 하나님의 형상으로 지음 받았기 때문에 주님을 닮아 가는 하나님의 백성으로 지어져 간다. 우리가 하나님 말씀을 통해 진정한 그리스도인이 되면, 하나님의 성품과 인격을 갖게 되고 그 결과, 축복과 성공은 당연히 뒤따른다.

'하나님의 말씀을 묵상하고'(mediate on the Word), '그 말씀을 말하며'(speak the Word), '그 말씀을 좇아 살면'(live the Word), 우리의 길은 형통하게 된다. 이것이 진정한 '형통의 복음'(prosperity gospel)이다. 형통의 복음은 단순히 예수 믿음으로 인해 잘 먹고 잘 사는 것이 아니다. 형통의 복음을 소망하는 성도의 삶은 한마디로 다음과 같이 요약될 수 있다.

말씀을 생각하라!(Think the Word)

말씀을 말하라!(Speak the Word)
말씀을 좇아 살라!(Live the Word)

엘리후가 말하는 하나님의 성품과 본질에 대비한 인간의 실상을 생각해 보자.

**첫째, 하나님은 전능하며 힘과 지혜가 무궁하나 아무도 멸시치 않는 분이다(욥 36:5).**

반면 인간은 어떠한가?

인간은 제한한 능력과 지혜를 가지며 세상에 영원한 것은 없다. 또 인간은 남보다 낫다고 생각하면 잘난 척하고 남을 무시하는 경향이 있다.

> 하나님은 능하시나 아무도 멸시하지 아니하시며 그의 지혜가 무궁하사 (욥 36:5).

**둘째, 하나님은 악인을 살려두지 않으며, 고난받은 자를 위해 신원하신다(욥 36:6).**

하지만 인간은 상대가 설령 악인이라도 자신에게 유익이 되면 눈감고 때로 악한 일에 동참하며, 고난받은 자의 편에 서지 않는다. 세상의 많은 노동자가 열악한 조건 속에서 착취당하고 있지만, 세상의 시선은 고난받은 노동자보다 돈 많은 사업주에 흥미와 관심을 둔다.

> 악인을 살려두지 아니하시며 고난받는 자에게 공의를 베푸시며 (욥 36:6).

**셋째, 하나님은 그 눈을 의인에게서 돌이키는 분이 아니며, 그를 왕과 같이 존귀하게 하시는 분이다(욥 36:7).**

하나님은 욥의 고난에 눈 감은 것처럼 보이지만, 이후에 욥이 기왕에 내뱉은 말을 가지고 논증하심은 그의 고난 중에도 그의 소리에 귀를 기울였음을 말해 준다.

욥이 "나의 난 날이 멸망하였었더라면," "그 날이 캄캄하였었더라면," "유암과 사망의 그늘이 그 날을 자기 것이라 주장하였었더라면," "그 밤이 심한 어두움에 잡혔었더라면," "그 밤이 적막하였었더라면"(욥 3:3-7)이라고 말한 것을 두고, 하나님은 다음과 같이 말씀하시며, 욥의 잘못된 생각을 깨닫게 하신다.

> 네가 나던 날부터 아침을 명하였느냐 새벽으로 그 처소를 알게 하고 그것으로 땅끝에 비취게 하고 악인을 그 가운데서 구축한 일이 있었느냐 (욥 38:12-13).

욥이 자신의 생일을 저주했지만, 실상은 하나님이 이를 축복하셨다는 논증이다.

> 그의 눈을 의인에게서 떼지 아니하시고 그를 왕들과 함께 왕좌에 앉히사 영원토록 존귀하게 하시며(욥 36:7).

**넷째, 하나님은 그 백성이 누설(縲絏)과 환난의 줄에 얽혔으면, 그들의 행위와 허물을 알게 하고 교훈을 듣게 하시며, 죄악에서 돌이키게 하신 분이다(욥 36:8-10).**

때로 하나님은 의인에게 고난을 허락하신다. 이는 하나님이 그들에게 그들 자신들이 행한 소행(work)과 잘못된 허물(패사)을 보이고 그래서 그들이 하나님 앞에 자신을 높이는 교만함을 알게 하기 위해서이다.

교만함이란 하나님보다 자신을 높이는 행위이고 그래서 하나님 앞에 겸손을 잃고 자신의 처소를 떠난 일이다. 사탄이 그 대표다. 욥이 자신의 의로움을 주장하는 것 자체가 교만한 행위다.

> ⁸ 혹시 그들이 족쇄에 매이거나 환난의 줄에 얽혔으면 ⁹ 그들의 소행과 악행과 자신들의 교만한 행위를 알게 하시고 ¹⁰ 그들의 귀를 열어 교훈을 듣게 하시며 명하여 죄악에서 돌이키게 하시나니(욥 36:8-10).

이런 교만함을 두고 하나님은 벌하시기보다는 그들의 귀를 열어 교훈을 듣게 하시고, 죄악(아본)에서 돌이키도록 하신 분이다. 욥은 자신이 하나님 앞에 의롭다는 태도를 취했다. 그러나 하나님 앞에 의인은 없고 오직 죄인이 있을 뿐이다. 하나님은 엘리후를 통해 이런 하나님의 교훈을 듣게 하시고, 그래서 자신의 죄를 깨닫도록 유도하신 것이다.

**다섯째, 하나님은 곤고한 자를 구원하신 분이다(욥 36:15-19).**

따라서 주는 구원뿐 아니라 삶의 풍성함도 허락하신다. 그를 곤고함으로부터 극복하게 하시고, '좁지 않고 넉넉한 곳,' 다시 말해 더 나은 복된 삶을 살도록 하여, 그의 '상에 차린 것이 살진 것이 되는' 풍성한 삶을 살도록 허락하신다(욥 36:15-16).

그러나 무엇보다도 하나님 백성이 잊지 말아야 할 것이 있다. 우리의 잘못된 행위로 인한 하나님의 징책을 두고 우리가 분격(憤激)하는 것, 다시 말해 하나님에게 분노하는 일을 삼가야 하며, "대속(코페르, כֹּפֶר)함을 얻을 일이 큰즉 스스로 그릇되게 말지니라"(욥 36:18, 개역한글).

삶의 고난 때문에 대속의 은혜를 잊으면 안 된다. 예수가 이 땅에 오심은 "양으로 생명을 얻게 하고 더 풍성히 얻게 하려는 것"(요 10:10)이다. 하나님의 이런 성품과 행하심으로 인해 욥은 고난 후에 배전의 축복을 누리는 삶을 살게 된다.

¹⁵ 하나님은 곤고한 자를 그 곤고에서 구원하시며 학대 당할 즈음에 그의 귀를 여시나니 ¹⁶ 그러므로 하나님이 그대를 환난에서 이끌어 내사 좁지 않고 넉넉한 곳으로 옮기려 하셨은즉 무릇 그대의 상에는 기름진 것이 놓이리라 ¹⁷ 이제는 악인의 받을 벌이 그대에게 가득하였고 심판과 정의가 그대를 잡았나니 ¹⁸ 그대는 분노하지 않도록 조심하며 많은 뇌물이 그대를 그릇된 길로 가게 할까 조심하라(너는 분격함을 인하여 징책을 대적하지 말라. 대속함을 얻을 일이 큰즉 스스로 그릇되게 말지니라[개역한글]) ¹⁹ 그대의 부르짖음이나 그대의 능력이 어찌 능히 그대가 곤고한 가운데에서 그대를 유익하게 하겠느냐(욥 36:15-19).

**여섯째, 하나님은 우리 인간이 헤아릴 수 없는 큰 일을 행하시는데, 이 모든 역사는 우리의 징계를 위해, 혹은 땅을 위해서 하는 것이며 이것이 곧 긍휼의 역사다(욥 37:5, 13).**

그렇더라도 하나님은 그 정의(심판)나 공의(거룩함)를 절대로 굽히지 않는 분이다(욥 37:23).

⁵ 하나님은 놀라운 음성을 내시며 우리가 헤아릴 수 없는 큰 일을 행하시느니라 … ¹³ 혹은 징계를 위하여 혹은 땅을 위하여 혹은 긍휼을 위하여 그가 이런 일을 생기게 하시느니라 … ²³ 전능자를 우리가 찾을 수 없나니 그는 권능이 지극히 크사 정의나 무한한 공의를 굽히지 아니하심이니라 (욥 37:5, 13, 23).

## 3. 고난이 임할 때

의인은 아무 이유 없이 고난을 당하는 것이 아니다. 그의 죄와 허물이라는 하나님 앞에 교만함으로 인해 일시적으로 넘어진 상태에서 고난이 임한다는 것이 중요하다. 따라서 욥의 경우처럼 의로움 가운데 고난을 당하는 것은 언뜻 생각하면 일종의 고난의 신비이기도 하다. 하지만 우리의 잘못을 자각하게 하고 하나님의 성품을 드러내는 신비이기도 하다.

교만함으로 인해 일시적으로 넘어진 상태에서 고통의 줄에 매이게 될 때, 풀려나는 방법은 하나, 곧 하나님께 청종하는 일이다. 또 고난과 불행이 무익하고 무의미한 징벌만이 아니라, 하나님의 자기 백성에 대한 교육과 훈련의 유익하고 의미 있는 기회가 된다. 하나님이 그리스도 안에서 우리 같은 죄인을 택하여 구원하신 목적은 "우리로 사랑 안에서 그 앞에 거룩하고 흠이 없게 하시려고"(엡 1:4) 하기 때문이다. 거룩하신 하나님 앞에 우리 역시 거룩한 자로 지어져 가야 하는 것이 믿는 자의 궁극적인 목적이다.

따라서 환난을 당하면, 우리의 할 일은 이것이 하나님의 경고인 줄로 깨닫고, 회개하고 하나님께 순종하는 길밖에 없다. 우리가 대속함을 받는 길은 돈으로도 안 되고, 명예와 권세로도 안 된다("재산이 많다고 하여 속죄받을 수 없고, 돈[금]과 권력으로 속죄를 받지 못합니다"[욥 36:19, 표준새번역]).

대속(코페르)은 동사 '카파르'(덮어 주다)의 명사형이다. 따라서 대속은 하나님이 우리의 '죄를 덮어 주는 것'을 뜻한다. 다윗의 시처럼 허물의 사함을 받고 죄의 가리움은 구원이요 복이다(시 32:1).

이 대속을 얻는 일은 오직 하나님 앞에 순종하는 길에 달려 있다. 하나님께 순종한다는 것은 우리의 대속자로 이 땅에 오신 독생자 예수 그리스도를 믿는 것에 있지, 재산이나 돈과 권력으로 인함이 아니다. 하나님께 청종치 아니하는 자는 칼에 망하게 되어 있다(욥 36:12). 사탄을 따르는 자이기 때문이다. 사탄은 도적질하고 죽이고 멸망시키는 자다.

하나님의 진정한 은혜는 우리가 삶에서 좀더 많은 돈과 권력, 자식과 건강 등 세상적 형통함으로 인한, 보다 나은 세상적 복락의 삶을 누리는 것에 있지 않다. 그것은 하나님이 우리의 구원을 위해 자신을 주심에 있다. 그래서 우리는 말할 수 있다.

대속함을 얻을 일이 큰즉 스스로 그릇되게 말지니라!(욥 36:18, 개역한글)[88]

바로 십자가의 은혜가 큰즉 이를 경홀히 여기지 말라는 훈계다. 재산과 금과 권력이 우리에게 구원을 주지 못한다. 하나님의 구원에 대한 다윗의 감사 기도를 보라. 다윗은 자신이 이스라엘의 왕이 된 것에 대해서가 아니라 자신의 영혼이 음부에서부터 건지심을 받은 것, 곧 대속의 은혜를 입었음을 찬양한다. 그리고 이런 구원은 바로 하나님의 성품 때문이라고 노래한다(시 86:12-13, 15).

> [12] 주 나의 하나님이여, 내가 전심으로 주를 찬송하고 영영토록 주의 이름에 영화를 돌리오리니 [13] 이는 내게 향하신 주의 인자가 크사 내 영혼을 깊은 음부에서 건지셨음이니이다 … [15] 그러나 주여, 주는 긍휼히 여기시며 은혜를 베푸시며 노하기를 더디 하시며 인자와 진실이 풍성하신 하나님이 오니(시 86:12-13, 15).

하나님은 세상에서 거룩한 자를 세워 믿음의 백성으로 택하고 부르신 것은 아니다. 믿음의 조상 아브라함을 보라.
그가 괜찮는 자이기 때문에 하나님이 그를 부른 것인가?
아니다. 하나님은 우상을 섬기던 이름 없는 한 사람을 불러 믿음의 조상으로 세우시고, 그의 이름을 아브람에서 아브라함으로 바꾸어 주셨다. 하나님이 그의 믿음과 순종으로 말미암아 그를 한 가정의 '고귀한 아비'에서 '열국의 아비'로 삼아 주신 것이다. 이는 무에서 유를 만들고, 죽은 자를 살리실 수 있는 하나님의 전능함 때문이다.
아브라함을 부르고 택한 것은 '아브라함이 누구냐'가 아니라, '하나님이 누구냐'를 역사 속에서 보이신 사건이었다. 그리고 후에 오실 예수 그리스도 속에서 하실 일들의 증거로 삼으셨다. 우리가 우리 된 것은 우리의 힘이 아닌 하나님의 은혜 때문이다(고전 15:10).

그러나 나의 나 된 것은 하나님의 은혜로 된 것이니 내게 주신 그의 은혜가 헛되지 아니하여 내가 모든 사도보다 더 수고하였으나 내가 아니오 오직 나와 함께 하신 하나님의 은혜로라(고전 15:10).

우리가 진심으로 하나님께 부르짖어야 할 것이 있다. 그것은 우리에게 잠시 만족하게 하는 그런 세상 것을 위하여 하나님을 부르는 것이 아닌, 죽음에서 살려 달라고 부르는 일이다.

내 영혼을 음부에서 건지기 위해 하나님은 그 아들 예수를 이 세상에 보내신 것이 아닌가!

자기 아들을 아끼지 아니하시고 모든 사람을 위해 내어 주신 하나님이 어찌 그 아들과 함께 모든 것을 우리에게 선물로 주지 않겠는가?(롬 8:32)

자기의 사랑하는 독생자를 우리를 위하여 보내신 하나님, 흠 많은 아브라함을 세워서 믿음의 조상으로 세운 하나님, 이런 하나님이시기 때문에 우리는 고난이 올지라도 아무 때나, 어디서나, 무슨 일로나 하나님을 부를 수 있고 의뢰할 수 있게 된다!

## 4. 하나님을 믿는다는 것

우리는 온전히 하나님을 알 수 없다.

> 하나님은 높으시니 우리가 그를 알 수 없고 그 햇수를 헤아릴 수 없느니라 (욥 36:26).

우리는 하나님의 창조의 권능과 신비를 다 알 수 없다. 그러나 확실히 알 수 있는 것은 하나님이 생명을 주시는 분이지 죽음을 주는 분이 아니라는 사실이다. 우주 만물을 지배하고 통치하는 하나님의 주권과 위엄, 그리고 놀라운 신비 앞에서 인간은 실상 아무것도 모르고 무능한 존재가 된다. 하나님의 무궁한 지혜와 권능에 비해, 인간의 지혜와 힘은 너무나 알량하기 짝이 없다.

오늘날의 자연과학적 지식으로 보면 별 것 아닐지라도 자연의 조화나 기상 변화가 사람의 힘으로 도저히 깨달을 수 없는 전적인 하나님의 주권과 위엄하에 이루어진 일이다. 설령 진보된 과학 기술이 이런 현상을 설명할 수 있어도 이를 만들 수는 없다. 우리는 조물주가 아니기 때문이다.

하나님은 물을 증발시켜 끌어올리고, 그것으로 안개에서 빗방울로 만드시며, 구름 속에 싸 두셨다가 뭇 사람에게 비로 내려 주신다. 증발(蒸發), 응결(凝結), 강수(降水) 등의 단계에 대한 묘사는 물이 순환되는 과정이다(욥 36:27-29). 또 천둥이 어떻게 치는지, 번개가 어떻게 번쩍거리는지도 알 수 없다.

그러나 하나님은 천둥과 번개, "이런 것들[천둥과 번개 빛]로 만인을 징벌하시며 이런 것들로 식물을 풍비(豊備)히 주시느니라"(욥 36:31, 개역한글). 비가 식물에 영양분을 제공함은 너무나 당연하거니와, 암반 위에 소나무가 자라는 것은 신비에 가깝다.

그러나 엘리후는 천둥과 번개가 흙 한줌 없는 바위 위에서 자라는 나무에 영양분을 주는 원천임을 말한다. 이는 1980년대에야 과학적으로 증명된 사실이다.[89] 이처럼 우리가 하나님의 모든 섭리를 알 수 없듯, 우리의 삶과 삶 가운데 일어나는 역경과 고난도 알 수 없다. 이렇듯 "하나님은 높으시니 우리가 그를 알 수 없고 그의 햇수를 헤아릴 수 없다"(욥 36:26).

> 27 그가 물방울을 가늘게 하시며 빗방울이 증발하여 안개가 되게 하시도다 28 그것이 구름에서 내려 많은 사람에게 쏟아지느니라 29 겹겹이 쌓인 구름과 그의 장막의 우렛소리를 누가 능히 깨달으랴 30 보라 그가 번갯불을 자기의 사면에 펼치시며 바다 밑까지 비치시고 31 이런 것들로 만민을 심판하시며 음식을 풍성하게 주시느니라(욥 36:27-31).

우리는 하나님의 행하심을 항상 생각해야 한다("욥이여 이것을 듣고 가만히 서서 하나님의 오묘한 일을 깨달으라"[욥 37:14]). 그러면 하나님이 생명의 수여자이고, 하나님은 은혜 베풀기를 원하시는 분임을 알게 된다. 따라서 생명을 받은 우리는 고난이 임했다고 해서 죽기를 사모해서는 안 된다.

> 너는 밤 곧 인생이 자기 곳에서 제함을 받는 때를 사모하지 말 것이니라 삼가 악으로 치우치지 말라 네가 환난보다 이것을 택하였느니라(욥 36:20-21, 개역한글).

권능의 하나님이 만물을 창조하심은 자신의 피조물 아담에게 주기 위한 것처럼, 하나님은 우리에게 생명을 주시는 분이기에 우리는 그 하나님을 찬양해야지 죽음을 사모하고 그래서 악으로 치우치는 것은 하나님의 기뻐하시는 뜻이 아니다. 고난의 행군 속에서 자신을 돌이켜, 자신의 길을 살피고 하나님의 기뻐하신 삶이 무엇인지를 알고 행할 때, 우리는 하나님이 주신 궁극적인 형통함을 얻게 된다.

하나님의 행하신 일을 묵상하고 주의 행사를 궁구하는 것은 현재의 암담한 상황과 처지를 이기게 해 준다. 시편 기자는 욥의 경우와 같은 자신의 고통과 환난 가운데 응답하지 않는 하나님을 두고 다음처럼 생각했다(시 77:7-9).

> 주께서 영원히 버리실까?
> 다시는 은혜를 베풀지 아니하실까?
> 그의 인자하심은 영원히 끝났는가?
> 그의 약속하심도 영구히 폐했는가?
> 하나님이 그가 베푸실 은혜를 잊으셨는가?
> 노하심으로 그가 베푸실 긍휼을 그치셨는가?

하지만 시편 기자는 이것이 자신의 연약함 때문임을 알았다. 자신의 낙담과 절망의 원인을 하나님에게서 찾는 것이 아니라 자신에게서 찾는다. 이 점이 시편 기자와 욥의 차이다. 시편 기자 역시 지금 당장 눈에 보이는 현실에 압도당하여 눈에 보이지 않는 하나님이 자신을 버리며, 약속에 신실하지 않으며, 사랑과 은혜를 베풀지 않을까 생각한다.

그러나 이런 생각은 인간의 나약함, 곧 인간의 죄에 기인함을 깨닫는다. 그는 이런 깨달음 위에 하나님이 인간의 역사에 개입하여 행하신 출애굽, 그리고 골고다의 십자가라는 하나님의 옛적 기사를 기억하고 그 행함을 마음에 새기고 입으로 고백할 때에 주님만이 가장 위대한 하나님됨을 알게 된다. 주만이 창조주, 구원자, 인도자임을 확신한다. 다시 말해 그는 자신의 본질을 알고 하나님의 성품과 역사를 바라본 것이다. 엘리후 역시 이런 하나님의 역사를 기억하고 잊지 말라고 충고한다(욥 36:22-24).

> ²² 하나님은 그의 권능으로 높이 계시나니 누가 그같이 교훈을 베풀겠느냐 ²³ 누가 그를 위하여 그의 길을 정하였느냐 누가 말하기를 주께서 불의를 행하셨나이다 할 수 있으랴 ²⁴ 그대는 하나님께서 하신 일을 기억하고 높이라. 잊지 말지니라 인생이 그의 일을 찬송하였느니라(욥 36:22-24).

우리도 우리의 삶 가운데 시편 기자와 같은 상황과 처지가 얼마나 많은가?

그럴 때마다 이를 이기는 비결은 하나님의 아들 예수를 우리를 위해 내어 주기까지 우리를 사랑하신 하나님의 성품과 인격을 생각하고 그 안에 머무는 일이다.

> 자기 아들을 아끼지 아니하시고 우리 모든 사람을 위하여 내주신 이가 어찌 그 아들과 함께 모든 것을 우리에게 주시지 아니하겠느냐(롬 8:32).

엘리후는 욥을 온유함으로 하나님을 가르치며 훈계한다. 이는 바울이 디모데에게 부탁한 주의 종의 태도를 잘 보여 준다. 설령 복음을 거역할지라도 온유함으로 훈계하라(파이듀오, παιδεύω, 징계하라)고 당부한다. 이는 "혹 하나님이 그들에게 회개함을 주사 진리를 알게 하실까 하며, 그들로 깨어 마귀의 올무에서 벗어나 하나님께 사로잡힌 바 되어 그 뜻을 따르게 하실까 함이라"(딤후 2:25-26).

그렇다! 우리의 믿음은 마귀의 올무에서 벗어나는 것, 곧 잘못된 진리에서 벗어나, '하나님께 사로잡힌 바 되는 것'(taken captive by God)이요 그래서 그의 뜻을 좇는 것이다. 우리는 하나님께 사로잡힐 때에 하나님의 형상을 회복하게 된다.

따라서 우리의 믿음은 하나님의 편에서는 하나님께 사로잡힌 것이요, 우리 편에서는 철저히 예수 그리스도를 붙드는 일이다.

왜냐하면, 하나님은 아들 예수가 없이는 만족함이 없기 때문이다. 하나님은 오직 아들에게서만 만족을 가진다. 하나님이 모든 잘못에 대해 만족하기 전에는 인간의 양심은 절대로 화평하게 될 수 없다. 예수만이 이를 만족하게 하셨고 거룩하게 된 그들을 영원히 온전하게 하셨다.

> 아버지께 예수 그리스도의 몸을 단번에 드리심으로 말미암아 우리가 거룩함을 얻었노라(히 10:10).

우리 영혼은 자신의 양심 안에서 절대로 평강을 이룰 수 없다. 오직 믿음으로 주 예수를 제물 삼을 때에만, 다시 말해 예수 자신을 드림으로 말미암아 우리는 평강을 이루게 된다. 영혼은 주님을 원하고, 아버지는 수풀에 걸린 어린양을 보이시고 그리스도를 주신다.

그래서 영혼은 그리스도를 받아들임으로 말미암아 이제 하나님께 만족을 드린다. 그리고 영혼은 이에 그치지 않고 예배의 삶을 통해 다시 하나님께 그 주님을 드린다. 이것이 성도의 믿음의 삶이다.

율법 시대에는 율법의 제사장은 하나님이 주신 희생 제물을 죽인 후에 이를 제단에서 다시 하나님께 드렸다. 이것이 제사장의 삶이었다. 신약 시대에는 하나님은 영혼에게 십자가형에 달린 아들을 주시고, 우리의 믿음은 하나님의 아들 예수를 취하여 그를 다시금 하나님께 드린다. 우리가 믿음으로 말미암아 우리에 대한 하나님의 만족이란 평강을 갖게 된다면, 먼저 하나님의 아들 예수의 인격 위에 평강을 세워야 한다.

많은 사람이 평강을 얻지 못함은 그들의 찾는 바가 아들 자신이 아닌, 하나님의 아들 예수에게서 다른 무언가를 찾기 때문이다. '하나님은 아들과 함께 모든 것을 주셨다'(롬 8:32). 그런데 사람들은 하나님의 아들 예수보다는 자신들이 필요로 하는 다른 '모든 것'만을 구하려 한다. 어떤 영혼이 그리스도로부터 응답 받을 수 없음은 그 믿음이 예수 그리스도를 주신 하나님의 성품과 인격 위에 세우지 않았기 때문이다.

> 인자의 살을 먹지 아니하고 인자의 피를 마시지 아니하면 너희 속에 생명이 없느니라(요 6:53).

참된 믿음은 그리스도에 대한 사랑으로 주와 가까이 하는 것이고, 거짓 믿음은 자아 사랑에서 주와 가까이 한다. 오직 주 예수의 인격에 뿌리를 둔 사랑만이 참 믿음이다.

때로 주는 자기 백성을 배고프고 공허하게 하며, 많은 영적 축복을 허락하지 않는다. 왜냐하면, 믿는 자가 주님 자신을 찾는 것이 아니라, 이 세상의 안락과 편리함과 화평을 원하기 때문이다. 욥과 그 친구들이 여기서 넘어졌음을 보여 준다. 그들은 하나님의 성품과 인격이 아니라, 그들이 갖고 누리는 눈에 보이는 것으로 하나님을 평가한다. 그들은 세상적인 것, 물질적인 것에 시선을 둔 셈이다.

하나님이 때로는 성도에게 어떤 것도 허락치 않거나, 잠시만 누리도록 하실 뿐만 아니라, 성도의 길에 가시를 두거나 담을 쌓는다. 그 이유는 그들이 세상 것을 찾는 것보다는 오직 주님 안에서 자신의 평강을 쌓고, 모든 것을 찾을 수 있도록 하기 위해서이다(호 2:6-7). 아브라함이 동방 원정대의 왕들을 죽인 후 두려움 가운데 있었음은 그가 여호와를 자신의 방패로 삼도록 하기 위함이었다(창 15:1-2).

> $^6$ 내가 가시로 그 길을 막으며 담을 쌓아 저로 그 길을 찾지 못하게 하리니
> $^7$ 그가 그 사랑하는 자를 따라 갈지라도 미치지 못하며, 그들을 찾을지라도 만나지 못할 것이라(호 2:6-7).

사람은 자신을 위해, 자신 안에, 자신으로부터 좋은 어떤 것들을 찾는 경향이 있다. 하지만 우리의 도움과 방편은 산에서부터 오는 것이 아니라, 오직 주님으로부터 오며, 오직 주님 안에만 있다. 그럼에도 우리는 산 위의 하나님 자신이 아니라 산만을 보려는 경향이 있다(시 121:1).

> 내가 산을 향하여 눈을 들리라. 나의 도움이 어디서 올꼬(시 121:1).

하나님이 바울에게 '육체의 가시'를 주셨음은 그가 '주의 은혜로 족하다'는 것, 곧 '주의 능력이 약한 데서 온전하여짐을' 보여 주기 위함이었다(고후 12:7-9).

또한, 부자였던 야곱이 약속의 땅 가나안에 임한 기근을 이기지 못하고 애굽으로 내려갔음은 외형상 그가 풍년 때에 그 곡물을 대중 없이 사용했기 때문이기도 하지만, 하나님이 그 가정을 요셉의 돌봄과 포용함으로 이끌기 위함이었다.

이처럼 영적 기근의 오랜 지속과 주님에 의한 공급의 거절은 영혼으로 하여금 하나님의 성품과 인격을 주 예수 안에서 보게 하고, 품게 하고, 기뻐하도록 이끌기 위함이다. 주님 안에 있는 것으로 자신과 심령을 잠잠하게 하는 것보다는, 주로부터 받은 것으로 더욱더 만족하여 머무는 것,

이것이 지금의 많은 신앙인이 가질 수 있는 큰 상처와 잘못이기도 하다.

믿음은 정복할 수 없는 은혜다. 자기 손에서 잃어버린 것이 무엇이든 믿음은 이를 찾게 할 것이다. 이것이 하나님의 목적이다. 그러니 그 목적 안에서 하나님을 바라보고 가까이 해야 한다. 모든 풀과 모든 꽃의 아름다움은 시들지라도 주의 영광은 반드시 드러날 것이다.

하나님의 창조에는 하나님의 성품이 드러나 있다. 하나님이 창조를 통해 만물에게 생명을 주셨다. 이런 의미에서 창조란 마음에 들면 주고 마음에 들지 않으면 빼앗는, 단순히 조건과 그것을 만족시키는 보상 관계가 아니다. 창조는 하나님의 능력과 사랑과 긍휼을 알게 하는 깨우침이다.

그리고 구원은 죄로 인해 타락한 만물 속에서도 더욱 큰 긍휼과 사랑으로의 부르심을 위하여 모험과 선택이 허락되어 있는 열린 세계다. 그래서 하나님의 만드신 만물에는 하나님의 능력과 신성이 드러나는 것이고 거기에 하나님의 알 만한 것이 보여지게 된다(롬 1:19-20).

우리는 전능자를 측량할 수 없다. 주는 권능이 지극히 크사 심판과 공의를 굽히지 않는 분이다(욥 37:23). 이런 하나님을 두고 우리에게 임한 어려움과 고난을 두고 하나님을 불평하고 원망하는 것은 이치에 맞지 않다. 광야의 이스라엘이 망한 이유가 그들의 불평과 원망에 있었다. 그리고 우리 자신이 도덕적, 윤리적으로 거룩한 행실의 삶을 산다고 의로운 존재라고 생각하는 것 또한 착각이다.

우리는 하나님 앞에 내세울 것 없는 무능한 존재이며 죄인이기에 하나님의 의되신 예수 그리스도의 보혈이 필요한 존재임을 자각해야 한다. 그래야 우리는 하나님이 어떤 분이며, 무엇을 행하신 분이가를 깨닫게 되고 하나님의 백성으로 살아갈 수 있는 이해의 장으로 나갈 수 있게 된다.

> 전능자를 우리가 찾을 수 없나니 그는 권능이 지극히 크사 정의나 무한한 공의를 굽히지 아니하심이니라(욥 37:23).

# 제25장

# 무지한 말로 이치를 어둡게 하는 자가 누구냐

폭풍 가운데 나타나신 하나님(욥 38:1-38)

## 1. 폭풍 가운데 드러난 하나님의 마음

엘리후가 하나님의 성품을 알리자 이제 욥이 그토록 고대하던 하나님이 드디어 그 앞에 나타나신다.

> 전능자가 내게 대답하시기를 원하노라(욥 31:35).

이 욥의 소원이 마침내 성취되고, 하나님은 욥과 대화를 하신다. 욥기 서두에서 '욥에 관하여'(about Job) 말씀하시던 하나님이 이제 '욥과 함께'(with Job) 직접 말씀을 하심으로 인해 하나님과 욥은 대화의 객체가 아닌 주체가 된다.
그런데 특이한 것은 하나님이 폭풍 가운데 나타나심 그리고 두 차례의 말씀에도 불구하고 욥이 알고자 했던 질문들에 대해서는 하나님이 일체 침묵하시고 오히려 욥에게 묻는 말에 답하라고 추궁하셨다는 점이다.

### 왜 하나님은 폭풍 가운데 욥에게 나타나셨는가?

하나님의 산 호렙산에서 하나님을 찾았던 선지자 엘리야에게는 강한 바람에도, 지진 가운데도, 불 가운데서도 계시지 않고 말씀하지 않으셨던 하나님은 오직 불 후에 세미한 소리로 말씀하신 분이다(왕상 19:9-14). 그런 하나님이 욥에게는 폭풍 가운데 나타나시고, 다음과 같은 물음으로 시작하여 질문하셨다(욥 38:1-4).

> ¹ 그때에 여호와께서 폭풍우 가운데에서 욥에게 말씀하여 이르시되 ² 무지한 말로 이치[생각]를 어둡게 하는 자가 누구냐 ³ 너는 대장부처럼 허리를 묶고 내가 네게 묻는 것을 대답할지니라 ⁴ 내가 땅의 기초를 놓을 때에 네가 어디 있었느냐 네가 깨달아 알았거든 말할지니라(욥 38:1-4).

### 왜 하나님은 폭풍 가운데 말씀하셨을까?

엘리야와는 달리 욥에게 하나님이 폭풍 가운데 말씀하심은 큰 소리로 임하셨음을 뜻한다. 욥은 고난이 임하자, 하나님이 폭풍으로 자기를 꺾으신다고 생각했다("그가 폭풍으로 나를 꺾으시고 까닭 없이 내 상처를 깊게 하시며"[욥 9:17]). 하지만 하나님이 폭풍 가운데 나타나 응답하심은 하나님이 그를 꺾는 것이 아니라, 폭풍 가운데서도 그를 진리 가운데로 인도하심을 보여 주신다.

또한, 폭풍 가운데서의 말씀은 하나님의 급한 마음을 나타낸다. 욥의 회개를 원하시는 안타까운 마음을 드러내기 때문이다. 욥의 잘못된 하나님의 지식을 바로 잡고 바른 믿음 위에 서기를 원하시는 하나님의 답답한 마음, 간절함의 표시이며, 욥으로 하여금 깨달아 알라는 알림 소리다. 이것이 욥의 삶에 개입하시는 하나님의 열정과 역동성이다. 자기 백성의 삶에 잠잠하지 않고 무정하지 않으며 비정하지 않는 하나님 되심이다.

동시에 폭풍 가운데 말씀하심은 하나님의 질책과 경고의 의미이기도 하다. 욥의 말은 무지한 말이며 하나님 나라의 이치를 어둡게 했기 때문이다. 하나님은 욥의 의롭다는 주장에 대해 강하게 질책하신다.

> 네가 내 심판을 폐하려느냐 스스로 의롭다 하려 하여 나를 불의하다 하느냐(욥 40:8).

욥의 의에 대한 주장은 결국 공의로 심판하는 하나님의 불의를 결과하기 때문이다. 이런 욥을 두고 인격의 하나님이 조용히 타이르듯 세미한 소리로 말씀할 이유는 없다.

왜 하나님은 욥의 고난에 한동안 눈을 감았을까?

이는 자기 백성인 욥이 환난과 고통 가운데서도 그의 시선이 하나님을 찾고 오직 도움이 그에게서 온다는 것을 알게 하려는 데 있다. 곧 "눈물 골짜기로 통행할 때에 그곳으로 많은 샘의 곳이 되게 하며"(시 84:6), 산을 향하여 눈을 들고 자신을 위한 도움이 어디서 오는지를 알도록 하기 위함이다(시 121:1-2). 따라서 우리가 인생 길에서 눈물 골짜기를 통과할 때도 하나님이 우리에게 눈을 향하고 있음을 알아야 한다.

토마스 쉐퍼드는 이를 다음처럼 요약한다.

> 주의 마음이 당신을 향하지 않고 있다고 생각치 말라. 그때는 주가 그 얼굴을 당신에게 숨길 뿐이다. 아버지의 얼굴에 찡그림이 있어도 그 마음 안에는 사랑이 있음이라. 주는 의도적으로 그 백성으로부터 자신을 숨기신다. 특히나 그들이 주를 싫증내기 시작하거나 교만하기 시작할 때에 그러하지만, 주의 마음은 아직도 그들을 향하고 있다. 하지만 그들은 그렇게 생각하지 않는다. 칠흙 같은 어두움에서는 그들은 사랑이 없다고 생각한다. 가나안 여인이 그리스도께 구할 때에 주는 듣지 아니하셨지만 주의 마음은 그녀를 향해 있었다.
>
> 어떻게 그것이 나타났는가?
>
> 그녀의 마음과 믿음은 아직 주를 향해 있었고, 비록 빵부스러기만을 가지

고 있을지라도 그녀는 주를 떠나려 하지 않았기 때문이다(사 45:15; 8:17). 주는 의도적으로 사랑 가운데 자신의 얼굴을 숨기신다. 이는 그 백성의 마음이 그를 향하도록 하기 위함이다(호 5:15; 6:7).[90]

구원자 이스라엘의 하나님이여 진실로 주는 스스로 숨어 계시는 하나님이시니이다(사 45:15).

이제 야곱의 집에 대하여 얼굴을 가리시는 여호와를 나는 기다리며 그를 바라보리라(사 8:17).

내가 내 곳으로 돌아가서 저희가 그 죄를 뉘우치고 내 얼굴을 구하기까지 기다리리라. 저희가 고난을 받을 때에 나를 간절히 구하여 이르기를 (호 5:15, 개역한글).

영국의 시인 프렌시스 톰슨(Francis Thomson, 1859-1907)의 '천국의 사냥개'(Hound of Heaven)라는 시를 보면, 그는 생전에 자신의 꿈을 이루지 못해 하나님께 실망하고 하나님을 멀리했던 자였다. 이 시는 아편 중독자가 되어 거리를 방황하고 죽음을 직면했던 그가 하나님을 만난 후에 쓴 시다. 하나님의 끈질긴 사랑을 절실하게 체험한 그는 이에 불경스러워 보이는 제목의 시를 통해 자신의 영적 방황과 죽음의 갈림길에서 자신을 쫓아온 하나님을 사냥개로 묘사한다. 그는 고통과 절망 속에서 하나님으로부터 도망했으나 결국 먹이감을 쫓는 사냥개 같은 하나님으로 인해 붙들린다. 그리고 그것은 바로 하나님의 사랑과 은혜이라는 하나님의 음성을 듣는다.

나는 그로부터 도망쳤다, 수많은 밤과 낮의 길 아래로(I fled Him, down the nights and down the days).

나는 그로부터 도망쳤다, 수많은 세월의 아치 아래로(I fled Him, down the

arches of the years).

나는 그로부터 도망쳤다, 저 미로의 길 아래로(I fled Him, down the labyrinthine ways).

내 자신의 마음의 길로, 또 흐르는 눈물 속으로(Of my own mind; and in the midst of tears)

나는 그에게서 숨었다, 달음박질 치는 웃음을 지으며(I hid from Him, and under running laughter).

전망 좋은 희망을 향해 잽싸게 내달렸건만(Up vistaed hopes I sped)

그러다 화살을 맞듯 푹 꼬꾸라졌으니(And shot, precipitated),

거대한 공포의 심연 저 깊은 곳으로(Adown Titanic glooms of chasmed fears),

뒤따라, 또 뒤따라 오는 저 힘찬 발자국들으로부터(From those strong Feet that followed, followed after).

…

인간의 사랑은 인간의 공로를 요하는 법(And human love needs human meriting):

네가 어떻게 공로를 세울꼬(How hast thou merited),

엉긴 진흙덩이 인생 중 가장 우중충한 흙덩이인 네가?(Of all man's clotted clay the dingiest clot)

오호라, 너는 모른다(Alack, thou knowest not).

너는 도무지 사랑받을 자격이 없음을!(How little worthy of any love thou art)

상스런 너를 사랑할 자 누구겠는가(Whom wilt thou find to love ignoble thee),

나 밖에, 단지 나 이외에?(Save Me, save only Me)

내가 네게서 취했던 모든 것은(All which I took from thee I did but take),

너를 해치기 위해서가 아니라(Not for thy harms),

다만 네가 내 품에서 그것을 찾도록 하기 위함이라(But just that thou might'st seek it in My arms).

너 어린애 같은 잘못으로 잃었다, 상상했던 모든 것을(All which thy child's mistake)

내가 너 위해 집에 간수해 두었노라(Fancies as lost, I have stored for thee at home):

일어나라, 내 손을 꼭 쥐라, 그리고 가자!(Rise, clasp My hand, and come)

내 곁에 저 발자국 소리가 멎는다(Halts by me that footfall):
나의 어두움은, 결국(Is my gloom, after all),
쓰다듬으려 내민 그분의 손 그림자인가?(Shade of His hand, outstretched caressingly)

'아, 가장 어리석고, 눈 멀고, 약한 자여(Ah, fondest, blindest, weakest),
나는 네가 찾고 있는 바로 그이거늘!(I am He Whom thou seekest)
나를 쫓아 버렸기에, 네 자신의 사랑도 쫓아 버렸구나(Thou dravest love from thee, who dravest Me).⁹¹

## 2. 무지한 말과 하나님의 이치

하나님은 욥을 두고 "무지한 말로 이치(counsel, purpose, 에짜, עֵצָה)를 어둡게 하는 자"로 칭하셨다(욥 38:2).⁹² 이는 욥이 하나님의 지혜와 능력에 무지하여 자신의 의를 주장하며 허탄한 말로 하나님의 성품과 섭리를 오해하는 그를 질책하시는 말씀이다.

우리는 욥의 믿음을 흠 잡을 데가 없는 대단한 것으로 생각하기 쉽다. 그러나 그의 믿음의 밑바탕에는 하나님에 대한 잘못된 이해, 곧 하나님의 공의에 대한 두려움이 있었다. 하나님에 대한 두려움으로 인해 하나님을 경외하는 것은 참된 신앙 생활이 아니다. 하나님은 그 백성에게 두려워하는 마음이 아니라 능력과 사랑과 근신하는 마음을 주셨다(딤후 1:7). 하나님은 욥의 두려움에 기인한 이런 믿음이 치유되어 온전한 신앙의 바탕 위에 서기를 원하셨다.

성도 중에도 이런 생각을 가지고 신앙 생활을 하는 자가 많다. 자기의 잘못으로 인해 하나님의 징벌이 임했다고 생각하고, 십일조를 내지 않아 하나님이 그만큼 금전적 손해를 끼치게 했다고 말하기도 한다.
　하나님 앞에 잘못된 행위가 아닌 거룩한 삶을 살아야 하고, 십일조를 통해 자신의 믿음을 증거하는 것은 성도로서 너무나 당연한 것이다. 그렇지만 우리가 그러하지 못했기 때문에 하나님이 우리에게 대가를 요구하고 징벌을 내리시는 그런 쪼잔한 분이 아니다.

　　　하나님이 우리에게 주신 것은 두려워하는 마음이 아니요 오직 능력과 사
　　　랑과 절제(근신)하는 마음이니(딤후 1:7).

　하나님이 말씀하신 욥의 '무지한 말'은 '하나님의 지식이 없는 말'로, 바로 욥이 하나님에 대한 갖고 있는 고정 관념을 뜻한다. 이는 세상의 이치와 경험에 바탕을 둔 생각과 철학, 곧 바울의 표현대로 "약하고 천한 초등학문"(갈 4:9)일 뿐이다. 세상의 이치로 볼 때, 불의한 강자는 폭력과 힘을 통해 때로 주기도 하지만 보통은 빼앗는 자가 된다. 세상의 강자는 자기 마음에 들면 주었다가 마음이 들지 않으면 빼앗는 자이기에 사람은 그 앞에 두려움으로 선다.
　북한의 젊은 독재자 김정은 앞에 부동 자세로 서 있는 나이든 수행자들의 모습을 보라.
　이런 불의한 인간의 모습을 통해 하나님을 이해하므로 인해, 사람들은 하나님을 주었다가 빼앗는 분으로 생각한다. 그래서 욥은 하나님을 칭송하면서 "주신 자도 여호와, 취하신 자도 여호와"(욥 1:21)라고 말하며, 자기에게 주고 빼앗는 하나님을 찬송한다. 참으로 빼앗는 자를 찬송함은 믿음이 아닌 자기 기만일 수 있다. 이런 생각은 욥뿐만이 아니다. 그의 친구 엘리바스의 주장도 동일하다.

　　　하나님은 아프게 하시다가 싸매시며 상하게 하시다가 그 손으로 고치시나
　　　니(욥 5:18).

제일 먼저 하나님은 이런 생각이 무지한 말이라고 환기시키신다.

하나님은 병 주시고 약 주시는 분이 아니다!

하나님은 항상 약만을 예비하신 분이며, 주는 분이지 빼앗는 분이 아니다.

하나님은 자기의 가장 사랑하는 독생자 예수까지도 우리 죄인 된 인생을 위해 내어놓은 분이 아닌가?

또 주 예수는 우리 같은 죄인을 구원하기 위해 자신을 십자가에 내어 주시지 않았는가?

이것이 바로 하나님의 성품과 인격이다. 이런 하나님의 성품을 보이신 주 예수는 그래서 "상한 갈대를 꺾지 아니하며 꺼져가는 등불을 끄지 아니하고 진리로 공의를 베푸신"(사 42:3) 삶을 증거하셨다.

하나님이 욥에게 말씀하신 창조와 피조물에 관련된 일련의 질문들은 하나님이 창조를 통해 생명을 주는 분임을 일깨워 준다. 하나님이 땅의 기초를 놓으심은 궁극적으로 자신의 손으로 지으신 인간 아담을 위한 생명체의 공간을 위한 것이다. 이 생명을 주심에 감사하여 '새벽 별들이 함께 노래하며 하나님의 아들들이 다 기쁘게 소리하였던 것이다'(욥 38:7). 이런 사실을 알지 못하는 욥에게 하나님은 묻는다.

> 내가 땅의 기초를 놓을 때에 네가 어디 있었느냐 네가 깨달아 알았거든 말할지니라(욥 38:4).

## 3. 인격체로 대하시는 하나님

하나님이 폭풍 가운데 말씀하심은 하나님의 전능성을 드러내는 행위다. 자신이 의인임에도 불의하게 고난을 당했다고 생각한 욥은 하나님 앞에 자신의 행위와 믿음을 증거할 소송장을 내걸고 말했다.

전능자(샤다이)가 내게 대답하시기를 원하노라!(욥 31:35)

하나님은 폭풍을 주관하듯 만물을 섭리하신다는 점에서 전능하시다. 동시에 이 폭풍 가운데서 말씀하심은 성령의 힘, 즉 권능의 바람을 상징하는 것이기도 하다. 따라서 폭풍 가운데 나타나신 하나님은 성령(루아크, רוח, 바람) 하나님을 뜻하기도 하고 동시에 하나님의 전능성을 표현하기도 한다. 이 전능자가 욥의 소원대로 지금 그에게 나타나 말씀하신다. 그리고 이는 욥에 대한 하나님의 도전이기도 하다.

욥은 하나님의 응답을 원했다.

주는 나를 부르소서 내가 대답하겠나이다 혹 나로 말씀하게 하시고 주는 내게 대답하소서(욥 13:22).

하지만 하나님은 욥의 소원과 기대와는 달리 그의 고난의 이유에 대해서는 침묵하신다. 인과응보론이 옳은지 그른지, 의인이 고난받고 악인이 번성하는 이유가 무엇인지, 의인이 의로움에도 불구하고 왜 고통을 당해야 하는지에 대해서 침묵하셨다. 대신 하나님은 보다 근본적인 질문을 하셨다.

"네가 어디 있었느냐?"

내가 땅의 기초를 놓을 때에 **네가 어디 있었느냐** 네가 깨달아 알았거든 말할지니라(욥 38:4).

"네가 아느냐?"

누가 그것의 도량법을 정하였는지 누가 그 줄을 그것의 위에 띄웠는지 **네가 아느냐**(5절).

너는 그의 지경으로 그를 데려갈 수 있느냐 그의 집으로 가는 길을 **알고 있느냐**(20절).

"**네가 할 수 있느냐?**"

네가 묘성을 매어 묶을 수 있으며 삼성의 띠를 풀 **수 있겠느냐**(31절).

네가 목소리를 구름에까지 높여 넘치는 물이 네게 덮이게 **하겠느냐**(34절).

네가 번개를 보내어 가게 하되 번개가 네게 우리가 여기 있나이다 **하게 하겠느냐**(35절).

"**네가 보았느냐 수 있느냐?**"

사망의 문이 네게 나타났느냐 사망의 그늘진 문을 **네가 보았느냐**(17절).

네가 눈 곳간에 들어갔었느냐 우박 창고를 **보았느냐**(22절).

이 질문들은 욥이 전혀 할 수 없고, 알지 못한 것들에 대한 물음이었다. 하나님은 여호와의 이름으로 욥에게 나타나셨다.

그때에 여호와께서 폭풍우 가운데로서 욥에게 말씀하여 이르시되 (욥 38:1).

여호와는 주님의 구체적인 이름이다. 이스라엘이 하나님과 계약을 맺은 백성으로서 하나님을 부르는 칭호가 여호와다. 이는 욥에게 시현하신 여호와 하나님이 막연한 하나님이 아니라 그의 삶에 개입하시고 그와 함께 하시는 하나님 됨을 뜻하는 이름이다.[93]

하나님이 이스라엘의 역사에 개입하신 것처럼 욥의 삶과 인생에게 계시된 하나님이 그의 삶에 들어와 함께 계시고 그를 인도하신다. 말씀의 대상자로 욥의 이름이 명시된 후, 여호와 하나님은 욥에게 '대장부처럼' 묻는 말에 답하라고 하셨다.

> 너는 대장부처럼 허리를 묶고 내가 네게 묻는 것을 대답할지라(욥 38:3).

이는 하나님이 거룩한 자들도 신뢰하지 않는데 하물며 가증하고 부패한 욥을 신뢰하겠느냐는 엘리바스의 말과 얼마나 대조적인가?

> 15 하나님은 거룩한 자들을 믿지 아니하시나니 하늘이라도 그가 보시기에 부정하거든 16 하물며 악을 저지르기를 물 마심같이 하는 가증하고 부패한 사람을 용납하시겠느냐(욥 15:15-16).

'대장부'(게베르, 장사 혹은 용사)는 '싸울 수 있는 힘과 능력을 소유한 전능한 자'를 뜻한다. 이는 하나님이 욥 곧 자신의 백성을 대장부로 인정한다는 의미다. 그러니 툴툴거리며 소인배처럼 굴지 말고 당당하게 하나님께 답하라는 뉘앙스다. 하나님과 씨름했던 사기꾼 야곱을 '하나님을 이기는 자' 곧 이스라엘로 불렀듯, 하나님은 자기 백성에게 그들의 허물에도 불구하고 그들이 대장부로 부름 받았다는 사실을 상기하고 계신 셈이다. 원래 아담은 세상의 주인으로 선택받은 자였다.

그러나 죄로 인해 상실한 그의 지위와 형상을 우리의 작은 믿음으로 말미암아 하나님이 회복했기에 이제 대장부처럼 굴라는 뜻이다. 성도란 세상에 지배당하는 자가 아닌 세상의 지배자임을 하나님은 상기시키신다. 이처럼 욥에게 세상의 주인 됨을 상기시키는 말이 '대장부'라는 칭호다.

"내가 땅의 주초를 놓았듯, 욥 너는 내가 세상을 정복하고 다스릴 자로 세운 세상의 주인이다."

이처럼 하나님은 자기 백성의 인격을 고양시키고, 힘과 능력 갖기를 원하신다. 이런 하나님이 욥을 믿지 않고 망하게 하고 죽일 것이란 예단은 하나님을 오해하고 하나님 나라를 잘못 이해하는 것에 지나지 않는다. 하나님은 욥이 단순히 고난에서 벗어나는 것뿐만 아니라 세상의 주인으로 사탄과 죄와 싸워 이겨야 하는 대장부로 부르신 것이다. 이런 자리로 우리도 부름 받는다.

'허리를 묶는다(동인다)'는 '싸울 채비를 한다'는 의미를 가진 히브리적 표현이다. 얍복강에서 야곱이 하나님과 씨름했던 것처럼, 욥이 대장부로서 하나님과 맞대결을 해 보라는 뜻이다. 하지만 하나님 앞에 인간은 고개를 숙일 수밖에 없다.

그렇다면 세상의 주인으로 세움 받은 인간은 하나님 앞에 어떤 자세로 서야 하는가?

하나님 앞에 자신의 의를 주장하는 독선이 아닌 겸손과 순종의 자리로 나와야 한다. 하나님은 창조 세계의 위대함과 신비함을 언급하시면서, "욥, 너는 그때 어디 있었느냐?" "네가 아느냐?" "네가 보았느냐?" "네가 할 수 있느냐?"라고 물으심은 하나님의 만드신 창조의 권능과 신비 앞에서 인간의 무지와 무능, 부족함과 교만함을 알고 깨닫게 하기 위함이다. 이런 창조의 신비 앞에 연약하고 무지한 인간은 자신의 병자 됨과 죄인 됨 그리고 빚진 자임을 자인할 수밖에 없게 된다.

참된 신앙인은 자신이 죄인이요 환자임을 안다. 이것이 성도의 겸비한 모습이다. 이를 알지 못하면서 예수 그리스도를 믿는다고 말하는 자는 믿음의 위선자다. 참된 신앙인과 위선자의 구분은 자신을 돌아보고 자신이 병든 자, 죄인, 빚진 자임을 아는 것에 있다. 왜냐하면, 병자만이 의사에게 가고, 죄인만이 죄 사함의 필요를 알며, 빚진 자만이 대속의 절실함을 알기 때문이다. 십자가는 바로 병자, 죄인, 빚진 자를 위한 것이다.

건강한 자에게는 의원이 쓸데없고 병든 자에게라야 쓸데 있느니라(마 9:12).

주의 말씀이다. 믿는 자는 자신을 돌아본다. 그리고 자신이 병자이며 죄인임을 안다. 그래서 이를 아는 자는 참 의사인 예수께 나아가고, 죄를 사하는 길인 십자가 앞에 선다. 이런 자가 겸비한 자다. 선지자 예레미야는 이스라엘이 구원 얻지 못함을 보고 탄식한다.

길르앗에는 유향이 있지 아니한가 그곳에는 의사가 있지 아니한가 딸 내 백성이 치료를 받지 못함은 어찜인고(렘 8:22).

병자임에도 의사에게 가지 않는 자들에 대한 안타까움의 소리다.
자신을 돌아보지 않아 자신의 처지를 알지 못한 자는 미혹을 받게 되고 거짓된 신앙인으로 전락하게 된다. 자신을 돌아보고 그 처지를 아는 자는 하나님 앞에 겸비할 수밖에 없다. 겸비함을 두고 토마스 쉐퍼드는 다음처럼 말한다.

만약 어떤 겸비함도 없다면, 그리스도는 없다.
많은 겸비함에는 많은 그리스도가 있다.
단속적(斷續的)인 겸비함이라면, 그리스도의 불확실한 열매가 있다.
진정한 겸비함이 있으면, 그리스도의 진정한 소유가 있다.
거짓된 겸비함이라면, 그리스도의 상상적인 열매 맺음뿐이다.[94]


## 4. 창조에 드러난 하나님의 성품

창조와 섭리는 상선벌악(賞善罰惡)과는 무관한 하나님의 주권적 자유에 의해 이루어진다. 그런데 하나님의 절대 주권은 무분별한 세상 권력자의 자의적 행위와는 달리, 하나님의 성품인 공의와 사랑 안에서 행사되고 있음을 보여 준다.

그러므로 하나님의 좋으신 성품대로 만들어진 창조물인 새벽 별들과 하나님의 아들들은 노래하고 기쁨의 소리를 냈다. 심지어 바닷물도 하나님의 뜻을 좇아 그 교만함('교만한 물결'로 표현되어 있다)을 그치고 선한 일을 행한다(욥 38:7-11).

> 7 그때에 새벽 별들이 기뻐 노래하며 하나님의 아들들이 다 기뻐 소리를 질렀느니라 8 바다[바닷물]가 그 모태에서 터져 나올 때에 문으로 그것을 가둔 자가 누구냐 9 그때에 내가 구름으로 그 옷을 만들고 흑암으로 그 강보를 만들고 10 한계를 정하여 문빗장을 지르고 11 이르기를 네가 여기까지 오고 더 넘어가지 못하리니 네 '높은 파도'(교만한 물결, בִּגְאוֹן)가 여기서 그칠지니라 하였노라(욥 38:7-11).

하나님은 선하시다. 욥이 자신의 생일을 저주했지만(욥 3:1), 하나님은 그가 나던 날 아침을 명하고 악인을 구축하셨다고 말씀하셨다(욥 38:12-13). 빛이 오면 어두움 곧 악은 물러나게 되도록 하나님이 창조하셨다는 뜻이다. 즉 하나님은 결코 악을 만들지 않으셨다는 의미다. 그리고 피조물 인간은 어두움에 거하지 말고 하나님의 빛을 알고 빛 안에 거하라는 것이다. 이것이 바로 자기 백성을 향한 하나님의 사랑과 은혜라는 하나님의 뜻이요, 하나님의 성품이다. 빛이 오면 어두움은 자연히 사라지듯, 우리가 하나님의 성품 안에 머물 때, 사탄은 물러가게 된다. 따라서 욥이 하나님의 성품을 알고 그런 하나님 안에 머물 때, 사탄의 역사를 이길 수 있다는 함의다.

> 12 네가 나던 날부터 아침을 명하였느냐 새벽으로 그 처소를 알게 하여 13 그것으로 땅끝에 비취게 하고 악인을 그 가운데서 구축한 일이 있었느냐(욥 38:12-13, 개역한글).

하나님은 물으셨다.

> 광명의 처소는 어느 길로 가며 흑암의 처소는 어디냐(욥 38:19).

우리 인생은 죽음 이후에 광명의 처소 아니면 흑암의 처소로 가게 되어 있다. 우리의 행위를 따라 예수 그리스도의 심판이 있기 때문이다. 하나님을 알든 모르든 어느 누구도 일생 한번은 주 예수 그리스도의 심판대 앞에 서는 것을 피할 수 없다. 심판대 앞에 선 우리는 주님의 심판의 결과에 따라 광명의 처소인 천국에 가거나, 흑암의 처소인 지옥에 가게 될 것이다.

하지만 그 심판 전에 하나님은 우리 인생이 흑암이 아닌 광명의 처소로 인도하는 길을 예비하셨다는 점이다. 이를 두고 하나님은 욥에게 "네가 이미 알리라. 네가 그때에 났었나니 너의 연수가 많음이라"(욥 38:21)고 하시며, 이런 사실을 알고 있음을 확약하신 것이다.

하나님은 우리가 생명 얻기를 원하시기 때문에 그 길을 예비하셨다. 하나님이 아들 예수 그리스도의 십자가를 예비하신 이유다. 이것이 바로 하나님의 성품이다. 우리가 나이 들어 지각이 있다면 당연히 알 수 있다는 하나님의 선언이다. 왜냐하면, 하나님의 지식을 가질 수 있는 인간의 정신세계의 총명과 지혜도 하나님이 만드셨기 때문이다(욥 38:36).

> 가슴 속의 지혜는 누가 준 것이냐 마음 속의 총명은 누가 준 것이냐 (욥 38:36).

분명 하나님은 환난 때와 전쟁과 격투의 날을 위하여 우박 창고를 만드셨다. 하나님은 바로의 심판을 위해 일곱 번째 재앙인 우박을 예비하셨던 것과 같이 하나님은 마지막 때 사탄과 그 수하 세력을 심판하기 위해 우박 창고를 예비하셨다. 결코 자기 백성을 환난으로 몰고가 고난과 고통을 주기 위해 우박을 예비하신 것이 아니다. 우박은 인생의 징벌이 아닌 사탄의 심판을 위한 것이다. 우리의 힘으로는 사탄을 이길 수 없다. 우리는 창조자, 전능자가 아니기 때문이다.

그러나 우리가 하나님의 성품 안에 머물며 하나님을 찬양하는 삶을 살아갈 때, 사탄은 물러가게 되어 있다. 우리가 하나님 안에 머물 때만이 빛이 어두움을 몰아내듯, 사탄은 물러가는 것이다.

## 5. 너는 누구냐?

너는 대장부처럼 허리를 묶고 내가 네게 묻는 것을 대답할지라(욥 38:3).

하나님이 만물을 창조하실 때를 두고 하나님은 물으셨다.
"네가 어디 있었느냐?" "네가 알았느냐?"
이런 하나님의 질문은 결국 "너는 누구냐?"는 물음이다. 이 질문은 하나님이 천지를 창조하실 때, 하나님이 혼자 하셨다는 의미이기도 하고, '욥이 당연히 알아야 하지 않느냐' 하는 뜻이기도 하다. 이 수사적 반어법은 피조성과 유한성이라는 인간의 한계를 지적하는 동시에 인간에게 허락된 지혜와 총명을 통해 하나님의 성품과 인격을 알 수 있다는 것을 내포한다.

인간은 하나님 앞에 부족하고 연약하고 무지하다. 그러나 하나님은 우리에게 총명과 지혜를 주셨기에 우리는 빛과 어두움을 구별하듯 선과 악을 알 수 있으며, 하나님이 어떤 분인가를 생각할 수 있다. 하나님은 그 주권적 자유로 만물을 만드신 사건을 이야기 하심으로써, 욥에게 인간은 어떤 존재인가를 생각토록 하신 것이다.

하나님은 단순히 욥으로 하여금 지금 당하고 있는 고난에서 벗어나, 건강과 부귀를 누리는 이 땅에서의 삶에 만족하는 신앙 생활에 머물기를 원치 않으신다. 하나님은 욥으로 하여금 인생은 무엇이며, 어떻게 살아야 하는가에 대한 보다 근본적인 물음을 던지신 것이다.

우리가 믿음 안에서 살아갈 때, 하나님이 우리 안에서 만들려고 하는 것이 있다. 예수 그리스도 안에서 그리고 하나님의 사랑 안에서 거룩하고 흠 없는, 그래서 세상과 구별된 하나님의 백성으로, 그 자녀로 살아가는 것이 하나님의 이치(에짜, הצע, counsel), 곧 주의 뜻과 목적이다.

그런데 이걸 놓치고, 단순히 살아 생전에 자신의 부귀영화를 위해 자기만족과 소원을 들어주기를 원하는 삶으로 전락한다면, 이는 하나님의 원하시고 기뻐하시는 신앙 생활이 아니다. 하나님의 기뻐하시는 믿음은 "반드시 그가 계신 것과 또한 그가 자기를 찾는 자들에게 상 주시는 이심을 믿어야 하는"(히 11:6) 믿음이다. 우리는 세상에서 쓸만한 사람 되기 위해 예수를 믿는 것이 아니다. 현재의 삶을 넘어 영원한 삶을 바라보며 사는 것, 이것이 신앙의 목표가 되어야 한다.

이 땅에서의 시작과 결말을 위해 사는 것이 아닌, 하나님이 예비하신 하나님 나라에 대한 소망 속에 하나님의 약속을 붙들며 주의 성품과 인격을 닮으며 살아갈 때, 우리의 신앙은 하나님 앞에 받으실 만한 것이 된다. 현세에서의 형통한 삶, 하나님이 주신 축복만을 원한다면, 우리는 예수의 십자가의 죽음을 이해할 수 없으며, 예수가 다시 오신다는 것도 우리를 만족시킬 수 없을 것이다. 우리는 온전히 하나님을 알 수 없고, 창조의 권능과 신비를 다 깨달을 수는 없다.

그러나 확실한 것은 하나님이 생명을 주는 분이지 죽음을 주는 분이 아니라는 사실이다. 이런 하나님을 소망하며 성령과 동행하는 삶을 살 때, 하나님이 욥에게 배전의 축복을 허락하신 것처럼, 이 땅에서의 축복도 '저절로 차고 흘러 넘치게' 될 것이다.

## 제26장

# 네가 보았느냐, 아느냐, 할 수 있느냐?

피조물에 나타난 하나님의 큰 사랑(욥 38:39-41; 39장)

## 1. 마음을 감찰하시는 하나님

　욥과 친구들의 강론 그리고 젊은 엘리후의 설교가 끝나자 드디어 하나님이 폭풍 가운데 욥에게 나타나신다. 그리고 욥이 무지한 말로 하나님의 이치를 어둡게 한다고 질타하시며 대장부처럼 허리를 묶고 묻는 질문에 답하라고 하신다.
　그러나 욥이 하나님의 질문에 하나도 답할 수 있는 것은 없다. 왜냐하면, 하나님의 질문은 인간 욥이 답할 성질의 것이 아니었기 때문이다. 오직 창조주만이 알고 답할 수 있는 것들 뿐이다. 하나님은 천지 창조, 그리고 자연 현상의 주관, 또한 동물 세계의 신비를 말씀하시며, 그래서 욥의 입을 닫게 하고 욥 자신을 돌아보게 하신다.
　하늘과 땅, 바다, 천국(광명의 처소)과 지옥(흑암의 처소) 등 우주 전체의 영역이 하나님의 주권적 섭리로 창조되고 그 통치하에 있음을 알려 준다(욥 38:4-21).

눈, 우박, 바람, 폭우, 우뢰와 번개, 이슬, 별자리, 구름 등을 통해 하나님이 자연과 천체를 주관하심을 보여 준다(욥 38:22-38).

자연계의 대표적 동물 12종(사자, 까마귀, 산염소, 들사슴, 들나귀, 들소, 타조, 말, 매, 독수리, 하마, 악어)[95]의 본성과 습성을 통해 이들이 하나님의 섭리와 지혜로 창조됐음을 설명한다(욥 38:39-41; 39장; 40:15-24; 41장).

하나님이 언급한 12종의 동물 중 6종(사자, 들나귀, 타조, 매와 독수리, 악어)은 욥이 친구들과의 논쟁 중에 거명했던 동물들이다. 이는 하나님이 자신의 고난을 모른 척하신다고 주장하고, 자신의 의로움의 변증에 응답하지 않으심을 항변하는 욥에게 하나님이 욥과 친구들의 논쟁을 귀담아 들으셨다는 증거이기도 하다. 이처럼 하나님은 우리 인생의 마음의 생각과 뜻을 감찰하시는 분임을 욥에게 보이신다(창 16:13; 시 139:3; 살전 2:4; 히 4:12).

> 하갈이 자기에게 이르신 여호와의 이름을 나를 살피시는 하나님이라 하였으니 이는 내가 어떻게 여기서 나를 살피시는 하나님을 뵈었는고 함이라(창 16:13).

> 나의 길과 눕는 것을 감찰하시며 나의 모든 행위를 익히 아시오니(시 139:3).

> 우리가 이와 같이 말함은 사람을 기쁘게 하려 함이 아니요 오직 우리 마음을 감찰하시는 하나님을 기쁘시게 하려 함이라(살전 2:4).

> 하나님의 말씀은 살았고 운동력이 있어 좌우에 날선 어떤 검보다도 예리하여 혼과 영과 및 관절과 골수를 찔러 쪼개기까지 하며 또 마음의 생각과 뜻을 감찰하나니(히 4:12).

## 2. 인간의 무지와 무능

특별히 하나님이 언급하신 동물들은 말을 제외하고는 인간에 의해 쉽게 길들여지지 않는 야생성을 특징으로 들 수 있다. 즉 창조주 하나님은 이런 야생 동물의 생태를 주관하고 통제하신 분임을 드러낸다. 이렇듯 하나님은 동물 세계의 생태와 습성을 관장하시는 분으로 자기를 계시하시며, 이를 통해 욥이 잘 알고 있는 것처럼 언급했던 동물들은 실상 욥의 이성과 이해를 뛰어넘는 하나님의 피조물임을 증명함으로써 인간의 무지와 무능을 대비시키신다.

여기에는 무엇보다 하나님이 강조하시려는 것이 있다. 욥이 잘 아는 듯 언급한 동물들의 지식은 매우 제한적이고 단편적이라는 사실이다. 이처럼 인간의 제한된 지식과 경험을 가지고, 무한한 지혜와 능력, 그리고 사랑 가운데 섭리하는 하나님을 잘 알고 있는 것처럼 생각하고 말하는 것은 얼마나 어리석은 짓이요, 교만한 일인가를 보여 준다. 여기 욥이 잘 안다고 생각하는 짐승들에 대한 하나님의 평가를 보라.

### 첫째, 사자(욥 4:9-11)이다.

사자의 우는 소리가 그치고 이가 부러지며 움킨 것이 없어 죽는 것은 다 하나님의 입기운에 멸망하고 그 콧김에 사라지게 하기 때문이라고 욥은 말한다. 그러나 하나님은 암사자를 위해 식량을 사냥하게 하고 그 식욕을 만족하게 하시는 분이다(욥 38:39-40).

동물의 식량까지도 책임지는 하나님이 하물며 인간에 대해서는 어떻게 삶을 그릇치고 망하게 하겠는가?

공중의 새, 들의 백합화도 하나님이 먹이고 입히심을 알라(마 6:26-30).

> ³⁹ 네가 사자를 위하여 먹이를 사냥하겠느냐 젊은 사자의 식욕을 채우겠느냐 ⁴⁰ 그것들이 굴에 엎드리며 숲에 앉아 숨어 기다리느니라(욥 38:39-40).

**둘째, 들나귀(욥 6:5; 11:12; 24:5)이다.**

욥은 '허망한(즉 '어리석은') 사람은 지각이 없어 들나귀 새끼 같다'고 말한다. 그러나 비록 풀이 없으면 우는 들나귀지만, 나귀는 초장을 다니며 푸른 것을 찾는 동물로, 사람의 삶과는 전혀 다른 동물이기에 지각 없다고 생각하지 말라는 뜻이다(욥 39:5-8).

사람이 살 수 없는 들에서, 소금 땅에서 살 수 있는 동물이 들나귀며, 인간의 헛된 소리에 귀 기울이지 않고 자기 길을 가는 들나귀를 보라!

인간은 하나님이 예비하신 푸른 초장과 쉴 만한 물가로 나아가지 않지만(시 23편), 들나귀는 하나님이 준비하신 초장을 다니며 푸른 풀을 찾아 일용할 양식을 구한다.

인간과 들나귀 중에 어느 쪽이 더 어리석은 존재냐?

인간이 지각 없다고 생각하는 들나귀도 실상은 지각이 있다!

> [5] 누가 들나귀를 놓아 자유롭게 하였느냐 누가 빠른 나귀의 매인 것을 풀었느냐 [6] 내가 들을 그것의 집으로, 소금 땅을 그것이 사는 처소로 삼았느니라 [7] 들나귀는 성읍에서 지껄이는 소리를 비웃나니 나귀 치는 사람이 지르는 소리는 그것에게 들리지 아니하며 [8] 초장 언덕으로 두루 다니며 여러 가지 푸른 풀을 찾느니라(욥 39:5-8).

**셋째, 타조(욥 30:29)이다.**

욥은 자신이 당한 고난의 환난을 두고 하나님께 도움을 부르짖었으나 응답 받지 못해 그 처지가 '이리의 형제, 타조의 벗'이 됐다고 자조한다. 그래서 그는 타조를 불쌍한 존재의 대표로 생각한다.

하지만 타조의 깃과 털이 학의 그것과는 비교할 수 없을지라도 사랑을 나타내는 것이며, 비록 지혜와 총명은 없는 동물일지라도 말처럼 달릴 수 있는 능력을 갖고 있음을 보라!

타조는 인간의 생각처럼 결코 버림 받는 동물이 아니다(욥 39:13-18).

13 타조는 즐거이 날개를 치나 학의 깃털과 날개 같겠느냐 14 그것이 알을 땅에 버려두어 흙에서 더워지게 하고 15 발에 깨어질 것이나 들짐승에게 밟힐 것을 생각하지 아니하고 16 그 새끼에게 모질게 대함이 제 새끼가 아닌 것처럼 하며 그 고생한 것이 헛되게 될지라도 두려워하지 아니하나니 17 이는 하나님이 지혜를 베풀지 아니하셨고 총명을 주지 아니함이라 18 그러나 그것이 몸을 떨쳐 뛰어갈 때에는 말과 그 위에 탄 자를 우습게 여기느니라(욥 39:13-18).

**넷째, 독수리(욥 9:26)이다.**

욥은 자신의 날들이 '움킬 것에 날아 내리는 독수리' 같이 빠르게 지나간다고 불평한다. 눈이 멀리 보는 특징을 가진 독수리가 빠르게 나는 것은 사실이지만, 이는 움킬 것을 찾기 위함이고, 그 처소가 낭떠러지나 뾰족한 바위 끝일지라도 안전하게 살도록 만드신 분이 하나님이다. 인생의 길이 마냥 의미 없이 빠르게 지나가게 되는 것은 아니고, 매순간마다 의미 있는 삶을 살도록 되어 있으니, 인생을 단순히 먹이를 낚기 위해 빠르게 내려오는 독수리에 비할 것이 아니다(욥 39:27-30).

또한, 독수리가 낭떠러지에 집을 짓고 바위 끝에 살지라도 안전한 거처를 갖지만, 인간은 육신적으로는 더 좋은 거처에 살지라도 결코 안전하고 평강의 삶이 보장되지 않는다는 것을 모르는가?

27 독수리가 공중에 떠서 높은 곳에 보금자리를 만드는 것이 어찌 네 명령을 따름이냐 28 그것이 낭떠러지에 집을 지으며 뾰족한 바위 끝이나 험준한 데 살며 29 거기서 먹이를 살피나니 그 눈이 멀리 봄이며 30 그 새끼들도 피를 빠나니 시체가 있는 곳에는 독수리가 있느니라(욥 39:27-30).

**다섯째, 매(욥 28:7)이다.**

은과 금은 땅 밑에서 캐는 것이고, 지각에서 나는 돌에는 보석이 들어 있으나 매의 뛰어난 눈도 보지 못한다고 욥은 말한다. 하지만 시력이 예리한 매가 비록 돌에 보석이 있는 것은 알지 못하지만, 아무런 표시가 없을지라도 자기 오가는 하늘의 길을 아는 지혜가 있음은 하나님의 창조의 결과다(욥 39:26). 비록 매가 세상의 보석을 알지못해도 하나님의 지혜를 쫓아 그 생명의 여정을 살아간다.

> 매가 떠올라서 날개를 펼쳐 남쪽으로 향하는 것이 어찌 네 지혜로 말미암음이냐(욥 39:26).

**여섯째, 악어(욥 3:8)이다.**

욥은 날을 저주하는 자 곧 사탄이 악어(리워야단, Leviathan)을 격동시킨 것처럼 자신의 태어난 날이 차라리 저주받는 날이기를 원한다. 이는 욥이 악어를 두려워하고 있음을 의미한다. 하지만 하나님은 욥기 41장 전체를 통해 악어를 세밀하게 분석하여 특징과 습성을 말한 다음, 악어는 세상 것을 두려워하지 않는 대표적 동물로 교만한 것의 왕이 되게 하셨다고 말씀하신다.

욥의 생각에는 이처럼 대단하게 보인 악어도 하나님 자신의 작품이며, 악어의 행동은 사탄의 조종이 아닌 하나님의 주관하에 있음을 보여 준다(욥 41:1-34). 그리고 결국에는 악어의 머리를 깨트릴 분은 인간에게 구원을 주실 하나님뿐이다(시 74:12-14).

인간은 자신이 보고 경험하므로 잘 안다고 하는 동물들에 대해서 조차도 온전한 지식은 없다. 하물며 '보이지 않는 하나님'(invisible God)에 대해 우리가 아는 지식은 얼마나 제한적이고 불완전한 것일까는 의심할 나위가 없다. 하나님은 영이기 때문이다. 자연 세계를 주관하는 데도 연약하고 무능한 존재인 인간은 자기 자신과 하나님에 대해 전적으로 무지할 수밖에 없다.

이 동물들에게 허락된 주권적 자유의 표상을 통하여, 하나님은 동물뿐만 아니라 인간과 하나님에 대한 인습적인 사고, 즉 자기 중심적인 사고에 경종을 울리신 셈이다. 유한하고 불완전한 인간의 지식과 지혜로는 인간의 본성, 그리고 하나님의 성품과 인격을 알 수 없고, 당연히 하나님 나라를 온전히 알 수 없다는 경각의 깨우침이다.

존재하는 피조물은, 그것이 움직이든 움직이지 않든 간에, 인간의 유용성과 이기적 목적을 위하여 지음 받은 것이 아니고, 창조주 하나님의 은총과 주권적 자유와 기쁨을 표현하기 위함이다. 따라서 욥의 경우처럼 인생의 고난의 이유도 사람은 온전히 알 수 없음을 인정하고 자신의 처지를 하나님께 불평하고 원망하지 말아야 하는 이유가 여기에 있다.

## 3. 동물들을 통해 드러난 하나님의 성품

우리가 경험하는 자연 현상들은 고유의 법칙이 주어져 있지만, 결코 우연에 의해서 질서와 틀을 갖고 있는 것이 아니다. 동물들 또한 우리의 지각을 뛰어넘는 지혜와 능력이 있음은 하나님이 허락하셨기 때문이다. 예컨대 비는 우연히 내리거나 자연의 법칙을 따르는 것이 아니라, 인격자 하나님의 뜻과 목적에 의해서 온다(사 55:11).

이처럼 비, 구름, 번개가 하나님의 주권적 선하심과 자비과 지혜라는 하나님의 성품 가운데 행하여지는 것이기에 우리 인생의 삶도 하나님에 의해 무작정 생각 없이 주어진 것은 결코 아니다.

따라서 우리는 우리의 삶을 간섭하고 일하고 함께 하신 하나님의 선하심과 신실하심 그리고 그의 붙드심을 늘 기억하며 하나님 앞에서 겸손한 자가 되어야 한다.

내 입에서 나가는 말도 이와 같이 헛되이 내게로 되돌아오지 아니하고 나의 기뻐하는 뜻을 이루며 내가 보낸 일에 형통함이니라(사 55:11).

하나님은 인간이 하찮게 보는 동물일지라도 각각 나름의 지혜를 주시고 사랑으로 만들었기에 이들도 모두 창조주의 뜻을 좇아 살아가는 존재다. 하지만 하나님은 욥을 두고 다음처럼 말씀하신다.

욥, 만물 중 최고인 인간은 자신의 의를 내세우며 하나님의 뜻을 배역하고 교만하게 행함을 보라. 욥, 네가 불쌍히 여기는 타조조차도 하나님의 사랑의 작품임을 알라. 욥, 네가 악어(리야워단)를 대단한 동물로 생각하지만 너는 이 악어에 비할 바 없는 대단한 존재, 만물의 영장 곧 대장부다.
하물며 내가 너를 사랑하며, 사탄에게까지 자랑하는 너를 어떻게 생각하겠느냐?
하나님의 말할 수 없는 사랑과 긍휼의 대상이 인간이라면, 네가 세상의 고난을 겪을 때 하나님의 응답이 없다고 좌절하고 절망하여 두려워하고 죽기를 소원함은 무슨 까닭인가?

하나님은 우리의 머리털까지 세신 분이며, 우리는 많은 참새보다 귀한 존재이기에(마 10:29-31) 세상의 일들로 인해 두려워하며 사는 존재가 아닌 "대장부처럼" 살아야 하는 존재임을 잊어서는 안 된다는 뜻이다.

²⁹ 참새 두 마리가 한 앗사리온에 팔리는 것이 아니냐⁹⁶ 그러나 너희 아버지께서 허락지 아니하시면 그 하나라도 땅에 떨어지지 아니하리라 ³⁰ 너희에게는 머리털까지 다 세신 바 되었나니 ³¹ 두려워하지 말라 너희는 많은 참새보다 귀하니라(마 10:29-30).

열두 가지의 동물들에는 하나님의 사랑이 드러나 있다. 이를 통해 하나님은 다음처럼 말씀하신 것같다.

> 참새 하나도 내 허락 없이는 땅에 떨어지지 아니한데, 하물며 참새에 비할 것 없이, 너를 사랑하는 창조주 내가 너에게 악과 고통을 주겠느냐? 이제 너를 위해 십자가에서 기꺼이 죽은 내 아들 예수를 생각하라. 예수 그리스도 안에서 너는 내 자녀다. 너는 구별된 존재다. 너는 나의 모든 창조물들의 대리자요, 청지기다(창 1:28). 그러니 너 하나 잘 입고 잘 먹고 사는 형통함이 인생 전부라 생각치 말고, 고난을 면제받는 것만이 모든 것처럼 얘기하지 말라. 나는 너의 동반자이니라. 나는 너의 모든 환난에 동참하느니라(사 63:9).

하나님은 언급하신 동물들을 통해 이것들의 길들여진 것을 얘기하는 것이 아니라, 창조된 모든 것들의 가치를 논하고 계신 것이다. 단순히 우리가 알고 경험한 것, 우리 맘에 들고 유익한 것, 우리에게 어떤 필요가 있는가를 얘기하는 것이 아니다. 모든 생명체가 하나님의 지혜와 능력과 복 주심과 능력과 선하심이라는 하나님의 성품 속에서 마음껏 그 생명과 가치를 뽐내고 살고 있음은 하나님의 사랑의 결과다. 하물며 인간은 말할 것도 없다.

여호와께서 폭풍우 가운데로서 욥에게 말씀하여 이르시되(욥 38:1).

이 표현은 하나님 자신의 사랑을 알기를 원하는 하나님의 급한 마음과 간절함이 배어 있다. 이처럼 하나님은 인간 삶에 뛰어들어 개입하시는 열정과 역동성의 주님이시다. 하나님은 우리 멀리 떨어져 바라보는 제삼자가 아니다. 하나님은 '스스로 있는 자'(출 3:14)로서, '신적 타자'(divine otherness)에 머무는 것이 아니라, 우리의 인격과 삶 속에 개입하여 '우리와 하나되심'(our unity)을 이루시는 임마누엘(God with us)이다.

물론 하나님은 그 은총과 사랑과 능력이 인간의 차원과는 다르다는 점에서 전적인 타자이지만, 주님은 인간의 역사에 개입하시고 우리의 삶 속에 뛰어 들어와 함께 하신다. 그런 점에서 하나님은 세상을 만들어 놓고 우리가 어떻게 하는가 보시는 방관자요, 감상자가 아니다. 모든 피조물에 그리고 무엇보다 우리의 삶에 들어 오시고 우리의 임마누엘이 되신다.

주님은 십자가에서 피 흘리기까지 우리 삶에 들어오신다. 하나님의 아들 예수 그리스도는 죄와 싸우기 위해 "피 흘리기까지 대항하셨다!"

우리 인생은 그렇지 않지만 말이다(히 12:4).

하나님은 죄악 가운데 살고 있는 아브라함을 불러 믿음의 조상으로 세우셨고, 애굽의 종살이하는 이스라엘의 역사에 개입하여 출애굽의 구원 역사를 이루셨다. 이런 하나님은 우리의 잘못된 생각을 고치고 온전한 하나님의 지식을 통해 창조주와 구속주를 알고 경배하기를 원하시기에 폭풍우 가운데 말씀하시는 것이다. 마치 잘못된 길로 가는 자식에게 온전한 길, 참된 길을 알려 주려는 아비의 안타까운 심정과 다름 없다.

이런 점에서 욥은 하나님의 동반자로 서 있다. 욥의 삶에 개입하시는 하나님이 있기 때문이다.

> 내가 땅의 기초를 놓았을 때 네가 어디 있었느냐 네가 깨달아 알았거든 말할지니라(욥 38:4).

이건 하나님과 욥의 간격이 크다는 얘기가 아니다. 이건 하나님과 인간이 다른 존재임을 말하려는 것이 아니라, '너는 알아야 된다'는 이야기다. "너는 다른 존재와 다르다. 너는 대장부다!"

## 4. 고난 가운데 가져야 할 생각

우리는 고난과 어려움이 닥치면, 하나님께 불평하고 원망한다.
"열심히 하나님을 믿는데, 어찌 나에게 이런 일이?"
"왜요? 하나님!"
이런 욥의 사정이 바로 우리의 이야기 아닌가?
고난당한 욥이 하나님께 발설한 불평과 원망은 "왜"의 연속이었다.

> 왜 나를 태어나게 했나요, 고난받게 하려고요?("욥이 입을 열어 자기의 생일을 저주하니라"[욥 3:1])

> 왜 나를 망하게 하나요?("이는 곧 [하나님이] 나를 멸하시기를 기뻐하사 그 손을 들어 나를 끊으실 것이라"[욥 6:9]; "하나님이 나를 진흙 가운데 던지셨고 나로 티끌과 재 같게 하셨구나"[욥 30:19])

> 왜 하나님을 믿는 나에게 복이 아닌 화를 주신가요?("내가 복을 바랐더니 화가 왔고 광명을 기다렸더니 흑암이 왔구나"[욥 30:26])

> 왜 무죄한 내가 고난의 과녁이 되어야 하나요?("내가 평안하더니 그가 나를 꺾으시며 내 목을 잡아 던져 나를 부서뜨리시며 나를 세워 과녁을 삼으시고"[욥 16:12])

> 왜 내가 범죄한들 하나님께 누가 되나요?("사람을 감찰하시는 자여 내가 범죄하였은들 주께 무슨 해가 되오리이까 어찌하여 나로 과녁을 삼으셔서 스스로 무거운 짐이 되게 하셨나이까"[욥 7:20])

하지만 하나님의 답은 우리의 생각과 전혀 다르다!

"너는 그런 존재가 아니다. 너는 내 사랑하는 아들이다!"
예수 그리스도의 십자가 사건을 생각해 보자.
예수는 십자가를 지기 전, 겟세마네 기도에서 기도했다.

> 내 아버지여 만일 할 만하시거든 이 잔을 내게서 지나가게 하소서 그러나 내 원대로 마시고 아버지의 원대로 하소서(마 26:39).

그랬더니 정말 하나님 아버지는 아들 예수를 십자가에 달려 죽게 하셨다. 그러자 아들의 비명은 무엇인가?

> 엘리 엘리 라마 사박다니(나의 하나님, 나의 하나님, 어찌하여 나를 버리시나이까)(마 27:46).

하나님은 아들이 기도하고 항복했지만, 결국 죽음의 단말마 비명을 질러야 되는 길에 그를 내어 놓았다. 하지만 하나님의 아들 예수가 심한 통곡과 눈물로 행한 간구와 소원을 올린 결과, 그의 경건하심을 인하여 아버지의 들으심을 얻었다. 이처럼 주 예수 그리스도는 하나님 아들임에도 받으신 고난으로 순종함을 배워서 온전하게 되어 영원한 구원의 근원이 되셨다(히 5:7-9).

우리는 때로 '십자가를 지라'는 소리를 듣는다. 이 말은 보통 희생과 억울함을 감수하라는 뜻으로 사용되기도 한다. 그러나 주님이 십자가를 지심은 그런 뜻이 아니다. 주 예수는 아버지 하나님의 일하심에 자기를 내려 놓으셨다. 자신의 원이 아닌 아버지의 뜻이 이루어지기를 소원하셨다. 그래서 결국 예수 그리스도는 자기를 낮추어 십자가에 죽기까지 순종하셨다. 그런 결과, 그는 부활의 영광을 받으시고 하나님 보좌 우편에 앉으시고 만물이 예수의 이름 앞에 무릎을 꿇게 됐다(빌 2:5-11).

그런 점에서 십자가를 짊어짐은 자신의 힘과 능력을 내세우는 것이 아니라, 하나님의 일하심에 자기를 내려 놓는다는 뜻이다. 하나님은 사랑과 긍휼의 성품으로 우리의 삶에 개입하시고 역사하시는 분이기 때문이다.

욥은 하나님의 공의를 오해했다. 공의의 하나님이 자신처럼 의로운 자를 불의한 자같이 대우한다고 생각했다. 분명 하나님은 공의로 심판하고 겸손한 자를 판단하고 악인을 죽일 것이다. 하나님은 '공의로 그 허리띠를 삼고 성실로 몸의 띠를 삼는 분이다'(사 11:5). 하나님의 통치와 그 궁극적인 약속의 완성이 하나님의 통치의 완성으로, 승리로, 복으로 주어질 것이다. 이것이 공의다.

하나님의 뜻은 하나님 나라의 궁극적 완성이요, 하나님의 통치는 궁극적 영광이다. 그러면 하나님이 욥에게 열거하신 모든 동물이 서로에게 해를 끼치지 않고, 하나님의 창조의 진정한 완성과 영광과 축복을 누리게 될 것이다. 이리가 어린 양과 함께 거하고, 어린이가 독사의 굴에서 놀 듯이 말이다.

욥의 현재는 고난이 있지만, 하나님의 약속은 하나님 나라의 궁극적 승리의 영광이다. 이를 위해 하나님은 그 백성에게 하나님의 아들 예수 그리스도와 십자가를 통해 영생을 주신 길을 예비하셨다. 이 소망이 하나님의 자녀 된 우리로 하여금 언제나, 어디서나, 믿음 안에서 그리고 믿음과 함께 승리의 삶을 살아갈 수 있게 한다.

제27장

## 손으로 내 입을 가릴 뿐이로소이다

하나님의 성품과 일하심(욥 40:1-14)

**1. 하나님의 백성이 되는 길**

갑자기 당한 고난으로 인해 욥은 단말마(斷末摩)의 비명을 지르며, 의로운 자신이 하나님으로 인해 까닭 없이 불의한 자가 겪는 고통을 겪고 있다는 그의 분노와 아우성에 대해 드디어 하나님이 입을 여셨다.

그러나 하나님의 답은 욥의 고난의 원인에 대해 직접적 설명을 하는 대신, 우리의 기대와 이해를 뛰어넘는, 그래서 막막해 보이는 지경이다. 객관적으로 하나님이 무슨 말씀을 하시는지 얼른 납득과 이해가 가지 않는다.

욥의 고난과 만물의 창조가 서로 무슨 상관 관계가 있단 말인가?

하나님은 우리의 소원과 기대와는 전혀 상관 없는 듯한 천지 창조와 우주의 섭리를 말하고, 자연의 신비를 거론하며, 사자, 산 염소, 들소, 타조 등 야생 동물의 신체적 특성과 생태를 설명하기 때문이다.

우리는 욥의 고민, 즉 예수 그리스도를 믿는 자로서 이 세상의 삶을 살아가는 동안 겪는 수많은 고난과 어려움의 원인에 대한 하나님의 답을 직접적으로 들을 수 없다.

　예수 그리스도를 믿으면 하나님의 백성이 되고, 그래서 의로운 자가 된다고 성경은 선언하는데 어떻게 하나님의 심판이 불의한 자가 아닌 의로운 자에게 임하는가를 우리는 자문하지 않을 수 없다. 불의한 자는 흥하고 의인은 망하는 모습, 이를 두고 하나님의 정의는 어디 있는가 하고 우리는 반문하거나 회의(懷疑)할 때가 많다. 그래서 하나님은 불의한 자에게 눈감는 분인가 의심하기도 한다.

　그런데 "네가 내 심판을 폐하려느냐 스스로 의롭다 하려 하여 나를 불의하다 하느냐"(욥 40:8)라는 하나님의 물음에 우리는 할 말을 잃게 된다.

　분명 욥은 말할 수 없는 고난 속에서 그리고 알 수 없는 의문 속에서도 인내했다. 그래서 야고보 사도는 욥의 인내를 말하면서 '인내하는 자는 복되다'고 선언한다. 그 인내의 결과, 주께서 주신 결말 곧 욥에게 배전의 축복을 주심을 알기 때문이다(약 5:11). 욥이 인내했다는 것은 그가 고난과 시험 속에서도 하나님을 믿고 붙들었다는 뜻이다. 그럼에도 그가 하나님 앞에 부르짖는 비명은 하나님의 일하심과 통치에 대한 이해할 수 없는 불만과 탄식이었다.

　하나님을 열심히 믿는데도, 하나님은 왜 우리를 외면하고 응답하지 않으며, 하나님의 역사는 왜 우리의 생각과는 다른가?

　이는 비단 욥만의 고민이 아닌 모든 믿는 자가 겪는 현실이요 심중의 의문이다. 욥이 겪는 고난은 믿음이 연약하고 혹은 없는 자에게만 임하는 것이 아니라 믿음 좋은 자에게도 임하기 때문이다.

> 보라 인내하는 자를 우리가 복되다 하나니 너희가 욥의 인내를 들었고 주께서 주신 결말을 보았거니와 주는 가장 자비하시고 긍휼히 여기는 자시니라(약 5:11).

우리가 당하는 고난과 고통 가운데, 특별히 하나님이 우리를 다루시는 일에 대해 보통 우리는 하나님의 선함에 대한 인정보다는 낙담의 일을 발견하게 된다. 하지만 주는 우리 자신이 한때나마 느꼈던 어떤 선함의 감정을 거두어드리며, 우리의 생각 이상으로 심령 안의 악을 끄집어 내신다. 그러면 우리 안의 악으로 인해 우리는 좌절한다.

하지만 이것이 우리로 하여금 겸손하게 하고 비우게 하고 가난하게 만드는 하나님의 방식이다. 주는 우리를 마른 광야처럼 만드시고, 이런 처지에서 주가 뜻하는 모든 상처는 우리를 겸비하게 한다. 그래서 현재는 쓰지만, 결국은 선한 길로 인도되어 감미로움을 맛보게 된다. 이는 하나님이 우리를 시험하사 우리를 낮추게 하기 위함이다(신 8:2-3).

우리는 하나님의 승리를 안다. 그리고 하나님의 사랑을 안다. 그 무엇도 '우리를 우리 주 예수 그리스도 안에 있는 하나님의 사랑으로부터 끊을 수 없으리라'(롬 8:39)는 사실을 안다. 그렇지만 문제는 이런 확신 속에서 살아가는 믿는 자들도 세상의 삶 가운데서 아플 때나, 슬플 때나, 힘들 때나, 어려울 때나, 하나님께 항상 온전히 항복하고, 처지와 환경에 만족하며 사는 자는 많지 않다는 점이다.

그런 점에서 우리가 하나님께 반항하고, 자신의 처지에 불만족한다고 해서 믿음이 없는 자라고 잘라 말할 수는 없다. 믿음의 조상 아브라함을 보라.

아브라함이 하나님 앞에 항상 온전한 순종을 한 것은 아니잖는가?

기근이 들자 그는 하나님이 정해 준 땅을 떠나 애굽으로 내려가는 불순종을 보였고, 후손을 주시겠다는 하나님의 약속을 신뢰하지 못하여 인본주의적 발상으로 아내 사라가 아닌 여종 하갈에게서 아들 이스마엘을 낳지 않았는가?

그럼에도 그가 믿음의 조상이 된 것은 하나님에 의한 붙잡힘과 하나님의 열심 때문이었다. 하나님 자신이 주권적으로 하나님 나라를 만들고 그 백성을 세우시는 것이지 우리가 하나님 나라를 세우는 것은 아니기에 이에 대해 우리의 할 일은 없다.

이런 관점에서 신앙은, 극단적으로 말해, 우리가 믿는 것이 아니라 하나님 앞에 붙들려 가는 것이라고 볼 수 있다. 하나님이 "나의 기뻐하는 것을 이루리라"(사 46:10)는 하나님의 주권적 역사 때문에 우리는 겨자씨보다 작은 연약한 믿음에도 불구하고 하나님의 자녀 된 삶을 살아갈 수 있다.

우리의 산을 옮길 만한 커다란 믿음, 눈물의 회개, 하나님에 대한 뜨거운 열심 때문에 하나님이 죄인 된 우리를 붙들어 주신 것은 아니다. 우리의 믿음은 깨어지기 쉽고, 우리는 회개에 둔감하며, 하나님보다 먹고 사는 일에 열심인 우리를 하나님이 천국 백성으로, 자녀로 붙드신 것은 우리가 예수 그리스도 안에 있기 때문이다. 왜냐하면, 하나님의 아들 예수만이 십자가를 통해 하나님의 모든 공의를 이뤘기 때문이다.

이것이 하나님의 선하심과 신실하심, 의로움, 오래 참음으로 드러난 그분의 성품과 인격이다. 창조주, 구원자, 심판자 하나님은 종말론적으로 승리하실 것이다. 그 증거가 예수 그리스도다. 주님은 십자가에서 죽임을 당하셨지만 죽은 자들 가운데서 다시 사심으로 죽음과 무덤을 이기심으로 그 증거를 주셨다.

## 2. 하나님의 안타까운 마음

욥의 현실 경험으로 볼 때, 하나님은 악인이나 의인이나 다 한가지로 심판하시는 불의한 분이다(욥 9:22). 친구들과의 논쟁에서 욥은 자신이 부당하게 고통을 받고 있다는 확신 때문에 하나님의 공의로운 세상 통치 방식에 강한 의혹을 보여 온 것이 사실이다(욥 13:18; 16:11; 31:6). 이런 욥의 불만과 항의를 두고 하나님은 욥을 '변박하는(트집 잡는) 자'(욥 40:2, *yissore*, fault-finder)로 부르며 말씀을 통해 욥 자신을 돌이켜 보기를 원하셨다.

하나님이 순전한 자나 악한 자나 멸망시키다 하나니(욥 9:22).

보라 내가 내 사정을 진술하였거니와 내가 스스로 의로운 줄 아노라 (욥13:18).

하나님이 나를 경건치 않은 자에게 붙이시며 악인의 손에 던지셨구나 (욥 16:11).

그리하였으면 내가 공평한 저울에 달려서 하나님이 나의 정직함을 아시게 되기를 원하노라(욥 31:6).

변박하는(트집 잡는) 자가 전능자와 다투겠느냐 하나님을 탓하는 자는 대답할지니라(욥 40:2).

이렇게 자신의 의를 주장하던 욥은 막상 하나님의 나타나심과 말씀 앞에 자신은 미천하여 아는 것이 없다고 말하며 '손으로 입을 가린다'(욥 40:4). 하나님은 세상의 창조와 섭리, 그리고 동물의 특성을 통해 하나님의 좋으신 성품을 알도록 유도하시지만, 심지어 욥은 '나는 그 정도 밖에 되지 않으니 하나님과 말하지 않겠노라' 하며, 하나님과의 대화를 거절한다(욥 40:4-5).

⁴ 보소서 나는 비천하오니 무엇이라 주께 대답하리이까 손으로 내 입을 가릴 뿐이로소이다 ⁵ 내가 한 번 말하였사온즉 다시는 더 대답하지 아니하겠나이다(욥 40:4-5).

● "하나님의 심판을 폐하려느냐"(8절).
심판은 사탄을 위한 것이다. 따라서 심판을 없앤다는 것은 하나님이 사탄의 불의와 악을 인정한다는 뜻이다. 심판은 사탄으로 말미암는다. 지옥 곧 '영영한 불'은 마귀와 그 사자들을 위해 예비한 것이지 (마 25:41), 하나님 백성의 심판을 위한 것이 아니다.

- "스스로 의롭다 하여 하나님을 불의하다 하느냐"(8절).
  세상에 의인은 없다.
  "의인은 없나니 하나도 없으며"(롬 3:11).
  오직 하나님만이 의로운 분이다. 우리는 십자가에서 하나님으로부터 공의의 심판을 받은 예수 그리스도를 믿음으로 인해 하나님의 의를 덧입을 뿐이다.
- "네가 하나님처럼 팔이 있느냐"(9절).
  하나님의 팔만이 우리의 구원의 손길이다. 우리 인간은 구원자가 아닌 구원의 대상일 뿐이다.
- "네가 하나님처럼 소리를 내겠느냐"(9절).
  오직 하나님의 말씀만이 생명의 소리, 구원의 소리다. 하나님의 사랑을 알지 못하는 소리는 울리는 꽹과리에 불과할 뿐이다.

하나님이 자신의 변백을 들어주시길 원했던 욥은(욥 31:35) 왜 막상 하나님의 질문 앞에 하나님과의 대화를 거절할까?

아마도 하나님이 고난의 원인은 밝히지 않으면서 창조와 섭리 등 하나님의 행하심에 대한 질문이 자신의 지각을 뛰어넘기 때문이거나, 아니면 기대했던 하나님의 위로와 격려 대신 추궁과 질문 앞에 자신의 토라진 마음을 나타낸 것인지 알 수 없다.

먼저, 하나님은 폭풍 가운데 욥에게 말씀하셨다(욥 38:1). 오래 참으심은 하나님의 성품이다. 그럼에도 다시금 폭풍 가운데 말씀하심(욥 40:6)은 하나님의 급한 마음 곧 욥이 빨리 깨달아 알기를 원하는 안타까운 마음 외에는 달리 설명할 길이 없다. 이는 욥에게 하나님 자신이 스스로 어떤 분인가를 계시하기 위한 하나님의 절박하고 연민스런 마음이다. 그러면서 하나님은 다음과 같이 욥에게 묻는다(욥 40:8-9).

⁸ 네가 내 심판을 폐하려느냐 스스로 의롭다 하려 하여 나를 불의하다 하느냐 ⁹ 네가 하나님처럼 팔이 있느냐 하나님처럼 우렁차게 울리는 소리를 내겠느냐(욥 40:8-9, 개역한글).

자신의 무죄함에도 고난을 당하고 악인이 번성하는 현실 경험에서 일어나는 부조리와 모순 앞에, 자기 의에 경도되어 하나님께 책임을 전가하려 했던 욥에게 던진 하나님의 질문이다.

이처럼 하나님의 성품과 인격을 알지 못하는 욥의 자기 중심적인 공의관을 두고, 하나님은 반어법적 질문을 통해 '네가 그처럼 의롭다면 네가 하나님이 되어 세상을 의롭게 통치해 보라'고 풍자하신다(욥 40:10-14). '욥! 인과응보라는 기계적, 규칙적인 윤리적 세상을 원한다면, 네가 한번 권능과 위엄과 영광을 갖추어서 악인을 남김없이 없애고 공의로 충만한 하나님이 되어 보라'는 주문이다.

¹⁰ 너는 위엄과 존귀로 스스로 꾸미며 영광과 화미(華美, 영화)를 스스로 입을지니라 ¹¹ 너의 넘치는 노를 쏟아서 교만한 자를 발견하여 낱낱이 낮추되 ¹² 곧 모든 교만한 자를 발견하여 낮추며 악인을 그들의 처소에서 밟아서 ¹³ 그들을 함께 진토에 묻고 그의 얼굴을 싸서 어둑한 곳에 둘지니라 ¹⁴ 그리하면 네 오른손이 너를 구원할 수 있다고 내가 인정하리라(욥 40:10-14, 개역한글).

한마디로 '네가 옳다면 네 맘에 들지 않는 자들을 항복시키고 굴복시켜라'다.

이것이 무슨 말인가?

하나님이 교만한 자, 악인을 방치하는 것은 하나님이 생각이 없거나 능력이 모자라서가 아니라는 뜻이다. 하나님의 공의는 절대로 말이 안 되고 답이 될 수 없는 모순과 혼란과 그 모호한 것을 방치하고 있는 것이 아니다.

하지만 욥이 생각하는 것처럼, 인간의 판단으로 옳은 것만이 정답이 아니라는 뜻이다. 하나님이 암사자, 까마귀, 산염소, 들나귀, 타조, 말, 매, 독수리와 같은 동물을 말씀하심은 그들이 길들여야만이 쓸모 있는 것이 아니며, 식용으로 쓰이기 위해 만들어진 것도 아니라, 그들 각각에게 하나님의 생명의 자유와 충만함과 기쁨이 주어진 것이고, 이는 모두 하나님의 창조물으로서의 가치와 생명을 가지고 있음을 뜻한다.

모든 창조물은 하나님의 사랑의 결과물이다. 그런 점에서 우리에게 일어나는 모든 것은 비록 그것이 우리의 이해를 초월하는 것일지라도 하나님의 허락 없이는 존재할 수 없고, 하나님은 이를 통해서 일하시기 때문에 이들이 존재하게 된 것이다는 점을 말하고 있는 셈이다.

## 3. 하나님을 아는 자의 태도

욥은 하나님을 믿고 인정한다. 그러나 그의 고난에 대한 항변은 하나님이 일하시는 방법에 대한 불만과 하소연이다. 이는 그가 하나님의 일하시는 방법을 알지 못하기 때문이다. 만일 욥이 이해하고 호소하는 방식을 좇아 하나님이 일하신다면 욥 자신에게는 좋을지 모르지만, 이는 하나님이 하나님 되심을 포기한 것과 같다.

하나님은 "스스로 있는 자"(I am who I am, The One Who Is)가 아닌가?

"스스로 있는 자"라는 뜻은 하나님이 누구의 간섭을 받지 않는 주권자라는 뜻이다. 만물의 간섭을 받을 수 없으신 '스스로 있는 자'가 욥의 호소에 그때그때 응답해야 한다고 생각하면, 이는 하나님을 알라딘 램프의 정령(精靈) '지니' 정도로 착각하는 것에 지나지 않는다.

하나님이 모든 창조물에 대하여 주권자와 섭리자로서, 공의를 세우고 하나님의 이치인 목적과 뜻을 가지고 계신 절대적 주권을 우리가 인정한다면, 우리가 이해할 수 없는 존재와 우리의 지각을 뛰어넘는 방법이 있을 수밖에 없음을 인식하여야 한다.

하지만 한 가지 분명한 것은 하나님은 생명과 복을 주시는 분이지 파멸과 죽음을 주시는 분이 아니라는 점이다. 생명과 복을 주시는 하나님의 성품은 "스스로 있는 자"로서 누구에게도 그리고 무엇에게도 간섭받지 않는 자유 안에서 보여 주신 사랑 그 자체다. 그래서 하나님이 동물의 구조와 습성을 말씀하심은 각각의 창조물에 하나님의 사랑이 깃들어 있음을 알라는 함의다.

마찬가지로 하나님의 일하심은 그분의 성품과 인격을 바탕으로 행하여진다. 따라서 하나님을 믿고 내 삶의 주관자로 인정한다면, 하나님의 일하시는 방식도 인정을 하는 것은 당연하다. 그러나 현실은 우리의 이해가 턱없이 모자람을 보여 준다. 머리로는 이해하지만 마음으로 와닿지 않기 때문이다.

우리가 말하는 '하나님이 공의롭다'는 말은 하나님이 모든 불의를 반드시 뿌리 뽑고, 의와 선에 대해서는 무조건 보상을 해 주어야 한다는 강제성을 전제한다.

그러나 이는 하나님의 주권과 값없이 주시는 은혜와 충돌한다. 인간은 기계적인 로봇이 아닌 주권적 자유 의지를 가진 자로 피조된 자다. 그래서 하나님은 인간의 타고난 자유 의지를 부수면서까지 하나님의 공의를 일방적으로 행사하지 않으신다.

어떤 인간이 지금은 의롭지만 하나님이 이를 즉각적으로 보상하지 않으시는 이유는 그가 자유 의지를 갖고 미래에 타락할 수 있는 가능성이 열려 있기 때문이다. 동시에 하나님이 악한 자를 금방 벌하지 않으시는 이유 역시 그가 주권적 자유로 인해 언젠가 회개하고 변화될 수 있는 가능성이 열려 있기 때문이다. 믿는 자에게 주신 약속의 성령도 마찬가지다.

우리 안에 계신 약속의 성령은 정말로 온유하고 오래 참는다. 한마디로 성령은 젠틀하시다. 전능자 성령 하나님은 절대로 우리를 강제하지 않고 오직 자기 백성된 우리 자신의 육이 죽기를 소원하신다.

성령의 젠틀함은 '우리 안에서 절대로 떠나지 않으신 성령'(요 14:16)이 우리로 인해 탄식하고 때로는 소멸하실 정도이다. '말할 수 없는 탄식으로 우리를 위해 간구하며'(롬 8:26), 우리의 육적 행위로 인해 '하나님의 성령이 근심하며'(엡 4:30), 심지어는 '성령이 소멸하게 된다'(살전 5:19). 성령이 소멸한다는 것은 성령이 없어진다는 뜻이 아니라 전혀 우리 안에서 역사하지 않는다는 의미이다. 오직 우리의 육이 죽을 때, 우리의 자아가 죽고 그래서 성령은 역사한다.

이처럼 성령은 젠틀하여 우리를 강제하지 않는다. 하나님이 우리의 지정의, 곧 우리의 도덕적 주체성을 존중하시기 때문이다. 물론 예외는 있다. 이때는 강한 때림(stroke)으로 역사한다.

사울 왕이 성령의 역사로 벌거벗은 상태에서 예언하며 선지자처럼 된 적이 있고, 이는 그의 의지와는 상관없는 일이었다(삼상 19:23-24). 이런 경우는 일회적인 일이며, 약속의 성령과는 달리 우리 안에서 항상 역사하지 않는다. 하나님이 성령을 통해 우리 안에 부어진 은혜들은 권능으로 역사한다. 그러나 성령의 열매를 맺어 우리 안에 은혜들이 되기 위해서는 먼저 우리 안에 있는 밀알 곧 육의 자아가 땅에 떨어져 죽어야 한다.

> 은혜들은 권능이 있어, 가장 작은 씨앗을 뿌리면 그 안에 자라나는 힘이 있고 또 그 안에 열매 맺게 하는 힘도 있지만 먼저 씨가 죽어야 한다. 씨앗은 실제로는 당장 열매 맺지는 못하고, 비가 있어야 하고, 햇빛도 비추어야 하고, 이에 따르는 섭리도 있어야 한다. 성도의 은혜들 안에서도 마찬가지다. 그래서 '마음의 법'(롬 7:23)이라 불린다.[97]

## 4. 신앙의 본질로서의 인내

야고보 사도의 말처럼 욥은 인내로 인해 하나님의 복을 받았다. 인내란 단순히 고통과 아픔, 어려움과 역경을 무조건 참고 견디는 것을 말하는 것이 아니다. 인내란 신실함과 사랑과 긍휼이 많은 하나님이 우리와 함께 하신다는 확신 속에서 하나님의 일하심의 궁극적 승리를 믿고, 현실과 처지에 대한 이해의 범주를 벗어나는 상황과 현실을 감수하는 것이다. 즉 인내는 믿음의 감수(甘受)다.

이는 전적으로 하나님의 성품과 인격에 대한 신뢰 속에서만 가능한 일이다. 그런 점에서 하나님이 어떠하심을 생각하며, 나의 변화되지 않는 모습을 고민하고 기도하며, 성령의 도움 받기를 노력하고 애쓰는 것이 인내의 모습이며, 이것이 "두렵고 떨림으로 구원을 이루는"(빌 2:12) 신앙 생활의 모습이다. 따라서 생각하고 고민하고 노력하고 애쓰는 것이 신앙의 행위요, 신앙의 본질이다. 단순히 교회를 열심히 다니고 많이 기도하고, 전도와 선교하는 것만이 신앙이 아니다.

주의 어떠하심과 같이 우리도 세상에서 그러하니라(요일 4:17).

이런 자가 되는 것이 신앙의 목표다.

주님이 우리를 불러 세상과 구별되게 하심은 거룩하고 흠 없는 삶을 살게 하기 위함이 아니던가?

신앙은 우리의 결심과 이해 위에 서 있지 않다. 우리는 예수 그리스도에 대한 믿음 안에서 어떤 성실한 손에, 어떤 운명적인 손아귀에 붙잡혀 있다. 다시 말해 이전에 겪었던 마귀의 올무에서 벗어나 하나님께 사로잡혀 그 뜻을 좇는 존재다(딤후 2:26). 이것은 때로는 이해할 수 없고, 매순간도 만족스럽지 않을 수 있다.

그러나 신앙은 외면할 수 없고 피할 수 없는 어떤 붙들림인데 이는 바로 하나님의 열심에 의해서이다. 이것이 신앙의 길이다. 이런 하나님의 열심을 신뢰하고 잠잠하는 것이 인내다.

하나님은 욥에게 다시금 묻는다.

> 너는 대장부처럼 허리를 묶고 내가 네게 묻겠으니 내게 대답할지니라 (욥 40:7).

이 물음은 '너는 그것도 모르냐?'가 아니다. 반대로 '너는 네 자신이 얼마나 큰 존재이며 사랑받는 존재인가를 알아야 한다'이다. 우리는 비록 하나님을 다 이해할 수 없듯, 우리 자신도 온전히 이해하지 못한다.

하지만 하나님의 사랑으로 창조된 야생 동물보다 더욱 위대한 존재로 부름 받아 선택된 존재이기에, 우리는 주어진 처지와 환경에 비관하고 낙담하는 것이 아니라, 생각하고 고민하고 노력하는 가운데 하나님의 백성임을 자각하고 인내하는 것이 진정한 신앙 생활이다.

하나님의 꿈을 붙들었던 요셉은 종으로 팔려 나가 발이 착고에 상하고 몸은 쇠사슬에 매인 적이 있었다. 욥처럼 고난 가운데 매인 것이다. 그렇지만 하나님이 그를 종으로, 감옥의 죄수로 살게 하심은 그를 단련하기 위함이었다고 성경은 말한다(시 105:17-19).

요셉이 감옥에서 애굽의 총리가 될 수 있는 실력이 만들어지는 동안, 하나님의 손에서 도망갈 여지가 없었다. 그는 하나님께 사로잡힌 바 됐다. 쇠사슬이 그를 붙잡고 있었던 것이 아니라, '여호와의 말씀이 응할 때까지 하나님의 말씀이 그를 단련하기 위해서' 하나님이 붙들고 있었다. 그가 단련되기 전까지는 다른 출구는 없었다. 그는 이런 하나님의 단련 과정을 통해 애굽의 주관자가 되고 백관을 다스리고 장로를 교훈하는 실력자가 됐다(시 105:22).

만약 우리가 욥처럼, 요셉처럼, 역경과 고난에 처한다면, 하나님의 선하신 성품과 인격은 항상 생명과 풍성함을 주는 것임을 생각하고, 하나님을 믿고 신뢰하며 하나님의 인도하심을 찾아야 한다. 이것이 신앙 생활이다.

> [17] 그가 한 사람을 앞서 보내셨음이여 요셉이 종으로 팔렸도다 [18] 그의 발은 차꼬를 차고 그의 몸은 쇠사슬에 매였으니 [19] 곧 여호와의 말씀이 응할

때까지라 그의 말씀이 그를 단련하였도다 … ²² 그의 뜻대로 모든 신하를 다스리며 그의 지혜로 장로들을 교훈하게 하였도다(시 105:17-19, 22).

성도의 행복은 다음 두 가지에 있다.

**첫째**, 그리스도와의 연합이다.
**둘째**, 그리스도와의 교통이다.

먼저 믿음은 그리스도 위에 세워지며, 그래서 신자가 분명하고 확실하게 주님과 연합하게 된다. 왜냐하면, 우리의 연합은 그리스도로부터 우리에게 흐르는 어떤 은택들을 향하는 것이 아니기 때문이다. 우리는 죄 사함, 양심의 평강, 거룩 등에 연합된 것이 아니라, 하나님의 아들의 인격 그분에게 연합된다. 그리고 우리는 오직 연합으로부터 생겨나는 모든 은택의 전달을 위해 주께 나아간다.⁹⁸

바울은 이를 명확하게 말해 준다. "모든 것을 배설물과 해로 여김은" 먼저 칭의 안에서, "그 안에서 발견되려 함이니, 이는 하나님께로서 난 의를 갖고자 함이라." 그리고 성화 안에서, "그의 죽음과 부활의 권능을 알려 함이라"(빌 3:9-10). 그리스도의 십자가로 인해 칭의받음은 그리스도 안에 있는 것이요, 거룩함은 십자가가 주는 권능을 알고 누리는 가운데 주어진다.

한마디로, 믿음은 먼저 진주 그 자체를 사는 것이요, 다음에는 이로 인해 부요해짐을 구하는 것이다. 믿음은 그리스도 안에 있는 은혜, 영광, 평강, 긍휼, 화해의 보화를 발견하는 것이지만, 밭 그 자체를 산다. 그래서 믿음은 역시나 보물을 가질 수 있게 된다(마 13:44).

주 그리스도의 가장 큰 바람은 우리가 그의 모든 능력이 함께 하므로 그의 영광을 보는 것이다. 그럼에도 많은 사람이 예수 그리스도 그 자신(Himself)을 찾기보다는 예수가 주는 은택들(His favors)에 관심이 있다. 이것이 지금 성도들의 가장 큰 걸림돌이다. 물론 주가 그 은택들을 늘상 베풀면 믿음은 지속되겠지만, 그 은택들이 중지될 때에 고난 중의 욥처럼 흔들리는 믿음, 희미한 소망을 가지고 주 앞에 서게 된다.

믿음은 먼저 주를 갖기 소망하며 그와 영원히 함께 하며, 그래서 그 영광에 참예하기를 바라는 것에 있다. 주의 큰 계획은 먼저 그리스도 안에서 성도를 온전하게 하는 일이다. 그 다음은 주로부터 생명, 은혜, 평강, 영광을 전달하므로 그들로 하여금 그리스도를 닮게 만든다(골 3:3-4; 요일 3:1-3).

그러므로 믿음은 먼저 주 안에서 스스로 잠잠하는 것이요, 다음에는 그로부터 생명을 찾는 것이다. 믿음은 먼저는 그리스도를 향해 나아감이요, 다음에는 그리스도의 모든 은택을 위해 나아감이다. 이 순서가 바뀌면 안 된다.

[3] 이는 너희가 죽었고 너희 생명이 그리스도와 함께 하나님 안에 감추어졌음이라 [4] 우리 생명이신 그리스도께서 나타나실 그때에 너희도 그와 함께 영광 중에 나타나리라(골 3:3-4).

[1] 보라 아버지께서 어떠한 사랑을 우리에게 베푸사 하나님의 자녀라 일컬음을 받게 하셨는가, 우리가 그러하도다. 그러므로 세상이 우리를 알지 못함은 그를 알지 못함이라 [2] 사랑하는 자들아 우리가 지금은 하나님의 자녀라 장래에 어떻게 될지는 아직 나타나지 아니하였으나 그가 나타나시면 우리가 그와 같을 줄을 아는 것은 그의 참모습 그대로 볼 것이기 때문이니 [3] 주를 향하여 이 소망을 가진 자마다 그의 깨끗하심과 같이 자기를 깨끗하게 하느니라(요일 3:1-3).

## 제28장

# 그것은 하나님이 만드신 것 중에 으뜸이라

우리의 생각과 하나님의 신실함(욥 40:15-41장)

**1. 하마와 악어**

개역개정에 나타난 '베헤못'(Behemoth)과 '리워야단'(Leviathan)은 원래 개역한글에서 하마와 악어로 번역되어 있다. 이 동물은 지금은 실제하지 않는 신비의 동물로 괴물에 해당되지만 그 외적 모양과 습성이 하마와 악어로 해석해도 큰 어려움이 없다.

왜냐하면, 하나님이 욥도 전혀 알지 못하는 신비의 동물을 자세히 묘사하여 그에게 어떤 진리를 계시함은 하나님의 성품과 인격에 반하는 까닭이다. 부모가 사랑하는 아이를 교훈함에 있어 그가 전혀 듣지도 보지도 못한 것을 가지고 가르치는 법은 없는 까닭이다.

그런 연유로 욥도 베헤못과 리워야단을 알고 있다는 가정이 성립되며, 이 짐승들이 상상의 동물이 아니라면 하마와 악어로 보는 것이 타당할 것이다. 여기서 베헤못은 육지 짐승의 대표로, 리워야단은 바다 짐승의 우두머리로 묘사되고 있다.

특별히 하나님이 욥의 고난에 직접적인 답을 하는 대신 베헤못과 리워야단의 구조, 생태와 습성을 세밀히 묘사하심은 무슨 까닭일까?

'베헤못'은 '짐승'을 뜻하는 '베헤마'의 복수형이다. 이는 하마나 코끼리로 해석되거나 신화적인 가공의 짐승으로 간주된다. 그러나 세밀한 묘사로 볼 때, 하마로 해석될 수 있다. 하마는 몸길이가 약 4-5미터나 되고, 몸무게는 1.5톤에 이른다. 크기와 힘으로 말한다면 코끼리와 더불어 따를 자가 없는 짐승이다.

또한, 성경에서 한 짐승에 대한 묘사 치고 가장 길고 정확하게 묘사된 짐승이 리워야단이다. 영어로 'Leviathan'으로 음역되는 리워야단은 물 속에 사는 바다 괴물을 일컫는데, 우리 성경은 악어로 번역하고 있다. 이 동물들을 무엇이라 번역하든 간에 중요한 것은 동물들에 대해 하나님이 사용하신 시적 언어들이 현실 세계를 뛰어넘는 상징성을 담고 있다는 점이다.[99]

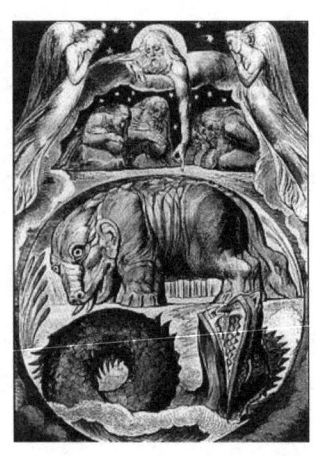

윌리엄 블레이크(William Blake) 作,
"베헤못과 리워야단"(Behemoth and Leviathan),
수채화, 욥기 삽화.

하나님은 앞서 열 가지의 동물들을 열거하시면서 야생 동물의 구조, 본능과 습성을 묘사하신 후, 마지막으로 이제 더욱 무시무시한 동물인 하마와 악어에 대한 세밀한 묘사로 욥의 고민에 대해 답을 내리신다. 하나님의 첫 번의 말씀에도 불구하고 아직도 욥이 하나님의 어떠하심 곧 성품과 인격을 알지 못함에 다시금 하나님은 폭풍 가운데 나타나시고, 욥에게 대장부처럼 허리를 묶고 답하라고 하시면서, 욥이 대단하게 생각하는 동물인 베헤못과 리야워단을 언급하신 것이다.

하나님이 왜 베헤못과 리워야단을 말씀하시고 욥에게 질문에 대답하라고 하셨는지가 중요하다. 하마는 "하나님의 창조물 중에 으뜸"(욥 40:19)이고, 악어는 "모든 교만한 것의 왕"(욥 41:33-34)이 되는, 육지와 바다 생물 중 가장 크고 대표적 동물들이다.

이런 동물들을 통해 하나님이 욥에게 전하시려는 의도가 무엇인가?

하나님이 하마를 두고 하신 얘기나, 악어에 대해 하신 얘기의 결론은 "그것을 네가 감당할 수 있느냐?"이다.

> 네가 어찌 새를 놀리는 것같이 그것을 놀리겠으며 네 소녀들을 위하여 그것을 매어두겠느냐(욥 41:5).

하나님의 질문은 '이런 짐승을 네 마음대로 할 수 있겠느냐?'는 뜻이다.

> 그것은 하나님의 창조물 중에 으뜸이라 그것을 지은 자가 칼을 주었고 (욥 40:19, 개역한글).

> 33 땅 위에는 그것 같은 것이 없나니 두려움 없게 지음을 받았음이라 34 모든 높은 것을 낮게 보고 모든 교만한 것의 왕이 되느니라(욥 41:33-34, 개역한글).

창조물 중의 으뜸인 베헤못(하마)은 강물이 넘쳐도 놀라지 않으며, 요단강의 물이 불어서 입에 차도 태연하다(욥 40:15-24). 그리고 리워야단(악어)은 튼튼한 다리, 늠름한 체구, 아무도 뚫을 수 없는 가죽, 보기만 해도 소름이 끼치는 이빨, 돌처럼 단단한 등비늘 등을 가졌기에 어느 누구도 감히 대항할 수 없다(욥 41:1-10).

  그렇지만 사람이 통제하기 어려운 동물인 베헤못과 리워야단이 아무리 육중하고 기괴하다고 할지라도 하나님이 만드신 피조물에 불과하고 그래서 하나님의 손아귀에 있을 뿐이다. 사람이 악어를 낚시로 낚거나 끈으로 그 혀를 매거나, 코를 줄로 꿰거나, 갈고리로 그 턱을 꿰는 일은 불가능하다. 힘과 능력의 상징인 이런 동물들을 하나님이 언급하신 이유는 하나님만이 이런 '두려움 없게 지음을 받은' 세력들까지도 창조하고 장악하고 또 허용한다는 사실을 보여 주기 위함이다.

  [15] 이제 소같이 풀을 먹는 베헤못을 볼지어다 내가 너를 지은 것같이 그것도 지었느니라 [16] 그것의 힘은 허리에 있고 그 뚝심은 배의 힘줄에 있고 [17] 그것이 꼬리 치는 것은 백향목이 흔들리는 것 같고 그 넓적다리 힘줄은 서로 얽혀 있으며 [18] 그 뼈는 놋관 같고 그 뼈대는 쇠 막대기 같으니 [19] 그것은 하나님이 만드신 것 중에 으뜸이라 그것을 지으신 이가 자기의 칼을 가져 오기를 바라노라 [20] 모든 들 짐승들이 뛰노는 산은 그것을 위하여 먹이를 내느니라 [21] 그것이 연 잎 아래에나 갈대 그늘에서나 늪 속에 엎드리니 [22] 연 잎 그늘이 덮으며 시내 버들이 그를 감싸는도다 [23] 강물이 소용돌이칠지라도 그것이 놀라지 않고 요단 강 물이 쏟아져 그 입으로 들어가도 태연하니 [24] 그것이 눈을 뜨고 있을 때 누가 능히 잡을 수 있겠으며 갈고리로 그것의 코를 꿸 수 있겠느냐(욥 40:15-24).

  [1] 네가 낚시로 리워야단을 끌어낼 수 있겠느냐 노끈으로 그 혀를 맬 수 있겠느냐 [2] 너는 밧줄로 그 코를 꿸 수 있겠느냐 갈고리로 그 아가미를 꿸 수 있겠느냐 [3] 그것이 어찌 네게 계속하여 간청하겠느냐 부드럽게 네게 말하겠느냐 [4] 어찌 그것이 너와 계약을 맺고 너는 그를 영원히 종으로 삼겠느냐 [5] 네가 어찌 그것을 새를 가지고 놀 듯 하겠으며 네 여종들을 위하여 그것을 매어두겠느냐 [6] 어찌 장사꾼들이 그것을 놓고 거래하겠으며 상인들이 그것을

나누어 가지겠느냐 [7] 네가 능히 많은 창으로 그 가죽을 찌르거나 작살을 그 머리에 꽂을 수 있겠느냐 [8] 네 손을 그것에게 얹어 보라 다시는 싸울 생각을 못하리라 [9] 참으로 잡으려는 그의 희망은 헛된 것이니라 그것의 모습을 보기만 해도 그는 기가 꺾이리라 [10] 아무도 그것을 격동시킬 만큼 담대하지 못하거든 누가 내게 감히 대항할 수 있겠느냐(욥 41:1-10).

먼저 열거된 열 가지 짐승들은 인간에 의해서 쉽게 길들여지지 않는다는 데 반하여, 하마와 악어 이 두 짐승들은, 길들일 수도 없거니와 인간에 대하여 철저히 적대적인 것이 특징이다.

하지만 하나님은 인간에게 두려움과 공포심만 안겨 주는 짐승들까지도 만드셨고(욥 40:15), 쉽게 길들여서 장난감처럼 가지고 놀 수 있는(욥 41:5) 분인 하나님은 창조주요 섭리자로, 따라서 욥 곧 인간을 만드신 분임을 언급하신다. 이는 피조물에 불과한 인간은 절대로 하나님처럼 할 수 없다는 것이다.

하나님은 이런 동물들의 얘기를 통해 자기 의를 내세우는 욥의 자존심을 흔들어 그로 하여금 하나님 앞에 연약한 자, 낮은 자임을 인식하게 하려 한 것이다.

## 2. 하나님의 섭리와 인간의 한계

하나님이 이런 짐승들을 말씀하심은 욥의 하나님에 대한 인식이 잘못됐기 때문이다. 욥 역시나 그의 친구들처럼 하나님의 공의는 선에는 보상을, 악에는 징벌을 내려야 하는 인과응보의 틀을 벗어나지 못했다. 또한, 그는 분명 하나님을 믿는 것을 잠시도 포기하거나 의심하지는 않았는데, 자신이 이해할 수 없고 원인을 알 수 없는 고난을 당하자, 자신의 경험 속에서 하나님의 하나님 되심에 의문과 회의를 나타낸다.

이에 하나님은 욥에게 "욥, 네가 하나님이 되볼래" 하며 그에게 하나님의 공의를 입증해 보라고 도전하셨다. 교만한 자와 악인을 없앨 수 있다면, 하나님이 욥의 의를 인정하겠다는 것이다.

그리하면 네 오른손이 너를 구원할 수 있다고 내가 인정하리라(욥 40:14).

욥의 고난을 두고 친구들은 와서, 욥이 당연히 알고 있었던 인과응보론으로 풀어내서, "네가 잘못했기 때문에 재앙이 임했다"라고 주장한다. 하지만 욥은 의로운 사람이다. 정직하고 순전하고 하나님을 경외하는 자다. 이런 욥에 대한 하나님의 자랑에 사탄의 시험이 시작된다.
"그가 괜히 하나님을 섬기겠습니까?
주가 주신 축복 때문이죠."
이것이 사탄의 참소이고, 이에 대해 하나님과의 내기가 시작됐다. 하나님은 욥이 생각하는 인과응보의 원칙을 깬다. 우리 역시 욥이 까닭 없이 고난을 당했다고 생각하지만, 욥의 고난은 사탄의 시험으로 인해 생긴 것임을 안다. 따라서 왜 하나님이 의인에게 고난을 주시는가 하고 의문을 던지고 거기서 답을 찾게 되면 하나님을 잘못 판단하고 그릇 아는 일이다.
하나님은 세상을 창조하고 세상을 섭리하신다. 따라서 만물이 하나님의 통치를 벗어나는 일은 있을 수 없다.
그런데 왜 말도 안되는 일이 현실에서 생기는가?
하나님이 폭풍 가운데 나타나셔서 욥의 질문에 답하는 내용 속에 하마와 악어를 끌어들이고 묻는다.
"욥, 네가 하마를, 악어를 네 마음대로 놀이개같이 주무를 수 있느냐?"
이 물음은 인간은 그럴 수 없다는 결론을 담고 있다. 그런 동물을 주무를 수 있는 이는 하나님 밖에 없다. 왜냐하면, 그것들을 지으신 분이기 때문이다. 따라서 이 질문의 행간은 이것이다.
"네게 일어난 고난을 네가 물리칠 수 있느냐?

너에게 일어난 그 이유없는 재난을 네가 해결할 수 있느냐?"
인간은 자기 힘으로 악과 고난을 해결할 수 없다는 것이다!
리워야단은 모든 생물을 우습게 보는, 모든 교만한 것의 왕이다.
"이런 리워야단을 대단하다고 생각하는 욥, 네가 대적할 수 있느냐?"
"네가 나를 불의하다고 불평하는데, 네가 하나님이 되어 베헤못이나 리워야단 같은 교만과 사악의 왕을 다스려 보라."
이것이 하나님의 도전이다. 하나님은 욥이 꼼짝도 못하는 베헤못이나 리워야단을 만드셨고 또한 장난감처럼 가지고 놀 수 있는 분이다.
"이제 이를 알았다면 하나님 앞에 잠잠하라."
이것이 하나님의 결론이다.
창조 시 베헤못과 리워야단을 만들고 다스린 하나님, 반면에 이 혼돈의 괴물들을 감당할 수 없는 욥!
그러니 욥이 하나님을 감히 대적할 수 있는 소망이나 있겠느냐는 물음이다. 사람이 베헤못과 리워야단에 맞서거나 다스릴 수 없듯, 악과 고통은 인간이 파악하거나 통제할 수 있는 성질의 것이 아니다. 그러니 이런 상황에서 자신을 내세우고 하나님을 불평하는 것이 아니라, 오히려 사랑과 긍휼의 하나님을 생각하고 잠잠히 기다리라는 것이 하나님의 당부인 셈이다. 베헤못과 리워야단의 언급은 하나님에 대한 순종의 요구다.

> 하나님에 대한 욥의 유일의 합당한 태도는 수수께끼 같은 하나님의 뜻을 당하여도 겸손한 복종일 뿐이다.[100]

베헤못과 리워야단은 암흑과 혼돈과 악의 상징물로 여겨진다. 다니엘서, 스가랴서, 요한계시록에서는 지상의 악한 세력은 바다에서 나오든, 땅에서 올라오든 간에 동물로 상징된다. 이는 어떤 악의 움직임으로 혹은 개인으로 혹은 지도자를 상징하거나, 불가시적이고 초월적 힘을 의미한다.

특히, 요한계시록 13장은 두 짐승들을 기술하고 있는데, 바다에서 나온 짐승이 세상을 지배하고, 땅에서 올라온 짐승은 바다의 짐승의 권세를 가지고 세상 사람들로 하여금 그를 경배하게 한다. 이 짐승들이 요한계시록 12장의 용, 즉 사탄으로부터 능력과 권세를 부여받고 있음을 안다면, 이 두 짐승은 사탄의 힘의 가시화라고 볼 수 있다. 그런 점에서 베헤못은 우리의 삶 가운데 우리가 힘들여 싸워야 하는 마귀적 경향, 즉 우리 안의 타락한 본성인 육신을 상징한다.

또한, 리워야단은 모든 인생에게 큰 영향을 주는 세상의 대표다. 사람들로 하여금 우리를 둘러싸고 있는 가치와 태도에 순응하고 나타내도록 그래서 우리의 사고와 모든 삶을 지배하는 세력이다.

이 두 짐승들 이면에는 그 능력과 통제로 인간사를 움직이는 악의 힘인 사탄이 있다. 따라서 베헤못은 사람의 육신 안의 동물적인 육적 요소로서 작용하는 악한 것을 나타낸다면, 리워야단은 인간의 외적 요소로서 힘을 쓰는 악한 것을 상징한다. 베헤못은 우리 안의 적이요, 리워야단은 우리 밖의 적이다.[101]


## 3. 피조물 위에 뛰어난 인간

욥은 리워야단(악어)을 대단한 존재로 생각했다. 그리고 그 악어를 주무를 수 있는 존재가 사탄이라고 여겼다. 그는 자신의 생일을 저주하며 이렇게 말했다.

> 날을 저주하는 자 곧 큰 악어[리워야단]를 격동시키기에 익숙한 자가 그 밤을 저주하였었더라면(욥 3:8).

'날을 저주하는 자'는 사탄을 뜻한다. 그는 사탄이 악어를 격동시킨다고 생각했다. 욥의 말을 들으신 하나님은 악어를 만든 자가 하나님이며, 이를 움직이는 자 또한 사탄이 아닌 하나님임을 알려 주신 것이다.

그런데 대단한 존재로 간주되는 리워야단보다 더욱 뛰어난 자가 있으니, 그가 곧 욥이라는 사실이다. 그래서 '욥, 너는 대장부다'라고 하나님은 말씀하고 계신다. 세상의 그 어떤 피조물보다 인간은 고귀한 존재다. 하나님 다음 가는 존귀한 자로 영화와 존귀를 가진 피조물 중 으뜸이다. 그리고 하나님은 사람을 모든 창조물을 다스리는 자로 세우시고 그래서 만물을 사람의 발 아래 두신 분이다(시 8:5-6).

> ⁵ 그를 천사보다 조금 못하게 하시고 영화와 존귀로 관을 씌우셨나이다
> ⁶ 주의 손으로 만드신 것을 다스리게 하시고 만물을 그 발 아래 두셨으니
> (시 8:5-6).

참새 한마리도 하나님의 허락이 없이는 떨어지지 않는데(마 10:29-30) 하물며 인간이랴!

하나님의 성품이 공중의 하찮는 참새도 아끼는 것이라면, 사람은 말할 것도 없다!

"참새에 비교할 수 없을 정도로 더 사랑하는 너에게 악을 주겠느냐?
앞으로 너를 위해 십자가에서 죽을 예수가 있다."

바로 하나님의 말씀의 뜻하는 바이다.

하나님이 말씀하신 열두 가지 동물 모두는 비록 인간에 의해 길들려지는 것은 아니지만, 다스림 받는 존재에 불과하다. 하나님의 모든 창조물은 마지막 피조된 인간을 위한 것이다. 그런 점에서 하나님은 욥의 고난에 대해 직접적인 답을 주시지 않고 동물들의 생태와 습성을 이야기하심으로 하나님의 욥에 대한 무한한 사랑을 암시하신다.

성도에게 임한 고난과 재앙은 분명 하나님이 주신 것은 아니지만, 그 허락에는 하나님의 뜻이 있다. 따라서 이런 재앙과 환난은 우리 인간이 자신

의 힘과 능력으로 해결하는 문제 자체가 아니라, 피조물을 다스리는 자로 서기 위한 통과 의례와 같은 것이다.

비록 이 세상에서 고통을 당할지라도 인간은 하나님에 의해 영화와 존귀의 관을 쓰고 세상의 통치자로서의 존재 이유가 부여되어 있는 특권과 지위를 누리는 자다. 이는 인간에게 하나님의 생명과 풍성함을 주시려는 하나님의 성품의 발로 때문이다.

인간은 스스로 영광과 존귀를 입을 수 없다. 그리고 우리가 하마와 악어를 갖고 놀 수 없듯, 우리에게 닥친 악과 고통을 우리 힘과 능력으로 해결할 수 없다. 오직 하나님의 오른손만이 가능할 뿐이다. 이것을 알 때, 우리는 하나님만이 해결해 줄 수 있는 자리로 나아가게 된다. 하나님은 인생으로 하여금 우리 스스로 해결할 수 있는 것에서 손을 놓고, 전능하고 신실하신 하나님만을 붙들고 살도록 하신다. 이것이 하나님의 성품이요, 우리 인생에 대한 뜻이다.

우리 자신이 싫은 것, 미워하는 것을 없애는 것이 우리의 영광과 화미(華美)가 아니며, 하나님의 공의가 아니다. 세상의 모든 악을 없애는 것이 아니라, 하나님의 아들 예수의 죽음을 통해 죄와 악을 이기는 것이 하나님의 공의다.

이런 하나님의 성품과 그의 행하심을 통해 우리는 하나님의 백성으로, 자녀로 부름 받은 것이다. 우리의 손이 우리를 구원하는 자리가 아닌, 하나님이 자신의 열심으로 우리를 구원하여 하나님 나라의 백성과 자녀로 부르시는 자리로 나아가는 것, 이것이 하나님의 바라신 바이다. 하나님의 열심으로 인해 드러난 하나님의 은총이 바로 십자가에서 예수 그리스도가 보여 준 하나님의 구원의 팔이다.

우리가 겪는 환난은 하나님의 백성과 자녀로서 살기 위한 하나님의 훈련과 연단이다. 이런 연단을 통해 우리는 하나님 나라에 대한 소망을 키우게 된다.

이 땅에서 배부르고 편안하다면 누가 하나님 나라를 그토록 소망하겠는가?

그래서 성경은 환난 중에도 즐거워 하라고 말한다. 이는 환난은 인내를, 인내는 연단을, 연단은 소망을 이루게 하기 때문이다. 그리고 이런 소망을 주기 위해 하나님의 아들 예수가 십자가를 지신 것이다. 소망은 하나님의 영광을 바라고 즐거워하는 것이다(롬 5:2-6). 그래서 믿음은 천국 백성의 첫걸음이요, 소망은 성도의 마지막 걸음이 된다.

> ² 또한 그로 말미암아 우리가 믿음으로 서 있는 이 은혜에 들어감을 얻었으며 하나님의 영광을 바라고 즐거워하느니라 ³ 다만 이뿐 아니라 우리가 환난 중에도 즐거워하나니 이는 환난이 인내를, ⁴ 인내는 연단을, 연단은 소망을 이루는 줄 앎이라 ⁵ 소망이 부끄럽게 아니함은 우리에게 주신 성령으로 말미암아 하나님의 사랑이 우리 마음에 부은 바 됨이니 ⁶ 우리가 아직 연약할 때 기약대로 그리스도께서 경건치 않은 자를 위하여 죽으셨도다(롬 5:2-6).

## 4. 참된 믿음 안에서 산다는 것

하나님이 우리에게 존귀와 영화를 주심은 우리가 세상을 다스리는 자, 청지기의 직분이 주어진 존재이기 때문이다. 그리고 하나님의 백성과 자녀로 세움 받기 위해 하나님의 교육과 훈련이 요구된다.

이런 점에서 믿음은 생각하는 것이고, 고민하는 것이며, 구하는 것이다. 이것이 하나님 백성에게 필요한 삶의 원리다. 믿음은 단순히 예수 그리스도를 믿고 교회에 다니는 것만으로 충분하지 않다.

생각하고 고민하고 구함으로 우리의 모습과 생각이 주님을 닮아 가는 것이 하나님 백성의 삶이다. 이것이 '그리스도의 장성한 분량에 충만한 데까지 이르기' 위한 과정이요, 하나님의 성품 안에서 살아가는 모습이다.

그리스도의 장성한 분량이 충만한 데에 이르기 위해서는 하나님의 아들 예수 그리스도를 믿는 것과 아는 것에 하나가 될 때다(엡 4:13).

> 우리가 다 하나님의 아들을 믿는 것과 아는 일에 하나가 되어 온전한 사람을 이루어 그리스도의 장성한 분량이 충만한 데까지 이르리니(엡 4:13).

다시 말해 예수 그리스도를 믿는 가운데 이제 하나님의 성품과 인격을 알고 이를 닮아갈 때, 성도는 주님과 하나가 된다. 우리를 향한 하나님의 성품은 자신의 피조물인 우리 인생에게 생명과 은혜를 주는 것이지, 까닭 없이 고난과 역경을 주어 우리를 파멸과 죽음으로 몰고 가는 그런 것이 아니다.

세상은 자기를 내세운다. 세상 사람은 하나님과 같이 되기를 원한다. 그래서 자기를 내세워 인정받기를 원하고 자기의 힘과 능력을 키우기 위해 권력과 영광을 추구한다. 때문에 적자 생존의 삶을 살아간다. 이는 남을 죽이고 자기가 사는 전쟁과 같은 경쟁의 삶이다. 욥의 고백처럼,

> 세상에 있는 인생에게 전쟁이 있지 아니하냐?(욥 7:1)

이런 전쟁 같은 세상 가운데서도 믿는 자는 낮은 자로, 연약한 자로 내려가야 하며, 항상 죄인 됨을 잊지 않는 자다. 하나님에 대한 신앙은 죄인 된 나를 구원하기 위해 오해받고 억울하게 십자가에서 죽은 하나님의 아들 예수 그리스도를 믿는 것이기 때문이다.

그리스도의 장성한 분량이 충만한 삶은 곧 하나님의 성품 안에서 사는 삶이다. 하나님의 아들 예수가 십자가에서 죽으심으로, 우리 같은 죄인이 우리의 알량한 믿음 하나로 영생을 얻을 수 있음은 하나님의 사랑과 은혜 때문이다. 예수는 하나님의 성품을 드러냈다. 그렇기 때문에 우리의 참된 교사는 예수 그리스도일 뿐이다.

그리고 성경에 나타난 많은 믿음의 사람은 오직 반면교사일 따름이다. 우리는 반면교사의 삶을 통해 신앙 생활의 바른 모습과 그릇된 길을 구별하게 된다. 그리스도의 지체된 우리는 '오직 사랑 안에서 참된 것을 하여 범사에 그에게까지 자랄지라'는 요청을 받게 된다(엡 4:15).

하나님이 나를 사랑하고 생명과 풍성함을 주신다는 것을 확신하지 않으면 믿음의 성장은 없다. 비록 우리가 환난을 당하고 그래서 하나님이 나에게서 멀어진 것처럼 여길 때라도 이런 확신이 없으면 믿음은 흔들리는 법이다. 세상의 삶은 하나님의 성품과 다르다. 따라서 하나님의 성품을 알지 못하면 우리는 신앙 생활에도 불구하고 율법에 매이거나 방종으로 타락하여 믿음을 떠나게 된다.

하나님의 사랑과 긍휼을 알지 못하면 믿음은 그 어떤 것으로도 보상되거나 확인되지 않는다. 많은 사람이 신앙 생활을 오래 했을지라도 교회의 분란과 목회자의 타락을 목격하거나, 정작 본인에게 고난이 임하면 믿음에서 멀어진다. 한국의 경우 최근 20년 사이에 다른 종교, 특별히 불교와 가톨릭의 신자 수는 큰 등락을 보인 반면, 개신교는 증가세를 보이고 있으나 국민 전체적으로는 무종교를 고백하는 자의 수가 크게 늘었다.[102] 이는 사람들이 갖는 믿음의 근거가 희미하기 때문이다.

이처럼 불신자들이 증가한 이유는 하나님이 어떤 분인가를 알지 못한 이유 때문이 아닐까?

어떤 경우에나 하나님이 나를 사랑한다는 것, 그리고 생명과 풍성함을 주신다는 것이 믿음의 유일하고 전부인 근거가 되지 않으면, 다른 무엇도 신앙 생활을 이끌어 갈 다른 힘과 능력이 되지 못한다.

우리는 우리에게 임하는 고난과 역경을 면하는 것에 관심이 있다. 그리고 남보다 더 나은 삶, 형통한 삶을 사는 것이 하나님의 은혜라고 생각하고 간증하는 경향이 있다. 또 우리가 환난을 당하면 사람들은 우리의 믿음이 없거나 작아서 그렇다고 예단하기도 한다.

그러나 환난은 우리를 소망 가운데로 인도하는 자극제다. 지금 우리가 당하는 모든 일이 하나님이 나에게 사랑과 은혜를 베풀기 위한 그분의 신실함과 역사하심이다. 욥의 경우 사탄의 시험에도 불구하고 하나님이 그의 생명을 끝까지 붙들어 주셨음은 하나님이 욥을 사랑했기 때문이다. 그는 고난을 통해 자신의 주장과 소원을 버리고, 하나님의 어떠하심을 알아가며 주의 신실함과 사랑을 배우게 된다.

이처럼 하나님은 우리 인생길을 놓치지 않고 우리의 삶 가운데 개입하여 우리를 붙들고 계신다. 우리가 인생을 살다가 당하는 모든 고난은 우리 삶의 장애물과 '부딪히는 돌, 거치는 반석'이 아니다. 이는 우리 자신을 위한 하나님의 허락하심이다. 하나님은 우리의 생각과 소원에 적당히 타협하지 않고, 오히려 우리의 구하고 생각하는 것에 넘치게 역사하는 분이다.

*The True Understanding of the Kingdom of God according to The Book of Job*

**제29장**

## 귀로 듣기만 하였으나 이제는 눈으로 주를 보나이다

하나님을 듣고 본 자의 삶(욥 42:1-6)

### 1. 무소불능한 하나님

욥기는 세상을 살면서 겪게 되는 고난에 대해 우리가 알고자 하는 속 시원한 직접적인 답을 주지 않고 애매 모호한 결론으로 이끈다. 대신 하나님의 창조와 섭리에 대한 하나님의 성품과 인간의 무지를 일깨운다. 의인에게 고난이 임하는 까닭을 두고 하나님과 변박하려는 욥에게 하나님이 폭풍 가운데 책망과 격려 가운데 말씀하셨으나 욥은 이조차도 '손으로 입을 가리고 다시는 더하지도 아니하고 대답하지 아니하겠다'(욥 40:4-5)라고 끝까지 반항하고 거절한다.

하지만 하나님은 다시 한번 폭풍 가운데 나타나고 그에게 묻는다.

> 대장부처럼 허리를 묶고 내가 네게 묻는 것을 대답할지라(욥 38:3).

그리고 하나님의 질책이 이어진다.

스스로 의롭다 하려 하여 나를 불의하다 하느냐(욥 40:8).

그런 다음 하나님은 하마(베헤못)과 악어(리워야단)에 대해 긴 설명을 하신다. 그러자 욥은 마침내 꼬꾸라지고 티끌과 재 가운데서 회개한다.

왜 그는 베헤못과 리워야단의 설명을 듣고 나서야 마침내 회개하게 되는가?

하나님은 공의로운 분이지만 세상은 불의가 공존한다.

'하마와 악어,' 곧 베헤못과 리워야단은 인간에게 난폭하고 길들여지지 않는 두려운 동물, "모든 교만한 것의 왕"이기 때문에 제거해야 하는 동물인가?

그렇지 않다. 이들도 "창조물 중에 으뜸"이며 하나님의 사랑의 창조물이기 때문이다. 마지막 때에 하나님은 모든 악과 불의를 심판하실 것이다. 하지만 선과 악, 의와 불의 등 이분법적으로 나눌 수 있는 것들은 하나님의 통치 속에서 결코 없어져야 되는 것은 아니다. 밤과 어두움이 나쁘기 때문에 낮과 빛만을 둘 수는 없다. 인간에게 밤의 어두움이 있기에 잠을 자고 휴식을 취하고 낮을 준비할 수 있다.

"저녁이 되며 아침이 되니 이는 첫째, 둘째 … 날이니라"는 창세기 1장의 창조 기사는 어두움의 고통과 고난을 통과한 후에 빛의 아침이 있음을 암시하고 있지 않는가?

하나님은 사탄을 언제가는 심판하실 것이다. 아니 예수 그리스도는 그 십자가를 통해 사탄을 심판했다.

그러나 그 집행이 아직 성취되지 않고 있다. 하나님은 사탄도 허용하신다. 욥기 1, 2장에 그려진 천상의 회의에 사탄이 출입함은 하나님이 그를 인정하고 있다는 반증이다. 하나님이 악의 상징인 사탄을 제거하지 않고 세상에서 죄악을 도말하지 않았기에 하나님의 아들 예수는 세상과 사탄으로부터 조롱과 멸시를 받았고 그들이 세운 십자가에서 죽음을 경험하셨다. 하나님은 악과 불의, 사탄을 없앤 것이 아니라 그것을 이길 길을 아들 예수가 지신 십자가를 통해 예비하신 것이다.

> 주께서는 무소불능하시오며 무슨 경영이든지 못 이루실 것이 없는 줄 아오니(욥 42:2).

주는 무소불능하다. 즉 '하나님은 어디나 계시며, 못하실 일이 없다!'(God is everywhere and can do anything) 욥의 고백은 우리가 갖는 하나님에 대한 신앙고백 자체. 하나님의 섭리 속에서 어디에나 계신 하나님은 모든 것을 하실 수 있고, 모든 것은 하나님의 뜻에서 벗어날 수 없다는 의미다.

이것이 하나님의 편재성과 전능성이다. 이런 하나님의 전능성은 인간의 전횡과 독재와는 사뭇 다르다. 하나님의 전능성은 사랑과 긍휼이라는 그분의 성품을 떠나서는 행사되지 않기 때문이다. 따라서 하나님의 창조와 통치는 그분의 의로움과 선하신 목적을 위하여 만들어지고 유지된다.[103] 그런 점에서 하나님이 우리에게 일어난 고난과 어려움, 한계를 통해 우리에게 재앙과 죽음을 주는 것은 그분의 성품이 아니다.

우리 인생을 향한 하나님의 생각은 재앙이 아니라 평안이요, 장래에 소망을 주는 것이 아닌가?(렘 29:11)

> 나 여호와가 말하노라. 너희를 향한 나의 생각은 내가 아나니 재앙이 아니라 곧 평안이요 너희 장래에 소망을 주려하는 생각이라(렘 29:11, 개역한글).

## 2. 하나님의 복음

"스스로 의롭다 하려 하여 나를 불의하다 하려느냐?"(욥 40:8)라는 하나님의 질책처럼, 욥은 하나님을 오해하고, 자신을 돌아보지 못했다. 욥은 고난 앞에서 비명과 불평을 늘어놓았다. 그는 하나님이 자신을 외면하심으로 답이 없는 억울한 고난 가운데 있다고 생각했다. 세 친구는 욥에게 '너의 고난과 하나님의 외면은 네가 악을 행한 불의한 자이고, 하나님을 외면했기 때문이다'라고 주장했다.

반면 욥은 '악을 행한 적이 없는 나를 하나님이 외면하시니 그 까닭을 알고 싶다'고 항변했다. 그는 하나님의 부재를 원망했다. 하지만 하나님은 욥의 고난에 그의 생명을 붙들고 그와 함께 하셨다.

하나님은 우리의 삶 가운데서 임재 하시는가, 부재하시는가?

욥은 그의 고난을 외면하는 하나님을 부재하다고 생각했다.

> 내가 앞으로 가도 그가 아니 계시고 뒤로 가도 보이지 아니하며 그가 왼편에서 일하시나 내가 만날 수 없고 그가 오른편으로 돌이키시나 뵈올 수 없구나(욥 23:8-9).

그러나 폭풍 가운데 하나님의 말씀을 들은 욥은 하나님의 부재라고 생각했던 순간도 바로 하나님의 임재임을 알게 된다. 하나님은 어디에나 계시며 그 뜻을 이루시는 분이라 그는 고백한다. 그가 당한 고난이 하나님의 외면으로 인해 생긴 것이 아니라 하나님의 또 다른 축복의 방편임을 알게 된다.

하나님이 함께 하면 우리가 복을 받고, 우리가 잘못하면 하나님이 외면하고 그래서 우리에게 화와 벌이 임한다고 우리는 생각한다. 우리가 무엇을 잘해야만 복을 받는 것은 하나님의 복음 곧 '기쁜 소식'이 아니다. 잘해서 받는 것은 복음이 아닌 상급이다. 복음은 우리가 잘하든 못하든 복을 받는 것이기 때문에 기쁜 소식이다.

때로 하나님은 고난을 통해 복을 주시기도 하다. 하나님이 고난을 통해 복을 주신다는 것은 어느 정도 우리가 납득할 수 있지만, 우리가 '내가 잘할 땐 복 받고, 못할 땐 벌 받는 것'이란 생각은 하나님의 성품에서 벗어난 말이다.

그런 논리라면 우리는 복 받을 자격이 전혀 없다. 우리는 잘할 틈이 없고, 잘하는 적도 없기 때문이다. 이것이 우리 인간의 조건이요 상황이다. 그러니 '잘하면 복 주시고, 못하면 벌 주세요'라고 주장하면, 이 세상에 남아날 자가 단연코 하나도 없다. 우리는 잘하는 때가 없고 못하는 것뿐이지만, 하나님은 복을 주신다.

그 대표적 예가 십자가를 통한 구원과 생명을 주심이 아닌가?

하지만 하나님이 복을 주시는 방법이 형통함을 통해서도 이루어지지만, 때로는 고난의 통로를 걸어야 하는 것은 하나님의 일하심의 신비다. 믿는 자는 고난을 당할 수 있다. 하나님은 그 백성에게 때로는 환난의 떡과 고생의 물을 주신다. 그렇지만 이는 우리로 하려금 하나님이 원하시는 정로(正路)의 삶을 살아가도록 하기 위함이라고 이사야 선지자는 말한다(사 30:20-21). 그렇지만 기쁜 것은 이 모든 고난에서 하나님이 건지신다는 것이다(시 34:17-20).

> [20] 주께서 너희에게 환난의 떡과 고생의 물을 주시나 네 스승은 다시 숨기지 아니하시리니 네 눈이 네 스승을 볼 것이요 [21] 너희가 우편으로 치우치든지 좌편으로 치우치든지 네 뒤에서 말소리가 네 귀에 들려 이르기를 이것이 정로(正路)니 너희는 이리로 행하라 할 것이요(사 30:20-21, 개역한글).

> [17] 의인이 외치매 여호와께서 들으시고 저희의 모든 환난에서 건지셨도다 [18] 여호와는 마음이 상한 자에게 가까이 하시고 중심에 통회하는 자를 구원하시는도다 [19] 의인은 고난이 많으나 여호와께서 그 모든 고난에서 건지시는도다 [20] 그 모든 뼈를 보호하심이여 그중에 하나도 꺾이지 아니하도다 (시 34:17-20).

우리에게 임하는 고난과 한계는 이것으로 우리를 제한하고 묶는 것이 아니라 우리를 뛰어넘게 하기 위함이다. 우리의 닫힌 눈을 열게 하고, 막힌 귀를 열어 믿음에서 한단계 도약하게 한다. 지금까지는 자신의 상황, 경험, 남의 이야기로 하나님을 들었으나, 이제 하나님을 두 눈으로 볼 수 있게 하는 일이 되는 셈이다(욥 42:5).

## 3. 진정한 회개란

하나님은 두 번의 폭풍 중에 현현하시고 말씀하심으로 욥의 회개를 이끌어 내셨다. 첫 번째 말씀(욥 38:1-40:5)에서, 하나님은 욥의 나던 날부터 그를 저주한 일이 없으며, 오히려 악인을 구축했고, 하늘이 그를 기뻐 축복하고 노래했다고 말씀하셨다. 욥이 자기의 생일을 저주함이 얼마나 하나님의 뜻과 마음에서 멀어진 말인가를 상기시키신 것이다.

그러면서 하나님은 욥 자신이 조금은 안다고 들먹거린 동물들을 다시 거론하시며 그의 무지를 일깨우셨다. 그가 아는 지식은 너무나 제한적이고 단편적임을 암시한다. 이것이 인간의 한계이거늘, 이런 좁고 편협된 지식과 경험과 철학으로 하나님을 재단하여 욥 스스로 의롭다고 착각하고 그래서 하나님을 불의하다고 생각하므로 인해, 주님의 심판을 폐하려느냐는 하나님의 책망을 듣는다.

하나님의 첫 번째 현현과 말씀에서 욥 자신이 얼마나 하나님의 성품과 인격을 오해하고 있는가가 드러난다. 그럼에도 그는 이 말씀 앞에 회개하지 않고 오히려 입을 다물고 더 이상 하나님께 불평하지 않겠노라 말할 뿐이었다.

이런 욥 앞에 하나님은 다시금 폭풍 가운데 나타나시고 말씀하셨다(욥 40:6-41:34). 욥이 과연 하나님과 같이 구원의 팔을 펼 수 있으며, 악인의 교만을 꺾을 수 있느냐 질문하시며, 만약 그럴 수 있다면 하나님이 그를 인정하겠노라 말씀하셨다.

그러면서 하나님은 베헤못과 리워야단에 대한 긴 설명을 덧붙이셨다.

이는 욥으로 하여금 인간의 본질을 돌아보라는 촉구다. 이제 욥은 두 번째의 하나님 말씀 앞에 완전히 항복하고 자신의 잘못을 회개하기에 이른다.

'하나님은 무소불능하며 전지전능하다'는 욥의 말은 자신이 알고 있는 하나님을 아는 지식의 한계와 무지를 고백하는 말이다. 그리고 자신이 깨닫지 못한 일, 스스로 알 수 없고 헤아리기 어려운 일을 말했음을 토로한다(욥 42:3). 이것이 욥의 회개다. 이처럼 회개는 자신을 돌아보는 데서 시작된다.

욥은 여러 동물의 사례와 베헤못과 리워야단의 얘기를 통해 자신의 정체를 바라보게 되고, 하나님이 자신을 얼마나 사랑하는지를 깨닫게 되는 욥은 '스스로 한하고 티끌과 재 가운데서' 하나님 앞에 회개하기에 이른다(욥 42:6).

> [1] 욥이 여호와께 대답하여 이르되 [2] 주께서는 못 하실 일이 없사오며 무슨 계획이든지 못 이루실 것이 없는 줄 아오니(주께서는 무소불능하시오며, 무슨 경영이든지 못 이루실 것이 없는 줄 아노니[개역한글]) [3] 무지한 말로 이치를 가리는 자가 누구니이까 나는 깨닫지도 못한 일을 말하였고 스스로 알 수도 없고 헤아리기도 어려운 일을 말하였나이다 [4] 내가 말하겠사오니 주는 들으시고 내가 주께 묻겠사오니 주여 내게 알게 하옵소서 [5] 내가 주께 대하여 귀로 듣기만 하였사오나 이제는 눈으로 주를 뵈옵나이다 [6] 그러므로 내가 '스스로 한하고'(마아스, ロダロ) 티끌과 재 가운데에서 회개하나이다(욥 42:1-6).

욥 자신이 안다는 동물을 들어 그의 무지를 일깨우는 하나님 말씀 앞에 욥은 자신이 얼마나 하나님을 잘못 알고 있는가를 깨닫는다. 그래서 더 이상 하나님 앞에 할 말이 없게 된다.

> 나는 미천하오니 무엇이라 주께 대답하리이까 손으로 내 입을 가릴 뿐이로소이다(욥 40:4, 개역한글).

그러니 "다시는 더하지도 아니하겠고 대답지도 아니하겠나이다"(욥 40:4-5). 그러나 참된 회개는 하나님의 성품과 인격에 대한 잘못된 지식과 인식을 바로 하는 것으로 끝나지 않는다. 회개는 자신의 죄인 됨을 아는 것에 있다. 이것을 깨닫도록 하는 이야기가 바로 베헤못과 리워야단이다.

베헤못과 리워야단의 이야기는 욥의 부끄러움과 하나님의 주관자 되심을 보여 준다. 하나님은 힘과 교만함을 가진 동물들을 쳐서 정복하고 없애는 것이 아니라, 오히려 자랑하고 기뻐하고 찬양하기까지 하며, 이것들의 능력과 아름다움과 겁없음조차도 기뻐하고 있다는 사실이다.

따라서 이 이야기는 하나님이 욥도 어찌 해 볼 수 없는 이 동물들을 다스리는 주관자임을 보여 주는 것에 그치지 않고, 이 동물들이 신적 교만의 전형임을 말해 준다. 바로 이 동물들은 욥의 자아의 거울인 셈이다. 그 자신의 아름다움과 '두려움 없음'(fearlessness)을 드러낸 점에서 그렇다.[104] 즉 인간의 의를 자신의 아름다움으로 치장하고 하나님에 대한 진정한 '경외함 없음'(fearlessness)에 대한 암시다.

욥은 하나님이 말씀하신 베헤못과 리워야단의 이야기를 통해 자신의 정체를 깨닫게 된다. 그가 아는 리워야단(악어)는 오직 '낮을 저주하는 자' 곧 사탄의 지배를 받는다는 것 정도였다(욥 3:8). 하지만 하나님은 베헤못과 리워야단을 통해 인간의 실체를 드러내신다. 바로 인간의 죄인 됨이다.

먼저 베헤못을 통해서는 욥은 인간의 탐욕을 알게 된다. 하나님의 '창조물의 으뜸이며 칼을 가진' 베헤못은 그 힘과 세력이 허리와 배의 힘줄에 있다(욥 40:16, 19). 배는 탐욕의 신이라는 점에서(빌 3:19), 베헤못은 탐욕과 권력의 화신임을 말해 준다. 하지만 창조물의 진정한 으뜸이며 칼로 땅을 지배할 수 있는 자는 베헤못이 아닌 인간이다.

만물은 인간을 위해 창조됐고, 생육하고 번성하고 충만하고 땅을 정복하고 지배하는 존재가 인간이 아닌가?

그렇지만 인간은 하나님 말씀에 불순종함으로 세상에 죄가 들어오고 그래서 탐욕이 생긴 것이다. 탐욕은 하나님 대신에 자신을 바라본다. 하나님은 비록 욥이 외적인 의로움을 가지고 있을지라도 베헤못이 가진 탐욕을 바라보라고 암시하신 것이다. 욥이 동방의 큰 부자가 될 수 있었음은, 사탄의 참소처럼, 하나님이 그의 소유물을 산울로 두르게 한 것 때문이 아니라 그의 탐심이었음을 깨닫게 한다. 그리고 하나님은 이 탐심이 우상 숭배요 하나님에 대한 도전이라고 알려 주신다.

> 저희[그리스도 십자가의 원수]의 마침은 멸망이요 저희의 신은 배요 그 영광은 저희의 부끄러움에 있고 땅의 일을 생각하는 자라(빌 3:19).

다음에는 리워야단을 통해 인간의 교만함을 알려 준다. 리워야단은 세상의 어느 것—낚시, 노끈, 줄 또는 갈고리—으로도 통제할 수 없는 악한 존재며, 하나님 앞에 두려움 없는 교만함을 가진 동물인 것처럼, 인간의 교만은 칼, 창, 살, 작살 같은 세상의 어떤 것으로도 치유되지 않은 끈질기고 강한 것이다. 이것이 욥에게 하나님이 알려 주시고자 하는 함의다.

욥은 리워야단의 이야기를 통해 하나님 앞에 자신의 의로움을 내세운 것이 얼마나 교만한 것인가를 알게 된다. 그는 특별히 베헤못과 리워야단을 통해 바로 자신 안에 베헤못과 리워야단이 함께 있음을 하나님의 계시로 깨닫게 된다.

욥은 이런 자각을 통해 이제 하나님 앞에 엎드리고 자신을 스스로 한할 수밖에 없게 된다(6절, '한하다'를 두고 개역개정은 '거두어들이다'로 번역한다). '스스로 한하다'(마아스, מאס)는 '자신을 부인하다, 싫어하다'는 뜻이다. 자신의 죄인 된 실상 앞에 욥은 자신의 옛 사람 곧 자아를 부인하고 하나님께 모든 것을 의탁한다. 이것이 진정한 회개다.

하나님의 성품과 인격에 대해 무지하면서도 자신의 철학과 경험으로 하나님을 안다는 자만, 그리고 자신의 베헤못과 리워야단 됨, 즉 탐심과 교만함을 깨닫지 못하고 의로움을 주장했던 죄악, 이것이 하나님의 계시로 인해 드러난다. 이는 조하리 창(Johari Window)이 말하는, 욥의 '미지의 부

문'(unknown area)의 드러남이다. 이 미지의 부문을 깨닫자 그는 하나님 앞에 회개한다.[105]

욥에 대해 마지막까지 자신뿐 아니라 사람들의 눈과 귀에 숨겨지고 알려지지 않는 미지의 영역이 주의 말씀으로 밝혀진다. 이는 욥도, 그의 친구들도 알지 못하는 영역이었다. 하나님이 욥으로 하여금 그가 탐심과 교만함을 갖는 죄인임을 밝히자, 욥은 진정한 회개를 한다. 이처럼 참된 회개는 자신의 죄를 깨달을 때에 뒤따른다.

욥이 당한 재난은 현실이다. 현실적 재난 앞에 욥의 범죄를 주장하는 그의 친구들과 이에 아니라고 항변하는 욥. 실제로 욥이 죄를 졌는지 안 졌는지는 서로 말이 다를지라도, 고난을 받고 있는 현실 앞에서 그가 할 말이 잃자, 그는 하나님께 원망을 돌리고 항의할 수밖에 없었다. 고난은 눈앞의 현실이기 때문이다.

그런데 욥이 자기의 죄 된 본성을 깨닫고 하나님의 성품과 인격을 알게 되자 회개한다. 하나님은 욥 자신도 대단하게 여기는, 그리고 탐욕과 교만의 화신인 베헤못과 리워야단과 같은 존재를, 그럼에도 모든 창조물처럼 사랑으로 만드시고 그것들의 삶을 기뻐하신 것같이, 욥 자신한테 일어난 어떤 일도 하나님의 선하심과 궁극적인 복 주심이란 약속에서 벗어난 것이 없다는 것을 확신시켜 주신다.

이 모든 것은 오직 하나님만이 '하시는'(do) 일이고, '하실 수 있는'(can do) 일이며, '하시려는'(will do) 일이다.

욥의 회개는 자신이 죄인의 실상을 간과함과 하나님의 성품과 인격에 대한 무지에 대해서이다. 세상의 이치는 잘 알았으나 자신의 죄인 된 본성을 알지 못한 무지함, 그리고 하나님이 자신의 생명을 붙들며, 사랑과 긍휼 가운데 오래 참으시며, 생명과 함께 이 땅에서도 풍성함을 주시는 분임을 알지 못했음에 대한 회개다.

욥이 나던 날 하나님은 '아침을 명하였고' 그래서 새벽 별들이 함께 노래했으며, 사탄을 그 가운데서 구축(驅逐)하신 분이다(욥 38:7, 12-13). 이처럼 욥의 나던 날부터 한순간도 그를 버려두지 않고 불꽃 같은 눈동자로 지키시는 하나님을 깨닫자, 그는 티끌과 재 가운데에 회개한다.

하지만 티끌과 재 가운데서 회개함은 비록 낮아진 자리, 고난의 자리이지만 하나님 앞에 결코 헛된 것이 아니다. 하나님의 통치와 선하신 뜻 아래서는 어느 것도 헛된 것도, 몹쓸 것도 없다. 우리가 티끌과 재 가운데 있을지라도 그 자리에서 다시 일어설 수 있다는 소망이 있음은 하나님이 창조주요, 생명을 주시는 분이기 때문이다.

욥은 자신의 모습을 알고 하나님을 알자, 티끌과 재가 단순한 신음과 탄식이 아닌, 고난과 고통에 대한 새로운 인식과 사고를 갖는 깨달음과 회복의 자리가 된다. 이것이 욥의 변화다. 그는 이 티끌과 재 같은 존재임을 알고 하나님 앞에 통회하며 겸손한 자로 선다. 그리고 하나님을 듣고 또한 본다. 이것이 진정한 믿음의 모습이다.

욥이 자신의 과거 주장을 철회하고 겸손히 회개를 상징하는 티끌과 잿더미 위에서 뉘우침은 그동안 하나님께 항의하고 불평했던 자세로부터 벗어나, 사탄이 그토록 집요하게 의심했던, '까닭 없이도 하나님을 경외할 수 있음'(욥 1:9)을 보여 주는 것이다. 이처럼 회개는 변화를 가져온다.

회개는 우리 자신을 돌아보는데서 출발한다. 회개는 자신의 죄인 됨과 하나님의 성품을 알지 못한 것을 아는 것에서 시작된다. 그래서 회개는 하나님의 사랑과 긍휼을 생각하게 하고, 우리의 죄 사함을 위해 세상 짐을 지고 가는 어린양이 되신 예수 그리스도와 십자가 앞에 나아가게 한다.

우리는 회개하면 세상에서 행한 나의 죄들을 생각하기 마련이다. 특히 고난과 어려움이 오면, 우리는 세상에서 살면서 행한 나의 죄악을 생각하고 이를 울며 하나님께 고백해야 한다고 생각한다. 그리고 회개를 통해 고난에서 벗어나고, 이해할 수 없는 일을 깨달아 하나님 앞에 안심하려고 한다.

하지만 우리의 회개는 항상 불안전하고 반복적이다.

자신의 죄를 돌아보고 이에 대한 주님의 용서를 받았다는 확신 속에서 우리는 또 다른 죄를 범하는 우리 자신을 보지 않는가?

회개하고도 우리는 돌아서면 죄를 짓는 연약한 존재일 뿐이다. 따라서 회개는 행위에 대한 것이 아니라 인격에 대한 것이다.

진정한 회개는 우리를 향한 하나님의 마음을 아는 것에서 출발한다. 죄인 된 우리를 향해 '폭풍 가운데' 말씀하시는 하나님의 불붙듯한 마음, 안타까운 심정을 아는 것이 회개다. 하나님의 마음을 알지 못하고 자신의 상황과 경험, 남의 얘기를 통해 하나님을 안다고 하는 자랑거리와 주장은 모두 회개할 일이다. 이런 생각이 곧 "하나님 아는 것을 대적하여 높아진 것"(고후 10:5)이기 때문이다.

내가 스스로 한하고 티끌과 재 가운데서 회개하나이다(욥 42:6).

하나님을 온전히 알지 못했던 욥이 하나님을 알게 된다.
"하나님은 살았고, 크신 분이다!"

이는 하나님이 다만 물리적 개념과 공간의 개념에서 크다는 것이 아니다. 하나님은 깊고 무한하고 측량할 수 없다는 뜻이다. 이런 크신 하나님의 성품은 예수 그리스도의 성육신과 십자가를 통해 증거된다. 하나님이 연약한 육신을 입고 죄인의 모습으로 오신 것이나, 주님이 지신 험한 십자가의 길이 고난과 죽음을 통해 부활이라는 영광을 만들어 낸 것은 '모든 지각에 뛰어난'(빌 4:7) 일, 즉 우리의 생각, 우리의 상상을 초월한 일이다.

창조주, 전능자 하나님에게 십자가와 죽음은 말이 안되는 일이다. 창조주가 피조물에 의하여 모욕을 당하고 저들의 뜻대로 자신을 맡기고 저들의 손에 넘겨져 죽임 당하는 것은 상상할 수도 없는 일, 언어도단이다. 그런데 그것으로 부활을 만들어 냈다. 이것이 하나님의 일하심이요 하나님의 성품이다.

## 4. 성령이 탄식하는 기도

> 내가 말하겠사오니 주여 들으시고 내가 주께 묻겠사오니 주여 내게 알게 하소서(욥 42:4).

이는 욥의 기도이기도 하고 그의 간구이기도 하다. 하나님을 알지 못했던 것에 대한 회개에 이어 그는 하나님을 알지 못한 상태에서 하나님께 간구하는 것이 아니라, 이제는 성령의 탄식하는 기도를 하겠다는 선언이다. 그는 친구들과의 논쟁에서 의로운 자신이 왜 고난을 당해야 하는지를 하나님께 물었고 하나님의 판단을 요구했다. 그런데 이번에는 그가 주께 물으면 자신이 알 수 있게 해 달라고 기도하고 있다.

하나님을 알게 된 그의 기도와 간구는 그 방향과 내용에서 이전과 다르다. 지금까지는 욥은 자신이 의로운 존재로서 하나님 앞에 자신의 요구를 관철하려는 입장에서 기도했다. 마치 배고픈 아이가 엄마에게 젖을 보채는 것과 같다. 그러나 이제 욥은 자신을 돌아보기 원한다.

욥은 무지함에서 벗어나 겸손히 하나님을 알게 해 달라고, 자신을 돌아볼 수 있게 해 달라고 기도한다. 바울의 표현처럼, 지혜와 계시의 정신으로 하나님을 알고, 마음눈을 밝혀 부르심의 소망과 하나님 기업의 영광과 하나님의 능력을 알기 원한 것이다(엡 1:17-19).

인간은 하나님 앞에 얼마나 낮은 자이며 무지한 자인가를 깨닫고, 동시에 하나님의 사랑과 긍휼을 입은 자, 곧 하나님 앞에 '대장부'로 인정받는 존재임을 알아, 하나님에게 불평하고 원망하는 것이 아닌, 하나님 앞에 순복하고 찬송을 드리는 삶을 살기 위한 기도다.

하나님은 자기 백성과 자녀에게 복 주시기를 원하신다. 그렇지만 하나님은 공의의 하나님이다. 공의를 떠나서 그 백성에게 무조건 복을 주시는 것은 아니다. 하나님은 자기 백성이 하나님 나라의 백성으로서 거룩한 삶을 살기를 소원하신다. 하나님 자신이 거룩하기 때문이다(레 11:45; 19:2).

그렇기에 하나님이 소원하시는 거룩한 삶을 살도록 하기 위해 하나님은 자기 백성에게 약속의 성령을 주셨다.

> 나는 너희의 하나님이 되려고 너희를 애굽 땅에서 인도하여낸 여호와라. 내가 거룩하니 너희도 거룩할지어다(레 11:45).

> 너희는 거룩하라. 나 여호와 너희 하나님이 거룩함이니라(레 19:2).

우리의 육신은 연약하여 할 수 없기 때문이다. 그리고 이 성령은 우리의 연약함을 도우시고 말할 수 없는 탄식으로 우리를 위해 간구하신다. 성령만이 아버지의 뜻대로 우리 성도를 위해 간구하기 때문이다(롬 8:26-27). 이처럼 성령을 우리에게 주심은 하나님의 또 다른 은혜로운 성품과 인격의 발로다.

> ²⁶ 이와 같이 성령도 우리 연약함을 도우시나니 우리가 마땅히 빌 바를 알지 못하나 오직 성령이 말할 수 없는 탄식으로 우리를 위하여 친히 간구하시느니라 ²⁷ 마음을 감찰하시는 이가 성령의 생각을 아시나니 이는 성령이 하나님의 뜻대로 성도를 위하여 간구하심이니라(롬 8:26-27).

## 5. 하나님을 본 자의 삶

> 내가 주께 대하여 귀로 듣기만 하였더니 이제는 눈으로 주를 뵈옵나이다 (욥 42:5).

욥은 귀로만 듣던 하나님을 눈으로 직접 보게 됐다. '귀로만 듣던 하나님'은 친구들이 일러 주는 말이나 소문을 통해, 자신의 경험과 상황을 통해 알고 있는 하나님을 아는 지식이다. 욥은 세 친구를 통하여 하나님에 관하여 수없이 들었다. 사실 그들의 말에는 위대한 교리와 교훈도 있었고 금과옥조와 같은 지혜와 지식도 있었다. 이는 하나님의 공의에 대한 정통 신학이었다.

그런데 문제는 '귀로 들은 하나님'은 욥에게 어떤 위로도 해결책도 제시하지 못했다는 점이다. 오히려 답답함과 고통과 혼란만이 더해졌다. 하지만 말씀을 통해 주권적 자유와 은총으로 세상을 창조하고 통치하는 하나님이 자기와 같은 죄인을 품고 생명으로 인도하는 그분의 성품과 인격을 깨닫게 되자 온전히 하나님을 만나게 된다.

바로 눈으로 하나님을 본 것이다. 이것이 고난 속에서 하나님의 성품과 뜻을 깨닫는 자의 복이며, 이것이 곧 복음이다. 눈으로 주를 본 대표적인 예가 사도행전에 나타난 바울의 이야기이다.

바울은 하나님에 대한 바리새적인 지식으로 무장한 자였고, 유대교가 붙드는 신학에 정통한 자였다. 그런 그에게 주 예수는 다메섹 도상에서 충격을 주셨다. 강한 빛으로 인해 그가 눈멀게 된 것이다.

그러나 아나니아의 기도로 인해 그의 눈에서 비닐 같은 것이 벗어져 다시 보게 됐다. 바울이 이 사건을 통해 주 예수를 만난 간증은 사도행전에서는 세 번에 걸쳐 기술된다(행 9:1-9; 22:8-15; 26:13-18). 이 간증을 통해 그가 사도로 부름받은 그 내용이 조금씩 확대되고 그 의미가 확연해진다.

바울이 주님의 부르심을 받은 이유는 사도행전 26:18에서 나타난다. 여기서 그의 부르심의 목적은 이스라엘과 이방인들에게 복음을 전함으로써, '그들의 눈을 뜨게 하는 것이며' 이를 통해 그들이 죄 사함과 하나님의 기업을 얻게 하려는 하나님의 뜻을 이루기 위함이었음이 밝혀진다. 예수 그리스도를 보고 믿는 일은 눈의 비늘이 벗어진 일, 곧 눈을 뜨는 일이다. 아무리 구약의 말씀에 정통했어도 예수 그리스도를 알지 못하면 그는 눈먼 자일 뿐이다.

그 눈을 뜨게 하여 어둠에서 빛으로 사탄의 권세에서 하나님께로 돌아오게 하고 죄 사함과 나를 믿어 거룩하게 된 무리 가운데서 기업을 얻게 하리라 하더이다(행 26:18).

이제 바울은 복음을 통해 '눈을 뜨는' 것이 무엇을 의미하는지 자신의 실증적 경험을 통해 그 누구보다 가장 잘 알 수 있는 자가 된 셈이다. 자신이 눈멀다가 다시 보게 됐기 때문이다. 주를 본다는 것은 하나님의 말씀을 통해 어둠에서 빛으로 옮기는 일이다. 생명을 얻게 하는 복음은 주를 귀로 듣는 것에서 더 나아가 주를 보게 만든다. 하나님의 성품과 인격을 알고 주를 붙들고 믿는 자만이 그 눈에서 비닐이 벗겨진 자다.

욥은 하나님을 믿는 일에서 벗어난 적은 없지만, 하나님의 일하심에 대해 회의와 불만을 드러냈다. 그러자 하나님은 욥의 고난에 대해 직접적인 설명 대신 창조와 통치의 기쁨을 말씀하셨다. 이는 모든 하나님의 일하심이 곧 인간을 위한 것임을 암시하기 위함이다.

사랑과 긍휼이 풍성한 하나님은 침묵 가운데서 일하시는 분이다. 자신에게 일어난 모든 일, 이해할 수 없는 고난과 역경까지도 모두 하나님의 긍휼과 사랑과 능력의 개입임을 깨닫는 것이 눈으로 주님을 보는 경지다. 욥은 이제 바울의 경우처럼 자신의 눈의 비닐이 벗겨진 것을 경험한 셈이다.

하나님은 욥을 대장부로 칭하셨다. 대장부란 힘과 능력을 소유한 전능자를 뜻한다. 욥이 베헤못과 리워야단을 대단한 동물로 생각함에도 불구하고, 하나님이 욥을 대장부로 여기실 정도로 그를 이런 동물들보다 훨씬 대단한 존재로 창조하고 대우하고 계신 것에 대한 암시다. 비록 인간이 하마와 악어를 길들일 수는 없어도, 이것들을 다스릴 수 있는 자로 부름 받았다는 뜻이다.

몸과 영혼을 능히 지옥에 멸하시는 하나님은 참새 한마리도 죽지 않도록 하시는 사랑의 하나님인데 하물며 모든 창조물 중 최고봉인 인간은 어떠하겠는가?

 그러니 하나님의 물음에 대장부처럼 허리를 묶고 답해야 하는 것이다.

 우리의 이해와 간절함 같은 것 위에 하나님의 은총이 서 있는 것이 아니다. 우리의 무지와 인간적 한계, 우리의 좁은 경험과 아집, 이런 모든 것을 초월하는 하나님의 신실하심과 거룩함, 그 사랑과 은혜가 우리를 푸른 초장으로, 쉴 만한 물가로 인도하신다. 엘리후의 말처럼, '하나님은 우리를 곤고함에서 이끌어 내사 좁지 않고 넓은 곳으로 옮기려 하셨은즉 무릇 우리 상에 차린 것은 살진 것이 될 것이다'(욥 36:16).

 우리의 판단과 생각으로 '아니라'고 하는 것, '하나님, 어찌 저에게 이런 일이!' '나는 왜 이럴까요?' 우리의 이런 의심과 회의와 불만에 하나님이 응답하시는 것은 아니다. 오히려 죄인 된 우리를 향한 하나님의 성품 곧 오래 참음과 긍휼, 거룩함과 신실함과 사랑이 없다면, 모든 존재는 소망이 없다. "하나님은 없다, 하나님이 나를 버렸다"고 탄식하고 불평했던 모든 순간이 실상은 하나님이 함께 했던 임마누엘의 순간이요, 일하셨던 때다.

 티끌과 재 곧 수치스럽고 절망의 자리 가운데서, 패배와 좌절의 때에도 우리는 "이제 괜찮다"라고 고백해야 한다. 그 순간과 그 자리가 바로 하나님을 보는 때요, 반전의 기회이기 때문이다. 하나님의 신실함과 사랑과 긍휼하신 성품이 우리의 죄 된 자리와 때를 덮으실 수 있고, 우리의 상처와 아픔을 싸매고 아물게 하며 그래서 주는 우리의 모든 환난에서 만날 큰 도움이요 구원이 되신다.

 하나님이 안 계신다고 생각했던 자리, 하나님이 외면했다고 생각됐던 경우, 우리에게 일어난 모든 일이 전부 하나님의 긍휼과 사랑과 능력의 개입이다. 우리가 이런 하나님의 성품을 알고 그 안에 머물 때, 하나님의 생명과 풍성함은 넘치게 된다. 여기 시인의 고백을 보라.

나는 가난하고 궁핍하오니 하나님이여 속히 내게 임하소서 주는 나의 도움이시요 나를 건지시는 이시오니 여호와여 지체하지 마소서(시 70:5).

환난 중에 우리의 구할 것은 이 시인의 기도처럼 주가 지체하지 않기를 구하는 일이다.

우리는 회개해야 한다. 무조건 죄지은 것을 잘못했다는 회개가 아닌, 하나님이 나의 못난 대로 갚지 아니하시고, 나의 잘못한 것으로도 나를 축복하시는 줄 인정하는 그런 회개가 필요하다.

'하나님이 나를 안 돌아보신다,' '하나님이 내 편은 안 드신다'는 말은 다시는 하지 말자.

재와 티끌 가운데서도 기쁨으로 살겠다는 결심, 이것이 하나님의 성품을 알고 그 안에서 살려는 자의 태도요, 자세다.

*The True Understanding of the Kingdom of God according to The Book of Job*

# 제30장

# 스스로 한하고 티끌과 재 가운데 회개하나이다

하나님의 사랑과 은혜로 인한 축복(욥 42장)

## 1. 하나님 나라의 실상을 만드는 믿음

   욥기는 믿음 좋고 신실한 욥이 잘못한 것이 없는데 까닭 없는 고난을 당하는 것으로 출발한다. 욥이 하나님을 믿는 동기를 두고 벌인 하나님과 사탄 간의 내기는 당연한 결과이지만 하나님의 승리로 끝난다. 하지만 단순히 하나님이 이기고 욥이 갑절의 축복을 회복한다는 것이 욥기의 결론은 아니다.

   욥과 그 친구들 간의 세 차례에 걸친 논쟁을 통해 하나님은 욥을 '무지한 말로 이치를 어둡게 하는 자'(욥 38:2)로 평가하신다. 욥이 가진 하나님의 지식이 잘못된 까닭이다.

   의로운 자에게 고난을 주심은 하나님의 잘못이라는 욥의 주장에 대해, 하나님은 "네가 내 심판을 폐하려 하느냐 스스로 의롭다 하려 하여 나를 불의하다 하느냐"(욥 40:9)라고 하심으로써, 인간의 의를 내세우는 욥을 질책하신다. 욥이 하나님의 성품을 오해하고 있기 때문이다.

반면 그의 친구들은 이구동성으로 욥의 죄악 때문에 고난이 임했고, 이는 하나님의 공의의 심판의 결과라고 주장했다. 욥과 친구들의 주장의 바탕에는 철저히 공의로운 하나님을 전제했다. 이런 하나님의 지식은 결국 하나님 나라에 대한 허상을 만든다.

성경의 주제는 하나님 나라의 완성이다. 창세기가 "태초에 하나님이 천지를 창조하시니라"로 시작되어, 요한계시록의 "아멘 주 예수여 오시옵소서 주 예수의 은혜가 모든 자에게 있을지어다 아멘"(계 22:20, 21)으로 끝을 맺는 모든 과정은 하나님 나라의 완성의 과정을 그린다.

물론 하나님 나라는 하나님이 이루시는 것이지만, 그 과정에서 그 백성의 삶은 세상의 시련과 환난을 당하게 되어 있고 불의는 횡행(橫行)하며, 그래서 사람의 눈에는 하나님 나라가 세워져 가는 것은 무망한 것처럼 보인다. 그럼에도 성도의 삶에서의 모든 것이 결국은 합력하여 선을 이룸으로 하나님 나라는 완성을 향해 가고 있다.

성도의 신앙은 일상의 고난과 훈련 속에서 조금씩 자신의 판단보다 하나님의 선택을 따르며 성숙해진다. 따라서 하나님 나라의 실상은 우리의 생각과 철학과 경험이 아닌 하나님의 성품과 인격에 달려 있는 것이다.

## 2. 욥의 친구들의 말이 정당하지 못한 이유

욥과 친구들은 전부 하나님을 아는 온전한 지식을 보여 주지 못했다. 그래서 가장 연소자인 젊은 엘리후로부터도 책망을 받았고, 또한 하나님은 욥의 친구들의 말이 욥의 말같이 정당하지 못하다고 선언하셨다.

> 내가 너와 네 두 친구에게 노하나니 너희가 나를 가르켜 말한 것이 내 종 욥의 말같이 정당하지 못함이라(욥 42:7).[106]

욥을 "내 종"이라 칭하시는 하나님의 선언은 욥이 고난을 겪는 동안 자신의 신세를 탄식하며 하나님께 도전하며 불평했던, 그래서 비신앙적으로 보이기까지 했던 일체의 언어를 두고 하신 말씀이다. 동시에 욥의 친구들은 하나님에 대해 정당하지 못한 말을 한 것으로 책망을 받았고 그래서 하나님의 진노를 낳았으며, 하나님으로부터 욥을 통해 죄 사함을 위한 번제를 드리라는 명을 받게 된다.

불평과 도전과 때로는 비신앙적인 모습에도 불구하고 하나님은 욥을 "내 종"이라 부르며 그를 옳게 여기셨다. 반면 친구들의 발언이 겉으로는 신앙적이며 모범적이며 정통적인 것처럼 보였지만 정당하지 않다는 것이다.

왜 일까?

자신의 고난과 환난 가운데 하나님 앞에 삿대질하고 반항하는 욥을 하나님이 오히려 정당하다고 하신 이유는 어디에 있는가?

이는 욥 역시 하나님을 향하여 마음껏 탄식하고 항의할 수 있는 주권적 자유, 즉 '도덕적 주체성'(moral independence)을 가졌음을 보여 준다. 욥이 비록 의인임에도 불구하고 하나님이 악과 고통을 허용하실 수 있는 주권적 자유를 가진 것처럼, 믿는 자들에게도 하나님에 대해 불평과 항의의 자유를 허락하신다. 이것이 오래 참으시는 하나님의 성품의 발로다. 이처럼 하나님의 성품은 이런 인간의 성품까지도 용납하신다.

욥의 친구들의 말이 정당하지 못함은, 엘리후가 그들에 대해 노를 발한 이유처럼, 욥을 정죄했기 때문이다(욥 32:3). 그들은 하나님의 공의에 의한 심판의 입장에서 인과응보를 내세우며 자신들이 붙들고 있는 신학적 교리에 얽매여서 욥의 부인에도 불구하고 그를 정죄하는 데 주저함이 없음을 보여 준다. 그들은 다음과 같이 말한다.

생각해 보라 죄 없이 망한 자가 누구인가(욥 4:7).

네 악이 크지 아니하냐 네 죄악이 극하니라(욥 22:5).

하지만 정죄 곧 심판은 하나님의 소관이지 인간의 일이 아니다.
  하나님이 욥의 친구들의 말이 '정당하지' 못하다고 하는 것은 단순히 그들의 정죄 행위 때문만이 아니다. 가장 큰 문제는 그들의 인과응보에 대한 신념이 하나님의 은혜와 긍휼을 배제하기 때문이다. 하나님의 '그들의 말이 정당하지 못했다'는 선고는 '하나님에 대한 그들의 말이 확고하지 않다'는 뜻이다. 즉 하나님에 대한 온전한 진리 위에 서 있지 않으며, 따라서 복음의 혼합주의적인 입장에 서 있다는 함의다.
  여기에 '정당하다'로 번역된 '느코나'(נְכוֹנָה)는 '쿤'(כון, "준비하다, 세우다")의 수동형으로, '확고히 되다, 견고히 세워지다'(to be fixed, to be firmly established)는 의미를 갖는다. 즉 하나님에 대한 그들의 지식과 믿음이 '온전한 바탕 위에 서 있지 못하다,' '확고하지 못하다'는 의미로, 바울이 말한 것처럼, 그들은 '다른 예수를 전파하거나 혹은 다른 영을 받게 하거나 혹은 다른 복음을 받게 하는'(고후 11:4) 자가 되는 셈이다. 그들은 하나님 앞에 온전히 서기 위해서는 철저히 죄악을 멀리 하는 삶을 살아야 한다고 생각한다.
  하나님의 공의는 인간의 행위에 따라 행해지는 심판이라고 보기 때문이다. 따라서 그들은 구원이 그들의 삶에서 죄악이 없어야 이루어진다고 보는 행위구원론을 주장한 셈이다. 이는 혼합주의적 복음으로, 이런 신앙관은 하나님 앞에 정당한 것이 되지 못한다. 모든 인간은 본질적으로 죄인이기 때문이다. 이런 점에서 그들은 천국 복음의 대적자가 된다고 볼 수 있다.
  세 친구들의 주장처럼 선에는 보상이, 악에는 징벌이 반드시 이루어지는 윤리 도덕적인 곳이 이 세상의 전부라면, 창기나 세리들, 죄인들이 설 자리는 과연 어디 있겠는가?
  예수 십자가 옆의 강도나, 집 나간 탕자나, 간음하다 잡힌 여인이나, 세리장 삭개오의 구원은 생각해 볼 수 없으리라!
  우리 인생은 죄인이며 자격 없음에도 불구하고 무상으로 주어지는 하나님의 사랑과 은총으로 인해 죄 용서와 구원의 은혜를 입은 것이지 우리의 행위와 노력으로 인한 것은 하나도 없다. 이처럼 큰 사랑과 긍휼을 보이신 하나님의 성품은 악인과 죄인까지 다 품는 포괄적이고 무한하며, 무제약적인 것이다.

인간은 하나님 앞에 의로운 자가 없다. 따라서 율법적 행위를 통한 구원론은 하나님 앞에 정당하지 못하다. 세상에 하나님 앞에 의인으로 인정받는 자는 없고(롬 3:10, 23), 율법의 행위로는 하나님 앞에 구원받을 자가 없다(롬 3:20; 갈 2:16).

그렇기 때문에 하나님이 우리 인간의 죄 사함을 주시기 위해 하나님의 아들 예수 그리스도를 보내시고 그를 십자가에서 대속의 죽음으로 이끄신 것이 아닌가?

> 기록한 바 의인은 없나니 하나도 없으며(롬 3:10).

> 모든 사람이 죄를 범하였으매 하나님의 영광에 이르지 못하더니(롬 3:23).

> 그러므로 율법의 행위로 그의 앞에 의롭다 하심을 얻을 육체가 없나니 율법으로는 죄를 깨달음이니라(롬 3:20).

> 사람이 의롭게 되는 것은 율법의 행위에서 난 것이 아니요 오직 예수 그리스도를 믿는 믿음으로 말미암는 줄 아는 고로 우리도 그리스도 예수를 믿나니 이는 우리가 율법의 행위에서 아니고 그리스도를 믿음으로서 의롭다 함을 얻으려 함이라. 율법의 행위로서는 의롭다 함을 얻을 육체가 없느니라(갈 2:16).

## 3. 하나님의 마음

하나님은 인간의 행위가 아닌 그 믿음을 통해 구원하신 분이다. 신앙은 '주는 것만큼 받는 것'(give and take)이 아니다. 하나님의 은혜는 우리의 선한 행위에 대한 대가로 주어진 것도 아니다.

만약 그렇다면 은혜가 아닌 삯에 불과하지 않겠는가?

바리새인과 욥의 친구들의 신앙은 이런 행위론에 근거하기 때문에 하나님의 은혜를 부인하는 결과를 낳는다. 선악 간의 행위가 구원의 근거가 된다면 하나님이 우리에게 주신 예수 그리스도의 십자가는 헛된 것, 무익한 것이 될 수밖에 없다. 욥은 자신이 의로운 삶을 살려고 노력했고 스스로도 그렇게 될 것을 확신했지만(욥 13:18), 그는 자신이 결코 의로운 존재가 아님을 고백했다(욥 9:20). 언젠가는 의로운 자가 되겠지만, 지금 당장은 아니라는 고백이다.

> 보라 내가 내 사정을 진술하였거니와 '내가 스스로 의로운 줄 아노라'
> (I know that I shall be justified)(욥 13:18).

> '가령 내가 의로울지라도'(If I justify myself) 내 입이 나를 정죄하리니 가령 내가 순전할지라도 나의 패괴함을 증거하리라(욥 9:20).

욥의 말이 하나님 나라의 이치를 어둡게 하는 것이라고 질책하신 하나님은 욥으로 하여금 인과응보라는 정의관에서부터 벗어나 더 넓고 주권적인 자유로운 세계, 즉 하나님의 은총과 사랑의 영역으로 들어가기를 원하셨다. 공의의 하나님은 당연히 우리가 의롭게 살기를 원하시지만, 우리의 의로운 삶의 실현은 하나님의 은혜와 사랑의 영역 안에서 이루어질 때 의미가 있다. 바리새인과 같은 율법주의자들은, 천하와도 바꿀 수 없는 인격성이 아닌, 단지 죄를 지었다는 결과에만 주목한다.

하지만 욥은 하나님 앞에 순전하고 정직하고 하나님 경외하며 악에서 떠난 삶을 사는 자임에도 불의한 고난을 당했다. 우리 주 예수 그리스도 역시 마찬가지였다. 주님은 의로우면서도 불의한 고난을 당하셨으며, 하나님의 사랑이 하나님의 정의보다 훨씬 더 크다는 것을 십자가를 통해 증거하셨다. 주님은 불의한 고통 한 가운데에서 의로우신 하나님의 통치를 그대로 받아들이셨다.

나의 하나님, 나의 하나님 어찌하여 나를 버리시나이까(막 15:34).

주님은 이런 탄식 속에 십자가를 지셨다.
고난이 인간의 상선벌악, 즉 인과응보라는 인간의 편협한 시야를 통하여는 결코 헤아릴 수 없는, 하나님의 주권적 자유와 은혜의 신비 안에서 하나님의 구속 계획의 일부로서 일어난다는 사실을 예수의 십자가는 대변한다. 우리의 행위와 아무 상관없이 우리가 죄인이며 자격 없음에도 불구하고 무상으로 주어지는 하나님의 사랑과 은혜와 용서는 이런 죄인들까지 다 품는, 폭넓고 무한한 것이다.
욥기는 하나님의 공의를 강조하지만 동시에 이런 정의의 차원을 훨씬 뛰어넘는 사랑과 은혜의 하나님을 우리에게 보여 주고 있다.

### 4. 하나님의 회복과 축복

하나님의 회복은 욥의 회개를 통해 이루어졌다. 회개는 자기의 죄과(罪過) 곧 자기 의의 주장과 하나님에 대한 의심과 불평을 인정하고 자신의 죄 된 본성인 탐심과 교만을 깨닫고 이를 버릴 뿐만 아니라, 자기중심적인 시각에서 하나님을 보는 것이 아닌 하나님의 성품과 인격을 주목하는 시각의 변화를 가져온다.

욥은 자신이 과거에 내세웠던 주장을 접고 이제 겸손히 회개를 상징하는 티끌과 재 가운데서 뉘우친다. 이는 그동안 자신의 내면을 보지 않고 외적인 경건의 모습만을 지향하는 삶 가운데 고난이 오자, 하나님께 항의하고 하나님을 의심했던 불신앙적인 자세에서 벗어나, 참된 하나님의 성품과 인격을 깨달아 보게 되고 그래서 하나님의 사랑과 긍휼을 알게 된다.

이런 하나님의 뜻을 좇아 욥은 하나님의 선하심을 고난을 통해 맛보아 '알게'(보게) 된다. 그가 귀로 듣기만 했더니 이제는 눈으로 주를 '보게'(라아, ראה) 된 고백은 시편 기자의 권면과 같다(시 34:8; 욥 42:5).

> 너희는 여호와의 선하심을 맛보아 '알지어다'(라아, ראה) 그에게 피하는 자는 복이 있도다(시 34:8).

> 내가 주께 대하여 귀로 듣기만 하였더니 이제는 눈으로 주를 '뵈옵나이다'(라아, ראה)(욥 42:5).

욥이 하나님과 화해하게 되니 세 친구와도 화해하게 됐고 이를 필두로 해서 주변 사람들과의 관계도 회복되기 시작된다. 먼저 욥의 재산이 회복된다("욥이 그 벗들을 위하여 빌매 여호와께서 욥의 곤경을 돌이키시고 욥에게 그 전 소유보다 갑절의 축복을 주신지라"[10절]).

하지만 여기서 기억해야 할 것이 있다. 하나님이 욥의 재산을 회복시켜 주심은 하나님이 주권적 자유에서 비롯된 것이지, 욥이 중보 기도했기 때문이라는("욥이 그 벗들을 위하여 빌매") 인과응보론적 해석은 하나님의 성품을 또다시 오해하는 일이다. 욥이 중보 기도했기 때문에 그의 재산이 회복된 것이 아니라, 자기를 의뢰하고 부르짖는 자에게 응답하는 철저히 긍휼과 사랑을 베푸시는 하나님의 성품 때문이다(시 145:17-19).

¹⁷ 여호와께서는 그 모든 행위에 의로우시며 그 모든 행사에 은혜롭도다 ¹⁸ 여호와께서는 자기에게 간구하는 모든 자 곧 진실하게 간구하는 모든 자에게 가까이 하시는도다 ¹⁹ 저는 자기를 경외하는 자의 소원을 이루시며 또 저희 부르짖음을 들으사 구원하시리도다(시 145:17-19).

욥에게 있어 진정한 회복은 재산의 회복에만 국한되지 않는다. 오히려 진짜 회복은 공동체적인 것이며 관계적인 것이다. 참된 구원은 하나님과의 은혜로운 관계뿐 아니라 그 백성 상호 간의 은혜로운 관계를 결과하기 때문이다. 욥의 회복은 단지 개인 신상의 회복에 그친 것이 아니고 주변 사람들과의 단절되고 소외된 관계의 회복을 의미한다.

욥은 재앙을 당하자 악성 피부병에 걸려 공동체로부터 추방당한 뒤 교외의 쓰레기 잿더미에 앉아 있었다("욥이 재 가운데 앉아서 질그릇 조각을 가져다가 몸을 긁고 있더니"[욥 2:8]). 이제 그는 이런 사회적 죽음에서 회복된다. 그리고 재산 회복과 이웃과의 관계 회복은 마침내 자신의 건강 회복과 자녀 회복으로까지 확대된다(욥 42:10-15).

하나님의 의는 단순히 옳고 그른 것이 아니라, 관계이다!

하나님과 나와의 관계 그리고 더 나아가 이웃과의 관계다!

따라서 우리가 신앙적으로 옳으면 더 많은 사람과의 올바르고 기쁜 관계, 더 많은 사람과의 기쁨의 관계를 갖게 된다. 내가 옳다는 주장이 다른 사람들에게 불화의 이유가 된다면 이는 옳은 게 아니다. 하나님의 의가 아니기 때문이다.

¹⁰ 욥이 그의 친구들을 위하여 기도할 때 여호와께서 욥의 곤경을 돌이키시고 여호와께서 욥에게 이전 모든 소유보다 갑절이나 주신지라 ¹¹ 이에 그의 모든 형제와 자매와 이전에 알던 이들이 다 와서 그의 집에서 그와 함께 음식을 먹고 여호와께서 그에게 내리신 모든 재앙에 관하여 그를 위하여 슬퍼하며 위로하고 각각 케쉬타 하나씩과 금 고리 하나씩을 주었

더라 12 여호와께서 욥의 말년에 욥에게 처음보다 더 복을 주시니 그가 양
만 사천과 낙타 육천과 소 천 겨리와 암나귀 천을 두었고 13 또 아들 일곱
과 딸 셋을 두었으며 14 그가 첫째 딸은 여미마라 이름하였고 둘째 딸은 굿
시아라 이름하였고 셋째 딸은 게렌합북이라 이름하였으니 15 모든 땅에서
욥의 딸들처럼 아리따운 여자가 없었더라 그들의 아버지가 그들에게 그들
의 오라비들처럼 기업을 주었더라(욥 42:10-15).

성경은 특별히 욥의 딸들의 이름을 명기한다(14절). 아들들의 이름은 없
고 뜬금없이 딸들의 이름이 나온다. 이는 하나님이 우리에게 주신 축복의
크기와 아름다움 그리고 기쁨을 달리 설명할 길이 없기 때문이다.

'잉꼬 비둘기' 혹은 '좋은 날처럼 아름다움'(handsome as the day)을 뜻하는
'여미마,' '육계화'(계피) 곧 향기를 뜻하는 '굿시아,' 그리고 '빛을 발하는
아름다운 광선(colorful ray),' '눈 화장용 뿔'을 의미하는 '게렌합북'이다.[107]
이 이름 자체가 모두 '빼어나게 이쁘고 향기가 나고 사랑스럽다'는 것을
나타내며, 실제로 성경은 "모든 땅에서 욥의 딸들처럼 아리따운 여자가
없었더라"고 소개하고 있다.

이는 욥에게 행하여진 하나님의 축복, 하나님의 회복의 역사가 인간의
기대를 뛰어넘는 것, 즉 구하고 생각하는 것에 넘치는 것, 인간의 유한한
말로는 표현할 수 없을 만큼 아름답고 기쁜 것임을 딸들의 아름다움으로
대변해 주고 있다. 이것이 그 백성에게 주시고자 하는 하나님의 사랑과 풍
성함이다.

하나님이 그 백성에게 주시고자 하는 것은 우리가 생각하는 물질적인
축복이나 어떤 성공보다 더 큰 예술적인 아름다움과 향기와 풍요로움을
가져다 준다. 즉 하나님의 복은 비둘기처럼 사랑스럽고, 계피처럼 향기로
우며 또한 영롱한 빛의 아름다움을 발하는 그런 기쁨의 선물이다. 그러니
그 선물 곧 하나님의 은혜는 사랑스럽고 향기롭고 아름다워, 우리는 오직
환희와 만족으로 인한 감사와 찬송으로밖에는 표현할 길이 없다.

이처럼 하나님은 "그리스도 예수 안에서 영광 가운데 우리의 모든 쓸 것을 채우시되" 우리의 풍성한 대로가 아니라, "하나님의 풍성한 대로" 채우신다(빌 4:19). 그 기준은 우리의 수준을 뛰어넘는 하나님의 풍성함이요, 이는 예술적인 아름다움, 다시 말해 "도덕적 완전성의 아름다움"[108] 그 자체로 표현할 수밖에 없는 일이다. 이처럼 하나님은 우리의 온갖 구하고 생각하는 것에 넘치게 응답하시는 분이다(엡 3:20).

욥이 행한 놀라운 사실의 하나는 남자들과 똑같이 여자들도 동등한 유산을 물려 주었다는 점이다(15절). 딸들이 아들들과 완전히 동등한 상속자로 간주된다.

율법에서는 오라비들이 없는 경우에만 예외적으로 딸이 유산으로 상속받을 수 있다고 규정했는데(민 27:1-11), 율법 이전, 즉 족장 시대에 하나님의 성품과 인격을 경험한 욥은, 가장 천대받기 쉬웠던 여성들까지도—물론 여기에는 종과 고아와 과부와 나그네를 포함한다—사회 체제의 구체적 관계에서 예전의 자비와 정의의 단순한 회복을 넘어서 양성 평등의 이상을 실천할 만큼 새로운 존재로의 변화된 인격을 나타낸다.

이는 욥이 하나님의 성품을 알고 그 안에 살았기 때문이다. 하나님은 차별이 없는 까닭이다.

> 너희는 유대인이나 헬라인이나 종이나 자주자나 남자나 여자 없이 다 그리스도 예수 안에서 하나이니라(갈 3:28).

욥은 고난을 당한 이후 140년을 더 살며,[109] 아들과 손자 사 대를 보며, "나이 늙고 기한이 '차서'(사베야, שָׂבֵעַ, satisfied) 죽었다"(욥 42:16-17). 여기서 '나이 늙고 기한이 차서'(old and full of days)는 단순한 장수함을 넘어 '만족한'(satisfied) 삶을 살았다는 뜻이다. 즉 하나님이 주신 정한 수를 다 채우고 아무런 미련 없이 죽음을 맞이했다는 뜻이다.

이처럼 욥의 삶은 '만족한' 삶, 곧 완전한 삶으로 귀결된다. 그의 삶이 '만족한 죽음'으로 끝이 났다는 것은 인격적인 도덕적 성숙을 이루고, 세상적인 부귀영화와 권세를 다시 회복했다는 뜻이 아니다. 오히려 그는 자신의 고난을 통과한 후에 하나님의 성품과 인격을 드러내는 삶, 끝까지 하나님의 은혜만을 의지하는 삶, 그래서 하나님의 기뻐하시는 삶, '하나님의 부르심의 소망'(엡 1:18)을 이루는 삶을 살았다는 뜻이다.

욥의 삶은 하나님의 뜻을 쫓는 삶이었고, 하나님의 계획대로 마쳐진 삶이었기에 그는 '만족한 죽음'을 맞이하게 된다. 즉 '무지한 말'에서 벗어나 하나님을 아는 지식 가운데 '하나님의 이치'를 따르는 삶을 살게 되는 것, 이것이 욥기를 통해 하나님이 알려 주고자 하는 의도다. 하나님은 자기의 성품과 인격 안에서 사는 자기 백성을 그런 자리로 인도하시는 분이다.

## 5. 하나님의 성품을 생각하며

하나님은 어떤 분인가?

창조주, 구속주, 세상의 주관자와 섭리자인 하나님은 사랑과 은혜와 긍휼이 풍성한 분이다. 이는 우리가 너무나 귀 따갑도록 듣는 말이다. 사랑의 하나님은 동시에 은혜의 하나님이다. 은혜는 '그리스도의 대가로 얻는 하나님의 부요함'이다.

우리는 너무나 하나님의 은혜와 사랑을 기도, 찬양과 설교 중에 말하고 노래하지만 정말로 삶 가운데서 이를 알며 누리고 있는가?

바울은 "나의 나 된 것은 하나님의 은혜"(고전 15:10)라고 고백한다.

'여기 지금'(here and now) 겪고 있는 아픈 고난과 환난 중에 우리는 '지금 나의 나 된 것은 하나님의 은혜'이며, 그런 와중에도 하나님의 부요함을 누리고 있다고 말할 수 있을까?

욥은 하나님을 뵙기 전까지는 그렇지 않았다. 그는 옛날의 호시절을 그리워하며 자신에게 주어진 처지를 한탄했다.

환난 가운데서 우리는 정말로 하나님의 부요함을 알고 누리고 있는가, 아니면 하나님이 나의 모든 것을 앗아가고 곤경에 처하게 만들었다고 생각하는가?

우리가 하나님의 성품과 인격을 온전히 깨닫지 못하면, 하나님의 사랑과 은혜, 긍휼은 단지 비인격적 힘, 죽어 있는 단어에 불과할 뿐이다. 결론적으로 우리가 하나님의 사랑과 은혜 안에서 그 부요함을 누리기 위해서는 다음을 알아야 한다.

### 첫째, 하나님은 복을 주시는 분이다.

하나님은 '스스로 있는 자'다. 이 말의 함의는 하나님은 누구의 간섭도 없이 그 뜻대로 마음대로 하시는 절대 주권자 되심을 뜻한다. 하지만 하나님이 하시는 일에는 우리의 합리성과 인과율보다 더 큰 법칙이 있다. 곧 하나님이 우리를 사랑하사 복 주시려고 한다는 사실이다.

욥기는 단순히 욥이 고난을 통과하여 배전의 복을 받았다는 점에 초점이 있지 않다. 모든 존재하는 것, 하나님이 생명을 주시므로 존재하게 된 창조 세계는 창조주의 궁극적인 뜻과 목적에 의해 인도되고 있음을 보여 준다.

선하심과 신실하심을 통해 자신의 사랑과 은혜의 복을 주시고자 하는 하나님의 성품과 인격을 드러내고 그래서 '하나님이 하나님 되심'을 나타내려는 영광의 찬송이 되게 하려는 것이 하나님의 일이다. 욥의 믿음을 참소하는 사탄의 정죄에도 불구하고 욥을 신뢰하는 가운데 사탄과 내기를 하는 하나님, 친구들과 욥의 논쟁을 지켜보는 하나님, 욥의 고난을 마냥 두고 보시는 하나님, 이런 하나님은 마치 우리의 삶과는 상관 없는 부재(不在)의 하나님, 절대적 타자처럼 보인다.

이 과정에서 하나님은 방관자가 되어 우리가 어떻게 하나 지켜보는 그런 제삼자적 국외자(局外者)의 모습으로 보여졌다.

그런 중에 욥은 얼마나 애타게 하나님을 찾았는가?

하지만 폭풍 가운데 하나님이 나타나셨다는 건 하나님의 성품과 인격을 알지 못하는 자기 백성에 대한 하나님의 안타까움과 애절함의 마음, 그리고 그 과정을 하나님이 만들고 개입하고 계신다는 비유다!

하나님의 안타까운 마음이 폭풍우처럼 휘몰아쳤다는 표현이다.

**둘째, 하나님은 우리의 삶에 개입하시는 분이다.**

하나님은 자기 백성의 삶을 단순히 지켜보시는 분이 아니다. 하나님이 수수방관만하고, 우리가 어떻게 하나 두고 보시지 않는다. 우리와 같이 함께 계신 '임마누엘'의 주님이시다. 필요한 때만큼 기다리시고, 적절한 시간만큼 말씀하시고, 긴요한 기간만큼 지켜 보신다.

예수를 믿으면 구원을 얻는다고 선언하고 실천하는 아버지 하나님은 이제 세상의 주관자로서 세상의 모든 역사에 개입하시며 동시에 그 백성의 개인 삶에 동참하신다.

하나님은 단순히 지켜보고 계시는 것이 아니라, 우리의 삶 속에 뛰어들어와 우리와 씨름하시는 분이다. 마치 얍복강가에서 야곱과 씨름하시는 것처럼 우리의 삶에 개입하고 우리의 이름을 바꾸고자 하신다. 하나님은 우리를 두고 '속이는 자'에서 '하나님을 이기는 자'로 우리의 이름을 바꾸신다. 하나님은 항상 임마누엘의 주시다. 부재라고 믿는 순간에도 임재하시는 하나님이다.

**셋째, 하나님은 굴복시키고 강제하는 자가 아닌 자신을 드리는 분이다.**

자기를 내어 주어 싸매는 것이 주님의 방식이다. 즉 강압적으로 상대방을 무릎 꿇여 자기의 소유로 삼는 방식이 아닌, 오히려 기꺼이 자기를 내어 줌으로 상대방을 사랑으로 감싸 안는 방식이다.

이를 통해 연약하고 가난한 자로 육신을 입고 마굿간에 오신 예수를 만주의 주, 만왕의 왕되시는 하나님의 아들로 증명하고 설득하고 일하시는 방식!

하나님의 아들 예수가 달린 험한 죽음의 십자가를 부활의 십자가로 만드신 능력과 영광!

그리고 순종하는 모든 자에게 하나님의 아들 예수를 구원의 근원으로 삼아 주신 무한한 은혜!

이런 분이 하나님이다.

기독교의 대표적 원칙이 있다. 이는 세상 종교와 확연히 구별되는 일이다. 곧 신적 측면에서는 보내심(sending)과 내어 줌(giving up)이며, 인간적 측면에서는 죽어짐(mortifying)과 분리됨(separating)이다. 하나님이 죄악에 물든 세상의 구원을 위해 아들 예수를 이 세상에 '보내심'과, 그 아들을 십자가에서 원수에게 '내어 줌,' 그리고 아들 역시 기꺼이 자신을 아버지의 뜻을 좇아 십자가에서 자신을 '내어 줌'이 그것이다(딛2:14).

하나님의 보내심과 내어 줌을 통해 구원 얻은 성도는 이제 정과 욕심을 십자가에 못 박아 하나님에 대하여는 살으심으로 그리고 죄에 대하여 '죽어짐'이 요구되고, 이런 하나님의 사랑과 은혜로 구원받은 성도는 세상에서 구별된 삶을 살 것이 요구됨이 '분리됨'이다.

> 그가 우리를 대신하여 자신을 주심은 모든 불법에서 우리를 속량하시고 우리를 깨끗하게 하사 선한 일을 열심히 하는 자기 백성이 되게 하려 하심이라(딛 2:14).

하나님은 아들 예수의 보내심과 내어 줌을 통해 우리를 부르신다. 이 부르심은 참으로 값없는 부르심이요 안식으로의 초대다.

우리가 이 부르심에 나아갈 때에, 우리는 "그리스도의 은혜"를 취하며(갈 1:6), "그리스도의 영광"을 누리며(살전 2:12), 그래서 달콤하고 영원한

"그리스도와의 교제"로 이끌림을 받지 않겠는가?(고전 1:9)

이를 위해 주님은 우리를 얼마나 오랫동안 불렀으며, 얼마나 자주 '암탉이 그 새끼를 날개 아래 모음같이' 모으려 하셨는가?(마 23:37)

탕자 되어 집 나간 우리가 돌아오기를 애타게 기다리는 아버지처럼, '주님의 머리에는 이슬이, 주님의 머리털에는 밤 이슬이 가득하였다'(아 5:2). 이것이 하나님의 사랑과 은혜다.

> 그리스도의 은혜로 너희를 부르신 이를 이같이 속히 떠나 다른 복음을 따르는 것을 내가 이상하게 여기노라(갈 1:6).

> 이는 너희를 부르사 자기 나라와 영광에 이르게 하시는 하나님께 합당히 행하게 하려 함이라(살전 2:12).

> 너희를 불러 그의 아들 예수 그리스도 우리 주와 더불어 교제하게 하시는 하나님은 미쁘시도다(고전 1:9).

이 원칙들은 모두 하나님의 성품과 인격의 다른 표현이다. 이런 하나님의 성품과 인격을 알고 이를 닮아 가야 우리는 세상을 이길 수 있고, 하나님의 기뻐하신 삶을 살 수 있으며, 그래서 그 삶은 "예수 그리스도의 은혜의 영광을 찬미하게 하는 것"이 된다(엡 1:3-14).

하나님은 욥에게 이런 주님의 마음을 보이길 원하셨다. 이런 하나님을 알고 믿고 따를 때, 하나님 나라는 우리의 삶에서 실상이 되어 간다. 하나님이 욥으로 하여금 자기를 정죄한 친구들을 위해 중보 기도하게 하신 이유다.

## 6. 욥의 결말을 생각하며

　기독교의 신앙을 대표하는 두 단어가 있다. 사랑과 은혜다. 세상에는 많은 종교가 있고 그들만의 독특한 믿음이 있다. 그러나 세상의 종교적 믿음에는 생명이 없다. 생명을 주는 사랑의 은혜가 없기 때문이다. 사랑은 하나님이 아들 예수 그리스도를 통해 죄인 된 우리에게 베푸신 십자가의 은혜로 증거된다. 이 은혜를 아멘으로 긍정적으로 반응하는 것이 믿음이다.

　따라서 믿음은 무엇을 하고, 하지 않는 것에 있지 않다. 오히려 믿음은 인격과의 관계성이다. 하나님의 성품과 인격 안에서 하나님과 교제하는 것, 이것이 믿음이다. 하나님은 우리에게 하나님 나라의 백성, 하나님 자녀, 예수 그리스도의 신부로서 관계를 갖기를 원하신다. 그래서 하나님은 욥에게 대장부로서, 또한 하나님의 '종'으로서 하나님 앞에 서기를 원하신 것이다.

　하나님 앞에 우리의 삶 역시 우리가 대장부처럼 사는 모습을 보이자.

　성도는 세상에 속하지 않기 때문에 환난을 당하게 되어 있다(요 15:19). 환경과 처지가 열악하고, 고난이 임하지라도 우리는 하나님을 원망하고 탓하는 것이 아니라, 세상 만물 그 무엇보다 우리를 사랑하고 대장부로 대하는 하나님을 생각하고 당당한 자로 서서, 믿음으로 행하는 훈련을 해야 한다. 훈련이 필요함은 우리의 육이 습관화가 되어 있지 않기 때문이다. 따라서 훈련은 육신을 쳐서 하나님 말씀에 복종시키는 일이다.

　이것이 흔들리지 않는 믿음을 갖는 길이다. 욥기의 결말은 욥의 고난당한 것과 그의 억울함을 보상해 주는 것을 보여 주는 것이 아니라, 고난의 한 방법이 아니면 알 수 없었을 하나님의 성품과 본질을 깨닫도록 한다는 점에 있다. 하나님은 어떤 분인가라는 열려 있는 틀 속에 하나님의 거룩함과 신실함 속에서 하나님의 질서를 드러내며 그것보다 더 큰 하나님의 용서와 일하심을 '알아서'(라아, "보아서") 우리의 궁극적인 승리를 믿어야 한다. 이것이 우리를 향한 하나님의 사랑과 은혜다.

신앙 생활은 하늘에 선포된 어떤 개념, 주장, 권면만을 무조건 믿고 추종하는 것이 아니다. 그렇다면 이는 종교 생활이다. 우리는 구체적인 한 개인의 인생 속에서 실제로 경험이 주어지는 주체성과, 한 실제 인격이 주권자 앞에 항복하는 의존적 존재라는 자리의 증언대에 서 있다. 따라서 성도는 삶 가운데 '도덕적 주체성'(moral independence)을 갖지만 동시에 하나님을 향한 '신앙적 의존성'(religious dependence)을 갖고 사는 존재가 된다.

순전하고 정직한 욥이 고난과 수난을 당한 것처럼, 하나님의 아들 예수도 고난을 당했다. 예수께서 실제로 십자가를 지고 죽으심으로 우리 모두를 끌어안으신 것처럼, 어느 누구도 그의 역사적 실존 속에서 벗어날 수 있는 자는 없다.

또한, 우리는 우리를 위해 죽으신 예수의 십자가에 대한 증언자로 부름 받은 자다. 하나님의 넓은 포옹을 아들 예수의 성육신과 고난과 죽음에서 보듯이, 하나님의 성품과 일하심은 우리 인생을 위해 폭풍 가운데 보이는 열심과 불붙는 사랑으로 나타난다. 하나님의 창조에 나타난 질서와 자유의 변증법에는 우리 인생이 참여하는 행위를 수반한다.

하나님은 욥을 시련 가운데 단련했다.

인간의 존재와 가치는 무엇인가?

하나님을 안다는 것은 무슨 의미인가?

하나님을 찾는다는 것이 무슨 의미인가?

이런 질문 가운데 그가 답을 낼 때까지 하나님은 계속적으로 다그쳐 물으셨다. 이를 위해 하나님은 포기하거나 타협하지 아니하신다. 그러므로 때로 믿는 자의 삶은 고단할 수밖에 없다. 다른 것으로 대신하거나 스스로 속일 수 없게 하나님 앞에서 진정한 그의 사랑을 받는 자로 두 발로 불끈 일어서기까지 하나님은 포기하지 않으시며, 따라서 우리 인생과 존재의 가치도 쉽게 타협될 수 없다.

욥기의 결론은 무엇인가?

하나님의 어떠하심을 보여 주는 것에 있다. 인간은 티끌과 재의 자리에

앉을 수 있으나 그 자리는 하나님의 형상으로 지음을 받아 하마와 악어 같은 그 어떤 '대단한 것'에 못지않게 하나님의 창조와 권능에 의한 자리라는 것을 깨달아, 높고 낮음, 정한 것과 부정한 것, 원함과 싫어함을 초월하는 하나님의 주권과 통치에 대하여 항복하는 모습을 보여 주는 것이다.

하나님 앞에 온전히 항복하는 욥에게 하나님은 "나의 종"이라고 부르시고, 동시에 우리로 하여금 베헤못의 탐욕과 리워야단의 교만함을 깨닫게 하신다. 세상 무엇으로도 부술 수 없는 우리의 죄악된 본질을 고치기 위해 하나님의 아들 예수의 십자가를 골고다에 세우신 사랑과 긍휼의 하나님을 보여 주는 것이 욥기다.

하나님은 우리를 부르신다. 하나님이 욥을 대장부로 부르듯 우리를 한 독립된 도덕적 인격인 대장부로 창조하고, 하나님의 명예를 부여하여 그의 종, 친구, 증인의 이름을 갖는 통치의 동반자로 부르신다. 바로 이 사실을 깨우치는 하나님의 간섭과 하나님의 성품을 보여 주는 것, 그리고 이에 반응하는 우리의 확인, 우리의 실제적인 영적 성숙, 우리의 자유로운 선택, 우리의 심중에서 우러나는 기꺼운 책임, 그래서 우리의 삶이 하나님의 영광의 찬송이 되는 것, 이것이 욥기의 증언과 결말이며, 하나님의 기뻐하심이다.

우리가 눈에 보이는 것을 가지고 하나님께 감사하는 것은 참된 감사가 아니다. 이런 감사는 사탄의 시험을 불러일으킬 뿐이다. 사탄의 의구심은 우리의 믿음이 눈에 보이는 것, 세상적인 것, 물질적인 것, 육적인 것에 있지 않을까 하고 우리를 시험하고 그래서 우리로 넘어지게 하려 한다. 사탄은 이런 연약한 믿음을 붙들었던 욥을 시험하고 넘어지게 했다.

죄인을 불러 회개하게 하시는 하나님의 영혼 구원에 대한 감사와 확신, 이는 사탄의 영역을 뛰어넘는 오직 하나님만의 영역이다. 이런 믿음만이 우리를 성숙과 기쁜 책임의 자리로 이끌며 하나님의 영광의 찬송을 낳게 한다.

# 미주

1 T. B. Maston, *Biblical Ethics* (Macon: Mercer University Press, 1991), p. 96.
2 Maston, *Biblical Ethics*, p. 96.
3 Keil & Delitzsch, *Commentary on the Old Testament*, Vol. IV. (Edinburgh: Clark, 2006), p. 245-247.
4 유대인은 출 34:6-7을 통해 13가지 '하나님의 긍휼'을 제시한다.
  ① "여호와로라": 금송아지를 만들었던 죄를 범하기 전에도 긍휼의 여호와.
  ② "여호와로라": 우상 숭배의 범죄 이후로도 여전한 긍휼의 여호와.
  ③ "하나님이로라": 창조주요 전능자, 만물의 주관자 하나님.
  ④ "자비롭고": 인생의 연약함을 동정하는 자비의 주.
  ⑤ "은혜롭고": 긍휼을 받을 자격 없는 자에게도 이를 베푸는 은혜의 주.
  ⑥ "노하기를 더디하고": 죄인으로 회개의 시간을 주시는 인내의 주.
  ⑦ "인자가 많은": 필요한 은사와 축복을 주시는 인자의 주.
  ⑧ "진실이 많은": 경배자를 향해 말을 바꾸지 않는 진리의 주.
  ⑨ "인자를 천대까지 베푸는": 의인의 행위를 기억하시는 인자의 주.
  ⑩ "악(avon)을 용서": 악한 심성에 기인한 의도적 악을 용서하시는 주.
  ⑪ "과실(pesha)을 용서": 하나님에 대한 반역인 과실을 용서하시는 주.
  ⑫ "죄(hataah)를 용서": 인간의 부주의 등으로 범한 죄를 용서하시는 주.
  ⑬ "형벌 받을 자를 결단코 용서하지 않는": 회개하지 않는 자를 공의로 심판하시는 주.
  Ronald Eisenberg, *The JPS Guide to Jewish Traditions* (Philadelphia, 2004), p. 180-181.
5 Keil & Delitzsch, *Commentary on the Old Testament*, Vol. IV, p. 279.
6 Karl Barth, *Church Dogmatics*, Vol. II-1, trans. Parker (Peabody: Hendrickson, 2010), p. 526.

7   Karl Barth, *Church Dogmatics*, Vol. II-1, p. 532-538.
8   Francis Brown, *The Brown-Driver-Briggs Hebrew & English Lexicon* (Peabody: Hendrickson, 2004) p. 336.
9   Thomas Shepard, *The Parable of Ten Virgins*, Vol. I, p. 149-151.
10  Shepard, *The Parable of Ten Virgins*, Vol. I, p. 116-118.
11  윤철호, "악의 기원과 극복에 대한 신학적 고찰,"「한국조직신학논총」제30집, p. 280-281.
12  Calvin, *The Institutes of the Christian Religion*, I-1-3.
13  Thomas Shepard, *The Parable of Ten Virgins*, Vol. I, p. 48.
14  롬 1:24-28에 나타난 '내어 버려둠'(파레도켄, παρέδωκεν)은 '파라디도미'(παραδίδωμι)의 과거형으로 '어떤 자의 힘과 사용을 위해 넘겨주었다'는 뜻이다.
15  Keil & Delitzsch, *Commentary on the Old Testament*, Vol. IV, p. 282.
16  욥 2:9에 대해 헬라어 성경인 70인역(LXX)은 히브리어 본문을 의역하면서 욥의 아내의 마음을 잘 드러내려 한다. 욥 2:9 "상당한 때가 지난 후 그의 아내가 말했다. '구원의 소망을 기대하며 그저 잠시 기다릴 뿐이야 하고 당신은 말하지만 대체 얼마나 참을 수 있겠느뇨? 보라. 당신의 기억이 이 땅에서, 심지어 아들들과 딸들에게서, 내가 헛되이 슬픔으로 가진 내 심장의 아픔과 고통에서 사라지고, 당신은 밤마다 지렁이가 썩는 곳에서 밤을 보내지 않느냐? 나는 이곳 저곳, 이집 저집 떠돌며 하녀가 되어 해가 지기를 바라니, 이는 나를 애워쌓는 수고와 고통에서 쉬고자 함이라. 그러니 차라리 하나님을 향해 욕하고 죽으라.'"
17  Augustine, *The City of God*, trans. by Philip Schaff. Book 1, chap. 20 & 22, p. 51, 53.
18  Joseph Luft & Harry Ingham, *Of Human Interaction* (Palo Alto: National Press, 1969).
19  욥의 '미지의 부문'에 대해서는 본서 제29장(귀로 듣고 눈으로 보는 하나님)을 참조하라.
20  구약에서 징계(무사르, מוּסָר)의 경우, 자식을 교육하는 '아비처럼'(키아브, כְּאָב)징계한다고 표현된다(신 8:5; 잠 3:11-12). 그런데 '아비처럼'(כְּאָב)은 '슬픔을 낳

게 하다'(카아브, כאב)는 단어와 동일하다. 이런 의미에서 '아비처럼'의 징계인 하나님의 징계는 슬픔을 낳는 고난의 훈련임을 암시한다. Bertram, *Theological Dictionary of the NT(TDNT)*, Vol. V, p. 609.

21 '시험하다'의 헬라어는 보통 두 가지 단어가 쓰인다. πειράζω(peirazo)와 δοκιμάζω(dokimazo)이다. δοκιμάζω는 어떤 용도와 사용에 맞는지를 위해 '망치로 두드리다'는 뜻이다. 전자가 주로 적대적 의도를 가진다면, 후자는 그렇지 않다. Bultmann, *TDNT*, Vol. VI, p. 23.

22 명노을, 『천국복음』(CLC, 2012), p. 329.

23 헬라어 구약성경인 70인역(LXX)은 욥기 마지막 절인 욥 42:17에서 히브리 원문의 "욥이 늙어 나이가 차서 죽었더라" 이외에 다음 구절을 부가한다. 이것은 후기에 히브리 성경(마 소라) 원문에 첨가된 기록으로 보인다.

(a) "그리고 주께서 일으켜 세우는 자들과 함께 그는 다시금 일어날 것이라 기록되어 있다. 이 사람은 시리야본 성경(아람어성경)에서는 오시스 땅에 살았으며, 그곳은 이두매와 아라비아의 경계 지역으로, 그의 이름은 이전에는 요밥(Jobab)이었다."

(b) "그는 아라비아 출신 아내를 두었으며, 한 아들을 낳았는데 그 이름은 에논('Εννών)이었다. 그 자신은 아버지가 '자레'(Ζαρὲ), 어머니가 보소라(Bo-sorrha)였으며, 자레는 에서의 아들들 중 하나이며, 따라서 그는 아브라함의 오대손이었다."

(c) "이 아들들은 에돔을 다스렸던 왕들로, 욥 역시 그 나라를 통치했다. 처음에 브올(Βεώρ)의 아들인 바락(Βαλὰκ)이 왕이었고, 그의 도시명은 데나바(Dennaba)였다. 바락 이후에 욥이라 불리는 요밥이, 그 이후에는 아솜(Ἀσὼμ)인 바, 그는 데만 지역의 지배자였다. 그 이후에 아닷(Ἀδαδ)으로, 그는 바라드(Βαράδ)의 아들로 모압 평지에서 마디암(Μαδιὰμ)을 멸했으며, 그의 도시명은 게타임(Gethaim)이었다."

(d) "욥에게 왔던 그의 친구들은 엘리바스로, 에서의 아들들의 하나요 데만의 족장이었으며, 빌닷은 수아의 통치자며, 소발은 민나(Mina)의 족장이었다."

24 Matthew Henry, *Commentary on the Whole Bible* (Hendrickson Publishers, 1994), Job 2:11.

25  John Stott, *The Cross of Christ* (Il: Intervarsity Press, 1986), p. 160.
26  Thomas Shepard, *The Parable of the Ten Virgins*, Vol. I, p. 313
27  Shepard, *The Parable of the Ten Virgins*, p. 202.
28  구속, '가알'(גָּאַל)은 가정법(family law)적 용어로서, 가정 내의 가장 가까운 친족은 가정의 누군가가 속박에 빠진 때에 가정의 생명과 물건을 위해 지불하거나 노예 상태에서 해방해야 하는 의무가 있다. 특히 친족으로서 '피의 보수자'('고엘 하담,' blood-avenger[민 35:19]: 원수를 갚을 의무가 있는 자)는 희생자의 피를 보상받아야 한다. 하나님은 이스라엘의 구속자로 칭해진다(사 41:14). 또한, 로마 시대에는 구속, 곧 상업적 용어인 헬라어 '아포루트로시스'(ἀπολύτρωσις)는 '몸값으로 해방하다' '대속물로 되사다' 혹은 '대속물로 구매하다'는 동사 '루트로'(λυτρόω)에서 파생된 단어로 '대속물을 통해 자유롭게 함' 혹은 '의무로부터의 해제'를 뜻한다. Buchsel, *TDNT*, Vol. IV, p. 329-356.
29  칼 바르트는 하나님의 아들 예수의 십자가상에서 죽임을 당한 것은 곧 '하나님 바로 그 자신'의 죽임당함이라고 말한다. *Church Dogmatics*, II.1, p. 398-406.
30  하나님의 성품을 나타내는 대표적인 단어들은 사랑, 은혜, 긍휼이다. 외견상 비슷한 의미를 갖지만, 본질상 그 차이점이 분명하다. 먼저 은혜(히브리어 '헨,' חֵן, 헬라어 '카리스,' χάρις)는 받을 자격이 없는 자에게 '주는' 값없는 선물이라면, 긍휼(히브리어 '라하밈,' רַחֲמִים, 헬라어 '엘레오스,' ἔλεος)은 그 성격이 은혜와 비슷하지만, 자격 없는 자를 불쌍히 여김으로 인해 당연히 주어야 할 것을 '주지 않는' 선물을 뜻한다. 하나님은 자격 없는 죄인에게 예수 그리스도의 십자가를 통해 구원의 은혜를 주셨다. 따라서 은혜는 하나님의 일방적인 은사를 구하는 것에 촛점이 있다. 반면에 긍휼은 죄인 된 인간이 심판과 저주를 받아야 함에도 하나님이 이를 주지 않는 것이며, 그 바탕은 바로 하나님이 인간을 불쌍히 여기는 연민 때문이다("아버지가 자식을 '긍휼히 여김'(= 불쌍히 여김)같이 여호와께서는 자기를 경외하는 자를 긍휼히 여기시나이다"[시 103:13]). 값없는 은사를 주는 은혜와 심판을 행하지 않는 긍휼은 모두 하나님이 죄인 된 인간을 향한 사랑에 그 바탕이 있다.
31  James Packer, *Knowing God* (Downers Grove: IVP, 1973), p. 123.
32  자비하다(포루스프락크노스, πολύσπλαγχνος). 이 헬라어는 문자적으로는 '포루

스'(많다)와 '스프락크논'(내장), 즉 '많은 내장'이라는 뜻이다. 다시 말해 단장(斷腸)의 많은 아픔을 함께 가지고 있다는 의미다.

33  여기에 쓰인 '긍휼히 여기다'(오이크티르몬, οἰκτίρμων)는 연민을 나타내는 단어로, 일반적으로 긍휼을 나타내는 '엘레오스'(ἔλεος)보다 더 강한, 마음에서 우러나는 동정을 나타낸다. 시 103:13에서 "아버지가 자식을 긍휼히 여김같이"의 경우, 히브리어 '긍휼히 여기다'(רחם)를 헬라어 구약성경인 70인역(LXX)에서는 '오이크티르몬'으로 표현하고 있다.

34  개역개정: "이 땅에 사는 인생에게 힘든 노동이 있지 아니하겠느냐."
KJV: "이 땅에 사는 인생에게 약정된 때가 있지 아니한가?"(Is there not an appointed time to man upon earth?)

35  Will Durant, *The Lessons of History* (NY: Simon and Schuster, 2001), p. 81.

36  '허망한 사람'(나밥, נבב)의 원의는 '머리가 비어 있는 자'다. 표준새번역은 '미련한 사람'으로 번역한다. "미련한 사람이 똑똑해지기를 바라느니 차라리 들나귀가 사람 낳기를 기다려라"(표준새번역).

37  대부분의 역본은 NIV를 제외하고는 '미약'과 '창대'를 축복과는 상관 없는 중립적인 의미로 사용한다.
표준새번역: 처음에는 보잘 것 없겠지만 나중에는 크게 될 것이다.
KJV: Though thy beginning was small, yet thy latter end should greatly increase.
NASB: Though your beginning was insignificant, Yet your end will increase greatly
RSV: And though your beginning was small, your latter days will be very great.
LXX: Though then thy beginning should be small, yet thy end should be unspeakably great.
NIV: Your beginnings will seem humble, so prosperous will your future be.

38  "하나님께서 너로 하여금 너의 죄를 잊게 하여 주셨음을 알라"(개역개정), 하지만 여기서 소발이 말한 맥락으로 볼 때에, 개역한글("너는 알라, 하나님의 벌하심이 네 죄보다 경하니라"), KJV("Know therefore that God exacteth of thee less than thine iniquity deserveth"), RSV("Know then that God exacts of you less than your guilt deserves")의 번역이 더 타당하다고 볼 수 있다.

39  M. Luther, *Sermon at the Baptism of Bernard of Anhalt*(Mat3:1-17), preached in

Dessau on the Thursday after Easter, Apr. 1, 1540 from Luther's Works, Vol. 58, Kindle ed., location 1541 of 2951.

40  M. Luther, *A Commentary on St. Paul's Epistle to the Galatians*, trans. by T. Graebner (Grand Rapids: CCEL). p. 63.

41  불교의 외경에 해당하는 "미린다왕문경"(Milinda王問經: "Questions of Milinda")에 나오는 일화. 이 경은 BC 2세기 후반에 서북 인도를 지배한 인도-그리스 왕국(박트리아)의 국왕인 그리스인 미린다(메난드로스 1세)와 비구(比丘) 나가세나(那先) 간의 대화 형식의 교리문답으로, BC 1 세기 후반 혹은 AD 1세기 전반 사이 작품이다.

42  니체의 '미지의 신에게'(Dem Unbekannten Gotte)는 1864년에 쓰여진 시로, 마지막 절은 다음과 같다.

나는 그대를 알고 싶다(Ich will dich kennen)

미지의 그대(Unbekannter)

깊숙이 나의 영혼을 사로잡고 있는 그대(du tief in meine Seele Greifender)

폭풍우와도 같이 나의 삶을 꿰뚫고 지나가는 그대(mein Leben wie ein Sturm Durchschweifender)

헤아리기 어려운 그대(du Unfaßbarer)

나에게 가장 가까운 그대!(mir Verwandter)

나는 당신을 알고 싶다(Ich will dich kennen)

그리고 당신을 섬기고 싶다(selbst dir dienen).

43  하나님은 마침내 38장에서 폭풍 가운데 나타나 말씀하신다. "그때에 여호와께서 폭풍우 가운데에서 욥에게 말씀하여 이르시되"(욥 38:1). 이때 하나님은 욥의 기대와는 달리, 폭풍 중에 욥을 꺾은 것이 아니라, 생명의 말씀을 통해 욥으로 하여금 하나님을 알게 만들고 진정한 믿음을 갖도록 하신다. 따라서 하나님은 폭풍 가운데서도 자기 백성인 '욥을 꺾는 것이 아니라 그를 일으켜 세우신다.' 반면 사탄은 폭풍을 이용해 그의 아들들을 죽인다(욥 1:19).

44  이런 표현은 각 언어마다 사용된다. 영어는 "Serve(s) you right," 일본어는 "当然の報いだ," 불어는 "Bien fait pour toi!" 독어는 "Das geschieht dir recht!" 등이다.

45  표준새번역: "고통을 당해 보지 않는 너희가 불행한 내 처지를 비웃고 있다. 너희는 넘어지려는 사람을 떠민다."

46  욥 13:7에 표현된 '속임'(케훌)은 동사 '던지다, 속이다'(라마, רמה)에서 연유한 명사로, 화살을 쏘듯, '시선을 다른 곳으로 향하게 한다'는 함의를 갖는다.

47  일부 사본은 15절의 전반부에 대해 반대의 내용을 갖는다. "내가 희망이 없노라"가 아닌 "내가 희망을 갖노라." "그가 나를 죽일지라도 나는 그에게 소망을 두노라"(Though he slay me, yet will I trust in him[KJV]).

48  M. Gandhi, *An Autobiography or The Story of My Experments with Truth* (Bombay: Gandhi Book Centre), p. 71.

49  Thomas Shepard, *The Parable of Ten Virgins*, Vol. I, p. 127-128.

50  회개 중 '메타노에오'(μετανοέω)는 '마음'(누스, νοῦς)에 '함께, 뒤에'라는 뜻을 갖는 전치사(메타, μετά)의 합성어로, '마음을 바꾼다'는 본래적 의미를 가지며, 그래서 지정의의 변화를 뜻한다. 여기서 '이전의 생각이 어리석고 부적절하고 악했다는 인식으로부터 마음이 바뀐다면, 그 점에서 후회하다, 참회하다'는 뜻으로 연결된다. 반면에 '에피스트레포'(ἐπιστρέφω)는 외적 혹은 내적 돌이킴이다. 두 가지 동사가 다 쓰인 경우가 눅 17:4("만일 하루에 일곱 번이라도 네게 죄를 짓고 일곱 번 네게 돌아와[ἐπιστρέφω] 내가 회개하노라[μετάνοια] 하거든 너는 용서하라 하시더라") 그리고 행 3:19("그러므로 너희가 회개하고 돌이켜 너희 죄 없이 함을 받으라")이다. Behm, *TDNT*, IV, p. 976-980 & Bertram, *TDNT*, VII, p. 725-729.

51  Thomas Shepard, *The Sound Believer* (Boston: Doctrinal Tract & Book Society), p. 115-117.

52  James Moffatt, *Grace in the New Testament* (NY: Ray Long, 1932), p. 182.

53  Thomas Shepard, *The Parable of Ten Virgins*, Vol. I, p. 144.

54  '번뇌하게 하는 안위자.' 이런 표현이 'oxymoron,' 즉 모순 어법이다. 서로 정반대되는 단어를 결합시켜 삶의 부조리를 통렬하게 지적하는 언어 형식이다. '침묵의 소리,' '지독한 친절,' '창조적 파괴,' '똑똑한 바보' 등.

55  욥 17:3의 후반부에 대한 개역개정은 "나의 손을 잡아 줄 자가 누구리이까?"이고, 개역한글은 "주 외에 나로 더불어 손을 칠 자가 누구리이까?"이다. 욥이 자신의 손을 잡고 손바닥을 함께 치며 자신의 뜻에 동조해 줄 자를 찾는다

는 점에서 개역한글의 의미가 더욱 마음에 와닿는다.

56   욥 18:15, "유황이 그 처소에 뿌려질 것이며"라는 구절은 욥기가 불과 유황에 의한 소돔과 고모라의 심판 이후에 쓰여진 사실을 증거한다. 더욱이 데만 사람 엘리바스는 에서의 후손이고, 수아 사람 빌닷은 아브라함의 후처 그두라가 낳은 수아의 후손인 점을 감안한다면, 욥은 아마도 야곱 12 지파의 애굽 거주 이후부터 출애굽 사이에 동방 지역에서 살았던 자라고 추측할 수 있다.

57   히 12:2, "믿음의 주요 또 온전하게 하시는 이인 예수를 바라보자"(개역한글), "믿음의 창시자요 완성자이신 예수를 바라봅시다"(표준새번역).

58   고난 중인 욥에게 그의 아내가 "하나님을 욕하고 죽어라"(욥 2:9)라고 말했다는 것으로 그녀가 욥을 떠났다고 일부 주석가는 생각한다. 그러나 이는 사실이 아니다. "내 숨결을 내 아내가 싫어하며"의 표현은 그녀가 고통 중인 욥의 입 냄새를 싫어한다는 의미로, 이는 그의 아내가 그의 고난 가운데 함께 살고 있음을 알려 준다. 개역개정의 "내 아내도 내 숨결을 싫어하며 내 허리의 자식들도 나를 가련하게 여기는구나"에서 "내 허리의 자식들"의 표현은 그의 열 자녀들이 이미 죽었음을 감안하면 합당하지 않는 번역이다. 비록 여기에 쓰인 원어 '벤'(בן)이 아들 혹은 자녀를 뜻하지만, 여기서는 개역한글의 번역인 "내 동포"(내 동료 혹은 내 가솔, 욥 19:15. 참조. "내 집에 머물러 사는 자와 내 여종들")가 의미상 더욱 가깝다.

59   개역개정의 욥 21:18("그들이 바람 앞에 검불같이, 폭풍에 날려가는 겨같이 되었도다")은 욥 21:17 서두의 '몇번이나'(how often, כַּמָּה)를 고려하지 않는 번역이다. 그러나 논리상 18절은 17절과 연결되어 있는 표현이다. 따라서 개역한글("그들이 바람 앞에 검불같이, 폭풍에 불려 가는 겨같이 되는 일이 몇번이나 있었느냐")이 더 정확한 번역이다.

60   "그의 운명에 서쪽에서 오는 자와 동쪽에서 오는 자가 깜짝 놀라리라"(욥 18:20).

61   John Oman, *Grace and Personality* (Cambridge: University Press, 1931), p. 47-67.

62   욥 23:17은 상반된 의미를 가지고 다양하게 번역된다. 두려움의 원인으로 RSV, LXX는 어둠과 흑암을 언급하나, 개역개정, 표준새번역은 어둠과 흑암이 직접적인 이유가 아니라고 말하며, 개역한글과 KJV은 하나님이 어둠과 흑암을 가려주지 않았기 때문이라고 말한다.

개역개정: "이는 어두움으로 나를 끊지 아니하셨고 흑암으로 내 얼굴을 가리우지 아니하셨음이니라."

표준새번역: "내가 무서워 떤 것은 어둠 때문도 아니고, 흑암이 나를 덮은 탓도 아니다."

KJV: "Because I was not cut off before the darkness, neither hath he covered the darkness from my face."

RSV: "for I am hemmed in by darkness, and thick darkness covers my face."

LXX: "For I knew not that darkness would come upon me, and thick darkness has covered me before my face."

63　개역개정: "네가 만일 환난 날에 낙담하면 네 힘의 미약함을 보임이니라."

표준새번역: "재난을 당할 때에 낙심하는 것은 너의 힘이 약하다는 것을 드러내는 것이다."

KJV: "네가 만일 환난 날에 낙담하면, 네 힘은 작다"(If thou faint in the day of adversity, thy strength is small).

LXX: "악한 날 그리고 환난 날에는 그는 욕을 당하고 마침내 철저히 소진될 것이다."

64　개역개정은 개역한글과는 정반대의 번역을 한다. "그러나 하나님이 그의 능력으로 강포한 자들을 끌어내시나니, 일어나는 자는 있어도 살아남을 확신은 없으리라." 물론 이 차이는 히브리어 본문의 해석상의 차이이지만, 여기서 욥이 다음 23절에서도 악인의 형통함을 두고 말하고 있다는 문맥을 감안할 때에 개역한글의 역이 옳다고 볼 수 있다. 표준새번역은 KJV을, 개역한글은 RSV을 따르는 듯하나, 개역개정은 그 내용이 전혀 다른 뜻이다.

표준새번역: "하나님이 그분의 능력으로 강한 사람들을 휘어 잡으시니, 그가 한번 일어나시면 악인들은 생명을 건질 길이 없다."

KJV: "He draweth also the mighty with his power: *he riseth up, and no man is sure of life.*"

RSV: "Yet God prolongs the life of the mighty by his power; *they rise up when they despair of life.*"

65　Thomas Shepard, *The Sincere Convert*, p. 53-54.

66　개역한글: "그 신으로 하늘을 단장하시고."

KJV: "By his spirit he hath garnished the heavens."

67　Thomas Manton, *The Works*, Vol. X (London: James Nisbet, 1872), p. 292.
　　히브리어 '거룩하다'(카도쉬, קָדוֹשׁ)는 어간 קד(나누다, to divide)가 말해 주듯, '세속으로부터 분리되어 있다'(marked off from the secular)는 의미를 갖는다. Procksch, *TDNT*, Vol. I, p. 89.

68　Manton, *The Works*, Vol. X, p. 292-294 참조.

69　Karl Barth, *Church Dogmatics, Vol. II-1*(Peabody: Hendrickson, 2010), p. 380.

70　개역개정은 이 구절을 다음처럼 번역한다. "나를 훈계하신 여호와를 송축할지라 밤마다 내 양심이 나를 교훈하도다." 개역개정은 개역한글에서의 '심장'을 '양심'으로 대체했다. 하지만 이는 너무 밋밋한 번역이다. 성도가 지은 죄에 대해서 성령은 단순히 양심의 가책만이 아니라 그의 온 마음과 육체에 역사하여 그의 오장육부를 뒤틀리게 함으로 그를 교훈한다는 점에서 차라리 '심장'이 더욱 이치에 닿는다.

71　Thomas Shepard, *The Sound Believer*, p. 154.

72　Conzelmann, *TDNT*, Vol. IX, p. 373.

73　James Packer, *Knowing God*, p. 128.

74　Packer, *Knowing God*, p. 133-135.

75　하나님에 대한 새로운 구원 얻는 지식, 곧 영적 지식을 성경은 명철(잠 9:10; 욥 28:28, '비나'[בִּינָה], '테부나'[תְּבוּנָה], 혹은 총명(골 1:9; 딤후 2:7, '수네시스'[συνεσις])으로 표현한다.

76　개역개정: "그때에 그가 보시고 선포하시며 굳게 세우시며 탐구하셨고"(욥 28:27). 여기서 하나님이 보고 선포하고 굳게 세우고 탐구한 것의 목적어는 지혜다(12절, "그러나 지혜는 어디서 얻으며 명철이 있는 곳은 어디인고"를 참조할 것).

77　Thomas Manton, *The Works,* Vol. X, p. 161-162.

78　한국의 한 대형교회의 담임목사 설교(2014년 5월 4, 11일자).

79　Karl Barth, *Church Dogmatics*, Vol. IV.1, p. 101 & Vol. IV. 2, p. 499

80　James Crenshaw, *Old Testament Wisdom: An Introduction*(Louisville: Westminster John Knox, 2010), p. 97-126.

81　개역개정: "하나님께서 사람의 말에 대답하지 않으신다 하여 어찌 하나님과 논쟁하겠느냐."

82　구약은 '형통하다'는 뜻의 단어로 두 가지를 사용한다.
　　(1) '자라크'(צָלַח)는 사역적 용법으로 '형통하게 하다'의 뜻이다. 이삭의 신부를 찾는 종의 여정에 하나님이 "평탄한 길, 형통한 길을 주셨다"(창 24:21, 40, 42). 혹은 요셉이 보디발의 집과 감옥에서 "형통했다"(창 39:2, 3, 23)에서 사용된다.
　　(2) '사칼'(שָׂכַל)은 수 1:8에서 하나님의 약속으로 나타난다. 특히 다윗은 '지혜롭게 행동하여' 군대 장관이 되고 사울의 두려움이 됐다(삼상 18:5, 14, 15). 수 1:8에는 '자라크'와 '사칼'이 동시에 사용되어 '평탄하게 되다,' 그리고 '번영하다'는 의미로 각각 사용되고 있다. "이 율법책을 네 입에서 떠나지 말게 하며 주야로 그것을 묵상하여 그 가운데 기록한 대로 다 지켜 행하라. 그리하면 네 길이 '평탄하게 될 것이라'('자라크') 네가 '형통하리라'('사칼')." '자라크'는 하나님의 성품을 알고 그 말씀을 행하는 자에게 하나님이 '평탄한 길을 주시는' 하나님 은혜의 한 방편이라면, '사칼'은 하나님의 성품과 뜻을 알고 사는 자가 하나님과의 교제 가운데 갖는 내적인 지혜와 총명이 형통함으로 나타난 모습이다.

83　Thomas Shepard, *The Parable of Ten Virgins*, Vol, I, p. 57.

84　욥 34:33("하나님이 네 뜻대로 갚으셔야 하겠다고 네가 그것을 싫어하느냐 그러면 네가 스스로 택할 것이요 내가 할 것이 아니니 너는 아는 대로 말하라"[개역한글])의 해석은 매우 까다롭다. 문맥상 다음의 뜻이다. '욥은 자신이 악을 범하지 않았다고 생각하므로 하나님의 현재의 보응의 방식에 대해 불만을 나타내고 다른 보응을 기대하고 있는데, 엘리후는 지금의 하나님의 보응이 정당하다고 생각하므로, 이와 다른 생각을 가진 욥이 설명해 보라'는 촉구다. 본 구절은 하나님의 성품을 잘 알고 이를 대변하는 엘리후가 욥을 충고하고 있다는 점에서 KJV는 다음과 같이 번역하고 있고 이런 해석이 타당하다고 생각된다. 즉 '네 뜻대로 되어야 한다고? 네가 거절하든 혹이 네가 택하든 하나님은 보응하시니, 내가 아닌, 네가 아는 바를 말해 보라'(Should it be according to thy mind? He will recompense it, whether thou refuse, or whether thou choose; and not I: therefore speak what thou knowest[KJV]).

85　'샤브'의 대표적인 의미는 다음과 같다.
　　첫째, '망령됨'으로, 십계명 중 셋째 계명에서 나타난 '망령되이'에서 나타난다. "너는 너의 하나님 여호와의 이름을 '망령되이' 일컫지 말라. 나 여호와는 나의 이름을 '망령되이' 일컫는 자를 죄 없다 하지 아니하리라"(출 20:7).

둘째, '거짓말'이다. "저희가 이웃에게 각기 '거짓'을 말함이여 아첨하는 입술과 두 마음으로 말하는도다"(시 12:2). 즉 하나님은 두 마음과 아첨하는 입술의 말을 '헛된 부르짖음'으로 간주하신다.

86 '믿음으로 믿음에 이르게'(ἐκ πίστεως εἰς πίστιν)는 여기에 쓰인 헬라어 전치사의 의미에 따라 여러 가지로 해석될 수 있다.

첫째, '믿음으로 말미암아 또한 믿음을 위해'(by faith and for faith), 즉 복음으로 인해 하나님의 의는 우리의 믿음으로 말미암아 생기며 또 우리의 믿음을 위해서 계시되기 때문이다.

둘째, '믿음으로부터 믿음에까지'(from faith unto faith), 즉 복음으로 인해 하나님의 의는 믿음의 근거인 우리의 '믿음으로부터'(ἐκ πίστεως) 생기며, 그 믿음의 지향점은 주의 '믿음에까지'(εἰς πίστιν) 이르는 것이다.

셋째, 오직 '믿음에서 믿음으로'(from faith to faith), 즉 우리는 처음부터 끝까지 오직 믿음으로만 하나님의 의에 이른다.

87 웨스트민스터 대요리문답의 첫째는 사람의 최고 목적에 대한 것이다.

문 1: 사람의 첫째 되고 가장 높은 목적은 무엇인가?

답: 사람의 첫째 되고 가장 높은 목적은 하나님을 영화롭게 함과 영원토록 하나님을 온전히 즐거워함이다(롬 11:36; 고전 10:31; 시 73:24-28; 요 17:21-23).

88 욥 36:18의 본문에 대해 개역한글과 개역개정, KJV, RSV를 비교해 보라.

개역한글: "너는 분격함을 인하여 징책을 대적하지 말라. 대속함을 얻을 일이 큰즉 스스로 그릇되게 말지니라."

개역개정: "그대는 분노하지 않도록 조심하며 많은 뇌물이 그대를 그릇된 길로 가게 할까 조심하라."

KJV: "Because there is wrath, beware lest he take thee away with [his] stroke: then a great ransom cannot deliver thee."

RSV: Beware lest wrath entice you into scoffing; and let not the greatness of the ransom turn you aside.

엘리후가 욥에게 하나님이 고난을 주었다는 사실을 두고 하나님의 징계에 분노하지 말라고 말한다. 그 이유는 하나님의 대속함을 얻은 일, 곧 하나님의 백성이 된 사실은 말할 수 없는 큰 축복이기 때문이다. 이런 관점에서 본다면 개역한글과 RSV의 번역이 타당하게 여겨진다. 특히 다음 구절에서 우리의 부르짖음이나 능력이 우리의 죄인 된 곤고함을 해결해 줄 수 없다고 말하기 때문이다("그대의 부르짖음이나 그대의 능력이 어찌 능히 그대가 곤고한 가운데에서 그대를 유익하게 하겠느냐"[욥 36:19]).

89  산 중의 흙도 없는 바위 틈에서 소나무가 뿌리를 내리고 자랄 수 있음은 천둥과 번개가 영양분을 주기 때문이다. 시속 22만 km의 천둥과 번개는 10-120만 볼트를 생산하며, 이 고압은 대기중의 공기인 니트로겐(nitrogen)을 이온화시킨다. 전기 방전으로 인한 Nitrogen Monoxide(NO)가 산소와 합해 NO2라는 거름을 만들어 비와 함께 나무 뿌리에게 자양분을 공급한다. 흙이 없는 바위에 나무가 뿌리를 내리고 자랄 수 있는 과학적 근거이다.

90  Thomas Shepard, *The Parable of Ten Virgins*, Vol. I, p. 227-228.

91  Francis Thompson, *The Hound of Heaven* (NY: Dodd, Mead and Co, 1934). From https://archive.org/stream/houndofheaven00thomiala/houndofheaven00thomiala_djvu.txt.

92  욥 38:1, "무지한 말로 생각를 어둡게 하는 자가 누구냐?"(개역개정). 개역개정은 개역한글의 '이치'를 '생각'으로 바꾸었으나, 생각은 인간의 지식을, 이치는 하나님의 뜻을 나타낸다고 이해되는 까닭에 생각보다 이치가 더 타당하다. 본문에 대한 하나님의 질문은 '네가 누구이기에 논쟁 가운데 하나님을 아는 지식도 없이 하나님의 뜻과 지혜를 어둡게 하느냐?'는 뜻이다. "네가 누구이기에, 무지하고 헛된 말로 내 지혜를 의심하느냐?"(표준새번역).

93  '엘로힘'이 천지의 창조주요 보존자로서의 하나님을 뜻한다면, '여호와'(Jehovah/Yahweh)는 자신의 약속을 성취하는 능력을 가진 하나님으로서, 구원자로서의 하나님 그리고 언약의 하나님을 강조한다. Keil & Delitzsch, *Commentary on the Old Testament*, Vol. 1(Peabody: Hendrickson, 2006), p. 142.

94  Thomas Shepard, *The Sound Believer*. p. 185.

95  베헤못(Behemoth)은 멸종된 공룡을 의미하기도 하지만 하마로 보아도 무방하며, 리워야단(Leviathan) 역시 바다 괴물로 상징되나 악어로 해석할 수도 있다. 개역한글은 하마와 악어로 번역한다. 하지만 이 동물은 멸종된 상상의 동물로만 간주하는 것은 타당하지 않다. 왜냐하면, 하나님이 멸종된 상상 속의 동

물을 가지고 욥을 가르치신 분이 아니라, 그가 알고 있는 구체적인 동물들을 예로 들어 그에게 교훈을 주신다는 점에서 그러하다. 물론 성경에서는 리워야단는 실제 동물이 아닌 하나님을 대적하는 괴물로서 그려지며, 결국에 하나님의 크고 강한 칼에 의해 죽임당할 바다의 용이며, 앗수르나 바벨론의 상징으로 나타나기도 하다(사 27:1).

96  마 10:29와 눅 12:6은 병행구절이다. "참새 다섯이 앗사리온 둘에 팔리는 것이 아니냐. 그러나 하나님 앞에는 그 하나라도 잊어버리시는 바 되지 아니하는도다"(눅 12:6). 이 병행 구절을 통해 두 복음기자가 참새의 가격을 달리 표현하고 있음을 알 수 있다. 이것은 잘못된 기록이라기보다는, 시장에서 참새가 두 마리에는 한 앗사리온, 다섯 마리에는 두 앗사리온에 팔리는 상거래로, 많은 구매에는 할인되는 장사 법칙을 암시해 준다.

97  Thomas Shepard, *The Parable of Ten Virgins*, Vol. I, p. 277.

98  Thomas Shepard, *The Sound Believer*, p. 212-3.

99  베헤못과 리워야단의 정체에 대해서 대체로 세 가지의 입장이 있다. 첫째, 근동의 신화에 나오는 가공의 짐승이라는 설이 있다. 둘째, Samuel Bochart(1663년)에 의해 제시된 하마와 악어라는 설이 있다. 셋째, 지금은 멸종된 공룡이라는 설이 있다. Eric Lyons, *Behemoth and Leviathan: Creatures of Controversy*, from www.apologeticspress.org.

100  John Day, *God's Conflict with the Dragon and the Sea*(Cambridge: University Press, 1985), p. 83.

101  Ray Stedman, *On Human Pride: Behemoth and Leviathan*, from www.RayStedman.org.

102  우리나라 통계청의 인구주택총조사에 따르면, 1995년부터 2005년과 2015년의 20년 동안의 종교별 인구 구성비를 보면, 가톨릭 신자는 288만 명 → 501만 명 → 389만 명으로 큰 폭으로 늘다가 줄었으며, 불교도 역시 1,032만 명 → 1,072만 명 → 762만 명으로 늘다가 크게 줄었다. 반면 개신교의 경우, 850만 명 → 844만 명 → 967만 명으로 감소하다가 다시 증가한 경향을 보였다. 특별히 특징적인 사실은 2015년은 2005년에 비해 무종교를 고백하는 수가 급증했다는 점이다. 이는 불교도와 가톨릭 신자들의 무종교인으로의 전환이 급증한 것에 이유가 있다(2,183만 명 → 2,750만 명).

103  '하나님의 의로움과 선하신 목적'은 조나단 에드워즈의 표현에 따르면, 창조와 섭리에서 나타난 하나님의 모든 행사의 영광으로써 "하나님의 도덕적 완전성"(God's moral perfection)이라고 칭할 수 있다. Jonathan Edwards, *Religious Affections* (Grands Rapids: CCEL), p. 149.

104  Kathleen O'Conner, "Wild, Raging Creativity: The Scene in the Whirlwind (Job 38-41)" in *A God So Near: Essays on Old Testament Theology* (Winona Lake: Eisenbrauns, 2003), p. 176.

105  조하리 창에 대해서는 제4장을 참조할 것.

106  히브리어 본문: כִּי לֹא דִבַּרְתֶּם אֵלַי נְכוֹנָה כְּעַבְדִּי אִיּוֹב. 이를 직역하면, "왜냐하면, 너희가 욥과는 달리 나에 대해 확실하게 서 있지 않기 때문이다"(KJV: for ye have not spoken of me the thing that is right, as my servant Job hath).

107  Brown, Driver & Briggs, *Hebrew and English Lexicon* (Peabody: Hendrickson, 2004).

108  Jonathan Edwards, op. cit., p. 149.

109  70인역(LXX)는 다음처럼 욥의 수명을 말한다. "욥이 그 환난 이후에 170년을 살았고 그가 살았던 모든 햇수가 240년이었으며, 아들과 손자 사 대를 보았다"(42:16).